シリーズ・中世関東武士の研究

第二二巻

関東上杉氏一族

黒田基樹　編著

戎光祥出版

序にかえて

室町期から戦国初期にかけての上杉氏一族については、本シリーズにおいてもこれまで、『関東管領上杉氏』（第一巻）・『山内上杉氏』（第一二巻）・『扇谷上杉氏』（第五巻）を刊行している。本書で対象とするのは、それ以外の上杉氏一族となるが、そのなかで比較的研究蓄積がみられているのが、山内上杉氏の庶流にあたる庁鼻和・深谷上杉氏と、同じく越後上杉氏とその庶流である上条上杉氏、それと近年において研究の進展が顕著な、扇谷上杉氏の宗家にあたる八条上杉氏と、犬懸上杉氏の庶流にあたる四条上杉氏である。本書では、これらの上杉氏一族に関する論考一八編を集成し、それらを内容にしたがって、第1部「庁鼻和・深谷上杉氏」、第2部「越後・上条上杉氏」、第3部「その他の上杉氏」の三部に編成した。

巻頭には、それらの上杉氏一族に関する概要と研究史の状況について整理した総論を付した。また第4部として、室町時代における上杉氏に関する記録史料の所見をまとめた、森田真一編「室町初期上杉氏関係日記記事一覧」を収録した。室町期についての研究は、上杉氏に限ることではないが、文書史料はそれほど十分に残存していないため、記録史料の利用が不可欠となる。これは、そうした記録史料における上杉氏関係の所見を集成した労作である。すでに近年の研究で基礎的な役割を果たしているが、本書に収録されることによって、今後さらに活用されることが期待されるものとなろう。

これまでに刊行してきた『関東管領上杉氏』『山内上杉氏』『扇谷上杉氏』に加えて、本書の刊行によって、室町期から戦国初期にかけての上杉氏に関する研究について、すでに単著論文集に収録されているものを除くと、主要なもののほとんどを収録することができたように思われる。もちろんこれまでのなかでは、執筆者の都合によって残念ながら収録することができなかった論考も存在してはいるが、主要な論考についてはほぼ網羅できたものと考えている。これによって上杉氏一族に関する過去の研究状況については、容易に把握することができる環境を用意することができたものと思う。同時に、今後において追究していくべき内容についても、把握することができることになったといえるであろう。

研究の進展は、関係史料の集成と、研究史の把握を基礎とする。文書史料に関しては、南北朝期に関してはすでに『南北朝遺文　関東編』が完成をみており、室町期については、それをうけて現在、『室町遺文　関東編』を編纂中であり、やがてその集成が果たされるものとなろう。記録史料については、本書収録の森田氏編の「日記記事一覧」が有力な手懸かりとなろう。そしてこれまでの本シリーズによる上杉氏関係の刊行によって、主要論考の集成も果たされるものとなった。今後はこれらを基礎にすることで、さらに関連研究の進展がはかられるものとなるに違いない。今後におけるますますの関連研究の進展に期待したい。

最後になったが、論考の再録を御承諾いただいた執筆者各位に、深く感謝申し上げます。

二〇一七年十一月

黒田基樹

目次

関東上杉氏一族

総論　上杉氏一族の研究

黒田基樹

はじめに

本書が対象とする上杉氏一族とは、およそ室町期から戦国初期にかけて、関東を中心に活動した一族である。その後の戦国期においては、山内家・扇谷家・越後家が戦国大名化を遂げ、さらに越後国では、山内上杉家の名跡を継承した上杉政虎（長尾景虎、謙信）が、実質的に新たな戦国大名家としての越後上杉家を興し、その家系が戦国大名から近世大名へと展開していくことになるが、それらの研究については質量ともに充実していることからも、それぞれ別に取り上げられるべきものといえ、本書での対象からは外すものとする。

上杉氏一族は、南北朝期から展開をみせ、室町期においては関東管領職を歴任し、鎌倉府を主導する存在となった。南北朝期の動向については、久保田順一『上杉憲顕〈中世武士選書13〉』（戎光祥出版、二〇一二年）によって、総括的な叙述がされている。さらに拙稿「基氏期の上杉氏」「氏満期の上杉氏」「満兼期の上杉氏」「持氏期の上杉氏」「成氏期の上杉氏」において、鎌倉公方足利基氏の成立時から戦国初期にかけての上杉氏一族のうち、当時の史料に所見される人物の動向について簡略ながらまとめている(1)。また、室町期における関東管領としての上杉氏については、拙編『関東管領上杉氏〈シリーズ・中世関東武士の研究11〉』（戎光祥出版、二〇一三年）において、関連研究の集成をはかっている。室町後期から戦国初期にかけての動向については、田辺久子『上杉憲実〈人物叢書222〉』（吉川弘文館、一九九九年）、拙著『長尾景仲〈中世武士選書26〉』（戎光祥出版、二〇一五年）、森田真一『上杉顕定〈中世武士選書24〉』（戎光祥出版、二〇一四年）によって、詳細に叙述されている。

関東管領職を歴任したのは、主として山内家と犬懸家であったが、このうち山内家については、勝守すみ『長尾氏の研究〈関東武士研究叢書6〉』（名著出版、一九七八年）、峰岸純夫『中世の東国　地域と権力』（東京大学出版会、一九八九年）収録論文、湯山学『関東上杉氏の研究〈湯山学中世史論集1〉』（岩田書院、二〇〇九年）収録論文のほか、拙編『山内上杉氏〈シリーズ・中世関東武士の研究12〉』（戎光祥出版、二〇一四年）に関連研究を集成している。さらに同家の宿老の長尾氏・大石氏についても、拙編『長尾景春〈シリーズ・中世関東武士の研究1〉』（戎光祥出版、二〇一〇年）、杉山博・栗原仲道編『大石氏の研究〈関東武士研究叢書2〉』（名著出版、一九七五年）、拙編『武蔵大石氏〈論集戦国大名と国衆1〉』（岩田書院、二〇一〇年）において、関連研究が集成されている。これらによって山内家に関する研究については、ほぼ把握することができるものとなっている。(2)

これに対して犬懸家についての研究は少なく、専論といえるのはわずかに、山田邦明「犬懸上杉氏の政治的地位」（前掲『関東管領上杉氏』所収）、駒見敬祐「南北朝期鎌倉府体制下の犬懸上杉氏―上杉朝房の動向を中心に―」(3)があるにすぎない状況である。その他では、犬懸家氏憲（禅秀）の叛乱である「上杉禅秀の乱」についての追究のなかで検討があるほかは(4)、同乱後の一族の動向について、湯山学氏（「禅秀の乱後の犬懸上杉氏」前掲同著所収）と和氣俊行氏(5)の論考がみられるにすぎないといってよい。ただし、犬懸家の分流といえる四条上杉氏については、後にとりあげるものとする。いずれにしろ犬懸家についての研究は、同家が室町後期の上杉禅秀の乱で事実上没落した関係から、あまり取り組まれているとはいえない状況にあるといってよい。今後は、朝房の地位を継承した朝宗、その子氏憲について、詳細な研究が求められるであろう。(補注1)

また、関東管領には就いていないが、犬懸家の没落後、それに取って代わる政治的地位を確立したのが、扇谷家である。扇谷家については、湯山学『関東上杉氏の研究』収録論文、同『藤沢の武士と城—扇谷上杉氏と大庭城—〈藤沢文庫3〉』(名著出版、一九七九年)、拙著『扇谷上杉氏と太田道灌〈岩田選書・地域の中世1〉』(岩田書院、二〇〇四年)などのほか、拙編『扇谷上杉氏〈シリーズ・中世関東武士の研究5〉』(戎光祥出版、二〇一二年)に関連研究を集成している。さらに、その宿老の太田氏・上田氏についても、前島康彦『太田氏の研究〈関東武士研究叢書3〉』(名著出版、一九七五年)、拙編『武蔵上田氏〈論集戦国大名と国衆15〉』(岩田書院、二〇一四年)において、関連研究が集成されている。これらによって扇谷家に関する研究については、ほぼ把握することができるものとなっている。

すでに本シリーズにおいて、『関東管領上杉氏』(第一一巻)・『山内上杉氏』(第一二巻)・『扇谷上杉氏』(第五巻)をまとめており、南北朝期上杉氏の展開状況や、山内家・扇谷家に関してはそれらで取り上げている。そこで、本書において具体的な対象になるのは、それ以外の上杉氏一族ということになる。そのうち犬懸家については、先に述べたような状況であった。それら以外の上杉氏一族のうち、現在のところ、一定の研究成果の蓄積がみられているのは、山内家の庶家にあたる庁鼻和・深谷上杉氏と、同じく越後上杉氏であろう。そこで本書では、この二つの上杉氏一族を中心的に取り上げるものとする。さらに近年、研究が大きく進展したものとして、扇谷家の宗家筋にあたる八条上杉氏と、犬懸家の分家筋にあたる四条上杉氏がある。ちなみにそれらのうち、越後家・八条家・四条家はいずれも在京を基本とした一族であった。したがって本書では、関東で存続した一族のうちから庁鼻和・深谷家を、在京した一族として越後家・八条家・四条家を取り上げるものとなる。以下では、それら各家についての動向と研究状況についてまとめることにしたい。

一、庁鼻和・深谷上杉氏

庁鼻和家は、初代関東管領を務めた上杉憲顕の六男とみられる憲英に始まる一族である。同家は、武蔵国幡羅郡庁鼻和郷を本領としたため、同地を家号にした。同郷を本領とした時期は明確ではないが、憲英の菩提寺として国済寺が同郷に建立されていることから、憲英の時からとみてよいと考えられる。もっとも、同家に関する史料所見は極めて少ない。しかしそれでも、大沢成四郎『深谷上杉八代記』（深谷上杉顕彰会、一九八六年）で、その動向が概観され、深谷上杉顕彰会編『深谷上杉氏史料集』（深谷市役所、一九九六年）が出されていて、基本的な動向や史料集成が果たされている。その他、『深谷市史』での記述となるが、山口平八氏による通時的叙述もみられている(6)。

このように庁鼻和・深谷家については、所見史料は必ずしも多いとはいえないながらも、深谷地域で研究が蓄積されている。その他の成果としては、歴代の動向を整理したものとして、湯山氏の論考(7)と持田勉氏の論考(8)があり、関連史料について解説したものとして、高橋一彦氏による菩提寺国済寺所在の墓碑を整理したもの(9)、菊池紳一氏による上杉憲英寄進状を解説したもの(10)、持田善作氏による上杉憲賢筆清隠斎詩軸并序について解説したもの(11)、佐々木孝浩氏による憲賢書写の『古今和歌集』について解説したもの(12)、などがある。また、個別の人物を取り上げたものとして、享徳の乱において古河公方足利家方に味方した庁鼻和上杉四郎に注目した久保賢司氏の論考[13]、戦国期の深谷家の一族として存在した市田氏盛を取り上げた田中正太郎氏の論考[14]などがある。しかし、やはり同家の動向については、いまだ詳細に追究されているとは言い難く、今後において検討を進展させていく必要がある。以下では、同家の政治動向を中心に概略をまとめておきたい。

憲英について注目されることの一つは、父憲顕が死去した後（応安元年〈一三六八〉死去）、越後国守護職の継承をめぐって弟憲栄と争ったこと、もう一つは、応永期（一三九四～）初頭頃に「奥州管領」として、稲村公方足利満貞・篠川公方足利満直の管領職を務めていたことであろう。前者については、憲顕系の上杉氏一族のなかでの同家の立場をうかがわせる。兄の憲方が関東管領職と上野国・伊豆国守護職を継承し、弟の憲栄が越後国守護職を継承して、室町幕府・鎌倉府において公的な地位を成立させているのに対し、庁鼻和家はそのような立場をとることができなかったことを意味する。その立場は、山内家の庶家という位置付けにならざるをえない。

後者は、そうしたなかで同家の政治的地位の変化を示すものになる。鎌倉公方を補佐する関東管領に、山内家・犬懸家が就いていたことに対して、鎌倉公方の分身として奥羽支配を担当した稲村公方・篠川公方の管領に、庁鼻和家憲英が就いたことは、同家の動向を考えるうえで重要である。庁鼻和家も、室町幕府・鎌倉府のなかで公的な地位の獲得を果たしたことを意味していよう。しかしながら具体的な史料はなく、その実態は全く不明である。今後の関係史料の出現、および関連研究の進展に期待するほかはない。

憲英は応永十一年に死去し、「上杉系図」（「続群書類従」巻一五三など）は、「奥州管領」の地位は嫡子・二代憲光に継承されたとしているが、憲光について当時の史料所見はなく、実態は不明である。その嫡子で続く三代憲長についても、史料所見はない。その一方で、憲光弟の憲国については、只懸家を興したらしく、また同二十三年の上杉禅秀の乱後に、鎌倉公方足利持氏から禅秀与党とみなされて、討伐の対象になっている。これについても憲国がどうして禅秀方に味方したのか、その糺明は今後の課題といえる。憲長の所見がみられない一方で、その弟憲信（法名性順）は、永享十年（一四三八）の永享の乱から、山内家の忠実な一族としての動向が顕著にみられている（「鎌倉持氏記」〈『室町軍記総覧』所収〉など）。

憲信は、享徳の乱緒戦の康正元年（一四五五）正月二十一日の武蔵国高幡・分倍河原合戦で戦死し（「武家事紀」『戦国遺文古河公方編』一一六号）、それに同行していたと推測される、兄憲長の子憲武（六郎）・憲視（七郎）兄弟は、戦場を遁れて、山内家家宰長尾昌賢と同行して、同年十二月三日・六日に武蔵国崎西城に入って、同城合戦を戦っている（同前）。しかし、その動向がみられるのはそれのみである。また、享徳の乱では、上杉氏一族は基本的には山内家方に味方したが、唯一、古河公方足利家方に味方したものとして、庁鼻和家四郎が存在している（「芹沢文書」深谷七三・七四）[15]。彼については系譜的位置も不明であるが、すでに多くの一族が分出されていた可能性も想定される。

憲信の活躍がみられた以降において、庁鼻和家の家督の行方は定かではない。その時期、庁鼻和家については憲信の動向しかみられないために、彼が家督であったようにもみえるが、兄憲長はすでに死去していて、家督を代行していたと考えることもできる。憲信の戦死直後は、憲長の子憲武・憲視の所見があるが、それも一つしかみられない。とはいえ、憲信の嫡子とされる房憲については、当時の史料所見はなく、両者の関係については不明である。しかし、「上杉系図」における記載ではあるが、憲武が榛沢郡人見郷を本拠にして、「人見屋形」と称したと記載されていることは注目される。憲武兄弟は、庁鼻和家の家号で称されている一方で、人見郷を本拠としていたとすると、本領の庁鼻和郷は憲信に継承されていて、憲武はその庶家として位置し、そのため新たに人見郷を本拠にしたと考えることも可能であろう。

また、房憲についての史料所見はないものの、やはり「上杉系図」の記載で、菩提寺昌福寺が人見郷に建立されたとされていることは注意される。憲武が人見郷を本拠としていたなかで、房憲も同郷を本拠にした可能性が想定されるからである。同郷を本拠にしたのは、憲武のほうが早く、後に房憲が本拠にしたと考えられる。この点に関しては、両者の仮名にも注意したい。憲長の仮名は三郎、弟憲信の仮名は六郎と伝えられている。しかしその次代になると、憲長の子憲武の仮名は六郎で、憲信の子房憲の仮名は三郎と伝えられていて、両系統の仮名が入れ替わっているものとなっている。いずれも「上杉系図」の記載によるにすぎないが、それらが事実であったとすれば、やはり庁鼻和家の家督は、憲信の時期に、憲長系から憲信に代わっていた可能性が想定される。

房憲の子憲清については、明応五年（一四九六）七月に所見があり、山内家顕定に従う存在として、「庁鼻和三郎」とみえており、さらにそれに続いて憲武の子定為が「同蔵人大夫」とみえている（「宇津江文書」深谷八六）。ここで注目されるのは、憲信系の憲清と憲長系の定為が同時にみえているなかで、憲清が上位に位置していることである。これにより、庁鼻和家一族のなかで明確に憲信系が嫡流化していたことが確認されることになる。またこの時期まで、それらの一族は庁鼻和の家号で称されている。これはいまだ同家が、庁鼻和郷を本拠にしていたことをうかがわせるものとなる。

「鎌倉大草紙」（『新編埼玉県史資料編8』所収）では、享徳の乱初期に、房憲が榛沢郡深谷郷に進出して、同地に深谷城を構築したことが記されている。そのためこれまでも、深谷城の構築は、享徳の乱初期に房憲によるものとみられていた。ところが、長享の乱のなかの明応五年の時点で、その子憲清が庁鼻和の家号で称されている。さらにその子憲賢についても、天文十年（一五四一）の時点で、「庁鼻和乗賢」とみえている（「由良文書」深谷九二）。これらのことからすると、少なくともそれらの時期まで、庁鼻和家の本拠は庁鼻和郷であったとみることも可能になる。深谷城の構築時期についてはあらためて、当時の政治状況を踏まえながら検討していく必要があるとみられる。

庁鼻和郷が政治拠点としてみえるのは、文明十八年（一四八六）十二月、歌人堯恵が来訪した際に「ちやうのはな」とみえ（「北国紀行」深谷七八）、延徳元年（一四八九）閏七月に、古河公方足利方の上野国新田庄横瀬成繁が庁鼻和を攻撃しており（「集古文書」深谷八二）、明応五年（一四九六）頃と推定される古河公方足利政氏の武蔵国村岡在陣の時期に、神職の彦右衛門が越後国に赴くにあたって、「庁ノ鼻和・深谷薬師堂」を通っており（「旅宿問答」深谷八九）、永正十六年（一五一九）から大永元年（一五二一）までのものと推定される新田横瀬宗功（景繁、成繁の子）書状で、新田勢が庁鼻和国済寺（「こくさい寺」）を攻略しており（「坂田文書」深谷八七）[16]、その頃まで庁鼻和郷が政治拠点であったことが知られる。

そして、深谷城が庁鼻和家の本拠として確認されるのは、永禄四年（一五六一）初めの「関東幕注文」における「深谷御幕」という文言が初見になる（「上杉文書」深谷一一四）。これらの史料所見状況を整理すると、少なくとも永正期末までは庁鼻和郷が政治拠点としてみえていて、庁鼻和家の家号も天文十年までみえており、深谷城が本拠として出てくるのは永禄四年以降ということになる。そうすると深谷城の構築時期は、天文期後半から弘治期（一五五五～五八）頃の可能性が想定されるものとなる。ちょうどこの時期は、新興戦国大名の相模小田原北条家が、山内家領国の攻略をすすめ、山内家を関東から没落させた時期にあたっている。そのなかでは天文十四年に東隣する忍成田家が、同十八年には南隣する花園藤田家、同十九年には西隣する本庄家が、山内家から離叛して北条家に従属しているので、庁鼻和家についても、山内家からの離叛と北条家への従属は、この間のことであった可能性が高い。そのような政治状況のなかで、それまでの庁鼻和郷・人見郷から、深谷城に本拠を移した可能性が想定される。いずれにしても深谷城の構築時期については、今後において慎重に検討すべき問題となろう。

先に、憲信の子房憲について、当時の史料所見がないことについては触れた。ただ、房憲については菩提寺が人見郷に建立されているので、少なくとも晩年は同郷に在所したことが推測され、このことをどのように理解するかは、今後の検討課題であろう。房憲の子憲清については、生前での史料所見は、先にも触れた明応五年七月に「庁鼻和三郎」とみえるものだけである。死後のものとして、その子憲賢が、永禄元年十二月中旬に「亡父憲清」と記している史料があり、これにより実名も確認することができる（「清隠斎詩軸并序」深谷一〇五）。その他、古河公方足利家宿老簗田持助の娘の一人に、「庁鼻和室」とある（「与五将軍系図」『古河市史資料編中世』所収）。持助の子の世代は、持助が応永二十九年（一四二二）生まれであることから、およそ享徳期（一四五二～五五）前後頃の誕生と推定され、そうすると持助娘が嫁した「庁鼻和」は、おそらく憲清に該当する可能性が高い。

そうであれば憲清は、古河公方家宿老簗田家と婚姻関係を結んだことになる。もっとも享徳の乱以降、庁鼻和家は山内家に従う政治動向をとっていたから、簗田家との婚姻が成立するのは、古河公方家が山内家に味方した長享の乱後半の明応三年（一四九四）以降のことと推定されることになる。そうすると、憲清もその妻の簗田持助娘も、誕生時期は、享徳期よりもさらに下っていたと推測されるものとなる。

永正九年（一五一二）七月に、山内家における内訌（顕実と憲房の抗争）では、憲房方の上野国新田庄横瀬景繁が、深開跡の領有について、憲房方から安堵をうけている（「由良文書」深谷九〇）。同所については、戦国期末まで深谷家と由良家（横瀬家）との間で領有が争われていることから（「上杉系図」深谷一八一）、この時も、庁鼻和家と横瀬家は同所の領有をめぐって抗争していたことが推測される。そうすると、この時の山内家の内訌において、庁鼻和家は顕実方に味方していた可能性が想定される。さらに永正期末・大永期初期に、同じ山内家に従う関係にあった横瀬宗功（景繁）から、「こくさい寺」や「向川辺」（すなわち庁鼻和家側）への侵攻をうけており（「坂田文書」深谷八七・八八）、この時においても横瀬家と抗争関係にあったことがうかがわれる。そしておそらく、これらは憲清の代のことであったと推測される。

庁鼻和家は、基本的には山内家に従う立場をとっていたが、同じ山内家に従う関係にありながらも、しばしば横瀬家との抗争が展開されていたらしい。その後でも、天文十年（一五四一）秋に、憲賢（「乗賢」）は、忍成田親泰らとともに横瀬泰繁との間で大規模な抗争を展開している（「由良文書」深谷九二）。その後に憲賢が、新田庄世良田長楽寺と密接な関係を形成しているが（「長楽寺文書」深谷一〇三など）、それはそうした横瀬家との抗争の過程で、庁鼻和家も利根川対岸の新田庄に対して、勢力を伸張していた状況を示すものととらえられるかもしれない。

憲清の子憲賢がみられるようになるのは、天文期になってからとなる。天文六年（一五三七）八月七日付けで、山内家憲政から、北条家の扇谷家領国侵攻に対して、成田家・藤田家を援軍として派遣することを伝えられている「次郎殿」が憲賢にあたると推定され、これが初見となる（「藩中古文書」『埼玉県史料叢書12』一一九号）。これにより、仮名は「次郎」を称したことが確認される。そして同十年秋に、先にも触れたように、成田親泰らと横瀬家との抗争を展開している。その後、憲賢は山内家から離叛して北条家に従属することになるが、その時期は明確ではない。ただし、同十五年の武蔵国河越合戦以降のこととみられ、同十八年七月には花園藤田家が北条家に従っており（「浄法寺文書」『戦国遺文後北条氏編』三五二号）、同十九年八月には北条家は本庄城を構築していることから（「由良文書」同前三八三号）、その頃までには、北条家に従属していたとみてよいと考えられる。先にも触れたように、河越合戦後の山内方と北条方との抗争のなかで、本拠を深谷城に移した可能性が考えられるものとなる。

なお、これ以降の庁鼻和家については、深谷城を本拠にしたとみられることから、深谷家と称することにしたい。そして戦国期において同家は、深谷城を本拠に、深谷領と称される領国を形成し、国衆として存立した。深谷領の形成過程については明らかにはならないが、東の忍領（成田家）、西の本庄領（成田家）、北の新田領（横瀬・由良家）、南の花園領（藤田家）との抗争のなかで形成されたものととらえられる。それに関して注意されるのは、深谷領が、山内家没落期までは健在であった岡部家の所領を包摂していることである。このことは山内家に従っていた岡部家が、山内家没落にあわせて没落したのにともなって、その所領を併合したことをうかがわせる。このことからすると、深谷領の基本的な範囲は、山内家没落にともなって、周辺の山内家方領主の所領の併合によって形成されたものであったことがうかがわれる。この深谷領の形成過程については、関係史料がほとんどみられないため明らかにすることは難しいものの、周辺の政治状況との関わりなどから、追究していくことが必要である。

憲賢が、明確に北条家の従属下にあったことが確認される最初は、弘治三年（一五五七）のこととみられる。憲賢の一族と推定される市田茂竹庵が、その年に北条家から同盟関係にあった甲斐武田家への援軍として上野国に出陣していることが知られる（「武家事紀」深谷一〇四）。市田家の出自は明確ではないが、「関東幕注文」において、深谷家と同じく「市田御幕」と記されているので、上杉氏一族とみてよい。茂竹庵は、世代的には憲賢と同世代と推定されるが、系譜関係は明確ではない。家号の由来は、大里郡市田郷と推定されるから、同所を本領にして成立した庁鼻和家一族と推測される。ただし同所はその後、忍成田家の領国に包摂され、市田家も元亀三年（一五七二）正月には成田家に服属していることから（「武家事紀」深谷一四四）、その間における深谷家と成田家との抗争のなかで、深谷家から離叛して、成田家に服属したことがうかがわれる。

次いで弘治三年には、憲賢は法名「静賢」でみえていて、それまでに出家していたことが確認され（前出「長楽寺文書」）、また、翌永禄元年（一五五八）十二月までの生存と、義竹の軒（もしくは斎・庵）号、雲岑静賢の法名が確認される（前出「清隠斎詩軸并序」）。その後は明確な所見はない。「上杉系図」によれば、同三年四月六日に死去したと記されている。そうであれば翌同四年正月頃、深谷家は関東に侵攻してきた越後長尾景虎（のち上杉輝虎・謙信）に従属しているが、その時の当主は、憲賢の嫡子憲盛であったことになる（前出「関東幕注文」）。しかし同六年正月には、上杉輝虎から深谷を攻撃されているので（「新田文庫文書」『埼玉県史料叢書12』二五四号）、その間に越後上杉家から離叛して再び北条家に従属したことが知られる。

そして、同七年と推定される二月十日付け武田信玄書状において、憲賢の子憲盛の名が所見される（「円満寺文書」同前二七一号）。これによって、それまでに深谷家の家督は、憲賢から憲盛に継承されたことが知られる。またそこでは、武田家に従属していた西上野国衆の安中重繁と密接な関係を持っていたことがみえている。そしてその後、同九年閏八月に、東隣の忍成田家と北隣の新田由良家が北条家に従属してくるまで、両家との間で抗争が展開されている。

憲盛の妻は、成田長泰（親泰の子）の姪（長泰の姉妹岩付太田資顕妻の娘、北条家宿老遠山藤九郎妻）であったことが知られている（「成田系図」『鷲宮町史史料四』所収）。彼女は享禄期（一五二八〜三二）頃の生まれと推定され、前夫の遠山藤九郎は天文十六年に死去したため、父太田資顕、さらに伯父成田長泰に引き取られて、憲盛に嫁すことになる。(17)その時期については明らかではないが、深谷家が同じ北条方に属した時期とみられ、すなわち天文期末から永禄三年頃までの間のことであったと考えられる。その後、両者の間には、嫡子氏憲、安中左近大夫（重繁の孫）妻、成田泰親（長泰の次男）妻が生まれている。憲盛妻の年齢を考慮すると、その婚姻は天文期末頃のことであったと思われる。

永禄十二年（一五六九）六月に、北条家と越後上杉家の同盟（「越相同盟」）が成立し、その領土協定において、深谷領は北条方から越後上杉方に割譲すべきものとして検討された（「上杉文書」深谷一二七）。それをうけて憲盛は、七月十五日に上杉輝虎に書状を送って、自ら越後上杉家に従属することを申し出ている（「上杉文書」深谷一二八～九）。その取り成しは、越後上杉方の立場を堅持していた武蔵国羽生城主木戸忠朝・広田直繁と、それへの指南を務めていた輝虎宿老の河田長親によるものであった（「上杉文書」「歴代古案」深谷一三〇～一）。憲盛はそれらからの働きかけをうけて、自ら越後上杉方に従うことを決定している。その際に注目されるのは、輝虎が山内家憲政から家督を譲られた山内家当主の立場にあったこと、深谷家がその「御幕」に加えられた、その一門として位置付けられたことにある。憲盛は、山内家を継承する越後上杉家の一門として扱われるという、上杉氏一族としての立場から判断したことがうかがわれる。

越相同盟は元亀二年（一五七一）十二月に破棄され、再び北条家と越後上杉家の抗争が展開されるが、憲盛は越後上杉方の立場をとっている（「岡谷文書」深谷一四一）。それにともなって北条方からの攻撃をうけ、北条方との抗争を展開している。確実なところでは、天正二年（一五七四）十一月二十四日まで、越後上杉方にあったことが確認される（「那須文書」深谷一五六）。ところが、その直後にあたる閏十一月二十日付けで、上杉謙信が陸奥国会津芦名盛氏に宛てた書状には、謙信が攻撃した北条方諸城のなかに「深谷城」をあげている（「名将之消息録」深谷一五七）。これによれば深谷家は、その間に越後上杉方から離叛して、北条家に従属したことになる。ところがその後になると、深谷家は再び越後上杉方として北条方と抗争を展開していることが確認されるのである。すなわち、北条家と深谷家滅亡後のものとなるが、卯（慶長七年〈一六〇二〉もしくは同十九年か）三月二十三日付けで、深谷家旧臣岡谷左馬助が、北条家旧臣で加賀前田家臣富永勘解由左衛門に宛てた戦功覚書（「岡谷文書」）に、そのことを示す記載がある。同史料の全文を次に掲げる。

岡谷左馬助仕候おほへの事

一、元亀元庚午年二月中比、小田原より深谷ノ町江御敵被成付而、岡谷宗雲ト我等十六ノ時、町ニ而鑓リと合申候、其毎日高名仕候、刀さやはしり刀ヲてき江とられ申候を、はけ敷所ノ鑓リを合申候と、美濃守殿御家中衆何れも被存候事、美濃守殿より刀をはうひニ被下事、

一、元亀三壬申ノ年、我等十八にて信玄深谷江大ぬま屋敷江御敵被成候時、我等罷出、上野織部と鑓リを合申候、信玄御衆何れも可被存候事、

一、天正元癸酉年、我等二十ノ時、かつより（武田勝頼）御はたらきにふかやより出はり申候処を、おいこまれ申候所ニ、立留リ、鑓リを合申候、於御はたもと衆秋元越中ハ一家中、八代越中・上野泉和・皆川山城可被存事、

一、天正三乙亥ノ年、はちかたより深谷江向而付城を被成候前ニ而、森丹波と申仁と鑓りを合申候、是ハ富永勘解由・藤田大学・富岡弥右衛門何れも被存候、我等廿一之時、上杉静徹様よりさいはいを御預ケ被成、御加恩ニこんや役・かき役を拝領仕候事、

一、おしの成田よりひきいくさの時、安越木と高荷と我等三人鑓り下ノ高名仕候事、
一、竹川《(滝川)》かせんニ一かとの物頭をうち申候事、
一、そうしやニ而あく川大学ニ鑓リ付申候事、
一、こうこく寺ニおいて高名二ツ仕候、其様子ハ藤田能登守被存候事、
右ノ様子、不及申候へ共、具ニ貴様御存無候間、被仰上候而可被下候、以上、

卯ノ三月廿三日　　岡谷左馬助

富永勘解由左衛門殿

覚書のうち三条目にある「天正元」というのは、岡谷左馬助の年齢が二十歳とあるので、正しくは翌天正二年のこととらえられる。そして四条目により、同三年に北条家御一家衆の武蔵国鉢形城主北条氏邦衆が深谷領への付け城を構築したことがみえているから、少なくとも同年まで、深谷家は越後上杉方にあり、北条家とは敵対関係にあったことがうかがわれる。そうすると、先の「名将之消息録」にみえる内容と合わせてどのように考えたらいいのかが問題になる。一つは、「名将之消息録」の内容が誤りで、深谷家は天正三年まで一貫して越後上杉方にあったとみるか、もう一つはその後すぐに再び越後上杉方に従属したとみるか、が考えられる。いずれとも決し難いが、先の覚書にはこの間、北条方に従属した内容がみえていないから、「名将之消息録」の内容が誤りで、深谷家は同三年まで一貫して越後上杉方にあったとみるのが適当と考えられる。

そして、深谷家が越後上杉家から離叛して北条家に再び従属したことが確認されるのは、翌同四年二月のことになる（「黒沢文書」『戦国遺文後北条氏編』一八二三号）。これにより、それまでに越後上杉家から離叛して、北条家に再従

属したことが知られる。以後においては同十八年の小田原合戦まで、北条家への従属を続けていくことになる。そしてそこでは、深谷衆は、鉢形城主北条氏邦の軍事指揮下に置かれたことがうかがわれるので（「岡谷文書」同前三三三〇号など）、従属にあたっては氏邦の取り成しをうけ、以後においては氏邦の指南をうけたととらえられる。

また、「上杉系図」によれば、憲盛は天正三年三月二十八日に死去したと記されている。先の「岡谷左馬助覚書」にみえる「上杉静徹」は憲盛を指し、すでに同年に法名静徹を称していたことがうかがわれる。なお、法名について、「上杉系図」は「静簡」と記している。生前に「静徹」を称し、死後に「静簡」を称したのであろうか。そうすると深谷家は、憲盛の死去を契機にして、越後上杉家から離叛して北条家に再従属した可能性もうかがわれるであろう。

憲盛の家督を継承したのは、嫡子の三郎氏憲であった。「上杉系図」には、同六年九月二十三日に、北条家当主の氏政と指南の氏邦と起請文を交換し、氏政の養女と婚姻したことが記されている。氏政の養女というのは、御一家衆玉縄北条氏繁（氏政の義兄）の娘であった[18]。実名のうち「氏」字は、北条家から通字を偏諱として授与されたものととらえられる。これは元服時に北条家から偏諱を授与されたとみられ、それは深谷家が北条家に従属していた時期であったことになる。

氏憲の生年は明らかではないが、早くて弘治期頃の生まれとみられ、そうであれば北条家に従属していた永禄十二年七月までの元服であったと推測される。また、生まれが永禄期に下っていれば、それこそ元服は北条家に再従属した天正三年以降のことになる。もっとも、同六年の婚姻にあたって、氏政・氏邦と起請文を交換していることからすると、その時の元服の可能性も想定される。すでに同四年には、氏憲は北条家に従属していた。本来ならば起請文の交換はその時に行われるものになる[19]。ところが、これが同六年に行われたのだとすれば、氏憲はこの時に元服し、正

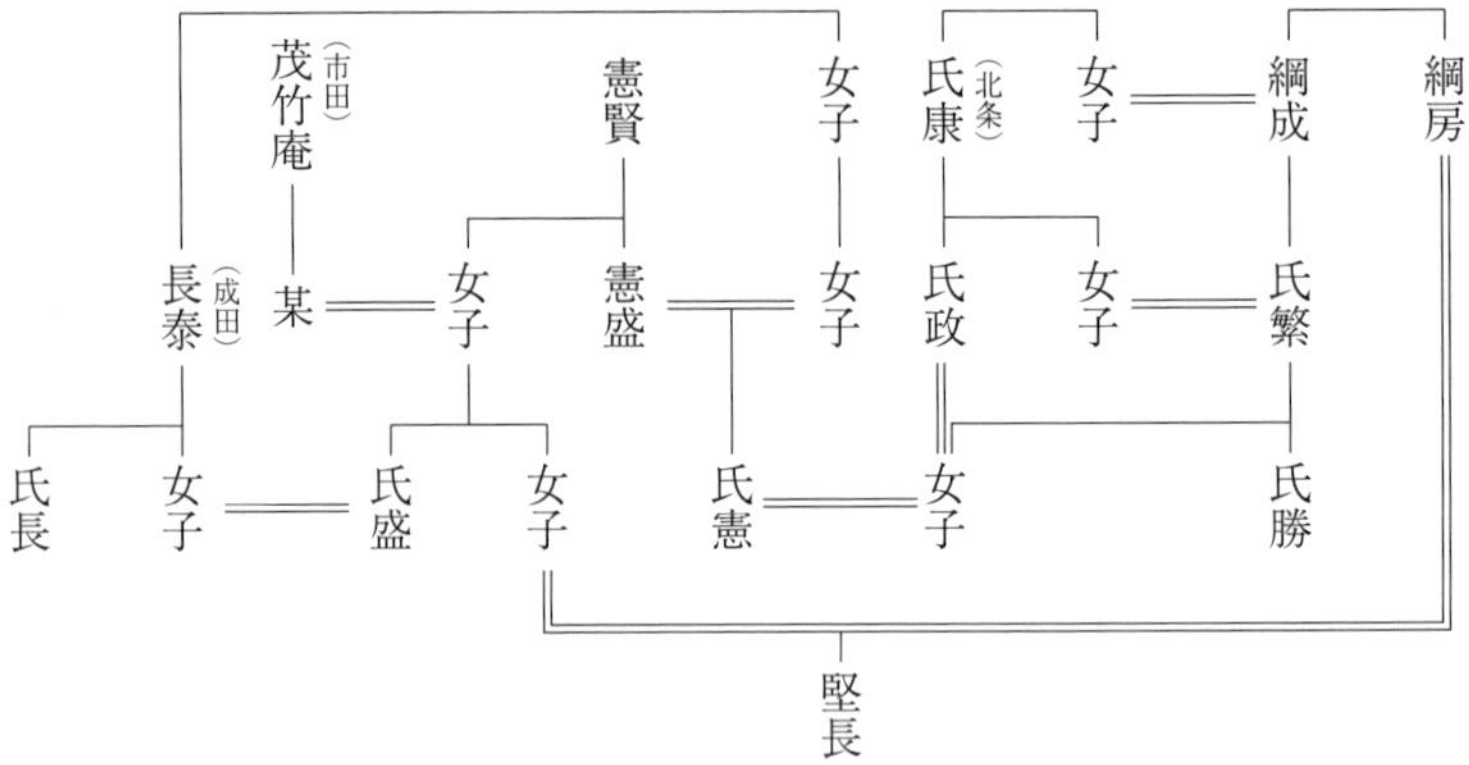

系図１　戦国期深谷上杉氏関係系図

式に深谷家の当主になって、それにともなって起請文の交換が行われ、同時に氏政養女との婚姻が結ばれた、ということになる。事態の経緯としては、このようにみるのがもっとも妥当と考えられる。なお、仮に同年の元服、それが十五歳によるものとすれば、氏憲の生年は永禄七年（一五六四）と推測されることになる。

　ただし「上杉系図」には、この婚姻にともなって実名を氏憲に改名した旨が記されている。そうであれば、その元服はそれ以前のことになり、生年もそれより遡るものとなる。もっとも、氏憲に関する初見史料となるのは、同八年二月付けの鰐口銘であり、そこに「上杉三郎氏憲」とあり、仮名三郎と実名氏憲が確認される（「昌福寺所蔵」深谷一六七）。ちなみに、天正元年の年紀をもつ氏憲文書が存在しているが（「教念寺文書」『戦国遺文後北条氏編』一六五一・一六四四号）、北条家と敵対関係にあった時期に、実名氏憲を称したことは考えられないので、それらは当時のものではないと判断される。氏憲に関する所見が同八年になってからのことであるとすると、やはり元服は北条家への再従属後の可能性が高いとみられるが、いずれにしろそのことの確定は、今後における関連史料の出現を待つほかないといえる。

氏憲はその後、先に触れたように同十八年の小田原合戦まで北条家への従属を続け、同合戦においては北条家の本拠相模国小田原城に籠城した。同年七月五日に同城が開城すると、深谷家は羽柴政権によって改易とされた。その後の氏憲の動向を伝える史料はみられていないが、「上杉系図」によれば、牢人して信濃国に居住し、寛永十四年（一六三七）正月二十二日に死去し、法名を静喆といったという。なお、先の「岡谷左馬助覚書」にみえた「上杉静徹」は、氏憲の法名「静喆」と同音であるから、あるいはそれは氏憲のことであったかもしれない。その場合には、天正三年三月の父憲盛の死去後も、いまだ北条家とは敵対関係にあり、北条家への再従属はその後のことであり、当主も氏憲に交替した後のことであったことになる。

以上、庁鼻和・深谷家の政治動向について概観してきた。同家は、享徳の乱以降において、多くの上杉氏一族が関東に存在していたなかで、山内家・扇谷家が戦国大名化を遂げた以外で、国衆ではあったが、領域権力として存続を果たしたものとしては唯一の存在であった。その意味で、上杉氏一族の戦国期的展開を遂げることができた、数少ない事例として注目されるものとなる。もっとも、関連史料が少ないため、基礎的事実関係においても不明な点が多いのが現状である。今後において関連史料の出現により、それらの解明が少しでも進展していくことを期待したい。

二、在京上杉氏

上杉氏一族は、初代関東管領上杉憲顕が死去した応安元年（一三六八）頃には、史料に所見があるものはすべて、鎌倉に在所していた。このことから、観応の擾乱後の室町幕府・鎌倉府体制において、当初、すなわち初代鎌倉公方足利基氏の時期には、上杉氏一族はすべて鎌倉府に出仕するかたちがとられていたとみなされる。ところが、その状況に変化がみられるようになるのが、まさに憲顕の死去後、すなわち二代鎌倉公方足利氏満の時期のことであった。その端緒になったのが、越後国守護を務めていた上杉憲栄（憲顕の七男とされる）が、応安二年五月以降に上京して、室町幕府将軍家に奉公するようになったことであった。これが越後家の始まりとなる。憲栄は永和四年（一三七八）七月まで同国守護を務めていたが、その後に遁世し、その家督は、康暦二年（一三八〇）四月までに、兄山内家憲方の次男房方に継承されている。以後の越後家は、その子孫によって継承されていくとともに、房方が山内家の出身であったことから、山内家と密接な関係を展開していくことになる。さらに一族として、山浦家・山本寺家・上条家などを分立させていき、上杉氏一族のなかでも大きな勢力を構築していっている。

これに次いで関東管領を務めていた上杉朝房（憲顕の弟憲藤の長男）が、応安七年三月以降で、永和二年（一三七六）九月までの時期に、関東管領・上総国守護を辞職したうえで上京し、室町将軍家に奉公して、在京するようになった。朝房は京都四条に居住したため、これを四条家と称している。朝房の家督は、越後家憲栄の家督を継いでいた房方に譲られたらしいが、それとは別に、おそらく朝房が永徳二年二月に死去した時点まで確保していた所領などは、弟で犬懸家朝宗の次男氏朝に譲られたとみられ、これが四条家として続いていった。その家督はさらにその兄氏憲の三男持憲（持房）に譲られて、以後はその子孫によって継承されていくことになる。

さらに、応永二十三年（一四一六）の上杉禅秀の乱後になると、いくつか在京する一族がみられるようになってくる。そのなかで、その後の存続がみられていったのが八条家である。八条家は、南北朝期の有力一族の一人である上杉朝定（憲顕の従兄弟）の子孫にあたり、その子朝顕（朝憲）は鎌倉に在所したが、その子満朝の時に在京して、京都八条に居住し、室町将軍家に奉公したと伝えられている。これが八条家の始まりとなる。ただし、満朝が在京した時期については明確ではない。そもそも、満朝に関する明確な所見は、永和四年（一三七八）におけるものが唯一であり、その後におけることとしか判断できない。そうしたなか「鎌倉大草紙」に、上杉禅秀の乱において、犬懸家氏憲の蜂起を山内家憲基に伝えたものとして「上杉修理大夫」がみえており、これが「修理亮」を称したとされる満朝にあたる可能性が想定される。もしこれが「修理亮」の誤記で、満朝にあたるとすれば、満朝が在京したのは同乱後のことであったとみることができる。そして同三十一年八月には、明確に在京が確認される（『満済准后日記』）。以後においてその子孫は、室町将軍家への奉公を続けていくことになる。

なおそのほかにも、上杉禅秀の乱において四代鎌倉公方足利持氏から、禅秀与党勢力として討伐対象とされたもののうち、庁鼻和家憲英の次男の只懸家憲国、犬懸家氏憲の六男とみられる憲秋、同七男とみられる教朝も、室町将軍家に扶持され、在京する上杉氏一族として存在した。さらには、結城合戦後の嘉吉二年（一四四二）十二月以降には、山内家長棟（憲実）の次男房顕が、在京して室町将軍家に奉公している。しかし、只懸家憲国の系統はその後は確認されず、犬懸家憲秋・教朝の系統は、いずれも享徳の乱において関東に下向して、その後は関東に在所し、しかもともに子の世代で断絶している。また房顕は、享徳の乱の勃発にともなって、山内家の家督を継いで関東に下向している。

このように、上杉禅秀の乱後においては、多くの在京する上杉氏一族が存在するようになっていた。しかしながら、それらの一族のほとんどは、享徳の乱の勃発にともなって関東に下向し、そのまま在国するようになっている。そして結局のところ、在京する上杉氏一族として継続的に存在したのは、早くから在京する存在になっていた越後家・四条家・八条家というところであった。以下では、それらについての研究状況について概観することにしたい。

このうち越後家については、山内家に関してと匹敵するくらいに研究が重ねられている。主要な研究成果としても、赤沢計真『越後上杉氏の研究〈環日本海歴史民俗学叢書6〉』（高志書院、一九九九年）、同『越後新田氏の研究〈環日本海歴史民俗学叢書8〉』（同前、二〇〇〇年）所収論文、佐藤博信『越後中世史の研究〈岩田選書・地域の中世3〉』（岩田書院、二〇〇六年）所収論文、木村康裕『戦国期越後上杉氏の研究〈戦国史研究叢書9〉』（岩田書院、二〇一二年）所収論文、小林健彦『越後上杉氏と京都雑掌〈戦国史研究叢書13〉』（同前、二〇一五年）所収論文、羽下徳彦『中世日本の政治と史料』（吉川弘文館、一九九五年）所収論文、などがみられている。それらの研究成果を集約した性格にあるのが、『新潟県史通史編2』や『上越市史通史編2』における通史叙述といえるであろう。室町期から戦国初期にかけては、前者では山田邦明氏により[20]、後者では田村裕氏[21]・片桐昭彦氏[22]・森田真一氏[23]などによってまとめられている。

それらの研究の多くは、越後家による越後国の守護領国化という観点から、室町期における動向をとらえるものとなっており、そのなかでは守護上杉頼方（房方の次男）、次いで同房朝（房方の長男朝方の子）と、守護代長尾邦景の抗争である「越後応永の乱」が注目されている[24]。同乱については、守護と守護代のいずれかが領国化をすすめるかという、いわゆる守護代の「下剋上」論的な観点から評価されたものとなっている。しかしながらそのような観点自体は、現在の研究状況からすると必ずしも自明のものとはいえない。すなわち、その後の戦国期に展開される武家権力の領域権力化という事態が、室町後期からその動向を措定することができるのかどうか、ということが議論の対象になるからである。その動向が措定されるのであれば、あらためてそれがどのような社会的背景をもとに展開されたのかを追究していくことが必要であろう。

それらの研究では、基本的には守護分国内に存在した国人の所領への介入、それによる国人の家臣団編成、という問題がとりあげられている。しかし国人も、戦国期になれば国衆化して領域権力化することを踏まえれば、「国人の家臣団編成」という観点は、ただちに領国化の指標とはなりえないものとなる。であるとすれば、同乱において、越後家の領域権力化の動向が見いだせるのかどうか、という観点からあらためて評価すべきであろう。その際むしろ、室町期の政治秩序における構造的問題という観点から評価していくことが必要であると考える。

越後家の領国化という問題に関して、次にとりあげられているのは、房定（房朝の養子、叔父清方の子）期における「文明越後検地帳」、その子房能期の明応期における段銭賦課、などの問題である。[25] それらはおおよそ、守護領支配の進展という観点のもと、家臣の所領支配への制約とそれによる家臣団編成の展開、という観点から評価されるものとなっている。同時に、越後家のもとで各地域支配を分担する郡司の存在が明らかにされており、越後家の領国化はそれら郡司の領域支配と対抗関係を生じさせていったと見通されるものとなっている。そしてその動向が、「越後永正の乱」を展開させ、守護代長尾為景の「下剋上」をもたらし、守護代長尾家による戦国大名化の展開として把握されている。

これらにおいて注意されるのは、越後国における戦国大名の成立過程を、守護代長尾家の動向に等値していることにあるように思われる。これは例えば、関東における戦国大名の成立を、相模小田原北条家の動向に等値させていたのと同様のものとみなされる。しかし関東では、山内家・扇谷家の戦国大名化、同時にその配下の武家による国衆化の動向が見出されるようになっている。そもそも、かつての守護分国一円の領国化は、必ずしも既定路線ではないことが認識されるようになっている。このことに照らし合わせれば、房定・房能期の動向についても、越後家による戦国大名化として評価するのが適当である。この点に関しては、私自身も若干の発言を行っているが[26]、今後においてあらためて守護家の機能と領域権力の機能を明確に弁別したうえで、評価していくことが必要であろう。同時に、国人や郡司の動向についても、国衆化という観点から評価し、あわせて越後国における領域権力の展開状況を把握していくことが必要と考える。

そのように意識した場合、あらためて房定の動向が注目されるものとなる。すでに房定の立場については、戦国期的な政治状況の展開を見出しうるものとして、矢田俊文氏が注目している[27]。あらためて房定の動向を、そのような観点から位置付け直していくことが必要であろう。すなわち房定は、宝徳元年（一四四九）に従兄房朝の死去をうけてその家督を継ぐが、翌同二年に京都から越後国に下向して、そこで「越後応永の乱」後も守護代を務めてきていた長尾邦景を誅殺しており、さらにはその後は在国を続け、在京しなくなっているのである。そして享徳の乱では、宗家にあたる山内家を支える存在として関東に出兵し、その過程で国内の国人への主従制編成を展開している。そして文明三年（一四七一）には越後国に帰国して、以後は嫡子定昌を関東に在陣させながら、自身は越後国への在国を基本とした。そうしたなかで作成されたのが「文明越後検地帳」であった。房定による恒常的な在国が、その戦国大名化の動向を生み出していたとみることができる。

そして、房定の動向を戦国大名化として評価することができるようになれば、その後の「越後永正の乱」と、その後における守護代長尾家の戦国大名化の動向についても、これまでとは異なる評価を与えられるものとなろう。そこにおいて注目されていることに、守護としての定実の存在や、上条家定憲の「越後享禄・天文の乱」など、越後家一族の叛乱があり、それらに代表される越後家一族の編成という問題がある。ただしこれらの問題は、長尾家の戦国大名化のなかでの問題として位置付けるべきものと考えるので、本書では対象外としておきたい。

ただ、そのなかで注目されることとして、戦国初期における越後家一族の動向についての検討がすすめられるようになったことをあげておきたい。代表的なものとして、上条家と八条家についての検討がみられている(28)。越後家一族には、その後においても山浦家・山本寺家などの動向もみられており、それら一族の系譜関係の復元や動向の解明は、越後家の研究にとっても、戦国大名越後上杉家の研究にとっても、重要なものといえるであろう。今後における解明の進展が望まれる。

また、享徳の乱の展開のなかで、房定が越後国に帰国した後は、同乱が終息した後においても、嫡子定昌が関東に在陣し続けたが、そこで拠点とされていたのは上野国白井城であった。そのため定昌は、「白井殿様」などとも称されていた。この定昌の動向については、森田真一氏が注目している(29)。定昌の存在をどのように位置付けるかということは、享徳の乱以降における、関東の上杉方勢力を理解するうえでも重要な問題となるし、越後家の動向としても、どのように位置付けるかは重要な問題となるとみられる。拠点としていた白井城が越後家の手を離れるのは、「越後永正の乱」にともなうものであったから、それがなければ越後家は関東にも領国を展開していた可能性がある。それと同時に、文明期以降、房定は信濃北部にも進出をみせていたことが知られている。戦国初期の越後家の動向を総体的に把握するためには、越後国のみならず、関東・信濃北部の動向をもあわせてとらえていくことが必要と認識される。あらためて、戦国初期における房定以降の動向とその解明が注目されるといえるであろう。

次に、四条家・八条家についての研究状況について取り上げることにしたい。この両家についての研究がみられるようになったのは、比較的近年のことにすぎず、それは谷合伸介氏・森田真一氏の研究に代表される(30)。四条家は上杉朝房に始まる家系であるが、谷合氏によって、とくに文明期から享禄期(一五二八～三二)頃までの動向が明らかにされている。四条家は、享徳の乱においては教房・政藤父子が室町幕府軍として関東に下向したが、長禄二年(一四五八)に教房が戦死した後しばらくすると、関東での動向が確認されなくなり、教房の弟憲秀はその後も関東に在陣したらしいが、教房の嫡子政藤は京都に帰還したとみられ、文明十二年(一四八〇)・同十三年頃の作成とみられる「永享以来御番帳」外様衆部分から、京都での活動が確認されている。そして、室町幕府のもとでは「外様衆」に位置付けられていたことが確認されている。

また、享徳の乱以前の動向としては、永享の乱・結城合戦、そして享徳の乱における動向について、湯山学氏の検討があり(前掲論文)、それらによって永享の乱・結城合戦においては、持房が幕府軍の大将の一人として、将軍から「武家御旗」を与えられていたことが明らかになっている。さらに享徳の乱においても、幕府軍の大将の一人で「武家御旗」を与えられたものに「上杉」がある(「康富記」康正元年四月三日条(31))。この「上杉」についてはこれまで、山内家房顕や越後家房定に比定されることがあったが、房顕は「武家御旗」ではなく「天子御旗」を与えられていて異なり、房定は越後国に在国していたから異なっている。この時、京都から進軍した上杉氏一族には、その他には八条家持定とその一族がいたが、八条家は越後家の軍事指揮下に置かれていたから異なり、そうするとこの「上杉」は、それまでの経緯を踏まえると、四条家教房にあたるとみることができる。こうしてみると四条家は、しばしば関東に進軍する幕府軍における大将の一人を務めていたことになり、その政治的地位の高さがうかがわれる。

しかしながら関連史料は少なく、室町期における所領分布や、戦国期における動向など、今後における史料発掘が必要であろう。とくに室町期の動向の解明は重要と考えられ、それにより在京する上杉氏一族の地位や役割などの位置付けが可能になるものと考えられる。

八条家は上杉満朝に始まる家系であるが、やはり関連史料は少なく、その動向は不明なところが多い。しかしそうしたなかでも、永享三年（一四三一）頃の作成とみられている「永享以来御番帳」御相伴衆部分に、その子満定があげられていることから、室町幕府のもとでは「御相伴衆」に位置付けられていたことが確認されている。この身分は、上杉氏一族のなかでは最も高いものとなる。おそらくそれは、この八条家が朝定の嫡流と位置付けられていたことによるとみられる。結城合戦においては、満定の次男房藤が幕府軍の一員として関東に下向している。次いで享徳の乱においても、持定（満定の子）とその子弟が関東に下向しているが、そこではいずれも越後家房定の軍事指揮をうけるものとなっている。下向の経緯は明確ではないが、四条家教房とは別行動であったとみられ、山内家房顕が越後国経由で関東に進軍しているから、それと行をともにしたものであった可能性が想定される。

享徳の乱における動向については、森田氏の研究に詳しいが、同時に多くの一族の存在がみられており、その系譜関係の復元は困難なものとなっている。嫡流の持定のほか、弟とみられる治部少輔・刑部少輔（成定か）、叔父房藤、伊予守、尾張守房孝、などの存在が確認されている。このうち嫡流の持定は、文明三年には関東在陣衆のなかにはみえていないので、それまでに京都に帰還した可能性が高いとみられる。その子孫はそのまま在京を続けたと思われるが、現在のところ関連史料については、いまだほとんど見出されていない。ただ、戦国末期の古河公方五代足利義氏の書状案で、「上杉伊勢守」宛てがあり、「壬生ニ在宿、八条事ナリ」と注記があるものが存在している（「喜連川家文書案」『戦国遺文古河公方編』一一八〇号）。在所の「壬生」について、これまでは下野国壬生とみる見解もあったが、これは京都壬生ととらえるのが妥当であり、伊勢守は八条家の当主とみなされる。これにより戦国末期まで、八条家の嫡流は京都に在所していたことがわかる。今後はその間の動向に関する史料を見出すことが課題となろう。

八条家の嫡流は、在京を継続したとみられるが、その一族はほとんどすべて越後国に在所するようになっている。その時期は明らかではないが、関東での動向が確認されるのは文明三年頃までであるので、その後に越後国に下向し、そのまま同国に在所したとみられる。ただし刑部少輔のみは、文明期後半に在京していることが確認されるが、その後は他の一族と同じく、越後国に下向したと推測される。注目されるのは、越後国に在国するようになった八条家一族は、すべてその後は「八条」を名字として称されるようになっていることである。この状況は、他の越後家一族についても当てはまるように思われ、上条家・山浦家・山本寺家なども、以後においてはそれらを名字として称されるようになっている。これも、越後家の戦国大名化にともなう事象とみることもでき、同国における上杉名字は、越後家のみに限定していく動向とみることができるかもしれない。

八条家一族の多くが、越後国に在国するようになった理由は明確ではないが、一つに、同家は始祖の満朝の代から、越後国に所領を多く有していたとみられるので、在所する所領が存在したとみられること、もう一つに、享徳の乱では越後家房定の軍事指揮下に置かれていたので、その過程で越後家の一門化していったとみられること、があげられるであろう。そうしたなかで特に注目されるのは、尾張守房孝の子竜松丸が、越後家房能の養嗣子とされたとみなされていることであろう。さらに、永正四年（一五〇七）に房能が守護代長尾為景に殺害された際には、尾張守父子と刑部入道成定も殺害されている。越後家と八条家一族との関係が、極めて密接なものであったことがわかる。

そして、この房能殺害を契機にして、「越後永正の乱」が展開され、守護代長尾家の戦国大名化が展開されていくこと、房能死去後の越後家家督をめぐる同六年からの山内家顕定による越後国侵攻の際には、為景に越後家当主に擁立された定実（上条家房実の子か）、それに味方する上条家兵部、定俊（掃部頭）以外の、上条家一族の定憲[32]、同じく憲明（山内家憲房の弟）、八条家房繁（房藤の子）・左衛門佐などは顕定に味方していて、上杉氏一族は大きく分裂している。しかしながら、それら越後家一族の系譜関係については明確にされていないのが現状である。それら一族の動向は、「越後永正の乱」とその後の戦国大名越後上杉家の成立を理解していくうえにおいて必須の課題であるとみなされる。今後におけるさらなる研究の進展を期待したい。

註

（1）それぞれ拙編『足利基氏とその時代〈関東足利氏の歴史1〉』（戎光祥出版、二〇一三年）・『足利氏満とその時代〈関東足利氏の歴史2〉』（同前、二〇一四年）・『足利満兼とその時代〈関東足利氏の歴史3〉』（同前、二〇一五年）・『足利持氏とその時代〈関東足利氏の歴史4〉』（同前、二〇一六年）・『足利成氏とその歴史〈関東足利氏の歴史5〉』（同前、二〇一七年刊行予定）所収。上杉氏一族についての基礎的事実については、それらを参照。

（2）さらに戦国期の山内家については、拙著『戦国期山内上杉氏の研究〈中世史研究叢書24〉』（岩田書院、二〇一三年）、久保田順一『上杉憲政〈中世武士選書34〉』（戎光祥出版、二〇一六年）がある。

（3）『文学研究論集』三九号、二〇一三年。

（4）研究状況については、駒見敬祐「犬懸上杉氏と上杉禅秀の乱」（註1拙編『足利持氏とその時代』所収）を参照。

（5）和氣俊行「応永三一年の都鄙和睦をめぐって―上杉禅秀遺児達の動向を中心に―」（植田真平編『足利持氏〈シリーズ・中世関東武士の研究20〉』戎光祥出版、二〇一六年、所収）。

（6）山口平八「深谷上杉氏の興亡と深谷城の創築と開城」（『深谷市史』第五篇第一六章、深谷市、一九六九年。本書収録）。

（7）湯山学「庁鼻和（深谷）上杉氏考」（前掲同著『関東上杉氏の研究』所収。初出一九八六年）。
（8）持田勉「深谷（庁鼻和）上杉氏―深谷上杉氏の系譜―」（『埼玉史談』二四三号、一九九五年。本書収録）。
（9）高橋一彦「深谷上杉氏の墓について」（『埼玉史談』八巻三号、一九六一年。本書収録）。
（10）菊池紳一「尊経閣文庫蔵『上杉憲英寄進状』について」（『埼玉地方史』三五号、一九九六年。本書収録）。
（11）持田善作「深谷城主上杉憲賢筆清隠斎詩軸并序について」（『埼玉史談』一七四号、一九七八年。本書収録）。
（12）佐々木孝浩「室町期東国武士が書写した八代集―韓国国立中央図書館蔵・雲岑筆『古今和歌集』をめぐって―」（『成城国文学』二九号、二〇一三年）。
（13）久保賢司「二通の医療関係文書から―庁鼻和上杉氏の系譜と動向―」（『鎌倉』八九号、一九九九年。本書収録）。
（14）田中正太郎「市田太郎氏盛について」（『埼玉史談』一六六号、一九七六年）。
（15）前掲『深谷上杉氏史料集』における史料番号を示す。以下、同じ。
（16）『深谷上杉氏史料集』では永正元年に比定しているが、横瀬景繁は同十六年七月時点で実名で称されており（『新編会津風土記』『埼玉県史料叢書12』八三号）、景繁は同十七年もしくは大永二年二月に死去しているので、同文書の年代はその間のものと推定される。なお、横瀬氏の動向については、拙稿「上野由良氏の発展と展開」（拙著『戦国期東国の大名と国衆』岩田書院、二〇〇一年、所収）を参照。
（17）それまでにおける憲盛妻の動向に関しては、拙稿「岩付太田氏の系譜と動向」（拙編『岩付太田氏〈論集戦国大名と国衆12〉』岩田書院、二〇一三年）を参照。
（18）拙稿「玉縄北条氏の族縁関係」（拙著『戦国大名領国の支配構造』岩田書院、一九九七年）。
（19）戦国大名と国衆の従属関係に在り方については、拙著『増補改訂戦国大名と外様国衆〈戎光祥研究叢書4〉』（戎光祥出版、二〇一五年）を参照。
（20）山田邦明「応永の大乱」「上杉房定」（『新潟県史通史編2』第二章第二節第一項・第二項、新潟県、一九八七年。本書収録）。
（21）田村裕「上杉房方の時代」「越後応永の乱」（『上越市史通史編2』第一部第五章第一節・第三節、上越市、二〇〇四年。本書収録）。

（22）片桐昭彦「房定の一族と家臣」（『上越市史通史編2』第三部第一章第二節、上越市、二〇〇四年。本書収録）。

（23）森田真一「上杉房能の政治」（『上越市史通史編2』第三部第一章第四節、上越市、二〇〇四年。本書収録）。

（24）代表的なものとして、佐藤博信「越後応永の内乱と長尾邦景」（前掲同著所収）があげられる。

（25）代表的なものとして、赤沢計真氏の諸論考（前掲同著『越後上杉氏の研究』所収）があげられる。

（26）拙稿「戦国大名権力の成立過程―扇谷上杉氏を中心に―」（拙著『中近世移行期の大名権力と国衆』校倉書房、二〇〇一年）。

（27）矢田俊文「戦国期越後の守護と守護代―上杉房定と長尾為景―」（田村裕・坂井秀弥編『中世の越後と佐渡』〈環日本海歴史民俗学叢書7〉』高志書院、一九九九年、所収）・同「戦国期越後国政治体制の基本構造」（本多隆成編『戦国・織豊期の権力と社会』吉川弘文館、一九九九年、所収）など。

（28）森田真一「上条上杉定憲と享禄・天文の乱」（『新潟史学』四六号、二〇〇一年。本書収録）・同「越後守護家・八条家と白河荘」「上条家と享禄・天文の乱」（『笹神村史通史編』中世第四章第一節・第二節、笹神村、二〇〇四年。本書収録）、谷合伸介「八条上杉氏・四条上杉氏の基礎的研究」（『新潟史学』五一号、二〇〇四年。本書収録）、註（22）片桐論文など。

（29）森田真一「上杉定昌と飯沼次郎左衛門尉」（矢田俊文編『室町・戦国・近世初期の上杉氏史料の帰納的研究〈科学研究費補助金報告書〉』新潟大学、二〇〇六年。本書収録）など。

（30）註（28）および森田真一『上杉顕定』（前掲）。

（31）なお、この「上杉」について、拙著『長尾景仲』（前掲）では、上条家定顕（清方の長男、越後家房定の兄）か八条家持定の可能性を想定したが、その後の検討により、以下に述べるように四条家教房にあてるのが妥当である。

（32）なお、上条家定憲の出自について、当初、森田氏は山内家顕定の実子という見解を示していたが（註28論文）、その後は撤回している（『上杉顕定』）。論点となっているのは、上条家の家督は、房実（清方の三男）、その子定明の後は「安夜叉丸」「惣五郎頼房」兄弟に継承され、兄弟の父「朴峯様」についての比定になる（「天文上杉長尾系図」前掲拙編『山内上杉氏』所収片桐論文所収）。森田氏は、当初これを顕定（「皓峯」）ととらえていたが、「越後過去名簿」（『新潟県立歴史博物館研究紀要』九号所収）に、天文四年（一五三五）十月七日死去「上条入道」の記載が見出されたため、修正している。そして「朴峯」については、それが「上杉弾正少弼殿御新造」によって供養されていることから、「上条上杉弾正少弼」とみている。ただし、「天文上杉長尾系図」における「上条少弼入道殿」は「朴峯様」についての注記とみられ、「越後過去名簿」で「朴峯」＝「上条入道」を供養している「上杉弾正少弼御新造」は、その娘とみるのが妥当のように思われる。しかしいずれにしても、わずか三世代のなかでしかないにもかかわらず、上条家一族の系譜関係は不明なところが多すぎる。今後における解明が待たれる。

（補注1）その後、駒見敬祐「関東管領上杉朝宗考」（『文学研究論叢』四六号、二〇一七年）が出されている。

第1部

庁鼻和・深谷上杉氏

I

深谷上杉氏の興亡と深谷城の創築と開城

山口平八

第一節　深谷上杉氏の系譜

前述の如く世潮、滔々として下剋上の風に靡き関東の地乱麻の巷《ちまた》と化したが、常に卓然たる風格を持し、大義名分の大旆《たいはい》を揚げ、最後まで孤城を死守して指導的地位を確保せるものに、わが深谷上杉氏の一系があった。当時代の武蔵深谷を語ることは結局深谷上杉氏の史実を述べることになる故、「深谷上杉氏系図」を一瞥《いちべつ》することにする（現存する深谷上杉氏の系譜は多少の相異があるが、これも参照されたい）。

（一）『続群書類従』本、即ち『上杉兵部憲景家蔵本』（『埼玉叢書』にもこれを所載す）

鎌足　大織冠内大臣
天兒屋根命廿二世孫也。宇《ママ》命長。甲辰授大織冠。天智天皇七年戊辰白鳳八年十三始賜姓藤原朝臣。任内大臣。
白雉六年乙卯為願主達。白鳳十年十二月薨

淡海公　大織冠不比等右大臣正二位
贈大政大臣正一位。賜兵仗。氏長者

房前　北家姓也
真楯　大納言正二位
内麻呂　右大臣氏長者
真夏　参議従三位
濱雄　民部少輔
家宗　参議従三位
頭
冬嗣　嵯峨右大臣淳和左大臣
正二位
贈大政大臣正一位。文徳天皇外祖父。天長三年七月廿四日薨。五十一
良門　内舎人正六位上
高藤
頼明
定国　大納言正三位
定方　右大臣師左右大将。
醍醐。朱雀二代。號三条。正二位

朝頼 左衛門督従四位上 ─ 為輔 権中納言従二位 號甘露寺

惟考 従三位 ─ 泰通 春宮亮 ─ 泰憲 中納言

説考 蔵人 播磨守正四位下 左大辨

宣考 山城守正五位下 ─ 隆光 備中守

□□（虫） ─ □□（虫）

盛實 治部卿中宮亮 ─ 顯憲 皇后宮亮正四位下 蔵人

盛憲 式部丞正五位下

能圓 早世。

清房 蔵人出羽守正五位下

頼泰 ─ 頼顯

重房　始號上杉左衛門督
修理大夫

頼重　上杉大膳大夫
承安門院蔵人
法名性尊。関東下向。文武達者。歌人

女　足利治部大夫頼氏室。伊豫守家時母儀。自此時
勧修寺人々詩（マヽ）参御（以下虫損）

憲房　丹波上椙兵庫頭
上西門院蔵人
號瑞光寺。法名道欽。道號雪谿。京都四條河原合戦討死

憲顯　安房守
法名道昌。道號桂山。関東管領。康永二年上州豆州越州守護。號国清寺。應安元年戊申九月十九日於足
利御逝去。六十三。国清寺建立。

憲藤　中務少輔

朝房　弾正少弼信州總州守護關東管領
兵部少輔興能憲兩管領
法名常眞。道號得元。

朝宗　釋迦堂中務少輔
法名禪助。道號相瀧。應永二年正月任管領鶴岡総奉行。號徳泉寺。同廿二年八月廿五日於總州長柄山逝去。

女
三浦安藝守妻。後比丘尼。松岡長老。應永十二年八月廿九日他界

氏憲　右衛門佐
固廰鼻に居ル
法名禪秀。道號月山。鶴岡総奉行。應永十年九月三日任管領。同廿四年正月十日於雪下別當坊。満隆持仲御供申討死。

氏朝　左馬助
京都奉公。早世

氏顯　修理亮

憲方　伊豫守
應永二十四年丁酉正月十日於雪下討死。

憲春　五郎
憲基猶子。於雪下討死同前。

持春　中務少輔
京都奉公。

快尊　大納言法印鶴岡別当　禅秀同時討死。

禪欽　同時討死

女　千葉修理大夫兼胤室

女

女

憲将　兵庫頭　貞治五年丙午六月二十六日逝去

僧道可　久庵大徳寺　應永廿四年正月廿六日歸寂七十八。

憲賢　越後次郎　早世観憲二年辛卯七月五日死去。

憲方　安房守元右京亮　法名道合。明月院。康暦元年四月廿日應永元年甲戌十月廿四日逝去。正宗寺本云道號天壽

憲考　兵庫助宝間

早世。丘部少輔能憲猶子。明徳二年九月廿六日逝廿六歳。

房方　越州守護民部大輔
朝房養子。法名常越。應永廿八辛丑年十一月十日逝。五十五。

朝方　京都
左馬助

憲定　安房守元右京亮
法名長基。應永十二年八月十七日任管領。號光照寺。道號大全。同十九年十二月十八日逝去。年三十八。

女　比丘尼六浦如意寺
長老

女　比丘尼理通伊豆北條
園越寺　長老

憲重　住越後四郎左京
- **某六郎**
- **某**

憲基　安房守
應永廿五年任管領。鶴岡總奉行。應永廿五年正月四日逝。廿七歳。法名信元。道號海印。
號宗德院。應永廿六年己亥

義憲　任右京大夫佐竹左馬助右馬頭

義盛養子。遺跡相続間號佐竹。正宗寺本 號存見

女 比丘尼

憲實 安房守
號雲洞。道號高岩。實民部大輔房方息。應永廿六年正月管領職。

山内
憲忠 右京亮
享徳三年十二月廿七日於御所討死。興運院。號大詔。名長釣（鈎歟）

憲忠弟
清蔵司 正宗寺本 京五山

香蔵司 ― 憲房

憲政 童名號龜前殿

憲廣 養
晴氏上様御舎弟。

山内
房顯
大光院。號清岳。名清純。憲忠猶子。寛正七年二月十二日五十子陣逝去。

山内
顕定法　高倉

僧
秀晟

僧
法亨

僧
周岱

女子　比丘尼理度北條園城寺　虚中小師

憲春　刑部大轉（輔）元左近将監　關東管領
法名道珍。康暦己未年四月七日逝去。

憲英　藏人大夫奥州管領
號國済寺殿。法名常興。道號大宗。八月二日逝去。

憲光　廳鼻左馬助　奥州管領

只懸
憲國　兵庫助

只懸
憲輔　五郎

憲長　二郎藏人
九月廿四日逝去。號松岩

憲武　六郎
法名浄忻。四月三日逝去。號越岩六郎右馬助

憲信
法名性順。號巽剛。正月廿一日逝去。

房憲　三郎右馬助
昌福寺的翁静瑞。人見山昌福寺開基。十一月五日逝去。

憲親　七郎
法名常春、道號花林。五月九日逝去。

憲栄　葛見左近將監京都奉公狩野庄
如意輪寺越州守護
自桂山相續之間。憲方為猶子遺跡。後遁世。道號大遠。伊豆大見。應永廿九年十月廿六日寂。七十三。

女
朝房霜臺室。

女　岩松殿室

女　比丘尼　芳山

房方　大輔　越州守護
朝房猶子。越州守護。憲栄猶子。實安房守憲方息。法名常越。道號大江。應永廿八年十一月十日逝去。五十四。

朝方　高倉左馬助
保眞院。法名常堅。道號密林。應永廿九年十月十日於京都逝去。

頼方　七郎
永享壬（壬）子年二月逝去。

憲實　任管領
憲基猶子。法名長棟。

清方　十郎兵庫

重方　三郎

某　六郎

- 重顕
  - 某　十郎
  - 女　武田信賢室
  - 女
- 重藤　大藏權小輔
  - 某
- 朝定　弾正少弼　法名道彈（禅）。於信州御原御陣討死。三十三。高師道興両管領。
- 重竹　左近将監　建武三年三月十五日於渡部河。憲藤同時討死。年十七歳。
- 女　中務少輔憲藤妻。朝房母儀
- 顕定　伊豫守元式部大夫定　建徳寺應安三年建立。實藤成子。法名希顕。號靈岩院。應安八年四月三日逝去。
- 朝顕
- 女　亀壽御前　法名子宗。

八條
満朝　修理亮童名龍増丸

満定　兵庫頭中務大輔

房藤　左京
掃部助

朝廣　式部大輔伊豫守
顯定養子。

氏定
號普恩院。顯定猶子。實賴顯子。法名常繼。道號仙巖。應永廿三年丙申年十月八日。於藤澤腹切。

女
中務少輔朝宗室。後比丘尼。物持院。實賴顯子。

持定　扇谷治部少輔
道號宗江。號長慶院。應永廿六年五月廿一日逝去。

尊運　權僧正法印一位大僧都
鶴岡別當
實式部大夫朝廣子。

持朝　扇谷三郎童名竹壽丸　永嘉門院藏人大輔

藤成　號千秋

頼顯　小山田宮内太輔　法名道松。道號雪領。

定重　小山田修理亮
　定頼　小山田三郎

女子　法名聖機。道號青山

藤明　長合
　某　長合武州國司　兵庫助　氏成實弟也。

氏春　長合兵庫助　應永廿四年正月十日於雪下満隆持仲御供申禪秀以下同時討死

女　足利大方殿従二位清子　贈二位浄妙寺殿。雪庭。果澄院殿義高尊氏。直義母

女　御加々御局。憲房猶子。

女

女（妻脱歌）　高越後守

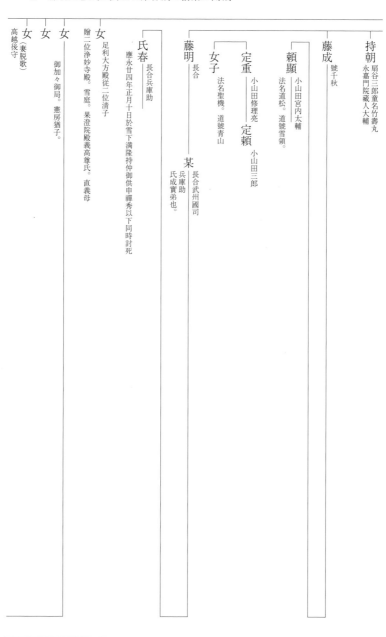

女

女　高越後守妻

重能　伊豆守豆州守護
號報恩寺。建武二年乙亥八月建立。法名道宏。道號秀峯。兵庫頭憲房養子。實勸修寺宮津入道子。引付一番頭人。貞和五年己丑十二月廿一日於越前被討。

某

重兼　宅間修理亮
左京亮。憲房養子。建武二年建報恩寺隠居

女　伊豆守豆州守護
高土佐守師秋室。陸奥守師眞母儀。

能俊　宅間左衛門佐
道號好山。法名道高。引付一番頭人。應永八年十月晦日逝去。報國寺旦那

某　三峯寺掃部助
越州住

某　助三郎 ― 某　掃部助

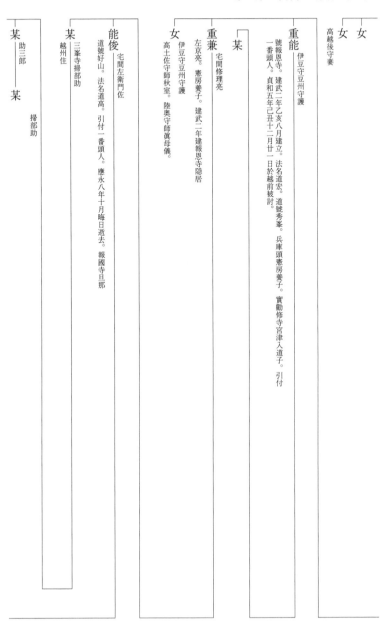

- 某　助三郎
- 憲直　掃部助淡路守評定奉行鶴岡惣奉行　任陸奥守
  - 憲重　掃部助淡路守
  - 某
  - 女　比丘尼國恩寺長老
  - 女　一色刑部屋（室）
- 憲重　宅間伊豆四郎　報國寺旦那。法名道得。道號實山。奥州奉公。應永卅年癸卯五月十五日逝去。
  - 憲俊　宅間讃岐守　法名道喜。道號悦堂。正長元戊申年五月廿二日逝去。
    - 憲清　喜雲寺。圓海静盛
      - 憲賢　義竹軒　法名雲岑。道號静賢。四月六日逝。

憲盛　三郎半松軒
道號要山。法名静簡。建立静簡院。日来與北條氏政相排弓箭。元龜四年和睦。氏政及其族安房守等誓紙。其詞對岡谷加賀守。秋元越中守。井原左衛門尉等。亦同不可有異儀之由。是三士者憲盛爪牙臣也。三月廿八日卒

氏盛　三郎
道號賢翁。法名静哲。天正六年九月十三日氏政及安房守等誓紙。氏政養之為子。嫁干（于）女。故改名氏憲。豊臣秀吉攻氏政居城時。氏憲在城中。相對於瀧川氏顯戰切。寛永十四年正月廿二日卒。

憲國　兵部
水戸黄門家奉公。

憲景　藏人

女子
松平求馬頼利室。靭負頼道母。

以上杉兵部憲景家藏本寫之

（二）　東京帝国大学史料編纂所編『読史備要』上杉氏系図

憲顕
- 憲将（道昌）―道可
- 憲英（山内）―憲光
  - 憲長
  - 憲信―房憲―憲清―憲賢―憲盛（深谷）（ここまでで終っている）。
- 憲方（道合）
  - 憲孝
  - 房方
    - 憲實
    - 清方―房定（越後上杉）―定昌（以下畧）
  - 憲定―憲基（長基）（以下畧）

（三）『重修岡谷家譜』本

深谷上杉家系圖

憲英　初憲定　兵部少輔　蔵人大夫
陸奥守　深谷祖
母ハ木戸氏上野守護職奥州管領武蔵榛澤郡固廳鼻ニ居ル應永十一年八月二日卒ス法名國濟寺殿常興大宗國濟寺村國流寺ニ葬ル

憲光　廳鼻右馬助
奥州管領法名雲龍軒殿光山道盛

憲信　六郎　右馬助　武蔵守
固廳鼻に居ル
正月二十一日卒ス法名善應寺殿性順巽剛

房憲　三郎　右馬助
人見村人見山昌福寺創建深谷ニ城ヲ築キ居ル十一月五日卒ス法名昌福寺殿的應静端大居士

憲清　三郎
法名喜雲寺殿圓海静盛又號世体院

憲賢　次郎
永禄三年四月六日卒ス法名義竹庵殿雲岑静賢大居士

憲盛　三郎　左兵衛佐
深谷城主
曰来與二北條氏政一相二挑弓箭一元亀四年四月十五日和睦氏政及其族安房守氏邦等誓詞其詞對岡谷加賀守秋元越中守井草左衛門尉等亦同不レ可レ有二異儀一之由是三士者憲盛爪牙臣也天正三年三月二十八日卒ス法名伴松軒殿要山静簡大居士静簡院ヲ創建ス

氏憲　三郎
天正六年九月十三日氏政及安房守等誓紙氏政養レ之為レ子嫁レ于レ女故名二氏憲一豊臣秀吉政二氏政居城一時氏憲在二城中一相二對於瀧川氏一顕二戦功一寛永十四年正月二十二日卒ス法名嘯松院殿賢應静喆大居士

昌福禅寺上杉氏先塋碑（全碑文は本文中に記したるため省略）

深谷旧跡録ニ曰ク深谷故城木香形ト號ス上杉武藏守藤原憲信始テ之ヲ築ク榛澤郡及幡羅大里那珂男衾児玉埼玉迄旗下ニ引付ケ鎌倉犬懸管領同氏右衛門佐氏憲入道禅秀ニ附属ス禅秀没テ後山内管領同氏安房守憲實入道長期ニ附属ス公方足利殿ト合戦ノ後當城ヲ築クト云フ

新編武藏風土記ニ曰ク永享十二年結城七郎氏朝故足利持氏ノ幼息ヲ守護シテ結城ニ籠城ス三月十五日上杉右馬助憲信入道性順長居左衛門尉景仲両大將ニテ鎌倉ヲ発シ苦林ニ陣シ七月三日成田カ館へ発向シ一色伊豫守ト戦フ云々又康正元年十二月三日上杉武藏入道性順足利成氏方武田右馬助ト崎西ニ戦フ二年性順子右馬助房顕ト人見ニ出テ帰テ城ヲ深谷ニ築ク十月成氏方烏山右京亮高山因幡守等深谷ニ向フ性順之ト岡部原ニ戦ヒ井草左衛門尉久下秋元等戦死ス云々

應仁武鑑ニ曰ク

上杉固廳鼻和左馬助房憲

武藏足立埼玉二郡田千八百五十町陸奥楢葉郡田七百八十町合二千六百三十町獲稲百三十一万五千束

此直錢七万八千九百貫文此米六万五千七百五十石今量六万三千七百六十二石三斗七升余

米三万二百八十七石一斗二升余

四斗入七万五千七百十七俵三斗二升余

固廳鼻和家領

米三千百八十八石一斗一升余

武藏陸奥守護職料

鎌倉館　佐介谷

居　城　武州埼玉郡埼西（鎌倉ヨリ二十八里）永享十二年結城合戦ノ時固廳鼻和性順武藏ノ國務ヲ取テ在國セシカハ長尾景仲ト共ニ兵ヲ率ヒテ下総野田ノ城ヲ攻ル由大草紙及ヒ永享ノ記録ニ散見ス武藏ノ守護料ハ固廳鼻和ノ家ニ収シナルヘク思ハルレト別ニ武藏守護代長尾景仲トアレハ左モアラヌニヤ

（四）　久保田氏藏『上杉家系譜――深谷嫡流』

（深谷上杉氏系図）

上　杉　家　系　譜　　深谷嫡流（憲顯以降所載）

幕紋　　竹葉丸飛雀

家　紋　　同　上

副　紋　　十六辨菊　五七花桐

憲順　上杉民部大輔　安房守
母
康永二年補上野伊豆越後三國守護時卅八歳貞和五年左馬頭基氏卿爲関東管領六十一歳應安元年九月十九日
卒於足利陣六十三歳號國清寺桂山道昌

憲藤　上杉中務少輔　修理亮　號四條上杉
母
建武三年三月十五日於渡邊川爲将軍防敵討死年二十一

朝房　上杉幸松丸　三郎　彈正少弼
領信濃守護

朝宗　上杉幸若丸　中務少輔領上総守護
母
應永元年補関東管領佐（左）馬頭満兼朝臣
同五年満兼朝臣爲鎌倉公方同十七年七月卒
朝宗遁世至上総入長柄山胎蔵寺大雲菴蒼龍軒
不出同廿一年八月廿五日卒七十六歳徳泉寺禅
助道元是也

氏憲　上杉右衛門佐　號犬懸
母
應永十九年管領憲定有病辞職氏憲代之而與鎌倉持氏卿不和氏憲薙髪號禅秀同廿二年辞職同廿三年謀立持仲
戦不利廿四年正月十日自殺

重能　上杉伊豆守實宮津入道子
母上杉頼重女
伊豆守護職引付一番頭人
建武二年八月草創報恩寺
貞和五年十二月廿一日爲高師直説（ママ）死

重兼　上杉左京亮　宅間氏祖
母同重能
建武二年草創報国寺　應安六年十一月三日卒

憲将　上杉兵庫頭　住越後
母　木戸氏
貞治五年六月廿六日卒法名捞厳院如禅道尓

憲賢　上杉次郎　住越後
母　同
観應二年七月五日卒

能憲　上杉修理亮為重能子
後称宅間兵部少輔
補関東管領　應安四年十月十五日為養父供養
報恩寺永和四年四月十七日卒敬室道諲

憲春　上杉左近将監　刑部大輔
母　木戸氏
永和四年代能憲為管領　康歴（歴）元年正月諫鎌倉
氏満朝臣三月八日自殺　大澤院高源道弥

憲方　上杉右京亮　安房守
母　同
康暦元年四月廿八日為管領　営館於鎌倉山内
依號山内上杉應永元年十月廿四日卒六十歳
明月院天樹道合

憲定　上杉山内右京亮　安房守
母　一色氏
應永十二年八月十七日補管領同十九年十二月十八日
沈醉發病即日卒卅八歳光照寺長基大全

憲基　上杉山内安房守　後住佐介谷
母　小金井氏
應永廿三年五月補管領　同廿五年正月五日卒　卅七歳宗徳院海印信元

義人　上杉龍保丸　爲佐竹右頭義盛養子
称佐竹右京大夫

憲實　上杉安房守　称山内
實越後上杉房方四男也　房方者憲定兄
應永廿六年正月爲管領永享十年八月十四日夜
竊去鎌倉至長門國住於龍門寺留雲軒應仁二
年三月六日卒於周防國五十七歳雲洞菴高嵩長棟

憲忠　上杉山内龍若丸　右京亮
母　一色氏
文安四年補管領十四歳　亨（享）徳三年十二月廿七日被害廿一歳

房順 上杉兵部大輔
母同
憲忠横死之後嗣家督領分國時関東大亂公方成氏朝臣去鎌倉移於下総古河房顯陣於武蔵五十子合戦有年逐卒
於陣中卅二歳
大光院清岳道純

顯定 上杉四郎民部大輔相模守
實越後上杉房定二男
永正二年顯定進発於越後故以管領職讓補於憲房憲房入主於平井大永五年四月十六日卒於平井五十九
歳龍洞院大成道憲

顯實 上杉四郎
實古河御所政氏朝臣弟顯定爲
養子然平井諸将士不心服依入於武蔵鉢形城永正十二年卒

憲寛 上杉四郎　宮原家祖
實古河御所高基朝臣子憲房養爲子續管領職大永五年憲房卒憲寛家督天文元年憲房實子憲
政既長因憲寛退隠歸於古河後居於上総宮原號宮原左馬頭晴直

憲政 上杉四郎兵部大輔
母
憲房實子也大永四年生於平井同五年憲房卒憲政僅二歳也依是立憲寛爲家督然平井家老欲立憲政故天文
元年憲政九歳補領爲平井主同十四年卒兵八萬圍川越城域（城）主北條上総介綱成也北條氏康率兵八千
發小田原同年四月廿日至川越援綱成憲政戦不利走入於平井北條兵追攻急憲政不能保平井逃於越後長尾
景虎迎之憲政以景虎爲養子讓管領職及上杉系圖天正七年三月十八日傷害五十六歳瑞嵓院立光建

龍若　天文十七年正月爲北條氏康於足柄海岸寺傷（ママ）十一歳

輝虎　上杉彈正少弼初長尾喜平次景虎後薙髪號不識院權大僧都法印謙信
天正六年三月十三日卒四十九歳
伊豆國八幡村水陸山寶泉寺開基

佛印

憲英　上杉藏人大夫兵部少輔陸奥守
母　木戸氏
上野守護　陸奥管領　法謚　國濟寺大宗常興

憲榮　上杉左近大夫将監　童名龍樹丸　母　北條氏
淂兄憲将之護領越後國衛然有出塵之志十八歳遁世後依鹿苑院将軍義満公命還俗在京奉行越後國事者
十年許家息兌再遁世至於但馬参月潭會下後赴於伊豆草創大見郷山如意輪寺住之應永廿九年十月廿六
日無疾而終七十三歳號大遠道久

女　上杉彈正大弼朝房室

女　岩松治部大輔持國室

女　上野海龍寺尼衆芳山了薫首座

女　了有座元法尼

憲光　上杉固廳鼻和左馬助兵部大輔
母
陸奥管領
應永廿三年十月上杉氏憲入道禅秀作亂之日援憲基戦於佐介谷六日夜討死雲龍軒光山道盛

憲國　只懸兵庫頭

憲輔　只懸五郎

憲長　上杉藏人大夫
母
應永廿三年十月六日夜與父討死松嵓道雄

憲武　上杉六郎
母　小山田氏
法名　越嵓常雄

憲視　上杉七郎
母　同
法名　花林常春

憲正　上杉七郎
母　榎下氏
法名　宗彭壽山

憲周　上杉七郎
上杉左衛門大夫

憲勝
母
住　武蔵松山城　　法名　祥心月山
上杉藏人大夫

憲爲
母　上田加賀介高長女
法名　常悦懌翁

顯爲
上杉六郎
母　黒岩氏
法名　常圀輪山

憲信
上杉右馬助號固廳鼻和入道性順
母　海上氏
武蔵埼玉郡寄西城主領足立崎玉二郡田千八百五十餘町後移於深谷
永亨（享）十二年結城合戦有功
法名　善應寺巽剛性順　一云正月廿二日卒

憲明
上杉七郎
母　同
法名　章安道憲

憲親
上杉二郎

房憲　上杉三郎　右馬助
母　大石氏
草創人見山昌福寺爲香火場
法名　昌福寺的應静端　五月五日卒

憲清　上杉三郎
母
法名　喜雲寺圓海静盛

憲賢　上杉次郎
母
永禄三年四月六日卒　法名　義竹軒雲岑静賢ィ菴

憲盛　上杉三郎
母
元亀四年北條氏政使安房守氏郡議和睦家臣岡谷加賀守秋元越中守井艸左衛門佐與氏郡誓約
天正三年三月廿八日卒　法名　伴松軒要山静簡

女　北條氏政三男氏房室

氏賢　上杉太郎　雅楽頭

氏盛　上杉太郎　後號久下太郎
母　憲賢女　實北條氏房二男

氏憲　上杉三郎
母
天正六年九月十三日北條氏政返却安房守氏郡誓書養氏憲爲子援一字且以女嫁之爲親族同十八年氏政與豊臣
關白秀吉不和籠於小田原城時氏憲亦入保小田原瀧川一益深谷衆戦降之於是深谷城潰領地屬於江戸松平源七
郎康直領之氏憲浪々至於信濃住居寛永十四年正月廿二日卒法名嘯梅院賢翁静喆

憲國　兵部　爲兄子

憲國　上杉兵部　一夫齋
母　實憲盛二男
寛永八年奉仕於水戸権中納言頼房卿
寛文元年奉仕於水戸三位宰相光圀卿
貞享四年八月廿四日没葬於常陸茨城郡仙波村本法寺

憲景　上杉藏人
母　佐々木氏
奉仕於水戸光圀卿　貞享四年八月廿五日没　葬於本法寺　法名　高徳院

女　カチ　母　佐々木氏　松平大炊頭頼利側室筑後守頼道母

憲俊　上杉太郎　深谷太郎
母　北條氏　女
天正七年深谷城生同十八年深谷城潰父子浪々至信濃元和二丙辰年池田輝興公仕寛永三寅年八月十九
日輝興公松平姓玉フ右近太夫任同八未年播州佐用郡改賜赤穂郡同十一年七月十六日従四位下叙正保
二酉年輝興公備岡山蟄居従岡山住慶安元子年六月十二日卒　法名　鐵巌道號宗船岡山葬少林寺

憲全　小久保理兵衛
母
武州大里郡住

憲成　忠左エ門
母
武州男衾郡篠葉庄居改小久保氏

憲詮　小久保忠右エ門
母
武州大里郡住

憲昌　上杉雄七郎　後　茂左エ門
母　蒲生臣　小山小四郎氏行女
寛文三癸卯年池田政種公従江府至因君命木村氏攺寛文五年正月十五日卒　法名　傑厳道號傳正武州榛澤郡人見山昌福寺葬

憲知　上杉廉左エ門
母
寛永十三年　不和依之信州更級郡笹井庄退去氏憲同居攺久保田氏延宝五巳年二月十七日卒　本覚院浄證宗円居士

憲廣　号木村十太夫
母　津志村右門女
寛文三年父子奉仕於池田政種公江府至天和三壬亥年奉仕於池田政撫公元禄九子年四月因幡少将光仲公五男万之助清勝公政撫公ノ養子ト成玉フ同年七月家督相續同月廿九日十一歳卒去玉フ無嗣子断絶奉仕於依召因幡少将綱清公正徳四午年七月十八日五十八歳ニテ卒葬於麻布櫻田町法雲寺

女津澤

田安殿内津志村記内嫁正徳二年記内卒女子一人倶兄元ニ帰ル池田政撫公息女清勝公早世玉フ故綱清公ノ
養女成松平修理太夫吉武公之室ト成玉フ右御息女御育役ト成其後古川貞庵次男文平養子仰付御馬廻リ之
士ニ被召出寛延四未年十月廿八日卒　玄如院妙隆月昌　葬　法雲寺

女

古川貞庵妻　法名　法屋性清
元文二巳年十一月去葬　法雲寺

憲勝

号　木村茂左エ門
母
正徳四午年十二月家督奉仕
因幡少将吉恭公ニ延享四丑年有故浪々
宝暦三酉年六月十八日卒　本善院　観音行
円壽院　妙芯　葬　法雲寺

憲澄

号　木村新十郎後佑左エ門
母　小野寺氏　女
奉仕於因幡少将宗恭公延享四丑年七月廿六日有故父子浪々安永九子年被召返
奉仕於因幡少将重寛公後辻村忠兵エ無嗣子家續被仰付之辻村ト攺氏筋目正有由所故也

女

早世清円
宝永七寅年八月十九日去

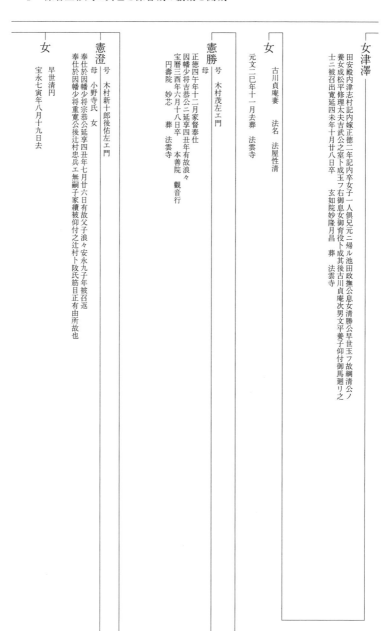

女
早世良吟
正徳元卯年十二月廿九日去

勝氏
号　木村傅右エ門
母
正徳四午年七月八日卒　宗丹院　学應日報　葬　法雲寺

早世
寛保元年酉年四月廿四日

女
雅遠童子
名　早咲

憲重
忠右エ門
母

方明

知憲
久保田善エ門
母
享保十巳年七月十三日卒　教巌院清與頓岳浄林

憲長
久保田又右エ門
母　知憲女　實金子又兵ヱ二男憲知有女嫁之
明和二酉年六月廿六日卒去　尋聲院到岸西運

憲直
水内郡富竹村矢澤氏家督直心菴開基
宝永五子七月朔日卒
直心常性居士

憲富　久保田武左エ門
母
寛政六寅年四月十八日去　清厳院大譽慈念乗山

女　岡田仁右エ門　妻

女　刀根川重治郎　妻

憲方　久保田伴左ヱ門
實　児玉氏七男
文政八酉年十一月廿五日卒　禮光院現譽義山受楽居士

女　児玉宗左エ門妻

女　児玉宗右エ門妻

憲明　久保田佐民衛
母　憲當女

憲義　久保田泰治郎
母　児玉氏女

女　渡辺治郎右ヱ門　妻

女　高橋氏男聟養子後別家
離別後上杉良輔憲孚ト号

憲信　久保田万五郎
　母　児玉氏　女

正憲――成憲――勇太郎――憲郎（現在）

（五）　上杉氏（千代《せんだい》）藏『深谷上杉氏系図』

憲成――憲秀

憲清　忠左衛門
　道号玉山
　法名良関　寛延元年辰十一月廿日

女　野原村
　杉田氏妻

頼憲　忠左衛門
　道号陽山
　法名良泰　宝暦七年丁丑正月六日死
　妻大里郡三ツ本村長谷川幸八郎女　繁室妙昌大姉　明和七年七月十一日死

憲資　幸七郎
　道号陽岩　法名良青

憲氏　條助

憲蕃
幼名八郎　後　忠左衛門
花山良運居士　天明四年甲辰五月廿日死
妻大里郡石原村松崎氏
智雲良恵大姉　文化七年五月二日死

藤憲

女
野原村　杉田氏妻

女
内宿村　杉田氏妻

憲貞
幼名　大忠次　後　忠左衛門
輝雲曜光居士　文化十年癸酉八月六日死
妻　大里郡代村田口左金吾
女名可よ　智鏡妙礼大姉　文化十四年丁丑七月十一日死

憲全
沖三寂巌独照居士　文化三年丙寅五月四日死　年十六

憲廮
幼名　浪次郎　後　忠左衛門　道岳良本居士
天保十二年辛丑六月廿四日死　年四十九
妻幡羅郡新島村新島　女
心月孤円大姉　文政六年癸未八月廿日死
名　きの
後妻大里郡屈戸村田口長大夫信義　三女名みつ
宝山妙運大姉　天保七年丙申十一月四日死　年三十三

安憲　幼名弁次郎　大久保茂太夫
男衾郡赤浜村大久保　養子

忠義　幼名文助　坂田宰助
大里郡春野原村坂田弥八　養子
自證院無書説相居士　文久元年辛酉八月廿二日死

憲澄　明治二十四年十月七日死
幼名慶次郎　後　忠左衛門
母　新島氏
妻　榛沢郡深谷駅春山長吉二女さと
幼名良次郎　柴伴七

守保　男装郡柴村　柴伴七養子
母　新島氏
幼名貞蔵　長谷川重右衛門
大里郡三ツ本村　長谷川重右衛門養子
母　田口氏
幼名兵次郎
男衾郡柴村　柴伴七　養子分家
母　田口氏

女　名ゑん　早世年七
母　田口氏

童形　立蔵　早世年一
母　田口氏

童形　霞山雲光居士

幾茂　嘉永五壬子九月七日死　年十五

憲光
實大里郡屈戸村田口長太夫鼓壽二男
安政六年未十一月十四日　養子以憲
澄二女　名寸萬爲妻

女
名す満

女
やす

女
よし

女
みつ
御正村
三ツ本長谷川文助妻となる

權九郎
妻　小原村小久保壽三の妹　名あき
大正七年十一月十二日　年四十八
後妻花園村町田家女　名ヤス
昭和十八年三月十二日年七十一

文助
大麻生村河原明戸中島敏次郎の養子

憲勝
妻　大寄村茂木秋香二女ヤス　後妻茂木秋香四女コト

女
きち
御正村押切御正山明の妻

米作
忍町行田富田つね　養子

女　さだ　御正村三ツ本長谷川祐一の妻
女　よし　平村西平村大野武男
慶次郎
女　千代
正（現在）
芳郎
女　久子
栄一

第二節　深谷上杉氏の勃興と深谷城創築（特に上杉憲英と上杉房憲）

深谷上杉氏の祖は上杉憲英《のりふさ》であるが、憲英・憲光・憲信の三人は皆「廳鼻和《こはなわ》」の文字を冠しているので史上「廳鼻和上杉氏」ともいっている。即ち廳鼻和現在の深谷市国済寺の地に住んでいた。しかし、その後の房憲《ふさのり》・憲清・憲《のり》賢《かた》・憲盛《のりもり》・氏憲の五代は完全に深谷城に住していたので総称して「深谷上杉氏」といっている。以下系図を追うて深谷上杉氏について詳述しよう。

（一）廳鼻和上杉氏

憲英

父は関東管領足利基氏の執事上杉憲顕《のりあき》（法名道昌）で鎌倉、「山ノ内《やまのうち》」に住んでいた。従って、この地を管領屋敷《かんれいやしき》といっているが、『新編鎌倉志』は「管領屋敷ハ明月院ノ馬場先《ばばさき》、東隣ノ畠也。上杉民部大輔憲顕、源基氏ノ執事《しつじ》トシテ此処ニ居ス、其後、上杉家代々此処ニ居宅ス、其時、鎌倉ニテモ京ニ似セテ管領ヲ将軍或ハ公方《くぼう》ナドト稱シ、執事ヲ管領ト云フ、故ニ此処ヲ管領屋敷ト云フナリ。」と述べ、『日本地名辞書』は「山ノ内《やまのうち》上杉氏は憲顕・能憲《よしのり》・憲春の三代は、山ノ内邸に居住あらざりしが如し」といい、『湘山星移集《しょうざんせいいしゅう》』によれば「憲方《のりかた》の時より始めて山ノ内に居る」と記し、『廳鼻和上杉氏系図』（『深谷上杉氏系図』）には「憲方　康暦元年四月廿八日為官領営館於鎌倉山内依号山内上杉應永元年十月廿四日卒明月院天樹道合」とあるが、『鎌倉大草紙《かまくらおおぞうし》』には、それ以前、既に憲春（憲方の兄）が山ノ内にいたという明白な証拠を挙げている。

何れにせよ憲英の父憲顕や兄憲方が鎌倉山ノ内に居住していたことは事実である。しからば、この山ノ内の館址は現在の何処に当るであろうか。建長寺のすぐ近くに長寿寺があるが、この長寿寺から二、三分、バス道は横須賀線を横切るが、踏切手前右側の丘陵下あたりがほぼこの場所になる様子である。十六世紀初め、上杉憲政が北條氏（伊勢長氏―北條早雲を初祖とする小田原に據《よ》った後《ご》北條氏）に追われて鎌倉を棄て、越後に走って長尾景虎（後の上杉謙信）に苗字と関東管領職を譲るまで、史上で極めて重要な役割を演じて来た土地であった。管領の職は、天正七年（一五七九）、謙信が死去すると、つぐ者もなく消滅してしまった。

憲顕は『大日本史』巻の二百五、列伝第一百三十二、将軍家臣十五にも明記された武将で、上杉憲房の子。初め足利尊氏に従って功があり、正平四年（一三四九）、鎌倉管領基氏の執事となり、伊豆・上野・越後の守護に任じた。五年足利直義の南朝帰順と共に、憲顕もこれに従って官軍に属し、同六年尊氏と戦って敗れた。しかし、基氏は彼の旧功によりその罪を免じ、後、再び執事として上野守護職に任じた。憲顕は曽て伊豆即ち静岡県田方郡韮山村大字奈古谷に国清寺を建てたので国清寺殿《こくせいじどの》といった。同二十三年（一三六八）九月歿した。享年六十三であった。墓は国清寺にある（『大日本史』『鎌倉大草紙』『空華集』『尊卑分脈』『太平記』大森金五郎『かまくら』）。因みに名刹国清寺について左記する。

国清寺（関東十刹の一）伊豆国（静岡県）田方郡韮山町大字奈古谷。臨済宗円覚寺派・中本山。康安年中修善寺城主畠山国清の開基。応安元年（一三六八）上杉憲顕伊豆を領せし時、亡父の追福のために、大いに伽藍を修築し、妙謙を開山となした。尋いで足利義満の時に関東十刹の一となったが、応永二十三年上杉禅秀の乱にてその兵火にかかって堂塔が悉く烏有に帰し僅に大雄殿のみを残した。今の堂宇中主なものは大雄殿の外に祖堂・方丈・庫裏・如意堂・毘沙門堂・弁天堂・鐘楼・仁王門・支院等であって大雄殿には文覚上人の籠居した奈古屋等の聖観音立像を祀ってある。寺宝には金剛力士像がある。老樹繁茂して実に幽邃の地である（『増訂国史大辞典』。平凡社『大百科事典』。『増訂伊豆志稿』『名勝地誌』）。

現今では、街道入口に「国清寺」の標石あり、これを入れば田園化した池址・礎石のみ残る大門址・大光明殿の扁額を懸けた仏殿（釈迦堂）あり唐様禅宗式で石畳を敷きつめ須弥壇上に木造釈迦坐像を安置、次に瓦葺入母屋造の本堂があり、木造漆箔聖観音立像を安置してある。亭々たる松と杉、二本の樅等鬱蒼とし、昔時の大伽藍を偲ばしめる。塔頭に徳隣院、高岩院、松月院、龍泉院がある。寺側に開山・開基の墓と称する完形の五輪塔二基と不完形のもの数多ある。前者は畠山国清と上杉憲顕のものならんという（昭和四十二年調査）。

憲方は右京亮安房守に任ぜらる。天授五年征旗を賜い土岐族を美濃に代（伐）つ。これよりさき足利氏満京師を窺うの志あり、この年四月将軍義満これを聞き親しく教書を憲方の兄憲春に与え都鄙《とひ》の無事を謀った。憲春旨を承けて屢々諫争《かんそう》した。氏満聴かず、憲春骨肉相しのぐことを憂い、遂に自殺した。氏満驚き悔いて止む。ここにおいて憲方を三島の陣に招き兄憲春の後を継がしめ命じて執事となした。始めて山ノ内に居り山ノ内氏と称した（山ノ内上杉氏の祖といわれる所以である）。剃髪して道合と号した。弘和元年氏満に従い小山義政を小山城に攻め年を踰えて平治した。元中九年春疾病あり、因って執事を辞し、応永元年（一三九四）十月卒した。享年六十。憲方は曽て自ら開基となり、密室守厳を開山として鎌倉山ノ内明月谷に明月院を創めた。明月院は初め禅興寺の塔頭《たっちゅう》として成立したものであるが、この禅興寺は今は廃寺となっているが、北條時頼が建立した最明寺《さいみょうじ》の廃寺となっていたのを北條時宗が再興したものであった。現在明月院には重要文化財玉隠英璵像（自賛）、重要文化財木造上杉重房坐像（重房は上杉氏の鼻祖にして建長四年（一二五二）宗尊親王が将軍として鎌倉に下って来た時、京都から随従して来た）、重要文化財明月院絵図がある。なお本堂裏にやぐらがありレリーフの磨崖仏（左右に十六羅漢、中央に釈迦霊宝の像）があるが風化が甚しい。この中に憲方供養塔又は墓と伝えられる典型的な宝篋印塔がある。憲方の供養塔と逆修塔は極楽寺にある（『大日本野史』『鎌倉市史』社寺編。大仏次郎『鎌倉歴史散歩』）。

明月院の門のすぐ左側に花崗岩に陰刻された「深谷上杉氏ゆかりの寺」の碑（主柱六尺・沓石二尺）が建っている。

この碑は昭和三十九年九月二日、深谷市刀剣会と深谷郷土会が主催者となり、深谷市・同市教育委員会の協賛を得て建立したもので碑陰記には、

深谷上杉氏の祖上杉憲英は山内上杉憲顕の子にして明月院開基上杉憲方と兄弟の関係にあり足利幕府の時陸奥守憲英上野守護と為り奥州の軍務を管領し初めて武蔵国廳鼻和に館す即ち現在の深谷市国済寺の地なり曽孫房憲に至り康正年中深谷に築城して移り古河成氏の軍に衡し天正十八年豊臣勢に攻められて開城に至るまで深谷上杉氏の治績顕著なるものあり実に今日の深谷市発展の基調も亦ここにあり今茲郷人胥謀り深谷上杉氏発祥の地とも謂ふ可き鎌倉山内の古刹明月院の一隅に建碑して久遠に深きゆかりを伝へんとす　蘿窓書敬山鐫

と刻されている。

憲英の母は木戸氏であり、憲英は六男（久保田本上杉家系譜・昌福禅寺上杉氏先塋碑・『新編武蔵風土記稿』）である。憲英（『大日本地名辞書』や『新編武蔵風土記稿』は憲房と同人ならんといっている。しかし、上杉氏系図は凡て憲英を正しとして用いている。『大日本史』もこの名を明記している）初名は憲定。兵部少輔、蔵人大夫、陸奥守に補せられ、また上野守護職、奥州管領にもなった。子には憲光・憲国・憲輔等があった（上杉氏の系図に数種あり討究の結果最も妥当と認むるものを取った）。

憲英は館を武蔵国幡羅郡廳鼻和《こばなわ》に構えた（廳鼻和は他に固廳鼻・廳鼻祖郷。廳鼻とも書き、現在の深谷市大字国済寺の地である）。今でも国済寺の寺域には、その当時の館《やかた》の外郭とおぼしき土手（壘《るい》）が残っている（昭和十二年調査―判然としている土手は、北方外郭の一線で、その長さ東西一直線に九十三間二尺、高さ西端部七尺、東端部五尺五寸、郭内は土地一面に高く、土手は西端部の高さ僅かに四尺、東端部三尺である。推測するに館址は、この九十三間二尺を一辺とする大体

正方形をなしていたものらしく思われる）。そして土手上には目通り五尺乃至六尺廻りの老松が点散して聳えている（『深谷町誌』参照）。寺裏の竹林中には庭園の跡らしい築山や泉石の遺蹟もある。憲英が廳鼻和上杉氏ひいては深谷上杉氏の祖といわれる所以はここにある。

憲英は深く仏道に歸依し、康応二年（一三九〇）自ら開基となって常興山国済寺を建て高僧峻翁令山禅師を請じて開山とした。

国済寺に関し『新編武蔵風土記稿』は左の如く述べている。

禅宗臨済派京都南禅寺末常興山ト号ス。寺領三十石ノ御朱印ハ天正十九年附セラル。相伝フ当寺ハ深谷城主上杉憲英康応二年開建シ峻翁令山《しゅんのうれいさん》禅師ヲ請シテ始祖トセリ。此僧ハ秩父郡ノ人ナリ。應永十五年三月六日化シ 勅シテ法光円融《ほうこうえんゆう》禅師ト謚ス。事蹟ハ本朝高祖伝・扶桑禅林・続僧宝伝等ニモ出又多摩郡山田村高《こう》（広）園寺《おんじ》ノ條ニモ載タリ。高僧伝ニハ開基上杉憲英ヲ房ニ書シ廣園寺モ院ニ作ルハ誤ナリ。憲英ノ法名卒年ハ墳墓ノ條ニ出セリ。カカル佛刹ナレド中古回禄ニカカリ古記什宝コトゴトク烏有トナリ本堂サヘ今ニ再興ニ及バズ。本尊釋迦ヲ安ゼリ。

開山峻翁令山禅師については、幸いに『峻翁令山和尚行録《あんろく》』が東京（帝国）大学史料編纂所に所蔵されており、これを基本にして多摩史談会では『多摩史談』特集号「峻翁令山和尚行録」を発刊した。行録（あんろく）とは行状記とか言行録という意味で同時代関東禅林の巨匠令山和尚の行状を遺弟の筆録したもので巻末に令山自作の偈頌《げじゅ》詩文その他を集録しており何れも金玉の文字で令山の詩文また当時の関東禅宗文学の一標本たるべきものである。

峻翁令山禅師の法系は、

○佛眼禅師蕉門慧開（中国南宋ノ人、『無門関』ノ著者）―心地覚心（勅諡法燈円明国師。紀州興国寺開山）―孤峯覚明（特賜三光国済国師。雲州雲樹寺開山）―抜隊得勝（勅語瑟光大円禅師。甲州向嶽寺開山）―峻翁令山（勅諡法光円融禅師。武州広園寺・国済寺等開山）

次に令山禅師の年譜を追うて事蹟を見よう。

興国五年（康永三年）甲申歳七月十七日武州秩父郡に生まれた。『新編武蔵風土記稿』や『広園寺《こうおんじ》世代過去帳』には畠山氏、秩父人と記しており、秩父平氏畠山庄司重忠の一族であろうといわれ、桓武平氏の系統に入るわけである。十四才、了機道人に給侍。十六才延暦寺にて具足戒を受け、洞翁に相見。十八才、上野国長楽寺に掛錫。赤城山乾坤長和尚に相見。相模国須々萱山にて抜隊和尚に相見。四十二才甲州塩山向嶽寺にて抜隊に謁し、知蔵寮を勤む。四十三才、抜隊の臨終に参謁し嗣法相伝。四十六才、七月卅一日初めて向嶽寺に晋住。元中七年（康応二年―一三九〇）四十七才、武蔵広園寺創建開山となる。八月二日武州国済寺建立開山となる。九月十一日広園寺に帰る。四十八才、二月廿一日国済寺に赴く。武州光厳寺（児玉郡大沢村白石）開山となる。應永四年（一三九七）五十四才三月廿四日国済寺佛殿の柱を立つ。四月十三日同寺佛殿に佛を安座す。十一月十三日広園寺鐘銘を書す。これより先、五十三才の時、十月廿一日雲樹寺の請に就いて大覚寺統の後亀山天皇より宸翰《しんかん》到来したが、病を以って拝辞した。応永十五年（一四〇八）六十五才二月廿四日「遺誡」を作り、三月六日戊剋遂に示寂した。同二十六年（一四一九）四月八日勅諡「法光円融禅師」を賜った。聖恩枯骨に及んだのである。国済寺塋域にはその供養塔がある。

「遺誡」は左の如きものである。

廣園寺国済先堅可レ禁二酒類一、并、不レ可レ致下利銭売買、而向二公方一沙汰訴訟上、於二諸寮一舎不レ可レ置二武具并俗書類一、或掛二人間叢林一僧不レ可レ許二掛錫一也。以二広園寺一可レ為二本寺一。余歿後三年住院令演書記可レ勤レ之。国済寺住院明須書首座三年可レ勤レ之今現住僧各可レ為二其寺僧一也。広園寺僧乱不レ可レ遷二国済寺一。国済寺僧乱不レ可レ遷二広園寺一。請二住侍一者四十以後行道専一者可レ定住持敢不レ可レ択レ人老僧達可レ有レ評者也。老僧所二定置一不レ可二強辞退一可レ勤二三季一。住持再往者其随レ器用可二請レ之一衆数増減可レ任二時住持一雖二時住持二一衆普請時同可レ出レ見者也。

園頭方作二菜園一又可二同心一以二邏斎乞食一可レ為二本意一若有二名利強鹿僧一者一衆同心可二黜擯一於二諸末寺等者一光厳寺・端厳寺・大慶庵・大聖寺・長契寺・法林庵可レ為二広園寺末寺一也。

果林寺・報恩寺・香積寺庵。浄倫等・保泉庵可レ為二国済寺末寺一也。

請二往持一縦雖二深山幽谷独居之衆村裏孤住一一衆同心請時強不レ可レ辞、若有レ所レ辞不レ可レ為二門流一寺中成敗。可レ任二時住持一也。

向岳大慶庵主随レ縁可二住持一者也。

自二広園寺一可レ定是又不レ可レ辞、為二向後一所二定置一堅可レ守二此旨一者也。

応永十五季戊子二月廿四日　　老衲

微に入り細に渉って後事を誡めた一言一句には感涙にむせぶものがある。実に善知識の尊姿躍如たるものがある。

さればこそ『本朝高僧伝』の令山伝には師蠻禅師の賛語がある。即ち、

萬治庚子夏、余遊二東関一。抵二深谷国済寺一。偶逢三住持於二門外一。就尋二峻翁禅師之事一。曰。無二行状之記一。二因開影堂一粛余而入。其堂疎隘。中安二尊像一。衣色古不レ分。威厳逼レ人。實有道之相也。謹消三拝而出。

この立派な令山禅師の頂相《ちんそう》（禅僧の肖像画または肖像彫刻のこと。禅宗では師から師の肖像画と法語とを与えられることによって、人の師たる資格が出来たという証明になるので、この肖像画は北宋時代から盛んに描かれ、その習俗が鎌倉時代に日本に伝わって来て禅宗の発展と共に日本肖像画に大影響を及ぼした。上半身像と曲彔《きょくろく》に坐した全身像との二形式があり、共に上部に師の自讃があるのが原則である。そして師の面影に似たように描かねばならぬので、最も写実的な様式を持つ人物画の一種である。これが彫刻にも作られ、禅僧の肖像彫刻も同じく頂相といわれている）が国済寺に現存している。昭和三十六年三月一日埼玉県指定文化財となった。

法量は像高五九・五センチメートル。肩張三六・五センチ。袖張四四・〇センチ。膝張五一・五センチ。腰奥二四・〇センチ。自頂上至顎二〇・一センチ。自髪際至顎一五・二センチ。耳張一四・三センチ。面奥一四・九センチ。

この頂相は桧材の寄木造りの彩色像で、袈裟法衣をつけた倚像で結跏趺坐《けっかふざ》の形をとり、玉眼嵌入《ぎょくがんがんにゅう》、頂上に唐帽子を冠している。像裏に造顯当初の胡粉が残り耳朶《じだ》に後補の跡を見る。剥落《はくらく》こそしているが保存のよい完形の傑作である。写実的な生けるが如き姿は正に直指人心《じきしにんしん》の尊影とも稱すべく前述師蠻の賛語は蓋し妥当な讃美ということが出来る。室町時代の作（『深谷の文化財』『埼玉縣指定文化財調査報告書』第四集）（第二十一章第二節（一）参照）。

令山禅師の頂相は広園寺（八王子市、山田本坊）にもある（寄木造、玉眼嵌入、像高七一・五センチ、胎内銘あり）。なお国済寺には法燈円明国師（心地覚心）の頂相もあるが、刀技において令山禅師のそれに及ばない。更に広園寺には峻翁の唯一の墨蹟があり、木版の頂相画があるから掲げておく。特に自賛がいい。

以上、憲英が如何に佛教に歸依し信仰の厚かったかを叙した。これほどの高僧峻翁令山禅師を請じて国済寺を創建したことは、この消息を最もよく語るものであるといっていい。憲英はまた群雄割據の中心地たる武藏に処して当地方のために治績を挙げられたことは想像に難くない。

憲英の墓（昭和十年二月、縣指定史蹟となる）は国済寺伽藍の西北に現存し、室町時代の典型的な宝篋印塔で高さ一・七〇メートル、塔身には胎藏界四佛、基礎には四方仏の種子を共に月輪中に彫り、後者において更に「国済寺殿憲英大宗常興大禅定門　応永十一年甲申八月二日」（第二十一章第二節（三）参照）の銘が陰刻されている。なお基壇は、明治二十四年三月信濃国上水内郡大豆島村（現・長野市）の久保田愛次郎が修理を加えており、この文字が鐫せられている。周囲の石柵と二基の石燈籠（献者小原村上杉憲勝・深谷町山口平八）は共に昭和十年史蹟指定記念に新調された。やはり、この時、郷人の協力によって鐘樓前に根府川石の「廳鼻和上杉氏旧里之碑」が建立された。その碑文は、

鎌倉幕府滅亡の後関東管領足利氏政を攬り執事上杉氏之を補佐す世漸く乱るゝに及び群雄多く関東の中心たる武藏に割據し以て覇を争ふ我が上杉憲英公の如き即ち其尤なる者なり公は憲顯の六男母は木戸氏兵部少輔藏人大夫陸奥守等に補せられ幡羅郡廳鼻和即ち今の幡羅村国済寺に館し以て廳鼻和上杉氏の祖となる公深く佛道に歸依し康応二年常興山国済寺を建て峻翁令山禅師を請じて開山となす応永十一年八月二日卒し国済寺殿大宗常興と法諡し同寺に葬る子憲光憲国憲輔等あり嗣子憲光其子憲信相継ぎて此地に住し足利持氏の変に活躍す次で其子房憲に至り城地を深谷に相し高壘深濠を設けて之に據り江戸岩槻河越の諸城と策応して古河成氏に衡す是即深谷城にして其形により一に木瓜城と謂ひ是より深谷上杉氏とも稱す実に当地方発展の濫觴たり今や星霜五百年遺蹟微にして纔かに往時を偲ぶに過ぎずと雖も公並に公が子孫の武勲と治績とは之を傳へて竹畠に昭著たり茲歳二月公の墳墓史蹟として指定せらる郷人胥謀り乃ち塋域を修め貞石に鐫して其偉業を永遠に顯揚すと云爾

（篆額並びに書は元陸軍中将刀水渡辺金造、撰文は廳鼻和上杉氏史蹟保存会顧問山口平八、建立は廳鼻和上杉氏史蹟保存会）

憲光

憲英の長男にして廳鼻右馬助と称し、兵部大輔・奥州管領になった。法名を「雲龍軒殿光山道盛」といった。応永二十三年（一四一六）十月上杉氏憲入道禅秀乱を作すの日、憲基を授けて戦い鎌倉佐介谷において六日夜討死した。墓は国済寺上杉憲英の墓側に現存している。但し宝篋印塔の基礎（高さ二三センチ　巾三五センチ）のみでそれには「光山道盛庵主」と陰刻されている。

憲信

憲光の子にして六郎、右馬助と称し、武蔵守となり武州埼玉郡崎西城主にして足立・埼玉二郡田千八百五十餘町を領した。そして館は廳鼻和にあって、入道の後、廳鼻和性順と号した。法名を「善応寺殿性順巽剛」といった。なかなか奮戦した人で史上勇名を馳せている。左にその合戦の情況を掲げよう。

村岡河原の合戦　関東管領上杉憲實は、その主足利持氏を殺したため、自ら安んぜざる所あり、管領の職を弟清方に譲って隠退した。しかるに持氏には春王・安王（一説安王兄、春王弟）の二人の子供があった。たまたま結城氏朝等は上杉氏の勢力の盛んなことを喜ばず、この二孤を擁して足利管領家の復活を謀って兵を挙げた。一色伊豫守（持氏の旧臣）また氏朝に加担して上杉氏を討たんとした。永享十二年三月には入道性順廳鼻和上杉憲信は入間郡川角村の苦林《にがばやし》野《の》に、長尾景仲は入間川に陣し、ついで管領清方鎌倉を発して諸国の軍勢を催促せしに、武蔵・上野・信濃・越後の諸兵応ずるものが多かった。これより先、上杉憲實は、出征の命を受けたが、固辞して動かなかったので、幕命これを促し、遂に出でて武蔵神奈川に陣し、同年七月比企郡野本・唐子に逗留し、やがて小山の祇園城に入った。

時に持氏の旧臣一色伊豫守、結城氏に黨し、武州北一揆を語らい、須賀土佐入道が須賀の城（北埼玉郡須賀村）に押寄せて火を放った。須賀の郎党暫く支えたが皆討死したので、苦林・入間川に陣した廳鼻和性順・長尾景仲両人成田の館（現・熊谷市）に進発し、一色と戦った。然るに敵兵益々加わり上杉勢は毛呂三河守並びに豊島の一族等が到れるのみであったため性順・景仲遂に利あらずして退いた。一色勝に乗じて荒川を渡り村岡河原に至って激戦したが却って敗北し一色の軍は小江山に退いた。時に七月四日であった。

岡部原の合戦・性順憲信が活躍した第二の合戦は実に国史上有名な古河公方《こがくぼう》と上杉氏との対立当時であった。古河公方成氏は攻勢を取り屢々深谷の陣営を襲おうとしたが、遂に康正元年（一四五五）九月利根川を渡って岡部原（岡部原は今の岡部村附近台地一帯の総称にして、利根川以南水田萬頃《ばんけい》の低地を瞰下《かんか》し、鎌倉街道の一條は、その西南を走っていた要害の合戦地であった）に出陣し、上杉勢に戦を挑《いど》んだ。上杉氏の軍、これに応じて干戈《かんか》を交え両軍激戦したが、勝敗決せずして引上げた。成氏は更に同年十二月白ら出陣して騎西城を攻撃せしめた。これに参加するもの成田・里見・簗田・一色・鳥山等三百餘騎あった。時に、同城には廳鼻和性順あり、長尾左衛門（入道昌賢）及び七党の士を以て防戦したが、城兵数百人討死し城遂に陥った（性順はこの時「討死せしが如し」となす説あり）。成氏これにより益々勢を得、翌年正月進んでまた岡部原に来迫したが、上杉氏の将兵よく防ぎ戦い、大いに成氏の軍を破り、成氏方武将岩松次郎遂に負傷して敗走した（因みに『久保田本上杉家系譜』には「一云正月廿二卒」とある）。

（二）古河成氏への対戦と深谷城築造並びに深谷上杉氏

房憲

憲信の子、三郎、右馬助といい、よりよく古河公方に敵対せんために深谷城即ち木瓜城を築造して、眞の深谷城の威力発揮に力めた。従って正確には房憲からが所謂深谷上杉氏と稱し得るであろう。房憲は他面、佛教への信仰厚く父祖の冥福を祈って人見村（現・深谷市）に人見山昌福寺（曹洞宗）を創建した。その法謚は「昌福寺殿的応静端大居士」という（系図並びに位牌には歿年なくただ十一月五日とのみあるが、『武藏志』には歿年を永正十五年と記している。また久保田氏本上杉家系譜には「草創人見山昌福寺為香火場五月五日卒」とある）。『應仁武鑑』に、

上杉固廳鼻和左馬助房憲　　武藏足立埼玉二郡田千八百五十町陸奥楢葉郡田七百八十町合二千六百三十町獲稲百三十一万五千束　此直銭七万八千九百貫文此米六万五千七百五十石今量六万三千七百六十二石三斗七升余

米三万二百八十七石一斗二升余

四斗入七万五千七百十七俵三斗二升余

固廳鼻和家領

米三千百八十八石一斗一升余

とある。現在昌福寺内西方にある房憲の墓（宝篋印塔—第二十一章第二節（三）参照）側には「昌福禅寺上杉氏先塋碑」が建てられてある。深谷上杉氏の史料として大切なものであるから全文を左記する。

鎌倉将軍宗尊親王之東也、藤原重房従レ之、王賜二丹波何鹿郡上杉一為レ邑、因為レ氏、重房有レ女、為二足利頼氏室一生二家時一、有レ男名二頼重一、頼重有レ女、配二足利貞氏一、生二尊氏一、有レ男長重顯、次頼成、季憲房、皆佐二尊氏一有二殊勲一、須以二大邑一起レ家、憲房長子憲顯佐二鎌倉基氏一往二山内一、統二領上野越後伊豆之兵士一威鎮二八州一、憲顯有二七男一長憲将次憲賢共住二越後一、三能憲居二宅間一四憲春襲二父管領軍務一五憲方継レ兄営二館于山内一稱二山内上杉一、六憲英為二上野守護一管領二奥州軍務一、居二上州固廳鼻一、七憲栄居二越後一、憲英子憲光為二有馬助一、有二三男一、伯憲長、仲憲信、叔憲明、憲信承二父後一居二固廳鼻一、晩号二性順一、其子右馬助房憲城二于深谷一居焉、草二創昌福禅寺一資二父祖之冥福一、房憲子憲清、其子憲賢、其子憲盛、憲盛与二北條氏一争レ地數歳、元亀中北條氏政使二其将氏邦議レ和且以レ女嫁二憲盛長子氏憲一、天正十八年、氏憲援二北條氏一保二小田原一城陥、氏憲失レ地落魄ト二居于信州更級郡笹井荘一、氏憲長男憲俊仕二松平右近大夫輝興一、憲俊子憲昌憲知、憲知来二于笹井一与二氏憲一居焉、改二久保田氏一、氏憲三男憲成居二武州男衾郡篠葉荘一、為二小久保氏一、氏憲雖三遠離二深谷一、外護二昌福一不二一日懈一矣慶安中幕府賜二朱璽一施レ田、沿二襲房憲之旧一云、頃日其裔孫憲孚及久保田小久保二氏勒レ石志レ之、庶幾伝三之于二後来一而不二湮没一也余随喜之校二之史乗一以為レ文銘曰

孝子不レ匱　永賜二爾類一　追遠無レ期　不二論世異一　厚貺重施　昌福本枝　萬代實遐　天長地移

弘化三年丙午歳秋九月上杉憲孚撰桑野雪朗書并篆額裔孫久保田正憲建

房憲は戦史にも武将として赫々たる勇名を轟かしているが左に大畧を記してみよう。

古河公方成氏の岡部原を襲うこと、前述憲信の頂に述べた如く頻りなため房憲（右馬助房顯と記した古書もあるが同人である）は康正二年（一四五六）人見に出で帰って深谷木瓜城を築造して、これに據った（深谷城の創立起源説には

憲英説・憲信説・房憲説とあるが『鎌倉大草紙』『昌福禅寺上杉氏先塋碑』『東方熊野社碑』『深谷城阯忠魂塔副碑』『廳鼻和上杉氏旧里碑』『埼玉縣誌』『大里郡郷土誌』『埼玉縣史第四巻一五〇頁』『新編武藏風土記稿建置沿革任国革表二』『重修岡谷家譜深谷上杉系図』には全部房憲説を採用しているので筆者もこの説に従った）。なお深谷城の名称については、『深谷旧跡録』『自治資料埼玉縣史蹟名勝天然記念物調査報告第三輯』『重修岡谷家譜』『埼玉縣史第四巻』『明治三十五年版埼玉縣営業便覧』に、その形姿より「木瓜城」と称したことが記され、城型が木瓜の花或は實《み》の断面に似ていたからだと伝えられている。日本国中、東京の千代田城、姫路の白鷺城、松江の千鳥城、高松の玉藻城、松本の深志城など更に埼玉縣内でも忍の浮城、川越の初雁城、岩槻の白鶴城と美しい名がつけられているが、わが深谷城もその形姿よりこの優美な名のあったことは市民の等しく喜びと誇りを持つべきことであろう。深谷城の反別地積は、十九町七反六畝十九歩であった（『自治資料埼玉縣史蹟名勝天然記念物調査報告書第三輯』『埼玉縣史第四巻』）。更に深谷城の構造について『新編武藏風土記稿』は左の如く詳述している。即ち、

宿ノ北ノ方ニアリ。当宿ト田谷村ニカカレリ。今モ四方共土居構堀ノ跡残リ構ノ内皆陸田トナレリ。此城平城ニシテ南ヲ首トシ、北ヲ尾トス。南ニ大手口アリテ夫ヨリ西ヲ掃部曲輪ト唱へ、其西ヨリヲ西丸ト呼ビ、西丸ヨリ堀ヲ隔テ東ヲ二丸トイヒ、二丸ヨリ又堀ヲ隔テ東ニ本丸アリ。本丸ヨリ東ニ当リテ、コ、モ堀ヲ隔テタリ。本丸ノ北ハ則チ北曲輪ニテ北曲輪ノ内最北ヘヨリタル辺ヲ秋元越中曲輪ト唱フ。コハ上杉の家人秋元越中守長朝居シ所ナレバ呼名トストイヘリ。

右の文中「平城《ひらじろ》」の言葉があるが、日本の城即ち城郭を地形によって分類してみると軍学者の所謂城郭三段である（イ）平城、（ロ）平山城、（ハ）山城（丘城、平城式山城、平山城式山城、根小屋式山城、連郭式山城、別郭式山城、続郭

式山城）の三つにわけることが出来る。深谷城はこの中の平城であって平地に築造されたものであった。この平地に山城と異なる天険主義を捨てた人工的大城郭を築いた先駆者は江戸城を完成した太田道灌であった。その後、織田信長出で天正四年（一五七六）安土城を築くに至って初めて天守閣が築かれたといわれている。従って深谷城には天守閣はなかった。

今、『武蔵志《むさしし》』（『武蔵志』は鴻巣市田間宮の福島常二氏の所蔵で、『武蔵志』とも『武蔵鑑《むさしかがみ》』とも呼ばれているが『埼玉史談』第三巻第四号に渡辺刀水（金造）氏が詳論を掲げているが「此書の名前は、武蔵鑑とも武蔵志ともあって一定しないが、武蔵志といふのが後に改めた名らしい。最初の稿の方には多く武蔵鑑と記してある。孫の耕八貞雄が、稿本を整理製本して目録を作っているが、それには武蔵志としてある。墓銘には武蔵鑑とある。どちらでも通用したのであらう」と記している。著者は田間宮村の里正福島東雄（貞雄の祖父）で歿年は享和三年（一八〇三）行年七十才であったから『武蔵志』の稿の成ったのは寛政年間だったと思う。従って『新編武蔵風土記稿』より遙に早く作られたもので『新編武蔵風土記稿』も、この『武蔵志』を参考にして作られたものであろうことが想像される。

渡辺崋山の『訪瓺録』にも、その参考書として所載されている。現存のものは十七冊であるが、深谷は榛沢郡の中にある。本県の地誌として『新編武蔵風土記稿』に先立つものであり、未完とはいいながら内容的には『新編武蔵風土記稿』に見られぬ諸記述もある。県重要文化財に指定されている所以である。

なお『埼玉縣指定文化財調査報告書』（第一集。『埼玉の文化財』参照）所載の深谷城の平面図を見るに当時の面影を偲ぶことが出来る。城を囲む深濠の水は唐沢川を始めその他の流水を以てしたことや市街の位置などもほぼ想像出来る。しかも「東西平原也」「商人見山遙隔」「北水田遙続」「城地一体平地ナリ」など詳細に説明書きのしてあることは嬉しい。深谷城が平城であるにかかわらず要害のよかったのは、唐沢川の流水の満々たる深濠と、遙かに続いて城を取囲んだ水田であったろうと想像される。「大手《おおて》」「搦手《からめて》」「弁天」「八幡」「千形」などの名も見え、櫓（やぐら）が三つ建てられ、その位置も判然としている。他に深谷城の図があるがこれも参考にされたい。それには「永明稲荷」などの記入もある。なお深谷城古図については荻野藤治所蔵のものがあるから掲げておく。更に『新編武蔵風土記稿』所載の他町村における深谷上杉氏並びに深谷城に関する記事を左に摘記しておこう。

『新編武蔵風土記稿』榛沢郡普済寺村岡部氏墓の項に「岡部氏ノ壙墓ナルニヤココヨリ西南ノ方ニ土手ノ形塚ノ蹟ナド残リタル所アリ六弥太ガ陣屋跡ト伝フレド是ハオボツカナシ。若クハ深谷上杉ナドノ壘蹟ナルニヤ。サレド当所六弥太ガ旧蹟ナルコトハ岡部村ニモイヘルゴトクナレバ論ナシ」とあり、また伊勢方村の項に「壘跡―村ノ北三反許ノ処ヲ云、今ハ陸田トナレリ。相伝フ古ヘ上杉氏深谷城築立ノ頃当所假城ヲ構テ居住アリシヨリ上杉假城跡ト云」とあり、男衾郡本田村の項中に「陣屋蹟―上本田ノ内ニアリ廣二町四方許ノ地ニテ廻ニ小土手アリ深谷城主上杉氏憲ノ陣屋蹟ナリト云。又此陣屋蹟ノ続キニ本田源次郎ガ居跡ト云所アリ廣サ二段許ノ地ナリ。」とある。多くの壘や陣屋があったに違いない。畠山村の項には「天正ノ頃ハ深谷城主上杉氏憲カ領知ナリシト見ユ」ともある。

更に深谷上杉氏の所領の地に関し、『新編武蔵風土記稿』は榛沢郡新戒村の項に「新開ノ名ノ旧キコト知ルベシ。当所旧クハ深谷上杉氏ノ所領ナリ」とあり、中瀬村の項に「古ハ深谷城主上杉氏ノ所領ナリ」とあり、幡羅郡東方村の項に「古ハ上杉ノ領地ナリ」とあり、明戸村の項に「天正ノ頃ハ上杉藏人大夫所領ナリ」とあり、蓮沼村の項に「古ハ深谷ノ城主上杉氏ノ所領ニテ」とある。また曲田村の項に「櫻町―古上杉氏所領ナリシ頃ハ櫻馬場ト云シト云」とある。これ等は凡て深谷上杉氏の領地を明記せるものであるが、当時の勢力の範囲であったことが知られる。

また榛沢郡用土村の項に「用土城蹟―按ニ藤田康邦始メ重利ト稱シ花園城ニ住シ用土郷ノ辺ヲスベテ所領トナシ、元ヨリ山内上杉氏ニ層セシガ上杉氏ノ勢次第ニ微ナルニ及テ北條氏康ノ三男氏吉ヲ養子トシ」とあり、末野村ノ項に「花園城蹟―関東戦争ノ時管領山内上杉氏ニ属シ四家老ノ一ニ居シハ康邦父祖ノ時ヨリニヤ。当郡及幡羅男衾三郡ヲ領シテ家聲ヲ墜サヾリシガ云々」とあり、古寄居村・寄居新組村・新寄居村の項には「東鑑（吾妻鏡）ニ武藏国ノ住人藤田三郎行康ト見ユ行保ト同人ナルベシ。此人世々足利家ニ仕ヘ後上杉氏ノ家老トナリ」とある。これ等の記事は上杉氏と今日の寄居地方の関係を物語るものであるから附記する。

前述した如く房憲は深谷城を築造してこれに據ったが古河成氏は、これを聞いて陥いれんとし、十月十七日鳥山右京亮・高山因幡守を先陣にて二百餘騎の勢を差出した。上杉氏は、その軍を岡部原に進め「火出るほど」に奮戦した。上杉の軍は井草左衛門尉・久下・秋元を始めとして残少く打なされ悉く敗軍した。しかし、成氏の味方も勝利は得たが、一方の大将鳥山右京亮戦死したため、本陣へ引返してしまった。その後上杉氏の方へは上州より新田岩松小五郎・金井新左衛門以下荒手加わりしため大いに力を得て羽続原へ出張って陣を取り、合戦実に両度、成氏敗戦して足立郡に退却し、遂に上杉氏の勝利に歸し爾後暫し干戈の交わるのを見なかった。『鎌倉大草紙』（三巻。『群書類従合戦部』及び『史籍集覧』所収。後円隔院の永和から後土御門天皇の文明に至る凡そ九十年間における鎌倉の盛衰を主とし、関東地方の変遷を署記する）はこの激戦を左の如く詳記している。

関東八州所々にて（數度の）合戦止時なく、をのづから修羅の岐と成、人民耕作をいとなむ事あたはず。饑餓して餓死にをよぶもの（道路に満々たる事）數をしらず。上総国へは武田入道打入て廰南の城、まりが谷の城、両所を取立、父子是に楯籠て国中を押領す。房州の里見是に力をえて、十村の城より起りて国境へ勢を出し所々を押領す。簗田河内守は関宿より打て出、武州足立郡を過半押領し、市川の城をも取。上杉方にも三浦介義同は三浦より起て相州岡崎の城を乗取近郷を押領す。大森安楽斎入道父子は竹の下より起て小田原の城をとり立近郷を押領。又敵方は武蔵国には上杉武蔵入道性順・息男右馬助房顯（房憲なり）は、武蔵人見へ打て出、上州の味方と引合、深谷に城を取立ける。成氏是を聞て敵に足をためさせじとて十月十七日、鳥山右京亮・高山因幡守を先懸にて二百餘騎の勢を指遣す。上杉方岡部原へ出合火出るほどに戦ひける。上杉氏には井草左衛門尉・久下・秋本（秋元のこと）を始として残りすくなに討なされ悉敗軍す。成氏の味方も勝軍にはしたりけれども、一方の大将鳥山深手を負て死ければ東陣（本陣）へ引かへす。上杉方へは上州より新田岩松小五郎・金井新左衛門以下荒手加りければ、上杉衆力を得て羽續原へ出張して陣を取。公方衆是にかけ合、二度目の軍に打負足立郡へ引返す。

房憲は佛道への歸依深かったことは前述したが、彼は開基となって浅間山（人見山ともいった。現在は仙元山といっている）の麓に昌福寺を建立した。『新編武蔵風土記稿』は、

昌福寺―禅宗曹洞派上野国永源寺末人見山ト号ス。寺領二十石ノ御朱印ハ慶安元年七月十二日賜ヘリ。本尊釋迦ヲ安ズ。開山漱恕全芳禅師、永正十五年十二月十二日寂ス。開基ハ上杉右馬助房憲、某ノ年十一月五日トノミ伝ヘテ、卒年詳ナラズ。法謚ヲ昌福寺殿的翁静端居士ト号ス。コハ上杉民部大輔憲顯六男深谷ノ祖憲英ヨリ四代ナリ。又是ヨリ五代ノ後上杉三郎氏憲ガ寺領寄附ノ状アリ。

と記し、その寄進状の全文を掲げている（寄進状の内容は、『埼玉の中世文書』にも所載されたが、本書第五篇第十六章第二節（二）・氏憲の項に詳述したから参照されたい）。以上の史実を見るに及んで房憲の信仰の尊い姿を知ることが出来るであろう。

憲清

房憲の子にして三郎と称し、法諡を「喜雲寺殿円海静盛」と号し、また世体院とも号した。

憲賢

憲清の子、次郎（三郎）と称し、法諡を「義竹庵殿雲岑静賢大居士」と号し、久下村曹洞宗東竹院（現・熊谷市）を開基（再興）し、永禄三年（一五六〇）四月六日に卒した。現在東竹院境内には、「東竹院本堂再建記」という仙台石の碑が建っている。即ち碑文は左の如きものである。

註＝久保田氏蔵『上杉家系譜』『重修岡谷家譜』『新編武蔵風土記稿』榛沢郡田谷村高台院の項には「次郎」と記しているが『新編武蔵風土記稿』大里郡久下村東竹院の項には「三郎」と記している。

東竹院本堂再建記

大正十四年一月久下邨東竹院本堂新築成ル。月ヲ閲スル十九資ヲ投スル二萬七千餘圓。輪奐ノ美無シト雖モ結構荘嚴ヲ極ム。住昔水火ノ災ニ委セシ伽藍ノ壮観ノ如キ今之ヲ詳ニスル能ハスト雖モ蓋シ基舊觀ニ譲ラサルヲ信ス。抑本院ハ建久二年久下權守重光ノ開基ニシテ叡山ノ僧月擔承水法印ヲ請セシニ始マル。其後三百餘年ヲ經堂宇廃頽法燈将ニ滅セントスルヲ慨シ深谷城主上杉三郎憲賢之ヲ再興シ結城孝顯寺的翁文中和尚ヲ請シ台門ヲ改メ禪苑ト為ス。又徳川幕府代ニ寺領三十石ヲ給與セラレ且檀信徒五百餘戸ヲ有シ頗ル福地タリ。惜哉嘉永七年正月祝融ノ災ニ罹リ伽藍忽チ灰塵ニ委ス。其後再建セシモ安政六年七月復荒川ノ洪水ニ流失シ精舎一朝沙礫ニ化セリ。爾後六十除年茅舎ニ法燈ヲ續ケシニ先住中田仙外之ヲ慨シ明治四十一年本堂再建ヲ謀リシニ中途遷化ニ依テ延期シ現住岸秀道其遺志ヲ継キ檀徒総代ト謀議シ爰ニ再建ノ竣工ヲ告ク。仍テ其顛末ヲ石ニ鞆シ不朽ニ傳フ。

昭和三年十一月　　　　石川巌撰并書

憲賢の室高泰姫は、やはり佛教への帰依深く田谷村高台院（現・深谷市）を再興開基し、法諡を「高泰院殿梅室元法大姉」と号し、元亀四年（一五七三）二月六日逝去した。『新編武蔵風土記稿』には、

高台院　禅宗曹洞派人見村昌福寺末深谷山永明寺ト号ス。当寺ハ上杉氏ノ家人高橋永明ト云モノ草創シ今ノ寺号ヲモテ称セシニ永禄二年ヒトタビ衰廃セリ。其後上杉次郎憲賢ノ妻高泰姫再興セリ。故ニ彼姫ノ法号ヲ以テ院号トシ、則開基ノ檀越トス。法名高泰院殿梅室元法大姉ト称シ、元亀四年二月六日卒ス。泰ヲ台ニ改メシハ其故ヲ祥ニセズ。開山臥龍伊天和尚慶長六年十一月二十三日寂ス。本尊釋迦ヲ安ス。

と記している。なお、

高泰院墓　本堂ノ南ニアリ、五輪ニテ法名卒年ヲ彫レリ。

とあるが、五輪は誤りで、宝篋印塔であり、その側に憲賢の墓と伝えられる同じく宝篋印塔一基が建てられている（第二十一章第二節（三）参照）。

憲盛

憲賢の子にして三郎と称し、やはり佛教への信仰厚く御正村静簡院《じょうかんいん》（現・江南村）を建立している。法諡は「伴松軒殿要山静簡大居士」である。静簡院は曹洞宗で野原の文珠寺末龍谷山成澤寺と号した。開山は霊因祖源で天正十四年五月十一日に示寂した（『新編武蔵風土記稿』）。

現在、静簡院本堂の後方の畑中に板碑らしき一枚の緑泥片岩を、ひいた所あり、ここを憲盛の奥津城といい伝えて来た。

なお『新編武蔵風土記稿』の樋口村（御正郷新原庄に属す）の項に、「舊家者五郎八」として「本氏ハ平山今新井ヲ氏トス。家系ヲ閲ルニ先祖新井豊後守ハ深谷ノ城主上杉左兵衛憲盛ニ属シテ当所ニ住セシガ深谷落城ノ後遂ニ土民トナレリ。今居住ノ辺カラ堀ノアト二重ニアルハ天正ノ頃先祖豊後守其子志摩守等ガ居跡ナリト云」の文を載せている。

憲盛は左兵衛佐にして勢薄れ行く上杉氏の再興を深谷にあって計った人である。日頃、北条氏政と弓箭を挑んだが、元亀四年（一五七三）四月十五日北條氏と和睦《わぼく》し、氏政及びその弟安房守氏邦誓詞を憲盛に贈る。憲盛岡谷加賀守清英並びに秋元越中守景朝井草左衛門尉某をして、その対詞を贈らしめた（『深谷上杉系譜』）。この三士は実に憲盛爪牙《そうが》の臣にして「深谷の三宿老」（後に詳述）という。また岡谷・秋元・井草・上原を「深谷上杉四天王」（『深谷記』『秋元世譜』）と稱す。憲盛は天正三年（一五七五）三月二十八日卒し、子氏憲後を継いだ。

現在、谷野曹洞宗皎心寺《こうしんじ》（現・深谷市。岡谷山と号し。開山自明和尚、開基岡谷加賀守）に「上杉謙信書状」がある（『重修岡谷家譜』『埼玉の中世文書』所載）。即ち、

為㆓加勢㆒人數差越處自㆓憲盛㆒大慶之由候可㆑被㆓心得㆒候扨亦於㆓倉賀野筋㆒被㆑得㆓勝利㆒由雖㆓不㆑初儀㆒時分柄心地好候有内々聞届分者源三大導寺武者計之由申候越甲何与哉覧。取成ニ付而氏政悃望動手甲候兎角ニ堅固之動ニ者有㆑之間敷候放火見得候者しばの前後江可㆑出㆑備候又向㆓甲陣㆒も可㆑及㆓其備㆒候若信玄押下者当手も押下無之見合可㆑決㆓勝負㆒候敵手敏ニ候程一戰可㆑急候身之事者時刻到來不㆑及㆓是非㆒候身之見切成勲遂㆓一戦㆒失利候へ者無㆑故味方中迄崩㆓進退㆒候歟以㆑爰依㆑矯㆓勝負㆒延引候乍㆑去自㆑坂ひがしの是非之處分別候而意得肝心候恐々謹言

潤正月六日　　謙信（花押）

岡谷加賀守殿

『重修岡谷家譜』は、この古文書に対し長い解説をしているから、原文のまま左記する。

史微墨宝考証ニ曰ク此書ハ元亀三年閏正月北條武田ノ二氏軍ヲ合セテ西上州及武州深谷ヘ働キタル時ノコトナリ。総テ謙信ノ筆札ハ文詞鬱嗇不暢ニシテ解シ難キ所多シ。今其文義ヲ演釈スルコト左ノ如シ。

○加勢ノ人數ヲ其方ヘ遣シタルヲ以テ憲盛ヨリ大慶ノ由禮状ヲ差越シタリ。サテ西上州倉賀野筋ニ於テ甲相ノ兵ト戦ヒ捷利ヲ得ラレル由心地ヨキコトナリ。有内ノ者ノ聞届ケタルニハ今度大將ハ源三大導寺等ノ武主《ものぬし》（武主ハ即物主ナリ。隊將ヲ云ウ）計リノ由ナリ。越甲ノ間何トヤラン。和睦ノ取リ成シアル様子ニ付氏政安カラヌコトニ思ヒ信玄ヘ悃望シテ其出陣ヲ乞ヒタル由ナリ。（有内ノ者ノ聞届ケタル事ハ此ニ止ル）右ノ譯ナレハ兎角ニ敵方ヨリ堅固ノ動ハアルマシ。近辺ヲ焼キ立テナト致シタラハ此方モ柴町ノ前後ヘ備ヲ出シテ抗拒スヘシ（此語ハ専ラ北条ノ軍ニ就ニ云フ）又信玄ノ陣ニ向ヒテ其備ニ及フヘシ。若シ信玄押下ラハ此方モ押シ無二ノ合戰ヲスヘシ、敵ノ体手、早ナラハ一戰ヲ急クヘシ。此身ハ時剋到來ノコトナレハ勝テモ負テモ是非ナケレト万一戰機ヲ誤リ一戰ニ利ヲ失ヘハ味方中マテ総崩トナルユヘ勝負ノ様子ヲ見計ヒ予メ控ヘテ容易ニ合戦セサルナリ。坂ヨリ東ノ方ハ其方ノ持場ナレハ行《テタテ》ノ是非ヲ分別シテ意見肝要ナリトナリ。憲盛ハ武州深谷ノ領主上杉憲盛ナリ。岡谷加賀守名ハ清英憲盛ノ家老ナリ。源三ハ氏政ノ弟陸奥守氏熈大導寺ハ駿河守繁正ナリ。志ば（シバ）ハ柴町厩橋ノ東ニ在リ。坂ハ本庄ノ北ニアル坂ナルヘシ。○サテ此書ノミニテハ謙信ノ陣所信玄ノ屯地知レス。随テ書面ノ模様モ分明ナラズ。謙信ノ山川讃岐守ニ与ヘシ書ト合セ見テ其詳細ヲ知ルベシ。其書ニ曰ク（石倉之地今月三日落居両三日立馬彼地平等ニ令破却仕置在如存知之〈按存分ニ仕置セシト云フ意〉同六日至当地厩橋納旗候此上者自去冬如申旧早々常野之間江可遂進発由及其支宅候處信玄西上州へ出張石倉近辺在陣隔利根川互ニ相支へ候兼日好ミ之義ト云。速ニ可付是非覚悟候全其口調義非令見徐候云云閏正月四日）トアレハ正ニ此書ハ同時ノ事ナリ。然レハ謙信正月六日ニ上州各地ノ仕置ヲ濟マシテ廐橋ニ納馬シ更ニ常野へ進発セントスル處へ信玄西上州へ出張シ石倉近辺ニ陣セシカハ謙信廐橋ニ在リテ利根川ヲ隔テテ相持ス。而シテ岡谷加賀守一手ハ謙信応援且ハ自領ノ防キトシテ深谷ヨリ倉賀野筋へ出張シ敵兵ト戰ヒシナリ。又（信玄押下）トアルハ石倉ノ辺ヨリ深谷ノ方へ押下ルコトナルヘシ。其ハ信玄遂ニ深谷へ乱入セシニテ知ルヘシ。深谷乱入ノ事ハ岡谷左馬助覚書ニ元亀三壬申ノ年我等十八にて信玄深谷へ大ぬま屋敷江御動被成候時我等罷出上野織部ト鑓合申候。信玄御衆何れも可被存候事トアリ。大ぬま屋敷ハ大沼彈正忠―居所ニテ深谷ヲ去ルコト十町許リト云フ。

○斯ク合セ考フレハ此書ノ事実ハ巳ニ明瞭ナリ。此ヨリ武田北条上杉三氏ノ間ニ込ミ入タル情実アリテ此戰ニ及ヒシ仔細ヲ述フヘシ。永禄十一年ニ信玄今川ヲ伐チ駿河ヲ取リ相模ニ逼リタルヨリ北条氏康怒リテ信玄ト絶チ遙ニ謙信ト連和シテ甲斐ヲ夾ミ攻ン事ヲ謀リ氏康ヨリ分国ヲ割キ人質マテ出シテ謙信ノ助援ヲ求メタレトモ元亀二年氏康ノ卒スルマテ終ニ援師ヲ発セス氏政乃チ謙信ノ薄情ヲ慎リ其年ノ末謙信ト絶チテ信玄へ和睦ス。然ルニ同時ニ謙信ヨリモ信玄へ和睦ヲ求メタリ。（此事下文ニ見ユ）此書ニ（越甲何と哉覧取成）トアルハ正ニ之ヲ謂フナリ。是ニ於テ氏政以爲ラク我巳ニ信玄ト和睦ヲ約セシニ信玄内々ニテ又謙信ト和睦ノ取成ヲスルトハ心元ナキ事ナリ。恰モ謙信上州へ出張シテ廐橋ニ居レバ謙信ヲ伐ントテ信玄ヲ引キ出シ見ルヘシ左スレハ信玄ノ謙信ニ対スル仕打ニテ其内々和ヲ通シ居ルヤ否モ分ルヘシトテ信玄ノ出兵ヲ悃望セシナリ。（氏政悃望動之由）トアルハ之ヲ謂フナリ。サテ信玄ハ謙信ノ和睦ヲ乞ヘルニモ拘ハラス氏政ノ請ニ応シテ出陣セシハ謙信ト和スル心ナキ故ナリ。其證ハ信玄ヨリ織田信長ノ侍史武井夕庵ニ与ヘタル書ニ依（遼遠之堺無音意外候如露先書候甲相存外遂和睦候就之例式従三遠両州可有虚説縦扶桑国過半属手裏候共以何之宿意信長へ可存疎意候哉被遂勘辨佞者之讒言無油断信用候様取成可爲祝着候仍近日者輝虎甲相越三国之和睦専悃望候雖然存旨候之間不致許容候云々正月廿八日信玄）トアリ。（甲相存外遂和睦）トハ去年末武田北条合体ノ事ヲ云フ。（輝虎甲相越三国之和睦専悃望候）トアルハ謙信ヨリ和ヲ信玄へ求ムルナリ。即チ越甲取成ノ事ナリ。前ニ挙ケタル謙信ヨリ小川ニ与ヘシ書ニ（兼日好み之義と云速ニ可付是非覚悟ニ候）トアルモ越甲取成ノ事ニテ兼日信玄へ和好ヲ求メタル義モアルハ此度ノ軍ハ速ニ落着スルヤウ致シタシトノ意ト見エサレト信玄ハ（存旨候之間不致許容）トテ謙信ノ和ヲ納レサルナリ。

○此陣ノ結局ハ如何ナリシカ委細ニハ知レサレトモ謙信モ合戦ヲ控へ居リ信玄モ堅固ノ動ナキ事此書ニ云ヒシ如クナレハ信玄ハ遂ニ轉シテ武州深谷ニ乱入シ大沼彈正ノ居城ヲ攻メテ引キ揚ケシト見エタリ。

○謙信ノ三家連合ヲ希望スルハ蓋其西上ノ志アルヲ以テナリ。而シテ信玄素ヨリ西上シテ信長ヲ討ント欲シ計画既ニ成ル。乃朝倉及ヒ本願寺門徒ヲ以テ謙信ノ西面ヲ押へ北条ヲ以テ南路ヲ扼セシメ謙信ヲシテ身ヲ動カス事能ハサラシム。此其越甲和睦ヲ要セサル所以ニシテ下ノ書ニ引ケル仲人云々モ到底難事ヲ言ヒ掛ケテ之ヲ拒ムノ策ノミ。

なお龍淵寺蔵本『成田系図』（『行田市史』上巻所載）の成田泰親の長子重長の項に「新十郎。母武州深谷城主上杉憲守《もり》（盛）女　泰親没而後領鳥山城　慶長庚子之役奉従幕下　慶長八年癸卯五月七日卒　法名黙室宗伝居士」とある。深谷上杉氏と成田氏との婚姻を物語るものなので附言しておく。

氏憲

三郎と稱した。天正六年（一五七八）九月十三日、北条氏政及び氏邦等誓紙を上杉三郎に贈り、氏政三郎を養って子となし、女を妻わす。因って初めの名氏盛を氏憲に改めた。十年瀧川左近將監一益織田信長より関東管領の命を受け廐橋の城に入る。これより木部・倉賀野・和田・小幡・由良・長尾・渋川等皆和睦して廐橋に至り賀を述べた。六月十日、信長明智光秀のために本能寺にて討たるとの報廐橋に来り、一益大いに驚き上京しようとしたが北条氏に追出された形になるのを口惜しきことと思い、北条氏の領内へ一當あてて後、上京すべしと和睦の上州衆を語らい鉢形へ寄来った。氏邦急を忍《おし》・深谷に告げ来り、氏憲この報に接し久下と相議し、岡谷清英・秋元景朝・井草某を始めとして僅かに二千餘騎鉢形衆と一つになり金窪原久糸原にて戦った。しかし戦闘利なく深谷衆小岑内匠・梅沢兵庫・松村飛驒・根岸備後・丹良塚対馬・田中豊前・井田淡路・村松出雲・新井日向等よく戦って討死するもの多く上杉方の敗北に歸した。小田原にては、これを聞き北条氏直部臣松田大導寺塀和山角依田福島等を率いて来援し一益と戦って、これを敗った（『秋元世譜』『重修岡谷家譜』）。

氏憲は、また佛道への歸依厚く男衾郡本田村（現・大里郡川本村）教念寺（時宗）に田畑を寄進した。現に当寺にはこれに関する二通の古文書が残っている。即ち、

奉寄進本田教念寺事

右上本田郷之内田十町畑六町者依前々寄進如此也爲末代之寄進狀如件

天正元年卯月九日　　深谷氏憲花押

（『新編武蔵風土記稿』は「右ハ深谷城主上杉氏憲ナリ」と註記している）

奉寄進本田之教念寺

右上本田郷之内拾町并畑拾町者、前々寺領之由依申請如此之條如件

天正元年八月九日　　深谷氏兼花押

（註＝氏兼は氏憲の誤記）
なお、この外に寺と上杉氏に関係ある古文書一通があるから記しておく。

武州本田道場寺領上野国一宮事任當知行安堵申御沙汰之者恐悦候委細者定自當寺可被申候恐々謹言

三月十六日　　沙弥徳元花押

謹言　上椙殿

（『新編武蔵風土記稿』は「右沙弥徳元ハ管領畠山右衛門権佐右兵衛督基国ナリ」と註記している。また同書に「二月十六日」とあるは「三月十六日」の誤記なれば訂正しておく）。

（教念寺は古刹であるが『新編武蔵風土記稿』は「教念寺―時宗相模国藤澤清浄光寺末安養山阿弥陀院ト号ス。相伝フ当寺ハ天平二十年ノ法相宗玄昉僧正ノ弟子玄等和尚ノ草創セシ道場ナリシガ其後天台宗ニ改ム。其頃親王家ノ枝属当山ニ住職タリシコトモアリシト云。寺門ノ繁栄知ベシ。当寺ノ本尊ヲ俵薬師ト号ス。今別ニ堂ヲ立テ安置セリ。下條参考スベシ。其後永仁六年遊行ニ祖他阿眞教上人当国村岡ニ滞留ノ時、時宗門同行ノ大綱書ヲ著セシ頃当寺ノ住侶智觀上人ニ参謁シテ宗門ニ歸依ノ餘リ上人ヲ請テ当山ノ開祖トス。斯テ天台ヲ改テ時宗トナレリ。カヽル古刹ナリケレバ鎌倉管領以来代々ノ領主等ヨリノ寄付状今ニ伝ヘリ。其文下ニ載ス。御当代ニ至リテモ慶安二年寺領十石ノ御朱印ヲ賜フ。本尊阿弥陀ハ安阿弥ノ作ニテ立身長二尺三寸脇士ハ運慶ノ作ト云」と記している）

筆者註―前掲の深谷上杉氏の二寄進状は当寺古文書十三通の内の二つである。

更にまた氏憲は上杉房憲開基の上杉氏廟所人見（現・深谷市）の曹洞宗昌福寺にも寺領を寄付しており、当寺にその古文書がある（房憲の項参照）（『新編武蔵風土記稿』『埼玉の中世文書』所載）。

寄進状

武州榛沢之郡人見村昌福禅寺上棡牌處富士山寺門一切不入并寺領百貫文化代々寄附畢

上杉三郎氏憲（花押）

天正八庚辰年林鐘廿八日

昌福寺

（因みに寄進状の中に「富士山」とあるは浅間山上に浅間社を祀り、これは上杉氏の勧請といわれ、昌福寺持にて村の鎮守であったが、この神社のことである。第二十一章第二節（三）参照）

第三節　深谷城の開城と深谷上杉氏の滅亡

武田信玄逝き、上杉謙信卒し、織田信長変死した後、関東の地全く北條とその雄を競うものなく僅かに佐竹・里見等があったが、一隅に遍在して唯その所領を保つに過ぎなかった。この時に当って日本六十餘州中、その号令五十餘州に及び、方に天下を統一せんとするの威を示すものがあった。即ち豊臣秀吉がその人である。秀吉兵を関東に進め早雲以来小田原の嶮要に據って蟠踞《ばんきよ》した北條氏の攻撃を開始した。時に天正十八年（一五九〇）春である。関東の諸城忽ちにして皆その勢に靡く。六月十八日には、難攻不落を唱えられた鉢形城を落城せしめ破竹の勢を示した（この時北條氏邦は小田原城にあり、十三日には氏邦の室大福御前並びに幼児光福丸は血路を破って城外に去った。今、寄居町正龍寺には氏邦夫妻の墓（宝篋印塔）と夫人の用いた竹に虎と紅葉の蒔絵《まきえ》の什器《じゅうき》が残っている。氏邦鉢形在城説が別にある。

即ち針形落城の時、氏邦は、城中に居たとなす説で、中里清著『武蔵鉢形城』は、この説を採っている）。この時独り残って関東最後の威を保っていたものに、わが深谷城があった。秀吉麾下《きか》の軍は一挙にこれを陥いれんとし、先ず前田利家は本庄に陣し、浅野長政は岡の宿に陣し、将に兵を進めて深谷城の総攻撃を開始せんとした。時に深谷城主上杉氏憲は、既に小田原に馳せて同城に籠り、重臣秋元長朝・杉田因幡等僅かにその留守をあずかっていたが、大勢如何ともすべからざるを想い、秋元は永銭壹文づつを三十三郷に課してこれを前田・浅野の二将に献じ、杉田また馬二頭を献じて、ともに二将に降伏した。この所置宜しきを得たため深谷城及び同市街は兵燹《へいせん》をまぬかれることが出来た。これ深谷城開城の有様にして、深谷上杉氏は、ここに滅びた。時に天正十八年（一五九〇）夏のことである（『深谷記』『館林叢談』『秋元長朝君碑』）。

懐えば憲英初めて廰鼻和《こばなわ》の地に館し、房憲また城地を深谷に相して木瓜城を築いて以来、廰鼻和上杉或は深谷上杉の名を冠せられて覇を武蔵に唱えることここに八代遂に氏憲の代に至って滅亡の止むなきに至った。されど武蔵地方小田原北條氏の勢威独り熾《さか》んにして、武蔵の諸城上杉氏の旧臣等、何れも戦わずして北條氏に降り、武蔵国一円北條の風に靡かぬ草なきが如き情勢であった時、固く清節を持して動かず、また豊臣の軍関東を席捲せる時、よく最後まで孤城を守持し、しかも大勢滅亡の止むなきを咫尺《しせき》にして徒らに深谷市街の兵禍に落入るを見るに忍びずこれを未然に防止した如きわが深谷上杉氏の態度は確かに賞讃に値するものがあるであろう。

今、深谷城のあとには、立派な根府川石に刻された「史蹟深谷城阯」の碑が建っている。

碑表には「史蹟深谷城阯」と陰刻され、碑陰には、

室町時代より戦国の世にかけて世潮濡々として下剋上の風に靡き関東の地乱麻の巷と化したとき卓然たる風格を持

し大義名分の大旆を掲げ最後まで孤城を死守して北武蔵における指導的地位を保ったものは実に深谷上杉氏八代であった。殊に天正十八年豊臣軍の関東を席捲大勢開城の止むなきに至るや夙に和して深谷市街を兵火より救った如き和戰共に時機に適した史実は炳として竹帛に明らかである。初め上杉憲顯の六男憲英廳鼻和即ち国済寺に館し憲光憲信ここに住した。房憲に至って城地を深谷に相し康正年間深谷城即ち木瓜城を築き憲清憲賢憲盛氏憲と相継いで居城した。常に江戸岩槻川越の諸城と策応して古河成氏に衡し北武の安定を計ると共に城下町の繁栄に盡した。今日発展しつつあるわが深谷市の基調もここにあったといってよい。大正十四年縣は史跡としてこれを指定し長くその城阯を保護し更にその輝ける史実を活用して後進誘掖の資とした。

碑表は埼玉縣郷土文化会長稲村坦元氏に

碑陰は埼玉縣文化財専門調査委員山口平八氏に

石材は郷土研究篤志家寄贈田島与一氏に

なったもので深甚なる敬意を表する。大深谷市の誕生と共に誠に慶賀に堪えない。

昭和三十年五月　深谷市長安部彦平

深谷市教育長杉山兼吉

とある。

第四節　深谷上杉氏の末路

深谷城開城後、氏憲居を信州更級郡笹井荘にトし、その子孫ここに住して久保田氏を名乗った。また氏憲の子憲成居を武州男衾郡篠葉荘に構え小久保氏即ち今日の上杉氏の祖となった。氏憲は寛永十四年（一六三七）正月二十六日卒した。法諡を「嘯松院殿賢應静喆大居士」と号した（『重修岡谷家譜』）。なお参考のために信州の久保田氏と大里郡小原村千代の小久保氏（現、上杉氏）の系譜を左記する。

（一）信州久保田氏

信州久保田氏系図（久保田本「上杉家系譜」長野縣上水内郡大豆島村久保田氏―現、長野市大豆島）（第一節「深谷上杉氏の系譜」参照）

氏憲
- 憲国（水戸黄門家奉公）――憲景
- 憲俊（信州久保田氏祖）
- 憲全（小久保氏と改む、武蔵大里郡樋口村住）
- 憲成（武蔵小久保氏即ち上杉氏）
- 憲詮（武蔵大里郡三ツ本村住）

憲俊（信濃国更級郡笹井庄に至る。――上杉太郎、後深谷太郎。天正七年深谷城生、同十八年深谷城潰父子浪々至信濃、元和元辰年池田輝興仕、寛永三寅年松平之姓ヲ玉、右近大夫任、正保二年酉年輝興備前岡山謫居、従而住岡山、慶安元子年六月十二日卒、法名鐵嚴道号宗船岡山葬少林寺）（原文のまま）

―憲知（久保田氏に改む。――上杉鹿左衛門、母久保田氏女。元和四日年妾腹、兄弟不和、寛永十三年信州更級郡笹井庄来、氏憲同居、延宝五巳年卒、号本覚浄証、依母性改久保田氏）―知憲―憲長―憲當―憲方―憲明―憲信―正憲―成憲―勇太郎―憲郎（現在）

右の系図にある正憲即ち久保田佐兵衛は弘化三年（一八四六）九月、大里郡藤沢村昌福寺に「昌福禅寺上杉氏先塋碑」を建てている。

（二）武州小久保氏（現、上杉氏）

武州小久保氏即ち上杉氏系図（大里郡小原村上杉氏）（第一節「深谷上杉氏の系譜」参照）

憲成（憲全と同母、武蔵国男衾郡千代村住）―憲秀―憲清―頼憲―憲蕃―憲貞―憲褒―憲澄―憲光―權九郎―憲勝―正（現在）

右の系図中、憲澄の妻は深谷驛春山長吉の二女さとである。

上杉家の南方に「元屋敷」という所があり、東南隅に氏神がある。祭神は八幡・稲荷・愛宕《あたご》である。大体四角に土手あり、館址たること歴然としている。「元屋敷」の東南に上杉氏の墓地があるがここに上杉氏憲の墓と稱する墓碑が建っている。鎌倉時代と思われる青石塔婆を削り磨いたもので表面下部に蓮台を彫り、その上に氏憲の法号「嘯梅院殿賢翁静喆大居士　不退位」、更に上部に阿弥陀三尊種子と五七の桐を彫っている。中央右側に寛永十四年丁巳天、左側に正月二十二日、その下に施主小久保氏と彫っている。高さ一メートル六一センチ、巾四五・七センチ、厚さ六・三センチである。小久保氏即ち現在の上杉家が如何に先祖の氏憲を崇敬し、誇りを持っていたかがわかる。なお上杉家には、系図書が現存しているが、これはまえに掲げた（註＝氏憲の法号は久保田氏蔵『上杉家系譜』には「嘯梅院」とあり『重修岡谷家譜』には「嘯松院殿」とある）。

右の二系図にはないが、深谷上杉氏の系統や家臣として、その後を伝えている家に、大麻生村の高橋恵次氏、深谷市の江原豊治郎（藤澤村出身）、同市杉本義章などがあることも記しておきたい。

杜甫は「国破れて山河在り」と賦しているが戦国乱世に城は開城し、身は浪々の巷に落魄したにかかわらずよく家運を挽回《ばんかい》して綿々二十数代を全うし得て今日に隆盛をもたらしている両上杉家のあることは深谷を郷関とするものにとっては限りない喜びである。

更にこれ等史実の参考のために長野縣上高井郡綿内村の上杉家菩提寺正満寺に建立された「深谷上杉氏歴代城主追憶碑」の碑陰記を掲げておこう。

鎌倉幕府滅亡の後関東管領足利基氏政を攬り執事上杉憲顯これを補佐した。天下の乱れるに及んで群雄は関東の中心地武蔵に覇を争ひその勢熾烈を極めた。この時憲顯の六男憲英は上野守護並びに奥州管領に補せられ廳鼻和即ち今の深谷市国済寺に飽し当地方の統治に当り更に康応二年高僧峻翁令山禪師を請じて国済寺を開基した。嗣子憲光その子憲信相継いでこの地に住し憲信の子房憲に至って昌福寺を草創するほか城を深谷に築き江戸・岩槻・川越の諸城と策応して古河成氏の軍に備へた。時に康正二年。城姿によって木瓜城とも謂はれこれより深谷上杉氏と稱した。爾後憲清・憲賢・憲盛居城し憲盛の子氏憲に至って北條氏政に養はれその女を嫁って姻を結んだ。天正十八年豊臣秀吉小田原城攻めの際氏憲この城に入ってよく防いだ。しかし城遂に陥り深谷城もまた開城の止むなきに至って失地落魄父子浪浪信濃国更科郡笹井荘に来ってここに住した。氏憲の長子憲俊は池田輝興公に仕へその二子憲昌憲知のうち憲知は笹井荘に来って氏憲と同居し故あって久保田氏と改め爾来三百除年子孫ここに住居して繁栄し寺院を開基する者武家となる者はたまた名主村長縣議となる者出で各自の道にいそしんで郷土の開発に力を盡した。昭和三十一年十月たまたま深谷城築造五百年記念式典が深谷市に挙行されるに当って深谷上杉嫡流久保田憲郎別家荘吉雪男丈平の諸氏招かれて参列の栄に浴した。祖先の偉業を咫尺にしてその功績に感激追慕の情止み難く同族相謀って歴代城主追憶の碑を菩提寺域に建立しその史実と治績を久遠に伝へることに決し余にその文を嘱せられた。余また深谷を郷関とする故を以て感銘する所深く敢て文を撰するに至った。

昭和三十三年四月二十日建立　埼玉縣文化財専門調査委員山口平八撰書

建立者仁科良雄・小林安美・久保田丈平・久保田雪男・久保田荘吉・久保田憲郎

第五節　深谷上杉氏譜代の臣と、謙信・信玄の来襲

（一）深谷上杉氏四天王

『深谷記』『重修岡谷家譜』『秋元世譜』を繙く時、「上杉四天王」を列挙している。深谷上杉憲盛は前述の如く深谷

上杉氏の盛運を企画した名主であったが、これを助けるに岡谷加賀守清英・秋元越中守景朝・井草左衛門尉・上原出羽守の四人の爪牙《そうが》の臣がいたがこれを「上杉四天王」といい、岡谷・秋元・井草を称して「深谷の三宿老」といい、岡谷・秋元・井草に矢井伊勢守を加えて「深谷の四宿老」ともいった。左にこの中、特に岡谷氏と秋元氏を摘記する。

（二）岡谷氏（皿沼城址と曲田城址）

岡谷氏については、明治十八年岡谷繁実編『重修岡谷家譜』に詳記されているから参照されたいが左にその抄録を載《の》せる。即ち、

岡谷香丹深谷上杉氏ニ属シ武蔵上野ノ内ヲ領ス。城ヲ武蔵国榛沢郡上敷免ニ築キ皿沼城ト称ス。延徳三年辛亥其家臣荘浄上人ヲ京師ニ遣ハシ伏見稲荷ヲ城内ニ観請シ守護神ト為ス。荘浄ハ京師ノ人ニテ行者ナリ。後、香丹長子清英ニ此城ヲ譲リ、曲田城ニ退老シ天文四年乙未光円禪師自明恵了ヲ開山ト為シ城中ニ岡谷山皎心寺ヲ創建ス。稲荷ノ社構堀ノ北縁ニ在ルヲ以テ北堀稲荷ト称ス。又城内ニ諏訪ノ社アリ鎮守ト為ス。社ニ左巴ノ紋アリ。土人之ヲ岡谷造《つくり》ト云フ。

岡谷村ハ上野国利根郡ニ在リ岡谷ヲ領シタルヲ以テ岡谷トハ称シタルナラン。六年丁酉八月十五日（朱書九月廿九日）卒ス。法名岡谷院殿安仲皎心庵主皎心寺ニ葬ル。曲田村小田氏ノ宅地ハ則チ香丹居所ノ地ナリ。香丹手植ノ老槇今尚ホ存セリ。（『深谷由緒書』）

とある。天正十八年小田原滅亡の時、老臣小内外記之助（岡谷重徳氏の祖）を曲田に留め皎心寺を守らしめた。今日残れるものとしては皎心寺を始め、濠の遺跡、香丹手植の老槇（目通り約一丈余）田中に風情を添えていた老松の姿

もあったが、最近この老松は姿をなくしてしまった。

岡谷氏に関し、皿沼城跡と曲田城跡は大切な深谷市の遺跡であることを注意しておく。

なお、下田江東編『大里郡郷土誌』には岡谷氏につき詳記しているから左記する。即ち、

岡谷氏の城蹟、大字上敷免に在り、周囲約七、八反歩、今尚土居の跡を存せり、里俗皿沼城跡と称す。岡谷加賀守の居住せし所也。

按ずるに岡谷氏は、鎮守府将軍源経基が七代の孫、左衛門尉義康を以て祖とす。初め足利氏と称し、後斯波または大崎とも称したりと。義康十一代の孫を加賀守香丹と云ふ。この時既に岡谷を以て氏と為し、延徳三年（一四九一）当所に皿沼城を築きて居住し、上野及び武蔵の地若干を領して深谷上杉氏に属せり。後退老して矢野城に住し天文六年（一五三七）八月十五日卒す。香丹の子を加賀守清英と云ふ。

此人文武の両道を兼備し当代稀に見る良將也。深谷三宿老の一人にして実に深谷上杉氏の柱石たり。上杉謙信曽て清英の武略に長ぜるを感じ、その家にて後奈良天皇より賜われる佛工春日作の箱根権現の像を賜われりと云ふ。（清心寺に安置する所の像是也。）天正十二年（一五八四）十一月八日卒す。その子左京亮泰春は、同じく深谷上杉氏に属して天正五年九月朔日、越中対陣の際上野の国猿ヶ京にて討死す。其子左馬助泰繁は、元亀元年（一五七〇）二月北條氏康深谷を攻めし時、生年十六歳、岡谷宗雲と共に出でて戦ひ、鎗を深谷街に合はす。激闘の際佩刀自ら鞘を脱し敵のために奪はる。美濃守（姓缺）刀を賜はりその功を賞す。三年武田晴信深谷を攻む、泰繁上野織部と鎗を合はす。天正元年（一五七三）武田勝頼深谷を攻む。深谷勢披靡す。泰繁返戦鎗を合はす。尓後忍・竹川・総社・興国寺等の戦功枚挙に遑あらざる也。天正十八年小田原役後、即ち居所を去って矢野と称し、

徳川家康に仕へて管生村等千三百石を賜はり関ケ原役に参加し、後また前田利常に仕へて千石の地を領し、元和二年（一六一六）三月朔日歿す。岡谷繁実氏は、その後裔也。

なお岡谷繁実については岡谷繁実編『館林叢談』所収の藤川三渓著『復古成績』中に「岡谷繁実伝」あり、詳述を極めているが、長文である故略し、ここには深谷市清心寺塋域にある繁実の墓の墓碑銘を左記しておく。

君諱繁実、通称鈕吾、岡谷氏、旧館林藩秋元侯世臣也、考諱繁正、妣太陽寺氏、天保六年三月十二日生二于羽州山形一、君夙勤二王事一、嘗慨二山陵荒圮一建白十餘次、人呼曰二山陵狂一、明治二年為レ徴歴二仕諸官一十年、辞レ官致二力著述一、有二名將言行録等数百巻一後為二史談幹事一掌二会務一実二十餘年矣、大正四年特旨叙二従五位一、八年十二月九日病卒、享年八十五、葬二武州深谷清心寺先塋一法謚曰　光徳院魏誉嘯居士、嗣先歿義孫繁雄襲レ家、

繁実の『名將言行録』は余りに有名であるが『重修岡谷家譜』（一冊、函入）は、清心寺並びに皎心寺に所蔵され寺宝となっており、深谷上杉氏研究には缺くべからざる典籍である。また清心寺境内にある「岡部原平薩州碑記」なる碑には岡谷清英・岡谷繁実の事蹟が鐫せられているが、これは第四編第十三章の「平忠度」に所載したから参照されたい。

岡谷氏系図　（『重修岡谷家譜』所載）

清和天皇―貞純親王―経基（源朝臣ノ姓ヲ賜ハル）―満仲（多田ト称ス）―頼信―頼義―義家―義国―義康―義兼―
義氏―泰氏―家氏―泰基―信光―宗言―静光―静藤―香泰―香丹（岡谷加賀守）―清英（剃髪清心ト号ス）―泰春―
泰繁―信繁―信盛―繁定―繁諷《しげあきら》―繁壽《しげよし》―繁正―繁實

（三）秋元氏（上野台館址）

秋元氏につき岡谷繁実氏は『館林叢談』の緒言に「秋元氏ハ世々上総ノ小糸ニ居リ、天文十年景朝武蔵深谷ニ移リ、上杉氏ニ仕ヘ上野台ニ住ス。天正十八年小田原ノ亡ブルヤ景朝ノ子長朝徳川幕府ニ仕フ。慶長五年関ケ原ノ役会津ニ使シテ功アリ、六年上野総社六千石ニ封ゼラル。寛永十年其子泰朝甲斐谷村城代ニ任ジ、一万八千石トナリ、別ニ四万石ヲ賜フ。宝永元年、其孫喬知武蔵川越城六万石ヲ賜フ。明和四年喬知ノ曽孫涼朝、出羽山形城ニ移封ス。弘化二年其曽孫志朝、又上野館林ニ移封ス。明治四年廃藩、慶長六年ヨリ明治四年ニ至ル、其間長期、泰朝、富朝、喬知、喬房、喬求、涼朝、永朝、久朝、志朝、禮朝十一世二百七十一年其間総社、谷村、川越、山形、館林ノ五所ニ転移ス。提封十一万八千石、別ニ賞典一万石、其藩ノ建チシヨリ、水利開鑿殖産工業等ノ事ヨリ孝子義僕畸人良工ニ至ル迄、書シテ以テ後ニ伝フベキモノ寡カラズ」と記している。

『新編武蔵風土記稿』は「上野台村」の條に「陣屋蹟」と題して「村ノ中程ニテ小高キ所ニアリ此所ヲ字シテ金燈籠ト呼フ秋元越中守長朝カ陣屋ニテ寛永十年泰朝甲斐国谷村へ遷リシ後廃セシト云伝フ今大抵林トナレト土居横堀ノ跡ハ猶存セリ家譜ニ據レハ越中守景朝天正十五年十一月十二日武州深谷ニテ死去其子長朝天文十五年深谷ニテ生レ寛永五年八月二十九日卒ス其子越中守泰朝天正八年深谷ニ生ルト見ユ此地モトヨリ深谷庄ニ属スル時ハ長朝当所ニテ出生セシコト知ヘシ」と記している。

長朝・泰朝二人共深谷を故郷としている。現在、前橋市総社町に天台宗秋元山江月院光巌寺と曹洞宗気雲山元景寺がある。前者は長朝の法号と長朝母堂の法号より取られたもの、後者は長朝の父景朝の法号より取られたもので共に長朝の建立にかかるものである。景朝の墓は元景寺にあり、長朝以下累代の墓は光巌院墓所である宝塔山古墳上にある（この古墳は方墳で有名。羨道・前室・玄室を持ち、中に格狭間形にくり抜かれた脚のある家形石棺が藏されている）。稀有の堂々たる奥津城である。長朝が治世中よく農民を愛撫し、水利や水田の開発に努力した善政は名高くそのよき表われが、光巌寺秋元家廟所内に「力田遺愛碑」（田を力めて愛を遺すの碑）として建っている。裏面「百姓等建」と鐫《せん》せられてあるが、封建時代下にあって、普通には百姓から憎悪されるのに反して百姓達が領主の恩に感じて建立したこの碑は実に長朝の藩政が理想の政道であったことを顕示するもので、敢てここに全碑文を掲げておきたい。この名君が、わが深谷の出身であったことに特に関心を寄せるからである。後述の「秋元氏館阯」の御陰記中に上野台治世の一端を記しであるが、その善政に符節を合するものがある（『総社町誌』）。

力田遺愛碑

上毛群馬郡力田遺愛碑頌

東江源鱗撰并書題額

慶長七年壬寅、秋元公諱長朝就三封于二上毛群馬郡一、始城二総社之邑一也、侯既奏二庶富一以二本業一、而邑中稲田数千畦無レ所レ受レ水、九年甲辰、

曁二吏民一戮レ力、挙レ畚決渠、開二通溝渠一、随二利根川一引レ流、凡獲二田利一為二肥饒一者、計一萬七千餘石、於レ今罔レ有二旱魃一為レ眚、洪水襄陵、咸侯之績、後侯子孫移二封於他邦一、而郡之父老子弟猶相興謳二謠其功徳一、而不レ忍レ忘遂勒二其事于一レ石、樹二之侯廟前一、以示二永永一謁レ余作レ頌、其辞曰、侯昔莅レ国、爰方啓レ封、総社既築、言言崇墉、惟侯発レ政、思戢用光、沢渠流灌、利川洋洋、始播百穀、厥田惟良、制産有レ恒、以厚二我

郷一、民人所レ瞻、念二是懿徳一、萬億豊年、惟侯之力、祠宇斯立、神鑒孔明、勒レ石永レ世、用垂二頌聲一、

安永五年丙申十一月　百姓等建

（『館林叢談』）

更に下田江東編『大里郡郷土誌』は秋元氏につき左の如く述べている。即ち、

秋元氏の城蹟、大字上野台に在り、俗に金燈籠山と呼ぶ。今は多く林野と変じ居跡見るべきものなしと雖も、土居横堀の跡猶存せり。秋元越中守長朝の城跡にして、慶長七年（一六〇二）長朝上野国惣藏植野城に所替せるより廃せりと云ふ。按ずるに秋元氏は摂政関白藤原道兼の裔にして、世々上総国周東郡秋元庄小糸城に居住せしが、長朝の父越中守景朝、天正十年（一五八二）三月故ありて小糸城を去り、当国に来りて深谷上杉氏に任へ、旧榛沢郡内上野台及び滝瀬の二村を領し、深谷三宿老の一人として、多年忠勤を抽で、天正十五年（一五八七）十一月十二日、年六十三歳にして歿せり。長朝は天文十五年（一五四六）深谷に於て生れ、父景朝の遺領を継いで深谷上杉氏に属し、天正十八年（一五九〇）小田原役の際には、深谷城主上杉氏憲の小田原に籠れる留守を預り、其子　牛坊を小田原に質として、深谷城を守備せしが、豊臣方の前田利家、浅野長政の二将、鉢形城攻落の余勢をかりて、深谷城を攻撃せんとして、已に本庄岡の宿まで進み来りしより、長朝大勢已に収拾すべからざるを豫知し、浅野長政に降りて夫れより長政に属し、忍城攻の軍に参加して勲功あり、其後浅野の披露により徳川家康に仕へて本領を安堵し関ケ原役に軍功ありて、家康より上野国惣社六千石の地を賜はる。麦に於て総社に移り寛永五年（一六二八）八月二十九日、年八十三歳、後地に於て歿せりと云ふ。今の秋元子爵家は其子孫也。因に此所を金燈籠山と呼ぶは、元和二年（一六一六）七月越中守長朝、日光東照宮へ献納の金燈籠を造りて暫らく此

所に建て置きしが故なりと、而して其金燈籠は今群馬県世良田村長楽寺に在り。

なお秋元氏については新井白石の『藩翰譜』に詳記してあるから参照されたい。

昭和三十九年、秋元氏の館址は新開の住宅地となり、その町名にも「秋元町」の名のつけられるに及んで、館址に碑が建てられた。碑表の大文字「秋元氏館阯」は、景朝公十五世の裔秋元順朝氏（当時、埼玉銀行頭取）の書、碑陰記は、秋元氏の功績を讃えたものである。即ち、

出でては戦場に忠節を抽んじ入りては封土に領民を撫するは武士道の精華にして武人の欣求する所なり。わが秋元公の如きその典型たると共に衆庶の等しく敬仰する師表たり。鼻祖景朝公は藤原氏より出で大永五年上総国小糸に生まる。天文十年故ありてこの地を去り、武蔵国榛澤郡深谷に移り、上杉憲賢・憲盛に仕へ、上野台瀧瀬の二村を領し岡谷加賀守清英・井草左衛門尉某と共に憲盛爪牙の臣たり。所謂深谷の三宿老にして上原出羽守を加へて四天王とも称せり。公、武技に長じ軍功を立て才気また縦横、克く輔弼の任に當れり。男に越中守長朝公あり。初め父公と共に憲盛に仕へ、天正十八年小田原の役憲盛の子氏憲小田原城に籠るや公は止って深谷城を護れり。敵将前田利家浅野長政の猛攻を察知するや杉田因幡と謀り、献供して開城す。為に城と街と兵燹を免れ良民安堵せり。公、上野台の地痩衰、農耕に困難なるを見、地形を按験し道を拓き溝を掘り沃土たらしむ。郷人今なお公を追慕するの情深き故なしとせず。公また敬神崇佛の念厚く鎮守に天神社を、廟所に元誉寺を建て、東照宮に金燈籠を献ぐ。當地に館するやその配置構造に意を注ぎ、特に日光・浅間・富士・筑波の四嶽を縮景して園林四顧の眺望となせり。真に武人館邸の典型にしてまた公の風雅を知るに足る。果せる哉。市は夙に館阯を史蹟に指定してその保存を図れり。しかるに市域の擴充発展はその周辺を極度に変貌しつつあり。今茲元誉寺山門内外

並びに郷人有志この現況を慮り、公の館址と令名を久遠に歴然たらしめんとし、その梗概を石に勒するに當り、文を余に嘱す。余欣然これを承けその責を果すこと此の如し。

昭和三十九甲辰年八月二十九日

埼玉県文化財専門調査委員　山口平八撰文

深　谷　市　長　　木村一郎書

秋元氏が上野台に居住した間の事蹟や経営に関して『藤沢村誌』は左の如く記している。

上野台の土地はやせ、農民が耕作に苦しみおるのを見、地形を按験し、慶長年間領民と共にみぞを開通させ、内堀をつくった。この内堀内に元誉寺の廟所をつくった。元誉寺の堂宇の配置は大本山、大和国長谷寺にかたどったといわれ、本堂の西の未申に向い十一面観音ならびに両わき侍衛を安置し、右は天照皇大神宮、左は春日大神宮である。時の元誉寺の住職を法印英尊と称し当山第十二世中興の開山といわれている。大業終りたる後、寛永十九年壬午年三月十一日に歿したといわれる。泰朝が建立増築せられたについては、二つの意味を含んでいたといわれている。一つは祈願、二つは菩提を弔うことであった。菩提を弔う意味は、一つは東照大権現、二は台徳院殿一品大栢円公、三は江月院殿巨岳元誉大居士のためであるといわれる。ゆえに元誉寺のことを台徳山東照院元誉寺といわれる。秋元家の邸は寺と別の所に建築するよう計画し、庭内には当時の武士の天下を掌握する一手段としての庭園形式が築かれ、築山を設け、即ち富士山、日光山、筑波山等の三山（筆者註＝「元誉寺考古記」には「又或書曰長朝公、築日光、浅間、富士、筑波之四嶽、以為園林之眺望焉」とある）を形造り、邸の四方には鬼門除として、また源氏の崇敬に因んで八幡または諏訪神社を造った。寺と邸は後でつくるつもりであったらしい。上野の地には三十六年居住しておったようであるが、後大阪城の戦いにおいては、徳川方に参加し、徳川家康より論功を受け、秋元但馬守となり、日光奉行にまで出世するようになった。大阪城の戦の参加は、元和三年五月夏の陣といわれ、当時岡部ケ原は牧場として知られており（地名牧西等より推定す）その牧場より駿馬として知られておった岡部グロにまたがり、出陣したといわれている。この戦功により、甲州谷村に転封した。（中畧）長朝の転封以前の陣屋を金燈籠という。字上野の中ほどの小高い所にあり、寛永十三年丙子の夏、甲斐国谷村へ歸りし後、廃せられたと伝えられている。現在は堀の跡やや存する程度である（註＝濠址は一箇所残り、南北に長く長さ約三十メートル、巾五メートル、深さ三メートル）。この所を金燈籠と呼ぶのは元和二年七月、越中守長朝東照宮へ献納の金燈籠を造りてしばらくこの場所へ建てておいたゆえにこの名前がついたといわれる。この燈籠は現在世良田長楽寺の境内にあるが、これは長楽寺へ寄附したように出ている。その条を見ると、

秋元越中守殿基村へ建ておかれ条金燈籠此度世良田郷権現様へ秋元甚九郎殿御寄進なられ条慥かに御講中処実証なり後日の為一筆かくの如くに御座候

明暦四年戊戌年三月

長楽寺留守居　医王院

光明院

台　村　清水忠左衛門

燈籠中の掘り込中に

奉納　東照大権現御宝前

元和戊午歳七月吉日
秋元越中守　藤原長朝

後この上野台は地頭職の所領となってしまった。このように秋元家の上野台在住はわずかなものであり、在住当時の系図をみると、

秋元景朝
├長男　孫三郎（早死）
├二男　孫四郎長朝―泰朝
└長女（不明）
春子（上杉新蔵人憲勝の女）

秋元氏系図（『総社町誌』並びに『聿修録』所載「秋元畧系」）

景朝―長朝―泰朝―富朝―喬知―喬房―喬求（養子）―涼朝（養子）―永朝（養子）―久朝―志朝（養子）―禮朝（養子）―興朝

（四）深谷五十八騎（憲政と深谷城）その他

『深谷記』『深谷古来鑑』『深谷由緒書』『秋元世譜』『重修岡谷家譜』などを見ると深谷五十八騎の文字と人名に接するが、これは上杉氏の臣下五十八騎のことで、天文二十年（一五五一）北條氏康は上杉氏の餘勢を討滅しようとして、その子氏政・氏邦を将として北武蔵に打入り、松山城を根據として深谷城を攻落しようとし、一手を人見・樫合、他を三尻・国済寺辺まで進ませた。時に上杉憲政深谷城にあり、大勢挽回なきを想い、同城をのがれて上州平井城

（現、藤岡市西平井）に入り、また平井城をも捨てて遠く越後にはしり、親族長尾景虎（上杉謙信）に投じ、上杉家の家系及び伝家の宝刀を譲って隠遁《いんとん》し、景虎ここに上杉氏を冒《おか》した。この憲政越後落の際、深谷上杉氏より同氏の所縁によって笛吹峠まで見送った（或は越後まで従ったとの説もある）五十八人を深谷五十八騎ということである（『大里郡郷土誌』）。左にその全員を記してみよう。

岡部加賀守　秋元上総之介　井草左衛門佐　同越後守　同丹波守　井草隼之介　馬場治郎兵衛　柳沢隼之介　野中備前守　岡谷備中守　用土新左衛門　新谷四郎右衛門　瀬山丹波守　大沼太郎八　梅沢新左衛門　矢野左馬之介　奥貫玄蕃　本田与七郎　斉藤卯之介　波内伊左衛門　友成源太左衛門　中島図書　坂井源吉　秋山將監　針谷勘六　野田縫之介　長田八右衛門　原市之丞　白沢勘五郎　関口八右衛門　中田太左衛門　竹井將監　梅野弥五郎　関根彦二郎　香取助三郎　吉田与右衛門　早野関之介　山田市之丞　本郷九郎右衛門　清水新六　猪俣権六　柄越与左衛門　富田兵六　伊藤河内之介　佐藤弥三郎　岡田重二郎　柴山七三郎　新藤松右衛門　内田仁右衛門　永島彦惣　増田郷左衛門　佐藤治郎九郎　竹井新八　永野源蔵　桑原門右衛門　笠原將監　柴崎阿難　竹内七郎

なお「深谷七人衆」または「深谷衆」の言葉あり、これは岡谷左馬助。秋元越中。萩谷加賀。新居志摩。大沼越後。大類丹後。多賀谷大学をいい、岡谷左馬助は、泰繁のことで戦功のあった人である（『秋元家譜』）。

第六節　謙信・信玄の来襲

謙信と深谷城

前述の如く憲政より氏を継いで上杉謙信と称した景虎は、上杉氏を継いで関東管領たらんとし兵を関東の野に進めてしばしば北條氏と挑戦した。当時北武の豪雄に成田長泰（長康）あり、忍城にあった。謙信この時、北武蔵に入り忍城を猛攻するとするどく長野口の民家を焼き、埼玉村の古墳丸基山に登り、地蔵堂より忍城を下瞰《かかん》して火を城外に放ち、将に水をそそいで攻略せんとした。長泰、人質を送って和を乞い、遂に降伏を餘儀なくされた（『行田市史』上巻。『松窓漫録』）。深谷上杉氏は、同族なる故を以て謙信に属して奮闘した。この間の消息は元亀三年壬申閏正月六日謙信より深谷上杉氏の老臣岡谷加賀守に送った書状に明白である（第二節（一）廳鼻和上杉氏憲盛の項参照）（『重修岡谷家譜』）。

信玄の来襲

武田信玄の深谷乱入のことは、「岡谷左馬助覚書」に、「元亀三壬申の年我等十八にて信玄深谷へ大ぬま屋敷江御動被成候時我等罷出上野織部と鐺合申候信玄御衆何も可被存候事」とあり、大ぬま屋敷とは大沼彈正忠の居所である。

第七節　深谷上杉氏の敬神崇佛

（一）深谷上杉氏と神社

深谷上杉氏が如何に敬神の念が厚かったかは深谷木瓜城址に五社即ち智形明神社・八幡社・天神社・辨天社・天王社のあるのを見てもわかる。また永明稲荷・稲荷神社・瀧宮神社・豊受神社も信仰の対象であった（『新編武藏風土記稿』『大里郡神社誌』）。更にその家臣であった岡谷清英が自ら建てた清心寺内に八幡社並びに箱根権現社を創建した如き、また秋元景朝が幡羅村東方熊野神社を再興した如き（『館林叢談』「東方熊野社碑文」）、特記に値する（また寅薬師・永明稲荷・智形明神・稲荷神社を一佛三社と称して深谷城の守護としたとの伝えもある）。

（二）深谷上杉氏と寺院

深谷上杉氏が極めて熱心な佛教歸依者であったことは、その開基にかかる寺院の多いのによって知ることが出来る。憲英（幡羅村の臨済宗国済寺開基）、房憲（藤沢村の曹洞宗昌福寺開基）、憲賢（久下村の曹洞宗東竹院開基）、憲賢室高泰姫（深谷宿の曹洞宗高台院開基）、憲盛（御正村の曹洞宗静簡院開基）、なお上杉氏家臣であった岡谷香丹の大寄村曹洞宗皎心寺創建、その子清英の深谷宿浄上宗清心寺創建、秋元氏の藤沢村の新義眞言宗元誉寺建立の如き特筆すべきものである。

以上は開基創建の寺院であるが、このほか福寿院に祈願したり、更に寺領を寄進している史実があることは、一層佛教信仰への深かったことを教える。

氏憲は、天正元年（一五七三）八月九日、本畠村時宗教念寺に寄進状を書いているし（第一節「深谷上杉氏の系譜」氏憲の項参照）、また天正八年には藤沢村昌福寺へも寺領を寄進している（『新編武藏風土記稿』）。

Ⅱ

深谷（庁鼻和）上杉氏

―深谷上杉氏の系譜―

持田　勉

上杉氏は藤原氏の一流、右大臣藤原冬嗣の孫、内大臣勧修寺高藤を祖とする。この一族は代々蔵人に任じられ、天皇に近侍し朝廷の実務官僚としての伝統を持っていた。また教養高く勅選和歌集にも載る歌人で文武達者であった。清房は後鳥羽上皇に近侍し、承久の乱（一二二一）に隠岐島に従っている。その子重房も蔵人で、式乾門院利子に仕えた。建長四年（一二五二）同院の猶子宗尊親王が将軍家として鎌倉へ下向したとき、重房はこれに供奉して鎌倉に下った。

上杉氏は貴族から初めて武家となったが、力は弱く北面の武士ぐらいであった。関東で勢力をもったのは、鎌倉幕府の筆頭、源氏の名門で全国に所領を持つ足利氏と縁を結んだからである。即ち重房の娘は足利頼氏の子家時を生み、頼重の娘清子が貞氏の子尊氏・直義を生み、室町幕府の将軍の母の実家として勢威をもった。足利氏が執権北条氏との縁戚から何故上杉氏に代ったかというと、貴族と教養の家柄に憧憬の念を持っていたからであろう。上杉氏は足利家領の丹波国八田・漢部郷（現京都府綾部市）を給地とし、同郷内上杉村を名字の地とした。足利尊氏を生んだ清子は、「むまれ《（生）》そだ《（育）》ちたる所」と述べ、この上杉の地に上杉氏が代々居住した。

憲房（清子の兄）は尊氏の叔父として、建武の新政、室町幕府の樹立に力を尽くし、四条河原の戦に尊氏のために命を捨てた。尊氏はその恩に報いるために憲房の子憲顕を重用した。即ち尊氏は京都に幕府を置くと、次男の基氏を鎌倉公方につかせ、その補佐役の関東管領に上杉憲顕を任命した。関東の上野・武蔵・上総・相模及び伊豆・越後を支配し、ここに上杉氏の関東における覇権が確立したのである。憲顕のことを鎌倉大草紙は、「案者第一之人にして、関東のかなめ、此人あらずんば叶まじ」といっている。

初代　上杉憲英（深谷上杉氏の祖）

貞治二年（一三六三）三月、父の憲顕が関東管領に就任したが、その年の十月の鎌倉円覚寺所蔵大般若経刊記に、「上椙左近蔵人藤原憲英　貞治二癸卯十月日」とあり、父と共に官位が叙せられたと考える。

この貞治二年、深谷地方をみると、安保氏（泰規）は畠山国清の乱に加担したため所領が没収され、五月八日下手墓村は岩松直国に、同十六日人見郷は足利基氏により鎌倉の法華堂に寄進された。このような情勢から考察して、庁鼻和城には庁鼻和左衛門尉という鎌倉の御家人が居城していたが、畠山国清の乱などで、鎌倉府に没収され、これを管領憲顕の六男憲英に与えられたと考えられる。

ここに特筆すべきは、北関東の治安維持のため、その拠点として庁鼻和城を選んだことであろう。ここは当時、上野・越後・奥州への分岐点で、利根川を隔てて対岸の新田荘には娘婿の岩松直国を、庁鼻和城には憲英を派遣したのである。

後に、庁鼻和城や深谷城が新田義貞や上杉憲基の鎌倉攻めや、享徳の乱の上杉防衛線の拠点かつ武蔵国の築城第一号になったことを考え、ここが戦略上の要地だったことが理解できる。応安元年（一三六八）河越・高坂らの平一揆が鎌倉府に対し反乱を起したが、蔵人大夫憲英は二千五百騎を率いて鎮圧に向い、父憲顕と共に平定した。同年八月、越後と上野国境で新田義宗と脇屋義治の反乱を鎮圧、ここに上杉氏の関東における支配が確立したが、これにともない憲英も庁鼻和城に定着し支配したと考えられる。

至徳元年（一三八四）十二月鎌倉公方足利氏満は憲英の申請により、鎌倉の円覚寺に常陸国真壁郡竹来郷内中根村（現茨城県真壁郡大和村高久字中根）を寄進した。竹来郷は江馬氏が地頭として支配したが、鎌倉幕府滅亡とともに没収、足利尊氏の領有から上杉憲英の所有となり円覚寺への寄進となった。明徳元年（一三九〇）憲英は高僧峻翁令山禅師を招いて開山とし、庁鼻和城内に国済寺を開基した。「国を安んじ、民を済度する寺」という憲英の崇高な宗教的精神は、代々深谷上杉氏によって受け継がれた。

明徳三年（一三九二）南北朝合一と共に鎌倉府の支配が陸奥・出羽の二国に及んだ。応仁武鑑に、「～氏満卿上杉蔵人大夫憲英をして両国の宰たらしむ。憲英また其子憲光を推て国務を参理せしむ～」とある。それにともない所領として武蔵国の足立・埼玉の二郡と陸奥の楢葉郡（現福島県楢葉町）を支配した。又、別に陸奥・武蔵守護職料が五代の房憲までつづけられたことは、深谷上杉氏が守護職を受け継いだことを意味する。憲英・憲光の奥州管領としての勤めは、明徳三年（一三九二）から応永十年（一四〇三）頃までで、応永十一年八月二日、庁鼻和城で没。

二代　憲光

父憲英と共に奥州管領を勤める。応永二年（一三九五）南朝方に呼応した新田義隆と貞方が、奥州霊山城を中心に鎌倉府に抗した。左馬助憲光は一方の将として信夫城を攻撃し、乱を鎮めた。応永二十三年（一四一六）上杉禅秀の乱には深谷上杉氏は兄の憲光嫡子憲長が公方持氏・管領憲基側へ、弟の憲国・憲輔は禅秀側へと二分して争う破目になった。憲光は鎌倉か小田原か、どちらかで討死したと考える。当時、荏原・蓮沼・別府・玉井・瀬山・甕尻《みか》氏など武蔵武士の多くが禅秀方に加担したが、禅秀が武蔵守護だったので、その恩顧を受けたからであろう。

三代　憲長

父憲光と共に禅秀の乱に参加、佐介ヶ谷の憲基の館へ手勢十四騎を連れて禅秀軍の急襲を伝えた。また無量寺口では百七十騎で守備につき、激戦の末、大庭式部丞を始め五十六騎が討死して破れた。管領憲基と共に伊豆の国清寺に入ったが禅秀軍に攻められ、一族の越後上杉氏を頼った。越後・上野の兵を集めて態勢を立て直し、応永二十四年一月二日に憲長の居城の庁鼻和城に集結、鎌倉街道を下って禅秀を破った。庁鼻和城に集結したのは第一に山内上杉氏の唯一の親族で信頼がおけたことと、越後・上野から鎌倉へ通じる戦略上の要衝であったからである。この乱で蓮沼・荏原氏などは亡び、乱の後、公方持氏は憲国や家人の恩田美作守や肥前守、玉井駿河入道を「隠謀露顕、隠れ置る」として徹底した平定を武州南一揆に命じている。憲国らは恩田（熊谷市）や久下（熊谷市）に潜伏していた。また後に深谷上杉氏の宿老となった岡谷、秋元氏は、もとは犬懸上杉氏の被官で、禅秀が失脚の後、同族の庁鼻和上杉氏に仕官した。

憲長は上野国高山城主で、山内上杉氏の宿老の高山重秀の末女を室とし、山内上杉氏との縁を深めた。応永二十八年（一四二一）福正寺縁起によると、「此他城主上杉蔵人憲長公」とあり第三代城主を裏付けている。この縁起を記した鉄関は国済寺第八世住職鉄関令生である。

四代　憲信

永享七年（一四三五）常陸国の長倉氏が公方持氏に背いたので、その攻撃軍に憲信は加わった。永享の乱が勃発、管領憲実に従って扇谷持朝らと共に平井城に退く。永享十二年結城合戦が始まり、管領憲方は武蔵国司上杉庁鼻和性順に出陣命令を下したが、兵少く、山内上杉氏の家宰、長尾景仲が加勢、両大将は苦林（毛呂山町）…性順、入間川（狭山市）…景仲は陣をしいた。ついで村岡河原（熊谷市）で結城方の一色伊予守と激戦、転戦して板鼻（安中市）城に那波一族、入西一揆、長尾景仲と共に参陣、享徳四年（一四五五）、享徳の大乱おこる。関東の諸領主は利根川を境に、古河公方と管領上杉方とで関東を二分しての争乱となる。古河成氏は自己の陣営に入れるべくさかんに所領を宛行った。新開加賀守の跡地新開郷を岩松持国に与えた。康正元年十二月騎西城の攻防戦に、憲信と弟の憲明、長尾景仲が籠城し奮戦したが敗退、この戦いに庁鼻和上杉氏が由緒をもって上杉方の重要拠点の騎西城を守ったが、ここで討死したと考えられる。

五代　房憲

古河公方と管領上杉氏との抗争は、武蔵中部の騎西城から北部へと移った。康正二年（一四五六）両軍は岡部ヶ原で激突、古河側の将は岩松持国で、京兆家の再興のため軍功をあげ、所領拡大を計っていた。一方上杉方に越後上杉氏も援軍として参陣、特に和田長資は奮戦し、将軍義政の御感御教書を管領の細川勝元から下賜された。深谷上杉軍も奮戦し、井草、久下、秋元等討たれた。戦後、上杉方の防衛線の中核として深谷城を新たに構築、武蔵国の築城第一号で、翌年に岩付、江戸・河越城、つづいて五十子城が築かれた。

この戦は泥沼になり、関八州は飢饉で修羅の巷と化したと『松陰私語』に記されている。文明八年（一四七六）長尾景春の乱おこり、関東は両上杉と古河公方・長尾景春との戦と変わった。この頃、道興准后や尭恵法師などの文人が深谷を通り、それぞれ深谷附近の情景を記しており、「ちょうのはな」という広漠たる原野が想起できる。また熊野信仰もさかんで、那智山の旦那職名に当時の深谷の地名が記されている。

房憲の所領は石に換算して六万三千石で関東十八家中六位、一位は関東管領上杉顕定の六十六万石、二位が古河公方の三十六万石である。仙元山の麓に昌福寺を開基する。

六代　憲清

古河公方の家宰で、かつ親族の簗田持助の女を室とした。子の憲賢が、「亡父憲清多年忠功を尽くす」とあり、管領山内上杉氏と行動を共にし、長尾景春の乱、長享の乱、北条氏の台頭など変転極まりのない時代を過ごした。太田道灌の殺害に端を発した長享の乱が始まり、古河方の武将、増田四郎重富は増田の砦より四津山城（小川町）に立て籠ったが、山内軍の猛攻に落城した。また落城の四年前に文殊寺（熊谷市）を中興開基した。憲清は北方の古河公方に備え、延徳三年（一四九一）宿老岡谷香丹をして皿沼城を築城した。

憲清は簗田氏を通じて、金山城主横瀬雅楽助が仲介の労をとり、山内上杉氏と古河公方が和睦、村岡《熊谷市》に在陣の政氏の許に鉢形城の顕定が出仕、山内上杉氏は足利氏の「御一家」となる。明応五年（一四九六）山内顕定が相模国へ出兵、留守の鉢形城に古河政氏が入り、その警固に庁鼻和憲清と定為があたった。また古河成氏は庁鼻和四郎が戦で疵を受けたので、公方の侍医の常陸国の芹沢土佐守に疵の手当を命じている。またこのことは深谷上杉氏と古河公方との関係が、良好になっていることを物語っている。その後、公方政氏は安保氏に手墓郷の支配を命じているが、安保氏を古河の傘下に入れるためと考えられる。

永正元年（一五〇四）山内上杉と扇谷上杉が激突、山内側は顕定・深谷上杉氏及び越後上杉氏であり、扇谷側は朝良・北条氏・今川氏で両軍が立河原（立川市）で戦い、深谷上杉軍も出陣、その間隙をついて金山城の横瀬景繁の臣、坂田（大泉町）城主の坂田備前守が国済寺を攻撃した。坂田文書によると当時、利根川の対岸には味方の城がないので、防御が困難なゆえ引き揚げたとある。このことは深谷上杉氏と金山城の横瀬氏との間に国境をめぐって小ぜり合いが頻繁に起ったと考えられる。またこの頃、深谷は府中と武蔵国における馬の二大産地で、早馬合せが開かれ、娯楽の少ない当時の楽しみの一つであった（上杉定正書状）。

七代　憲賢

永正十五年（一五一八）憲賢領主となる。天文年代になり北条氏が武蔵国に進出、憲賢は宿老岡谷香丹に命じて同四年曲田城を築城、皿沼城は清英に譲る。天文十年（一五四一）金山城主横瀬信濃守泰繁が北条氏に従おうとしたので、管領上杉憲政は深谷城主庁鼻和乗賢（憲賢）や忍・那波・厩橋・唐沢山の城主に命じて攻撃した。この頃、山内憲政は深谷上杉氏の宿老に秋元景朝を派遣し、結びつきを深めている。秋元氏は犬懸上杉滅亡後、庁鼻和上杉氏に仕え、岡部原合戦に参加、その後、山内上杉氏に仕え、管領憲政の養女、春（上杉新蔵人憲勝の女）を室とし、北条氏の台頭に備え、深谷の上野台・滝瀬に所領が与えられ、天文十四年領内改めをしている。

同年、川越夜戦に憲賢も忍の成田長泰・大胡・倉賀野氏と共に北条方と奮戦したが敗れ、実質的な関東の覇権は上杉氏から北条氏に移った。平井城に退いた憲政は、無謀にも信濃国へ進出、武田信玄と戦う。この戦いに憲賢も岩付、忍、松山勢と参陣、中でも深谷上杉氏の家臣内匠之助は、敗軍の中ただ一人留って勇戦した。この頃から乱世になり、金山城の由良氏と国境争いがあり、由良氏の家臣正田平右衛門は那波合戦の功により、横瀬・新開・古市・大塚・中瀬・高島・石塚の七ヶ村の掟を仰せつかった。天文二十年、北条氏康が平井城を攻撃、深谷の憲賢は二番手に属し、倉賀野・館林勢と防戦したが敗れた。管領憲政は越後の守護代長尾景虎を頼り、関東管領職と上杉の姓を譲る。北条氏康は北武蔵に侵入、憲賢は寡兵をもっては籠城しがたしと降じ、本領は安堵された。ついで氏康は憲賢に命じて、国済寺の住僧晏長老を使者に立てて忍城の成田長泰に降伏をすすめた。長泰は、籠城の決意だったが、大勢止むなく、別府・玉井・久下・須加らの家臣を連れて榛沢（深谷市）の北条氏康の陣所へ行き降じた。この時、氏康は武州の旧家わが幕下に属する過分なりと大いに喜んだ。憲政越後落ちの際、深谷五十八騎越後に送る。

北条氏康は甲・相・駿の三国同盟を結び、ついで弘治二年、北条氏は古河公方晴氏を廃し、義氏を継がせるべく古河を攻撃、武蔵から憲賢、忍、松山勢が参陣す。また憲賢は上野国長楽寺を深く崇拝、古くより管領外護の寺であることを北条氏に申請した。翌年の永禄元年（一五五八）憲賢は自作自筆の「清陰斎詩軸」を長楽寺に奉じた。この詩は中国の寒山詩や馬郎婦観音などから引用した教養高い詩文で、父憲清が乱世の中、管領上杉氏のために忠功を尽くした功績を称え、且つ庭前の苦竹の如く、深谷上杉氏のいや栄えを祈っている。

憲賢は永禄三年没、高台院に葬らる。その室高泰姫は高台院を再興し、元亀四年（一五七三）没する。

八代　憲盛

永禄三年、父憲賢没した年、上杉謙信が進出、忍城を攻撃、長泰は急使を憲盛に送り援兵を求めた。憲盛は永井荘（熊谷市）まで出陣、その後、成田が謙信に従ったとの報で、戦意消滅し家臣の大沼伯耆・高橋百合助を使者として越後の老臣直井大和守に降る。なおこの頃、成田氏と深谷上杉氏は縁戚で、成田長泰の姪が憲盛の室で、かつ憲盛の女が長泰の次男泰親の室である。両者が互に政略結婚によって勢力の均衡を計った。

この年、深谷領と新田領の国境争いがおこる。四月三日の早朝、由良成繁の先陣、大胡城主増田繁政が利根を越えて石塚郷に進む。これを上杉勢百数十騎迎え打ち、利根の河原で激闘し、上杉方敗れて退く。

永禄四年（一五六一）上杉謙信は関東へ出陣、関東の将士二百五十余人が謙信の出陣要請に応じ、諸将の氏名やその陣幕紋を書き出した「関東幕注文」を作成した。深谷上杉氏には敬称「御」が付けられ、上杉氏一族の扱いを受けた。また市田氏も深谷上杉の一族なので「御」がつけられている。また新開氏は上野国の横瀬氏の支配下にあった。

ついで謙信の第二陣に加わって小田原攻めに参加、鶴ヶ岡八幡宮での管領拝賀式に、横瀬氏と共に深谷上杉氏は御剣と御沓取りをした。

同年、甲・相・駿の三国同盟に基づき武田信玄は武蔵へ進出、杉田因幡は中村弥五郎と称して、井草左衛門尉の手に属して児玉郡生山で戦う。武田軍、再び深谷へ侵入、井草左衛門尉が防ぎ戦う。一方、またまた金山領との国境争いの小阿瀬合戦おこる。

永禄八年、北条氏康の軍と戦い、北条氏の布施田山城守は戦功をあげ恩賞を受く。ついで憲盛は北条氏と和睦、憲盛は鉢形城の氏邦と協力して忍の成田長泰と市田（熊谷市）で戦う。翌九年、北条・深谷連合軍は謙信側の富岡主税助の小泉城を攻撃、富岡勢勇戦したので敗退、謙信は富岡氏の戦功を賞す。

同十年、謙信は出兵し、深谷付近に火を放ち、ついで金山城を攻撃す。武田信玄は三国同盟を破って駿河国に侵入、同十二年、越・相同盟が成立、深谷領は成田・羽生領と共に謙信側に割譲されることになった。憲盛は、北条氏と親しい関係から拒否したが、羽生城主の広田直繁や木戸忠朝の熱心な仲介で承諾、憲盛は同盟成立を祝しての書状と金覆輪の太刀と鳥目二百疋を献上した。特に書状に「深谷上杉左兵衛督藤原憲盛」と、由緒ある家柄であることを謙信に示している。

武田信玄は武蔵国に再び侵入し、児玉都の御嶽城から鉢形城を攻撃、憲盛はこれを救援、ついで三増峠に出兵、元亀元年信玄再び御嶽城へ進出、当時「忍領と深谷領共に入り組みたるところ」とあり、深谷領が御嶽城近くまでのびていたことがわかる。同二年、信玄は榛沢（深谷市）へ侵入、鉢形・深谷勢はこれに先制攻撃をかけて敗った。これに対し氏康は憲盛に鉢形衆と協力して児玉口を守るよう命じている。十月、氏康死去と共に、越・相同盟破棄、甲・相同盟成立により、憲盛は倉賀野で、北条・武田軍と戦い、宿老岡谷清英は勇戦し謙信これを賞す。また信玄は深谷の大沼屋敷を攻撃、岡谷清英の孫の泰繁は初陣として勇戦す。いっぽう北条氏も深谷城に圧力をかけ、深谷と縁戚の忍の成田氏長や、久下の市田氏盛も北条側に属するようになった。

翌三年、鉢形の北条氏邦の深谷攻撃が激しくなり、家臣の町田雅楽助に深谷攻略後に、十分扶持するが、とりあえず、白石（鉢形）の九貫文の地を与える書状を与え、戦功をあげたので、小薗の地二十貫文が宛行われた。

同三年、武田軍は西上州より、北条軍は南から圧迫、謙信は厩橋城将の北条《きたじょう》高広に、深谷・羽生城の防備を厳にするよう命じた。北条勢は成田軍を先陣に羽生城を攻撃、深谷勢は救援に向うが、戦況不利のため帰陣す。この頃、謙信は越中へ出陣中だったが、大いに深谷・羽生城のことに気をつかっていた。

この年、憲盛にとって破瀾万丈の年であった。北条氏の深谷・羽生城攻撃は強まり、縁戚の成田氏長は北条氏の先兵として戦っていた。領内でも、正月に矢野左馬尉の寝返り、十月に深谷の家臣と成田の家臣との争いが起った。憲盛の家臣坂本民部は必死に謝り、下剋上の様相を慨嘆した。関東管領山内氏の勢威のときは上座に列し、成田氏は下座だったが、今は逆転し、成田氏の勢威の前に下っていることを述べている。同年二月、北条氏繁の書状に、「…今般深谷に向って働かれ、漸く隙開け候」とあり、元亀四年四月十五日、北条氏と和睦、憲盛は氏政及び氏邦と誓紙を交し、宿老岡谷加賀守・秋元越中守・井草左衛門尉がこれを諒承、当時、宿老の合議で政務がとられていたことを示している。ついでただ一つ残った羽生城も落城、救援にきた謙信は怒って、深谷・忍・松山・鉢形城下に火を放ち、この年の十二月、関東から全面徹退し、関東は北条氏の完全支配となった。憲盛は敬神の念深く、成沢（熊谷市）に静簡院を、新井（深谷市）に諏訪神社を建立、天正三年没、昌福寺にも憲盛の墓あり。

九代　氏憲

天正三年父の憲盛没して、氏憲家督を継ぐ。同六年、北条氏政は誓紙を返し、氏憲を養って子と為し「一字」を授けた。かつ氏政の女を以って嫁す。深谷は、岩付の太田氏、忍の成田氏と共に、北条氏に重視され、北条一族に準ずる待遇が与えられた。翌七年、嫡男の憲俊が、深谷城内で生まれる。

同八年、鉢形城の氏邦は塩荷統制の命令を小前田の長谷部備前守に下し、その中に、深谷領内の榛沢・沓掛（深谷市）・阿那志・十条（美里町）及び忍領には干渉しないよう命じている。これにより深谷領が児玉郡までのびており、かつ氏邦が、忍や深谷領とトラブルをおこしたくない配慮がわかる。

天正八年、武田勝頼は、体制を挽回すべく東上州へ進出を企て、在地領主に東上州平定の暁には所領を与えるという「予約の所領充行状」を発行した。その中に高嶋郷三百貫文があり、このことにより高嶋郷が上野国に属していたことがわかる。またこの頃、熊野信仰の修験道もさかんで、人見、折之口、大屋《大谷》などは白石（美里町）の宝積坊に属し、度々、大沼坊（深谷市）と勢力争いがあった。武田勝頼滅亡と共に滝川一益が関東管領として上野国厩橋城に入城、氏憲は成田氏と厩橋城へ出仕、ついで本能寺の変おこり、深谷城にいた北条氏の重臣狩野一庵は急使を小田原の氏政に送った。ついで神流川の合戦に深谷軍も参陣、当時、深谷の街は北条軍でいっぱいであった。この戦いで深谷勢も奮闘、戦功をあげた兵は三十八騎、ついで氏直の軍に従って甲州へ出陣、進出した徳川家康と相対した。天正十二年、氏邦の金山城の由良攻めに、館林城のおさえに二百五十騎を率いて出陣した。戦乱で離村した中瀬の百姓へ帰農をすすめた虎印判状をみると、中瀬・下新開郷は北条方の支配下だった。新開郷の領有は、憲賢の検見帳が証拠となり、北条氏の山角康定が裁定して深谷領となる。

同十六年、北条氏と真田氏との対立深まり、真田氏の名胡桃城に対抗して、北条氏は権現堂城を築いたが、氏憲は鉄砲隊百人を派遣す。

同十八年、豊臣秀吉の小田原攻めに、氏邦は北関東の守備に、鉢形城を中心に深谷・厩橋・倉賀野・箕輪・沼田の六城で五千騎を擁した。氏憲は、鉢形の氏邦・岩付・忍と共に小田原城に一月から籠城、宿老の岡谷加賀守と、矢井伊勢守は四月中旬に小田原城へ援軍として駆け付けた。

四月の下旬、豊臣軍の前田利家・浅野長政の軍に、留守を守った秋元長朝と杉田因幡が、永楽一文ずつ領内三十三郷の領民に課し、また駿馬二頭を献上して無血開城し、深谷の街を兵火から救った。かくて二百数十年つづいた深谷上杉氏の統治も終り、江戸期に入り、宿場町へと移行したのである。

Ⅲ

深谷上杉氏の墓について

高橋一彦

歴史に名高い深谷上杉氏の歴代墳墓については諸書を見ても案外わかっておらないので、その実際を調べる必要を感じ、遺跡を訪ねて調査を行なった。その結果新たに判明したこともあるので記して参考に供したいと思う。

深谷上杉氏歴代墳墓の所在地は深谷市大字国済寺、常興山国済寺と深谷市大字人見、人見山昌福寺にあり、国済寺には現在「庁鼻和上杉氏旧里之碑」昌福寺には「昌福禅寺上杉氏先塋碑」が建てられている。また深谷旧城内の深谷山高台院には六代の憲賢夫人高泰姫の墓がある。夫人の墓塔に並んで憲賢の塔もあるが、憲賢塔には銘文が記されておらない。共に宝篋印塔である。また憲賢の墓は熊谷市久下の東竹院にもあったが、これは中興開基の故に供養墓が建てられたものと思われる。このような次第であるから、歴代墳墓として研究の対象となるのは国済寺と昌福寺にある古い石塔である。

国済寺の地は古くは「こばなわ」又は「ちょうのはな」と称し、幡羅郡の郡家の所在した処と考えられる地域であるが、上杉氏がここに居館を構えたのも郡家の地を考えに入れてのことであったろう。即ち奈良時代に設置された幡羅郡の庁所——郡役所であって庁鼻という地名もこの庁所に基因する地名と考えられる——に新しい政庁を置いたのが、国済寺に所在したと考えられる。上杉氏の居館で、こばなわ上杉、深谷上杉と称され、戦国の世に有名を関東の地に轟かせた。憲英、憲光、憲信の三代はこの地に住し、四代房憲の深谷築城に依り城内に引き移り、以後深谷城内に住したものと思われる。深谷には房憲、憲清、憲賢、憲盛、氏憲の五代に渉り住し、八代氏憲の天正十八年に落城、ために氏憲は信州へ去った。

国済寺の墓は現在本堂の西北隅にあり、初代憲英の墓塔はこの時代の典型的な宝篋印塔で、基礎の四面に四方仏の種子を刻し、そのうち薬師の種子の面を正面とし法名と紀年がある。昭和十年二月埼玉県指定史跡となっている。憲英公の墓の前には五輪塔、宝篋印塔、石龕塔など古い石塔が十五基程並る。宝篋印塔は八基分程あるが、基礎と蓋だけで塔身は悉く失われている。基礎に銘文があるが石の面が粗雑で読み難い。稲村坦元先生もすでに調査解読されておられるが、武蔵史料銘記集記載のものは誤読もあるようである。石龕には文字のあるものはない。

宝篋印塔の銘記を拓本にとって判読した結果は次のとおりである。

１　国済寺殿憲英大宗興公大禅定門

応永十一年甲申八月二日（一四〇四）

これが県指定史蹟となっている深谷家上杉氏の祖、憲英の墓塔である。ここで完全な塔はこの一基だけで他のものは皆残塔のみである。憲英の法名は国済寺殿大宗常興という、国済寺の山号常興山は憲英の法名からとったものである。石塔には大宗興公とあるが、他にも例がある。当時のならわしでそう記したものと思われる。

２　光山道盛庵主

文安二年乙丑六月九日逝去（一四四五）

二代憲光は法名を雲竜軒殿光山道盛といい、応永二十三年（一四一六）十月六日夜の戦闘で討死したことになっている。この石塔は憲光のものと思われるが没年が合わない。史実に伝えるところと二十九年もへだたりがある。

初代憲英の石塔は銘文が石面からはみ出しており、銘を記すべく予定せずに石塔を造り、後に追刻したものの如くである。この光山道盛塔は当初から記銘したものと思われ、又、「逝去」の文字も入っており、紀年は供養の年次ではなく没年であることが明らかである。

3　□□憲公庵主

永享十二年六月十九日（一四四〇）

これは上部の二字は読めないが、憲公とあることによって上杉氏一族中主要人物のものと考えられるも誰のものか不明である。

4　円海盛公庵主

長享三年己酉三月十二日（一四八九）

これは法名の右半分がたてに缺けていて全くの推定である。稲村坦元先生は円海正公と読まれた。しかし正よりも盛が近いように思われる。円海盛公は五代憲清の法名と考えられる。憲清公は喜雲寺殿円海静盛という。墓石に盛公と記すのは初代憲英の大宗常興を大宗興公とするのと同じ方法である。公はきみで殿様を意味するものであろう。憲清の没年は不明であるがこの石塔がそうだとすると没年が判明したことになる。

5　柱林尚□庵主

文明七年乙未五月九日（一四七五）

これは誰のものか不明。

６　右請□者□前住宝林玉渓□和尚

文明四年一月廿四日□□（一四七二）

これは明らかに住僧の宝林玉渓和尚のものであるが、この僧はいかなる人物か知ることはできない。

７　明峯□□庵主

永正十年発酉六月十七日（一五一三）

明峯□□を稲村先生は明峯定顕と読み、年号を大永十年と読まれたが、これは誤りで永正十年が正しい。誰のものかわからない。

８（三面に銘文があるが読めない）

明徳五年甲戌一月七日（一三九四）

これは初代憲英公の没する十年も前で住僧のものかと思われる。

９（缺損）

文明十年　（一四七八）

これは法名の部分は缺失して年号の部分だけ残っているもの。

国済寺の上杉氏墓石調査の結果は以上述べた如き状況であった。なお新編武蔵風土記稿によると国済寺境内には三光庵、密牧庵、雲竜庵、自勝院、得勝院という五箇の塔頭があったことが記されている。これらの塔頭はいかなる性質のものか伝わっておらないけれども、住僧の墳墓とか上杉氏の墳墓とも関係があったものではないかと思われるが、この事は何もわからないので附記するにとどめる。

次に人見昌福寺の上杉氏墓域であるが、ここには宝篋印塔と江戸時代の墓碑を含め十基程の墓石が東面して南北に並んでいる。傍らに弘化三年九月子孫久保田正憲に依って昌福禅寺上杉氏先塋碑が建てられており、深谷上杉氏研究資料として重要な役割をしている。

昌福寺上杉墓地でまず目に付くのは一番南の端に珍しくも完全な形状の一基の宝篋印塔である。基礎に要山簡公上座、天正三年三月廿八とある。これは七代の憲盛の塔である。憲盛は伴松軒殿要山静簡といい、天正三年三月二十八日卒している。法名没年ともぴったりと合い、憲盛公の塔として間違いないものと思われる。今までこの塔は誰のものか不明であったのであるが、今回の調査で明らかになった。この憲盛は大里郡江南村成沢の静簡院を開基しているが昌福寺境内に葬られたものであろう。憲盛の塔に並んで風化のはなはだしい宝篋印塔がある。風化磨滅して文字は見えないが姿の立派な塔である。これが昌福寺を創立したという四代の房憲の塔ではないかと思われるが、明らかにすることはできない。その他には銘記のある古い石塔は見当らないが、江戸時代の位牌型石碑に上杉氏の名のある正徳二年、明和九年、安永九年の三基がある。なおここには上杉氏墓地から一段下って東側に上杉氏の末裔と称する杉本氏一族の墓石（江戸時代）が並んでいる。昌福寺に蔵する「上杉家譜」はこの杉本氏の祖、蔵人という人が納入したものという。

国済寺、昌福寺の歴代墓地の外、前にも述べた如く高台院に憲賢夫人高泰姫の墓がある。深谷上杉歴代中、夫人の墓で明らかなものはこの一基だけである。この地方特有な文様の多く附けられた宝篋印塔で基礎に「掩粧梅室之芳大姉、元亀四年癸酉二月六日、孝子敬白」と記銘されている（位牌には高泰院殿梅室元芳大姉とある）。現在この高泰院殿の墓塔に並んで憲賢の墓塔がある。この石塔もやはり宝篋印塔であるが、これは完全なものではない。ちがった他の塔の部分が組みいれられている。四方仏の種子があるだけで銘文は記されておらない。ここに葬られているかどうかは不明である（新編武蔵風土記稿にも高泰姫の墓があると記されておるが憲賢の墓については何も語られていない）。高台院の憲賢の位牌には義竹庵殿雲岭静賢大居士、永禄三年四月二十八日とある。

国済寺、昌福寺及び高台院の上杉氏関係の墓塔についての管見は以上記した通りであった。石塔のそれぞれについての形状その他記すべきこともあるけれども今はそのことには触れないことにする。なお三代憲信（善応寺殿性順巽剛）の墓塔はついに発見されなかった。性順と号し騎西城主として活躍した人物であるが歿年もあきらかでなく、葬地も不明である。また、八代氏憲は深谷上杉氏としての最後の人である。

天正十八年豊臣秀吉軍の関東攻略に際し、小田原城救援に赴き、その留守中に深谷の城も遂に秀吉麾下の前田利家浅野長政等の軍門に降り、小田原の城も開城、関東の諸城ことごとく秀吉の手に帰し敗将氏憲は信州更級郡笹井荘に隠棲、彼の地の土となった。即ち深谷には墓はない。

参考文献

山口平八編「深谷町誌」昭和十二年四月　深谷商工会発行
高田晴司編「概観大里郡町村誌」昭和二十五年十二月　郷土誌編纂会発行
徳川幕府編「新編武蔵風土記稿」明治十七年　内務省地理局刊行
稲村坦元集録「武蔵史料諸銘記集」昭和三十四年八月埼玉史談第六巻第一号

Ⅳ　尊経閣文庫蔵『上杉憲英寄進状』について

菊池紳一

一、はじめに

尊経閣文庫には左記の武蔵国押垂郷に関する永徳二年二月二十七日付の上杉憲英寄進状が所蔵されている。

寄進　法泉寺《(相模国)》金剛宝塔
　武蔵国比企郡押垂郷事
□　憲英拝領当知行無相違
地也、聊依有志、永代所奉寄附也、
□《(仍カ)》□雖可相副御下文已下文書等、
他事相交之間、不渡之、若号憲英
子孫有致違乱之輩者、為不孝仁不可
知行憲英跡、仍為後日寄進状如件、
　永徳二年二月廿七日　左近将監憲英《(上杉)》（花押）

この文書は現在、『旧武家手鑑』という分類に収められている。『武家手鑑』は、加賀金沢藩五代藩主前田綱紀、すなわち松雲公によって編成された古文書・古筆手鑑のことをいうが[1]、近代に至り、財団法人育徳財団（現前田育徳会）の設立者である侯爵前田利為が新たに『武家手鑑』を編成し直している。その際、松雲公編成の『武家手鑑』から除外され、別途保存されている文書を、現在では『旧武家手鑑』と称しており、一〇九点からなる。なお、現在の『武家手鑑』は昭和十六年に装丁等が完成し[2]、昭和五十六年六月国の重要文化財に指定されている。

本稿ではこの文書の紹介にあたって、差出・充所や本文中に見える地名・人名等（法泉寺・押垂郷・上杉憲英等）について考察し、最後にこの文書の伝来について考えてみたいと思う。なお、地名のデータベースとして、角川文化振興財団で整備中の「古代・中世地名データベース」を参照したことを付記する。

二、差出「上杉憲英」について

上杉憲英（うえすぎのりふさ）については史料も少なく、関東管領上杉憲顕の子で深谷上杉氏の祖であること以外、その事績についてはあまり知られていない。『深谷市史』上巻（昭和五十三年十月刊行、深谷市史編纂室）によると次のように説明している。

母は木戸氏。六男。初名憲定。兵部少輔、蔵人大夫、陸奥守に補せられ、また上野守護職、奥州管領にもなった。子には憲光、憲国、憲輔等があった。（上杉氏の系図に数種あり、討究の結果、最も妥当と認むるものを取った）と記し、その他、館を武蔵国幡羅郡庁鼻和《こばなわ》（現在の国済寺の寺域）に構えたこと、仏道に帰依し康応二年（一三九〇）自ら開基となって常興山国済寺を建て高僧峻翁令山禅師を請じて開山としたこと（『新編武蔵風土記稿』）、また、国済寺伽藍の西北に憲英の墓で室町時代のものとされる宝篋印塔があること等が記されている。

松雲公はこの文書を入手してから調査を進めていたらしく、差出の上杉憲英について左記の「深谷上杉系図」が尊経閣文庫に所蔵されている。この系図は現在冊子・巻子一〇六点からなる『武家百家譜』に含まれ、その一四番目にあたる。

深谷上杉系図

憲顕 ― 安房守、法名道昌、道号
桂山、関東管領、
康永二　上州　豆州　越州守
護
応安元戊申九十、於是所
御陣逝去、六十三、国清寺
建立、

深谷祖
憲英 ― 蔵人大夫、奥州管領、号
国清寺、法名常興、道号
大宗、八月二日逝、
奥州夷蜂起之節、以
勅発向、則退治後、依奥
州之管領職、軍配團給
之、

この系図がどの系統の「上杉系図」から抄出されたものか不明であるが、[3]『系図綜覧』所収の「上杉系図」にもほぼ同様の記載があり、『続群書類従』第六輯下所収の「上杉系図」[4]には「兵部少輔、蔵人大夫、陸奥守、始号憲定、庁鼻和祖、法名常興大宗、号国済寺」とある。ところが、この文書に記される官途「左近将監」が「上杉系図」の諸本には見えない。憲英の弟憲栄の注記には「童名龍樹丸、号葛見左近将監、憲賢之跡相続、京都奉公（下略）[5]」とあり、注記にこの人物との混乱があるのかもしれない。たった一つ『続群書類従』第六輯下所収の「詫間系図」の憲英の注記に「蔵人将監」とあるのが「左近将監」に通じる注記である。

なお、花押については唯一同じ花押の文書がある。それは左記の永徳二年（一三八二）四月二十日付の長谷川親資軍忠状（江田文書）に記された証判である。(6)

着到

長谷川兵衛太郎親資軍忠事

右、為小山下野守義政御対治御進発間、去々年康暦二六武州国符（府）・村岡（大里郡）御陣、去年永徳元二村岡御陣、同四月足利（下野国）御陣令供奉候訖、而於武州依新田方蜂起、同五月十三日長井（幡羅郡）・吉見（吉見郡）御陣令宿直、於岩付（埼玉郡）御陣追落敵候畢、同廿五日太田庄（埼玉郡）御発向之間、於在々所々御陣致宿直警固候了、太田庄凶徒等御対治之後、向于小山（下野国）鷲城、至于今年四月抽忠節候訖、然早賜御証判、為備末代亀鏡、粗着到如件、

永徳二年四月廿日

「承了（証判）　（花押）（上杉憲英）」

この文書は、康暦二年（一三八〇）八月から始まる小山義政退治に際して、長谷川親資が去々年（康暦二年）の武蔵国府・大里郡村岡陣、去年（永徳元年）小山義政の再蜂起後も下野国足利・幡羅郡長井・横見郡吉見陣や埼玉郡岩付・埼玉郡太田荘・下野国小山鷲城等で忠節を尽くしたことを注進したのに対し、上杉憲英が証判を加えたものである。永徳元年の討伐軍の大将は上杉朝宗と守護代木戸法季、永徳二年の再々蜂起の討伐軍の大将は上杉朝宗であったが、本文書は上杉憲英もこの小山義政退治に一方の大将として加わっていたことを示すものである。

また、左記の足利氏満寄進状(7)に憲英の名が見える。

寄進　円覚寺（相模国）
　常陸国真壁郡竹来郷内中根村事
右、任上椙左近蔵人憲英申請、所寄附之状如件、
　　至徳元年十二月廿日
　　　　　　　　左兵衛督源朝臣（足利氏満）（花押）

この文書に見える「左近蔵人」は、前述の「詫間系図」に見える憲英の注記「蔵人将監」に通じるものである。すなわちこれは「左近将監蔵人」の「将監」を、系図の方は「左近」を省略したものとみなすことができる。

この足利氏満寄進状から、本稿で紹介する寄進状の前年に、憲英の申請により足利氏満が「竹来郷内中根村」を円覚寺に寄進したことになる。こうした仲介者と思われる某の申請によって寄進がなされる例はあまり多くはない。例えば、これも円覚寺に対する寄進であるが、観応二年（一三五一）五月九日足利尊氏が、今河心省（範国）の申請に任せて駿河国葉梨荘内上郷（除崇寿寺領）・同中郷等地頭職を寄進している例を初めとして数例が確認できるくらいである[8]。この寄進状は、観応二年三月二十日に、今河心省が同地頭職を永代円覚寺に寄進したこと[9]を受けて出されたもので、足利尊氏による確認あるいは安堵と考えられる。とすれば、前記の足利氏満による「竹来郷内中根村」の寄進も、上杉憲英の寄進を確認あるいは安堵したものと考えてよいと思われる[10]。

この竹来郷は、現在の茨城県桜川市真壁町の北に位置する同市高久付近に比定される。中根村は現在高久に小字中根として残っている。同郷は、寛喜元年（一二二九）七月十九日に将軍藤原頼経の袖判下文[11]によって、他の真壁郡内の十三カ郷と共に、親父友幹法師の譲状に任せて真壁時幹に安堵されたのが初見で、真壁氏相伝の所領であった[12]。と

ころが、正安元年（一二九九）十一月真壁盛時（浄敬）は同郷地頭職を没収され、翌年八月北条氏の一族江間光政が拝領している。[13] 以降江間氏に相伝されたものと考えられるが、鎌倉幕府滅亡後、おそらく足利氏あるいはその家臣（上杉氏）の所領となっていたものと思われる。

竹来郷内には、地頭請所や預所名である大和田村の他、大井戸・泉・各来・竹来村等の百姓名が存在していたが、[14] 中根村は所見がなく、それ以降に開発された村かもしれない。南北朝期の康永三年（一三四〇）七月二日、足利尊氏は真壁郡内竹来等九カ所を勲功賞として真壁高幹に与えており、[15] 竹来郷は再び真壁氏の支配下に入ったが、中根村は上杉氏の所領として存続していたものと思われる。

三、充所「法泉寺」について

法泉寺は現存しない。『鎌倉廃寺辞典』によれば、鎌倉扇ケ谷の法泉寺ケ谷にあった禅宗寺院で、山号は竹園、開山素安了堂、開基畠山国清と伝えるが、元亨三年（一三二三）の北条貞時十三年供養記に見える「法泉寺」がこの寺を指すとすれば、『宴曲玉林苑上』の記載から推定して、すでに鎌倉時代には隆盛をほこるほどの伽藍を擁する大寺院であったことが知られる。おそらく素安了堂・畠山国清による中興と考えられるとする。

この法泉寺の名は、南北朝期の観応から永徳にかけての寄進関係の文書に多く見えることは、高橋秀樹「『相模文書』及び『神田孝平氏旧蔵文書』について」[16] で指摘しているところである。本章ではこの高橋論文に導かれながら、法泉寺の寺領等について整理しておきたい。

前述した時期に法泉寺関連として確認できる文書が表Ⅰである。

高橋論文ではこれらの文書を、建長寺第三十五世住持素安了堂が「法泉寺長老」と呼ばれていることから、建長寺の塔頭宝珠庵に伝来した文書と推定している。次にこの時期の法泉寺の寺領を一覧にしたのが表Ⅱである。

法泉寺中興の時期を『鎌倉廃寺辞典』では、畠山国清が鎌倉の執事在職中の文和二年（一三五三）から素安了堂の没した延文五年（一三六〇）の間と推定している。しかし、法泉寺への吉良貞家の寄進はその前々年にあたる観応二年（一三五一）である。貞家は足利直義党の奥州管領として陸奥に入部し、この年二月一方の奥州管領畠山国氏を滅ぼしており、この

（表Ⅰ）法泉寺関連文書

一	観応二年十一月二十日	吉良貞家寄進状	相模文書	神四一〇一
二	観応三年三月二十六日	畠山国清施行状	相模文書	神四一五〇
三	観応三年五月十三日	足利尊氏御教書	神田孝平氏旧蔵文書	神四一六四
四	文和二年七月十七日	源光顕・僧有胤打渡状写	松雲公採集遺編類纂	神四二三六
五	延文六年三月五日	秀堂徳盛遺誡写	相州文書（宝珠庵文書）	神四三七七
六	貞治二年閏正月二十二日	足利基氏寄進状	吉田文書	神四四三六
七	貞治二年二月二日	高師有施行状	神田孝平氏旧蔵文書	神四四三七
八	貞治六年十月十二日	佐々木高氏奉書	塙文書	神四六一〇
九	永徳二年二月二十七日	上杉憲英寄進状	旧武家手鑑	未収載
十	永徳二年四月五日	足利氏満御教書	高山文書	神四八九二
十一	永徳二年四月十三日	鳩谷義景遵行状	相模文書	神四八九三

（『神奈川県史』資料編を「神」と略記した）

（表Ⅱ）法泉寺領一覧

寄進地	寄進者	文書番号
武蔵国崛戸郷地頭職	吉良貞家	一
伊豆国狩野荘熊坂村	足利尊氏	二・八
相模国一宮荘宝蔵郷内中村	足利尊氏	四
陸奥国会津如法寺	不明	五
相模国下曽比郷	足利基氏	六・七
武蔵国押垂郷	上杉憲英	九
武蔵国荏原郡世田郷地頭職	足利氏満	十・十一
武蔵国足立郡芝郷大牧村地頭職	足利氏満	十・十一

（文書番号は表Ⅰの番号である）

時期奥州にあって尊氏党を排除した奥州一管領体制を築きつつあった。[17]この時は観応の擾乱の最中であったが、貞家による寄進が行われていた。すなわち法泉寺はすでに存在し、直義党による再興が進んでいたとみてよい。翌年三月鎌倉に入った足利尊氏は早速伊豆国狩野荘熊坂村を法泉寺に寄進し、[18]足利直義勢力の一掃後伊豆国の守護となった畠山国清がこれを遵行している。これは尊氏の鎌倉五山への融和政策でもあり、また直義の鎮魂供養の意味もあったとも想定される。以降の寄進主体も足利基氏・氏満父子がほとんどであり、足利氏の法泉寺に対する保護と援助は継続して行われていた。とすると、この上杉憲英の寄進もその延長線上にあったと思われる。憲英は関東管領であった父憲顕から譲られた押垂郷を法泉寺に寄進したものであろう。

法泉寺はのちには素安了堂の搭所である建長寺宝珠庵の末寺になっており、戦国期天文十六年（一五四七）十月十三日の鎌倉代官大道寺盛昌書状写・（同十七年）八月二十一日の同書状写・同十八年五月二十四日の北条家制札案[19]などからこのことが確認できる。

四、寄進地「押垂郷」に関説して

押垂郷は都幾川の氾濫原、現在の東松山市上押垂・下押垂付近に比定される。鎌倉時代の押垂郷については文献史料が無く、本章では押垂郷及び南接する野本郷を名字の地とした押垂斎藤・野本斎藤両氏の鎌倉時代の動向について考察しておくことにする。[20]

この両斎藤氏の出自は『尊卑分脈』によると藤原氏時長流で、疋田斎藤為頼の孫で堀河天皇の滝口を務めた基親の子基員が武蔵国野本郷に住し、野本左衛門と称したのに始まるという。野本氏の館跡は現在の無量寿寺で、建長六年（一二五四）二月十五日の年紀を有する梵鐘銘に見える「野本寺」がこの前身と考えられ、同寺は鎌倉時代野本氏によって建立されたと見られる。おそらく館内の持仏堂から発展したものであろう。[21]

野本基員は『吾妻鏡』にも登場する。通称は野本斎藤左衛門大夫・斎藤左衛門尉である。建久四年（一一九三）十月十日条が初見で、この日基員の子が幕府で元服し源頼朝から重宝などを賜ったという。次いで建久六年七月十七日頼朝の代官として相模国大山に参詣している。貞永元年（一二三二）九月十八日に没しており（『尊卑分脈』）、時に九十三歳であった。基員は源平合戦や奥州合戦には見えず、おそらく建久元年の源頼朝の上洛を契機に御家人となったものと思われる。祖父頼基は竹田四郎大夫と号するが、この竹田は山城国宇治郡にあり、父基親も滝口武士であり、基員も京都周辺を中心に活動する武士であったものと考えられる。通称の「左衛門大夫」は左衛門尉を務めた功によって従五位下に叙されたことを示している。

『尊卑分脈』によると、基員の子には季員・助基・範員・時基・時員の五人が見えるが季員・助基・範員の動向については『吾妻鏡』にも見えず未詳である。京都周辺で活動した人物であったかもしれない。なお、『吾妻鏡』建保元年（一二一三）五月六日条によると、和田合戦で討ち死にした北条氏方の武士の一人に「おしたりの三郎」が見え、この人物が押垂氏と考えられている。[22]後述するように時基（基時）も通称が三郎であるが、同人は康元元年（一二五六）までその活動が見られる。押垂の一族かあるいは誤記であろうか。また、この三郎某の戦死後、基時が基員の養子になったとも考えられる。

時基は『吾妻鏡』には「基時」と記される人物であるので、本稿の表記は『吾妻鏡』に従って以降「基時」としておく。通称は押垂三郎兵衛尉・押垂左衛門尉・押垂三郎左衛門尉などと見える。[23]『尊卑分脈』によると基時は実は笠原左衛門尉親景の子である。笠原親景は『吾妻鏡』に笠原十郎・笠原十郎左衛門尉と見える人物で、建久二年から建仁三年にかけて所見がある。笠原氏は埼玉郡笠原村（現在の鴻巣市笠原）を名字の地とする。親景は弓矢に堪能であったらしく、小笠懸や源頼家の伊豆・駿河での狩猟に射手として参加している。しかし、比企能員の婿であったため、建仁三年九月二日比企一族とともに源頼家の子一幡の館に立て籠もり自害した。押垂郷のある比企郡は比企氏の本拠であり、比企氏滅亡後、野本基員にその地頭職が宛行われたのではなかろうか。

基時について、『吾妻鏡』でその活躍の様子が知られるのは承久の乱からである。同年六月十八日条の宇治合戦に敵を討ち取る人々の日記に「押垂三郎兵衛尉一人郎等討之」とあるのが初見である。以下、その活動を示すのが表Ⅲである。

表Ⅲから、基時は宝治合戦等の鎌倉における政変にはほとんど関与せず、将軍の近習として鶴岡八幡宮等の参詣に供奉することが多かったことがわかる。おそらく鎌倉に居住し活動していたと推定される。疑問なのは、造閑院殿雑掌関連の記事に「押垂斎藤左衛門尉跡」と「跡」を付けて表記されることである。一般的に「某跡」は幕府が御家人役を賦課した単位と考えられている。この時期嫡子の単独相続はほとんどなく、男子及び女子の兄弟によって分割して所領を継承した。幕府は御家人役を惣領に賦課し、惣領が一族に支配し分担させていた。すなわち「某跡」は某の所領を継承した某の子孫等すべてを意味していたことになる。しかし、『吾妻鏡』によれば、基時はこの後も生存し活動していた記事があり、なぜ「跡」を付して表記されているのか不明であり、後考を持ちたい。ちなみに、建治元年五月日の六条八幡宮用途支配注文写[24]には武蔵国の御家人の一人として「押垂斎藤左衛門尉跡　十五貫」と、これに

（表Ⅲ）押垂基時の動向

承久三・六・十八	宇治合戦で敵一人を討つ。
嘉禎一・六・二十九	明王院供養の際将軍に供奉する。
嘉禎二・四・二十三	将軍の使として法験の賞の馬を鶴岡別当定豪坊に届ける。
嘉禎二・八・四	将軍の若宮大路御所への移徙に供奉する。
嘉禎三・三・八	この日将軍の近習番が定められ、基時は三番に結番する。
嘉禎三・六・二十三	大慈寺新造御堂供養に供奉する。
暦仁一・二・十七	将軍頼経の上洛に従い、この日上洛の行列に加わる。
寛元一・七・十七	この日将軍の臨時の出御の供奉の番が定められ、基時は下旬に結番される。
寛元二・八・十六	鶴岡八幡宮放生会の馬場の儀において流鏑馬の的立てを務める。
寛元三・八・十五	将軍の鶴岡八幡宮放生会参詣に供奉する。
宝治一・五・十四	将軍御台所の葬送に供奉する。
建長二・三・一	造閑院殿雑掌の目録に「押垂斎藤左衛門尉跡」が本所の造営を担当する。
建長二・十二・二十九	「押垂斎藤左衛門尉跡」の輩、新造閑院殿遷幸の際の滝口候の武士に加えられんことを申請す。幕府、次回に申請するよう命ず。
建長四・四・十四	将軍の鶴岡八幡宮参詣に供奉する。
建長四・八・六	将軍の方違に騎馬で供奉するよう定められる。
建長四・八・十四	将軍の鶴岡八幡宮放生会参詣に供奉するよう定められる。
建長四・十二・十七	将軍の鶴岡八幡宮参詣に供奉する。
建長五・一・十六	将軍の鶴岡八幡宮参詣に供奉する。
康元一・六・二十九	将軍の鶴岡八幡宮放生会参詣に供奉するよう定められる。

も「跡」を付して記載されている。

その後の押垂氏の動向はあまりよくわからない。『尊卑分脈』によれば、基時の子に押垂十郎重基と三郎景基が見えるが『吾妻鏡』には所見がない。

『吾妻鏡』弘長元年（一二六一）十一月二十二日条によると押垂斎藤次郎が小侍所の番帳に加えられている。また、同書文永二年三月七日条と同年五月十日条に押垂掃部助なる人物が見えるが身分が諸大夫であり、『吉川本吾妻鏡』の「押立掃部助」に従うべきであろう。

鎌倉幕府滅亡の際、押垂氏も滅亡したのであろうか。その後の動向はわからない。

一方、時員の子孫が野本氏を継承した。『尊卑分脈』によると、時員も基員の養子となった人物で、下総の御家人下河辺政義の子である。官途は「従五位下、能登守、左衛門尉」である。承久三年（一二二一）八月三十日の関東下知状[25]によると、仁和寺領肥前国高木西郷は平家没官領として後白河院より源頼朝が拝領したところで、地頭として時員が補任されていたが、この時幕府は武蔵国稲毛本荘と交換し、同郷は領家・地頭一向不輸の地としてその年貢は高木東郷地頭行員に進済させることにした。この行員は時員の孫で、時秀の子にあたる人物と考えられる[26]。

承久の乱後時員は在京御家人として、摂津国守護も務めた[27]。『新編追加』の傍例に次のような記事がある。

一、故修理亮殿在京之御時、野本四郎左衛門尉之郎等、四方田左衛門尉依自馬引落之咎、雖給下手人、猶胎鬱訴不請取之間、野本四郎左衛門尉、彼下手人行斬罪、然而四方田左衛門尉猶依令憤申、野本四郎左衛門尉被召摂津国守護之上、被召預其身於肥田八郎左衛門尉畢、

すなわち、「故修理亮」（北条時氏）が六波羅北方として在京していた元仁元年（一二二四）六月から寛喜二年（一二三〇）四月までの間の出来事として、「野本四郎左衛門尉」（時員）の郎等が「四方田左衛門尉」を馬から引き落とす事件があり、時員は下手人を引き渡したり、斬罪に処したりしたが、四方田の怒りがおさまらなかったため、時員は摂津国守護を召し上げられたうえ、「肥田八郎左衛門尉」に召し預けられたというのである。

また、『吾妻鏡』建長二年（一二五〇）十二月九日条にも次のような記事がある。

九日庚子、野本次郎行時名国司所望事、父時員任能登守之時、不付成功、直令拝除之上者、如彼例可為臨時内給之由申之、為清左衛門尉奉行、今日有沙汰、其父時員、属越後入道勝円、在京之時、付彼内挙、自然令任歟、彼

堅法之後者、不足為例之間、輙難覃許容之旨被仰出、又臨時内給事、於三分官等者、依事体可被申請之、至名国司以上者、可被停止其競望之由云々、

すなわち、「越後入道勝円」（北条時盛）が六波羅南方として在京していた元仁元年六月から仁治三年（一二四二）までの間に、時員は時盛の推挙で成功もしないで能登守に任じられたという。この記事は時員の子行時が父の例に倣って名国司に任じられるよう希望したが、幕府はこれを許さなかったというのである。

このように、時員は『吾妻鏡』にあまりその活動は見られないが、在京御家人として活動していたことが知られる。『尊卑分脈』によると時員の子には時秀・行時・時成・貞頼の四人が見える。時秀は「野本太郎」と称した。(28)『吾妻鏡』嘉禎二年（一二三六）八月四日条で、押垂基時とともに将軍の若宮大路御所への移徙に供奉したことが知られるが、『尊卑分脈』に「太郎、先父」とあるように早世したらしく、『吾妻鏡』には所見がない。その子行員は、前述したように肥前国高木東郷地頭として見える。

行時は「野本次郎」と称した。(29)前述したように名国司を所望したが幕府の許しが得られなかった。(30)なお、時成・貞頼の二人は『吾妻鏡』には見えず、その消息は不明である。

行時の子孫は常陸国大枝郷地頭職を継承した。大枝郷は現在の茨城県小美玉市（旧玉里村）付近にあたる。正和五年（一三一六）閏十月十六日の野本時重覆勘状案(31)によると、時重は大枝郷の相伝経緯を次のように述べている。同郷は治承七年（寿永二年・一一八三）に高祖父益戸（下河辺）政義（法名義光）が勲功賞として源頼朝から拝領した地で、領家である鹿島社には「有限供料米」を備進してきた。(32)嘉禄元年（一二二五）政義は後家（淡路局）に譲与、淡路局の一円知行となったが、嘉禎三年代官が鹿島社と和与中分してしまった。文応元年（一二六〇）淡路局は孫子・曾孫

に同郷を分与した。その内容は、能登前司時光に栗俣村（承元元年検注の新田、号本新田、一円進止）、孫女尼浄妙に岩瀬村（和与以後開発の新田）、時重祖父行心に本郷（本田、和与中分）である。その後栗俣村は時光の子貞光に、本郷は行心の孫時重が相伝している。

『尊卑分脈』によると時光は行時の子であるが、行心は未詳である。永仁六年（一二九八）二月三日の関東下知状[33]によると「野本四郎左衛門尉　法師法名行心」とあり、前述の野本時重覆勘状案にも「野本四郎左衛門尉入道行心時重祖父」とある。一方同覆勘状案に「能登四郎左衛門尉貞光時光子息」、正中二年（一三二五）六月六日の散位某他三名連署奉書[34]に「野本四郎左衛門尉貞光」、建武元年（一三三四）十二月日の大祢宜中臣高親社領并神祭物等注進状案[35]にも「野本能登四郎左衛門尉貞光跡」とあり、行心と貞光は同一人と推定される。すなわち栗俣村及び本郷は貞光が相伝していたのである[36]。

その後、建武元年九月二十七日の賀茂両社行幸足利尊氏随兵交名[37]には、随兵のなかに「野本能登四郎朝行」が見えており、後醍醐天皇の上賀茂・下鴨両社行幸に供奉したことがわかる。この朝行は『尊卑分脈』によれば貞光の子である。時重の名は『尊卑分脈』に見えないが、時重はこの朝行の子かもしれない。

以上、押垂・野本両氏の鎌倉時代の動向を概観してみた。野本氏のうち常陸国に移住した一族の動向は南北朝時代までたどることができたが、武蔵国内での両氏の動向はほぼ『吾妻鏡』の記事がなくなるとともに全くわからなくなってしまう。鎌倉末期の政争の中で没落したか、あるいは鎌倉幕府とともに滅亡したのか、不明である。いずれにしても押垂郷が上杉氏から法泉寺に寄進されており、押垂氏が没落したことは確かであろう。

五、文書の伝来について

三章の考察から、文書が鎌倉建長寺宝珠庵に伝来したものであることが推定できる。次に本章では、松雲公（前田綱紀）による鎌倉の古物・古書探索の様子を建長寺を中心に紹介し、本文書の伝来を考えてみたい。

松雲公が古筆の蒐集に熱心で、家臣の津田光吉等を鎌倉や京都等に派遣して、古物や書物の調査・保存・蒐集・借用等にあたらせていたことはよく知られている。また、松雲公自身、蒐集あるいは借用した書物に必ず目を通しており、その備忘は現存する『桑華書志』や『梅墩集』に、あるいは書写された書物の識語等に散見される。後述するように、この文書も松雲公の時に入手した古文書と推定される。

延宝五年（一六七七）、津田太郎兵衛光吉は松雲公の命を受けて古筆等の蒐集のため鎌倉に向かった。左記に示すのがその時の日記である(38)。

延宝五年冬相州鎌倉辺書籍等捜索方被命留記

日記

一、十月廿八日丑中剋武州江戸発出、申中剋鎌倉者《（著カ）》雪下宿、

一、廿九日、夜内ヨリ雨降、明《（昨カ）》日戸ツカ《（塚）》八幡宿ヨリ鎌倉へ行也、鎌倉へ戸ツカヨリ道幾筋モアリ、カイカラ坂ノ下ニ飯嶋村・飯嶋坂アリ、カサマ《（笠間）》村アリ、坂共ハ大坂ニテハナシ、松岩寺預見舞、

一、十一月朔日惟息(吉川惟足)・大坪宗利・積翠庵(正隆)・相乗(承)院(元昭)・少別当(大庭周英)・松岩寺へ行、少別当ニテ頼朝(源)・尊氏(足利)・鎌倉公方寄進状ヲ見ル、

一、二日荏柄天神・若宮八幡神宝ヲ見ル、少別当・松岩寺同道、少別当歌書・古筆持参、神主大友(伴)志摩守ヨリ使者来、大坪宗利明日円覚・建長両寺什物見セニ同道申来、

一、六日、杉本観音此筋皆見ル、雨降、

一、七日、一乗院(荏柄天神別当)ニテ川越記・一代要記見ル、夕飯振舞ニ合、少別当ニテ馬鞍二・刀一・脇指一見ル、大雨、

一、八日、別当へ行、一乗院へ行、

一、九日、建長・円覚へ行、積翠正隆同道、別当来、

一、十日、江戸飛脚来、文台御請認、足軽高桑七丞(進カ)、

一、十一日、天吉、極楽寺辺行、大友主被来、正則寺・観音(長谷)へ行、

一、十二日、宗利・惟息・積翠へ行、松岩寺来、連歌之半本東撰六帖持参、積翠ニテ弓書・歌書・連歌書・古筆ノ古今見ル、古今不可然、

一、十三日、志摩守方へ行、文書見ル、頼朝・尊氏・直義(足利)・基氏(足利)ヨリ公方代々、貞時(北条)・時宗(北条)・三川守(高師冬)・勝元(細川)、名不知モアリ、実朝(源)ノ執事モアリ、文台今日返ル、天神へ返ス、

一、十四日、足軽山岡理兵衛返ス、神主浄国文台返ス、積翠正隆同道、町方寺々相尋、松岩寺へ行、セウ(少)ヘン(弁)箱ノ事承、

一、十五日、六羅(浦)村レイ(嶺)シャウ(松)寺、引コシ(越)金龍院、阿弥陀院へ行、金沢宿五郎右衛門、代官北川太左衛門、

一、十二月六日江戸へ帰、

これによると、十月二十八日江戸を出立した津田は、十一月一日鎌倉に入り、早速鶴岡八幡宮・荏柄天神社・杉本観音・建長寺・円覚寺・極楽寺・正則寺等を歴訪し、金沢の称名寺にも足を延ばし、十二月六日江戸に帰っている。

このうち建長寺については十一月九日に訪れ、什物を調査している。その一端を左に示す。

建長寺什物

一、兆典（殿カ）司十六羅漢　大幅一幅ニ三人ツヽ、八幅

一、中尊釈迦、両ハ猿猴、筆者牧渓、

一、千覚禅司円鑑

一、千覚筆般若経

一、日蓮ノ法花経

津田の鎌倉滞在中、松雲公から送られた書状は左の通りである。

猶以其元之様子、先為可承如此候、以上、

漸於其地端々、其様子承見申たるニ而可有之由令察候、未一色茂見出不申候哉委細ニ彼地之様子可申越候、

一、若古之弓矢有之候哉、無油断相尋可申候、旧記なとは無之候共、弓矢之類者可有之様ニ被存候、

一、鞭、ゆかけ（韘）、行縢、弓籠手、沓、か様之物ニ古物可有之候、是又心を付見可申候、此外古器物何ニよらす致覚書可罷帰候、猶、追々可申遣候也、

十一月九日　綱利（前田綱紀）

津田太郎（光吉）兵衛様

松雲公は鎌倉探索にあたって、「旧記」（書物・古文書等）ばかりではなく「古之弓矢」「鞭、ゆかけ、行縢、弓籠手、沓、か様之物」（武器・馬具等）の発見に期待していたことがわかる。また、「古器物何ニよらす致覚書、可罷帰候、」と並々ならぬ熱意が感じられ、細かに指示を出していることもわかる。これに対し津田が江戸に送った書状は左の通りである。

被成下　御書、謹而致頂戴候、爰許大形相尋申候、則覚書別紙ニ仕上之申候、弓矢、鞭、ゆかけ、行縢、弓籠手、沓、か様之物古物之分、無油断可相尋候旨畏奉存候、其外何ニ不依、古器物覚書仕可罷帰由、奉得其意存候、文台三（二カ）箱為可入　御覧、此度為持上之申候、
御加筆之御書、御上包之御封返上仕候、以上、
十一月十一日　　津田太郎（光吉）兵衛
横山志摩（正房）殿

この書状で津田は、松雲公の指示を確認し、「文台三（二カ）箱為可入御覧、此度為持上之申候、」と文台二箱を江戸に帰るとき持参すること等を述べている。この書状に見える覚書別紙には、本紹介の文書と関係がある建長寺については次のような記事がある。

覚

（中略）

一、建長寺ノ末寺長寿寺ト申尊氏ノ寺ニ、古キ弓立御座候、只今世上ニ御座候弓立ノ如ニテ御座候、ウツホ（靫）ヲ立

中様ニ仕、金具ナトモ少々損申候、持主モ知不申、先代ヨリ御座候由、長寿寺被申候、

（中略）

一、八幡、建長・円覚両寺、荏柄社ナト什物ニモ、書籍無御座候、荏柄神宝ニ天神御縁起三巻、絵ハ土佐詞書ハ行能（藤原）、見事成巻物御座候、八幡宮ニ御手箱・御硯見事ナル御座候、頼朝卿勧請之時分、京ノ八幡ヨリ御取寄セ納候由申候、建長・円覚ノ什物、兆殿司十六羅漢、八幡詣書記、観音卅二幅、カンヒ羅漢十六幅、月壺大幅ノ観音夢窓国師掛物四幅御座候、

一、建長・円覚・浄妙・寿福・浄知ノ五山、其外鶴岡供僧別当神主、八幡ゟ東南之分相尋候得とも御用ニ可立物無御座候、弓馬書・軍書類ナト曽而無御座候、円覚寺ノ内ニ魏武註ノ孫子書本一冊御座候許ニテ御座候、

（中略）

一、建長・円覚両寺ニ寺数四十ケ寺許御座候、未尋不申寺方も御座候間、猶々相尋可申候、八幡ゟ東西北ノ分相尋、追而様子言上可仕候、

被成下　御書、謹而致頂戴、御講上之申候、御自分江御添状、是又致拝見候、内々今日以飛脚、文台二箱可指上と、認申所ニ御座候故、幸此度上之申候、封之儘御上被成、可被下御文台、鶴岡社家中所持ニ而売物ニハ無御座候故、只今直段極申事難仕候へ共、私在留中為可入御覧、為指上申候、若応御意申候ハヽ、蒔絵師不勘方江為見ニ被遣候者、直段等も大形知可申候間、私ニ被仰聞もらひ直段極申事可罷成候者、心得ニ仕相極可申、若直段持主ゟ不申候者、所留仕候、心得ニも可仕候、恐惶謹言、

十一月十一日　　津田太郎兵衛

横山志摩様

最初に建長寺の末寺長福寺（足利尊氏建立）に古弓立があること、[39]鶴岡八幡宮・建長円覚両寺・荏柄天神社等には書籍がないこと、[40]「建長・円覚・浄妙・寿福・浄知ノ五山」等には弓馬書・軍書類が無いこと、最後に「建長・円覚両寺ニ寺数四十ケ寺許御座候」として今後調査する予定であることを報告している。

本稿で紹介する文書について直接関連する記載はないが、このあと調査され、入手されたと推定される。このことは、現在尊経閣文庫に架蔵する「荏柄天神縁起」や「相承院本太平記」等がこの時津田によってその存在が確認され、後日様々な経緯ののち松雲公が入手していることからも類推される。

また、『松雲公採集遺編類纂』古文書部所収の文書の中に建長寺宝珠庵旧蔵と推定される文和二年七月十七日の源光顗・僧有胤打渡状写[41]が含まれていることは前述の高橋論文でも指摘している。高橋論文では「加賀藩第五代藩主前田綱紀の収集した文書を編纂した『松雲公採集遺編類纂』に収録されており、前田綱紀の収集以前に流出していたと考えられるから、流出時期の下限は十七世紀後半になるであろう。」と述べている。しかし、以上のことから、松雲公の時に宝珠庵から前田家が入手した可能性が残されていることを指摘しておきたい。

松雲公は入手した本文書を、三章で述べたように調査し『武家手鑑』の一つとして収めた。[42]その後、天保十年（一八三九）から修復にかかったことは、左記の天保十二年閏正月の御書物奉行の覚書に見えている。

天保十年御手入之節、武家御手鑑、宝暦以前より糊離・虫入多、御張札落申処御座候ニ付、御修覆之義奉伺、御台紙虫入之分取替被　仰付候様奉願、御間届、同年冬中、右御台紙新出来之儀、御細工所江申談置候、漸同十一年十二月出来、如元古筆張替仕、同月晦日指上候処、当閏正月、右御手鑑仕立様元禄年中之御覚書、始而検出仕

候ニ付、入　御覧候処、右覚書ハ、
松雲院様　御親筆与相見候間、新写申付、御本紙者、
御親筆御品与一集納置可申旨、金谷多門を以、被仰出御座候ニ付、高田小一郎江申談、新写仕置候事、
天保十二年閏正月　　　御書物奉行

天保十年新撰御手鑑目録[43]には百二十一番目に本文書が「上杉陸奥守憲　英書　発端　寄進法泉寺金剛宝塔 至徳二年二月廿七日　琴山極札」と、また、天保十二年二月の武家手鑑御目録[44]にも「上杉陸奥守憲英　発端　寄進法泉寺宝塔 至徳二年二月廿七日　琴山極札」とほぼ同様に記されている。

こうしてこの文書は前田家の尊経閣に伝来し、最初に述べたように侯爵前田利為の時『武家手鑑』からはずされ『旧武家手鑑』として現在に至っているのである。

六、終りにかえて

尊経閣文庫には左記のような「古書代付目録　八通の内」と題する文書が多少残っている。

古書代付覚

御留
一、直義（足利）　　　金三両
興福寺建武四年

一、義詮（足利）　同三両
天下康安元年

御留
一、師直（高）　同弐両
保野中務建武四年

御留
一、北条長時・政村両判　同三両
弘長二年

一、晴信　同三両
武田信玄俗名

青地駿河之由、了祐申候
一、義綱　同壱歩
畠山修理大夫

未ノ
六月廿八日　林市郎左衛門

この文書は、前田家に持ち込まれた古文書を鑑定させ、その値段の案を提出させたものである。古筆了祐の意見を注記していることから確認できよう。三通の文書の右肩に付される「御留」とはおそらく松雲公が手元に留めたものという意味であろう。[45]残念ながら本紹介文書に直接関わるこの類の目録は見いだせなかったが、その他にも松雲公の図書等の蒐集に関連する資料は尊経閣文庫や金沢市立玉川図書館に多く残されている。本稿執筆の現段階では未見の資料も多く、新事実が発見できるかもしれないが、他日を期して闇筆することにしたい。

註

（1）法号松雲院。以下松雲公と表記する。
（2）詳細は、太田晶二郎「武家家鑑解題」（『尊経閣文庫蔵　武家手鑑　解題・釈文』、のち『太田晶二郎著作集』第五巻に所収）を参照されたい。
（3）同系図の附属書類（十一月朔日の牧野与三左衛門書状）に「上杉兵部先祖書参候間、進上仕候、深谷之上杉ニ而御座候由、此之通申来候、」とあるが、上杉兵部なる人物は不明である。
（4）所収順でいうと最初の「上杉系図」である。
（5）註（4）に同じ。上杉憲栄については、佐藤進一著『室町幕府守護制度の研究』上を参照。憲栄は、応安元年九月から永和四年七月まで越後国守護に在任していたことが確認できる。永和二年閏七月十日の越後守護上杉憲栄遵行状（「円覚寺文書」『神奈川県史』資料編3上所収四七六二号文書）があり、これには「散位（花押）」とあるが、充所としては「上杉左近将監」となっている文書がほとんどである（「三浦和田文書」「西大寺文書」「上杉家文書」等）。
（6）武井尚氏の教示による。『新編埼玉県史』資料編5所収、五三〇号文書。写真も掲載されているので参照されたい。
（7）武井尚氏の教示による。「円覚寺文書」（『神奈川県史』資料編3上所収、四九七八号文書）。
（8）「円覚寺文書」（『神奈川県史』資料編3上所収、四〇七一号文書）。他に、
延文元年十二月三日の足利基氏寄進状写（「教年寺文書」『神奈川県史』資料編3上所収、四三一六号文書）
延文二年八月二十一日の足利基氏寄進状（「神田孝平氏旧蔵文書」『神奈川県史』資料編3上所収、四三三二号文書）
延文六年六月二十五日の足利基氏寄進状（「三嶋神社文書」『神奈川県史』資料編3上所収、四三七九号文書）

貞治二年閏正月十七日の足利義詮寄進状（「円覚寺文書」『神奈川県史』資料編3上所収、四四三五号文書）
至徳二年十月二十五日の足利氏満寄進状（「明日院文書」『神奈川県史』資料編3上所収、四九九三号文書）
などがある。

(9)「円覚寺文書」（『神奈川県史』資料編3上所収、四〇六五号文書）。

(10) 至徳三年十月七日の足利氏満寄進状（「鑁阿寺文書」『神奈川県史』資料編3上所収五〇一四号文書）は、書き出しは「寄進」で始まり、「右、任上椙民部大輔入道道昌去応安元年七月十二日寄附状」とあり、まさしくこれは寄進の確認ということができよう。

(11)『真壁町史料』中世Ⅰ所収「真壁文書」。

(12) その後も、文永六年二月十六日の沙彌敬念（真壁時幹）譲状、文永七年十二月八日の関東下知状、正安元年十一月二十三日の沙彌浄敬（真壁盛時）譲状（以上『真壁町史料』中世Ⅰ所収「真壁文書」）から真壁氏に相伝されていたことがわかる。

(13) 正和元年七月二十三日の関東下知状写（『茨城県史料』中世Ⅰ所収「鹿島神宮文書」）。

(14) 同右。

(15)『真壁町史料』中世Ⅰ所収「真壁文書」。

(16)『古文書研究』第三三号。

(17) 小川信『足利一門守護発展史の研究』第四章参照。

(18) 観応三年三月二十六日付畠山国清施行状（「相模文書」『神奈川県史』資料編3上所収四一五〇号文書）には「御寄進状」とあり、足利尊氏の寄進と見てよいと思われる。

(19)『神奈川県史』資料編3下所収、六八四四号・六八五九号・六八六八号文書。

(20)『東松山市史』参照。

(21)『新編埼玉県史』資料編9。

(22)『東松山市史』参照。なお、『吉川本吾妻鏡』では「おしたかの次郎」と記している。

(23)『尊卑分脈』には「野本次郎・左衛門尉」という注記があるが、本稿では『吾妻鏡』の記載に従った。

(24)「〈田中穣氏旧蔵典籍古文書〉六条八幡宮造営注文について」（『国立歴史民俗博物館研究報告』第四五集）参照。なお、この「六条八幡宮造営注文写」は『東京都古代中世古文書金石文集成』第一巻にも収められている。
(25)保阪潤治氏所蔵文書（『鎌倉遺文』二八一九号）。
(26)『尊卑分脈』参照。
(27)佐藤進一著『増訂鎌倉幕府守護制度の研究』参照、
(28)『吾妻鏡』。
(29)『吾妻鏡』建長三年正月二十日条。
(30)建長三年六月二十七日開院内裏への遷幸があり、造閑院内裏賞として野本行時は左兵衛権佐に任じられている（『吾妻鏡』建長三年七月四日条）。
(31)「塙不二丸氏所蔵文書」（『東松山古史』資料編第二巻）。
(32)源頼朝は寿永二年十月の宣旨が下されるまでは朝敵であり、平家が使用した養和・寿永の年号は使用しなかった。そのため治承は七年まで存在する。ここに見える勲功賞とは、志太先生の乱における活躍を指すのであろう。石井進「志田義広の乱は果たして養和元年の事実か」（『中世の窓』一一号）参照。
(33)「鹿島神宮文書」（『東松山市史』資料編第二巻）。
(34)「鹿島神宮文書」（『東松山市史』資料編第二巻）。
(35)「塙不二丸氏所蔵文書」（『東松山市史』資料編第二巻）。
(36)建武元年十二月日の大祢宜中臣高親社領并神祭物等注進状案（「塙不二丸氏所蔵文書」『東松山市史』資料編第二巻所収）には「本郷并栗俣村地頭野本能登四郎左衛門尉貞光跡」とあることで確認できる。
(37)「朽木文書」（『東松山市史』資料編第二巻）。
(38)『松雲公採集遺編類纂』所収「相州鎌倉書籍等捜索書」より抜粋した。なお、加賀前田藩の藩政資料（加越能文庫）は昭和二十四年に前田家より金沢市に寄贈され、現在石川県金沢市の市立玉川図書館に所蔵されている。『松雲公採集遺編類纂』はその中に含まれている。

(39) この弓立について、後日の覚には「一、先日も申上候建長寺ノ内長寿寺ニ御座候弓立、指申所少常ノ弓立トハ偉申様被存候間、具ニ模仕可罷帰候、」と詳しく模写して帰ることを述べている、また、十二月七日付の覚書にも「尊氏ノ寺長寿寺ニ御座候弓立ノ形書写参候間、上之申候、古キ弓立ニ御座候、」とある。

(40) ここに見える「荏柄神宝ニ天神御縁起三巻、絵ハ土佐、詞書ハ行能、見事成巻物御座候、」が、事情あってのちに尊経閣文庫に入り、現在も所蔵する「荏柄天神縁起」（三巻、国重文）である。

(41) 『神奈川県史』資料編3上所収、四二三六号文書。

(42) 詳細は、太田晶二郎「武家手鑑解題」（『尊経閣文庫蔵武家手鑑　解題・釈文』、のち『太田晶二郎著作集』第五巻に所収）を参照されたい。松雲公は「御手鑑仕立様之御覚書」の中で作製の指示をしている。

(43) 前述『尊経閣文庫蔵　武家手鑑　解題・釈文』参照。

(44) 同右。

(45) この古書代付覚に記載される古文書のうち、現在尊経閣文庫蔵として確認できるのは左の1・2の二通であり、すべて「御留」と注記されているものである。なお、3は推定。

1．建武《書出し》四年六月十三日の足利直義御教書（編年文書一二九の一、興福寺雑掌）

2．建武《書出し》四年十月二日の高師直施行状（編年文書一三二、俣野中務大夫入道）

3．弘長《書出し》二年三月一日の関東下知状（仁和寺心蓮院文書一、円宗寺領）

又は、弘長《書出し》二年十二月十日の関東御教書（編年文書七二、紀伊国保由庄）

Ｖ

二通の医療関係文書から
―庁鼻和上杉氏の系譜と動向―

久保賢司

はじめに

十五世紀後半の関東で勃発した享徳の乱は、京都の幕府をも巻き込んだ争乱となったが、その基本的な対立関係は古河公方対上杉氏であったと考えられている。この点については首肯して良いだろう。ただ、そのような枠組みが明らかであるためか、上杉氏に関する研究はあまり進んでいない。特に上杉氏各流の動向等が個別に考察されることは少なく、一体となって古河公方と戦ったという評価が成されている[1]。そこで、本稿ではまず二通の医療関係文書を検討し、その結果を踏まえ、上杉氏の一流である庁鼻和（庁鼻・固庁鼻とも）（こばなわ・ちょうのはな）上杉氏の系譜や動向等を明らかにし、先の対立関係に新知見を加えたいと思う。

一、二通の医療関係文書について

まず検討に用いる文書を次に掲げる。

（端裏）「（切封墨引）」

上杉庁鼻和四□〔郎〕為疵養生其方へ下向候、速被取直之様、與薬致療治□□〔候者〕、可為御悦喜候、謹言、

五月十九日　（足利成氏）（花押）

芹沢土佐守□〔殿〕

（端裏）「（切封墨引）」

就上杉庁鼻和四郎疵事、被成御書候處、即時令療治、相当之趣被聞召候、御悦喜候、猶〻療治感被思召候、謹言、

六月一日　（足利成氏）（花押）

芹沢土佐守殿

右の二通の文書は、『茨城県史料』[2]・『古河市史』[3]等に収録されている周知の文書で、これまでも古河公方周辺の医療行為や家臣の養生に関する史料として利用されてきた。しかし年代比定が難しいことから、そういった文書に記された内容に基づく、ありきたりな利用がなされてきたのも事実である。また都鄙和睦後の古河公方と山内上杉氏が一体化していた状況を示すものとも評価されてきた。[4]しかし相応の根拠を示して古河公方となってからの成氏が発給したと論じたものは見当たらない。

そこでまずその発給年代について検討してみるが、その比定は発給者成氏の花押から考えることになる。成氏の花押については千田孝明氏の分析があり、微妙な変化も入れると五つの花押形が明らかにされている。[5]それ等は年代順に、①花押の右側の曲線が右上に張っているもの、②右上への張りが無くなってきているもの、③花押の底辺線を二等分する中軸線が右側の垂直線付近に来るもの、④中軸線は同様だが底辺線の長さに比して高さの比率が高くなるも

の、⑤中軸線が二本の垂直線の中央部に位置するもの、の五つに分類されている。そこで文書の花押を調べてみると、④の形のものに近い様に思える。頂頭の先端部等の形は、⑤の時期の花押に見られるものである。④の花押は、ほぼ康正二年（享徳五年・一四五六）五月頃より長禄二年（享徳七年・一四五八）頃に用いられたものであり、一部⑤の特徴も見られることから、享徳の乱勃発（享徳三年末）より四・五年たった頃の、あるいは両勢力の戦線が固まった頃[6]に発給されたと考えて良いだろう。およその年代ではあるが、初めて根拠を示して発給年代を絞ることができた。まさしく享徳の乱の最中の発給になるものであった。この結果、古河公方側に立った上杉氏（庁鼻和上杉四郎）の存在を明らかにすることができ、これまでの古河公方対上杉氏という対立図式に新知見を加えることができた。

それでは、この庁鼻和上杉四郎という人物は、庁鼻和上杉氏内部に於いてどのような系譜・位置にあった人物なのであろうか。次にそれ等の点について検討してみる。

二、庁鼻和上杉氏と庁鼻和上杉四郎の系譜

まず庁鼻和上杉氏について述べることにするが、同氏は鎌倉公方足利基氏等を補佐した山内上杉憲顕息の憲英を祖とする家系であり、憲英―憲光―憲長と続いたようである。[7]しかし同氏に関してはほとんど史料が残っておらず、記録類に見える動向から考えざるを得ないが、「鎌倉大草紙」によると、応永二十三年（一四一六）に起こった（犬懸）上杉禅秀の乱の時、憲長は鎌倉無量寺口で禅秀方と戦い敗れている。[8]また佐介谷の山内上杉憲基館も兵火で焼かれたが[9]、久保田氏蔵「上杉家系譜―深谷嫡流[10]」には、憲光・憲長父子が佐介谷に於いて討死したと記されている。これ以

降の「鎌倉大草紙」には同父子の動向が見えず、憲信の活躍が見られること[11]から、先の系譜の記述を認めて良いのではないか。この憲信はおよそ四十年後の享徳の乱勃発時にも活躍が見られるが[12]、それ故必然的に憲長討死時には憲長息はまだ幼少であったと考えられる。「深谷嫡流」によると、憲長は小山田上杉氏の女を妻（憲武・憲視母）にしており、子の憲視は榎下上杉氏の女を妻（憲正母）にしたようである[13]。ほぼ応永年間頃までに関東上杉氏内部において、山内上杉氏に次ぐ政治的地位を得ていた扇谷上杉氏の当主で、鎌倉府の評定衆をも務めた氏定（禅秀の乱で討死）は、実は小山田上杉氏より入嗣しており[14]、また小山田・榎下両上杉氏は足利持氏の重臣であり、とりわけ榎下上杉氏は持氏の専制化に大きな役割を果たした一族で、永享十年（一四三八）に勃発した永享の乱で持氏と共に滅亡した氏族である[15]。先の禅秀の乱における憲光・憲長父子の活躍とこのような婚姻関係を考えるならば、庁鼻和上杉氏では憲長流が嫡流であったと考えて良いだろう。

さて庁鼻和上杉四郎であるが、この人物は各種の上杉氏系図に全く見られぬ人物である。しかし享徳の乱が、永享の乱以降の戦いで勢力・所領を失った氏族の、足利成氏を擁立しての復活戦と言う性格を持つことを考えるならば、榎下上杉氏と婚姻関係を結んだ憲視の関係者、或いはその息（憲正兄弟）と考えて良いのではないか。庁鼻和上杉四郎の系譜上の位置付けをこのように考えておく。

三、庁鼻和上杉四郎の戦い

前節で成氏方に立った庁鼻和上杉四郎の系譜上の位置付けを考察したが、次に当時の庁鼻和上杉氏内部の状況を考え、合わせて四郎の動向の意味を考えることにする。

禅秀の乱で憲光・憲長父子は討死を遂げてしまった。憲長息の憲視・憲武兄弟はまだ幼少であったと思われ、庁鼻和上杉氏は憲長兄弟の憲信が跡を継いだと考えられる。一方本来嫡流であった憲長流では憲視が榎下上杉氏と婚姻関係を結んだが、これには足利持氏の意向が働いたと考えて良いだろう。しかし永享の乱で持氏や榎下上杉憲直等は滅亡してしまう。反対に憲信は同乱では関東管領山内上杉憲実と共に上野国に下向し、また結城合戦では一手の大将となり活躍している[16]。即ち庶流だった憲信流の台頭である。こうした状況下において、享徳の乱が勃発したのである。憲信は勿論上杉方に立った[17]。四郎は成氏方に立つことで勢力の挽回を図り、庁鼻和上杉氏の嫡流の地位を回復しようと考え、このような行動を取ったのではないか。嫡流の没落と庶流の台頭という状況による、一族内部での嫡・庶の争いの性格を有していた。一方成氏は幕府に対して、憲忠の誅殺は公方成氏への不忠に対する正当な沙汰行為であったと主張しており[18]、成氏にとっても与同する上杉氏の存在は重要な意味を持っていたと考えられる。それ故に、医師芹沢氏の許に養生に行かせるような特別扱いをしたのだろう[19]。

おわりに

二通の医療関係文書に注目して、そのおよその発給年代を検討し享徳の乱の対立図式に新知見を加えることができた。また庁鼻和上杉氏の系譜や動向等も検討した。

その検討は記録・系図類に基づく部分が多いとは言え、評価の定まった史料であっても、これ迄とは違った視点から検討を加えることで、埋もれていた事実を発見することができることを示せたと思う。今後も先入観なく各種資料に接し、多角的な視点から考察をしたいと考えている。

註

(1) 享徳の乱に関する研究等については、古河歴史博物館企画展図録『古河公方展―古河足利氏五代の興亡―』（一九九七年）所収の「主要文献目録」を参照されたい。
(2) 「芹沢文書」（『茨城県史料』中世編Ⅰ）三号・四号。
(3) 『古河市史』資料中世編（以下『古河』と略す）三五一号・三五七号。
(4) 『新編埼玉県史』通史編2中世　四四五頁。
(5) 千田孝明「足利成氏花押研究ノート―那須文書を中心として―」（『栃木県立博物館研究紀要』八、一九九一年）。
(6) 因みに上杉方の本陣である五十子陣は、長禄三年頃までに設営されている。
(7) 「深谷上杉系図」（『続群書類従』六下）一〇七頁、『国史大辞典』二の「上杉氏（庁鼻上杉氏）」の項（十四頁）等。
(8) 「鎌倉大草紙」（『新編埼玉県史』資料編8）五十七頁。
(9) 「鎌倉大草紙」五十七頁。
(10) 『深谷市史』二九八頁。なお同系譜を以下「深谷嫡流」と略す。また同系譜に基づく庁鼻和上杉氏系図を次に掲げる。

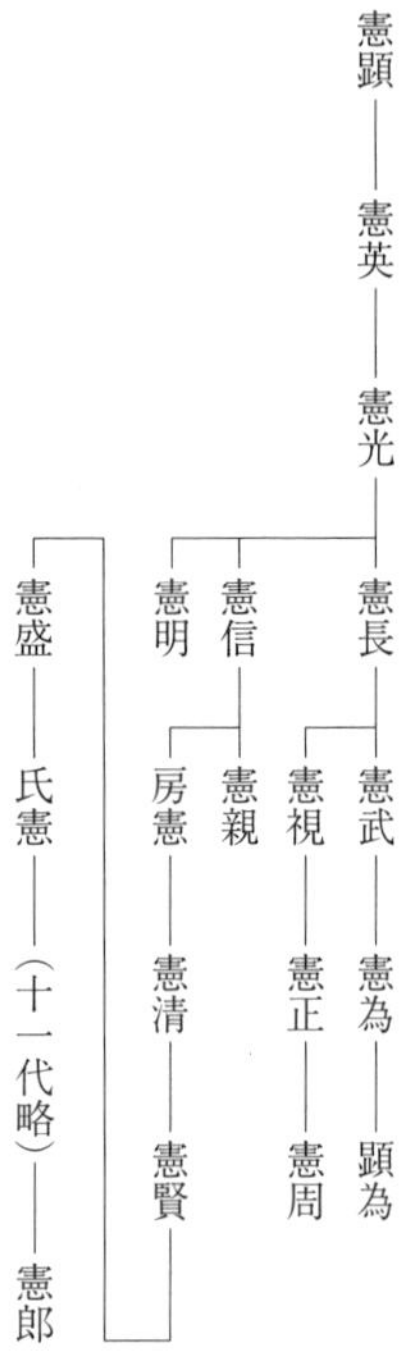

(11) 但し憲信の所見は、二十余年後の永享の乱以降である。例えば「鎌倉大草紙」七十二頁等。
(12) 『北区史』資料編古代中世1「中世古文書」一六一号。
(13) 『深谷市史』二九八頁。因みに憲武は上田氏（扇谷上杉氏家臣か）の女を妻にしたと記されている。
(14) 「上杉系図」（『続群書類従』六下）五十九頁等、『北区史』通史編中世　一五九頁。
(15) 「鎌倉大草紙」七十九頁。
(16) 「鎌倉大草紙」七十二頁・八十五頁。但し同書によると、関東管領より結城討伐を命じられた憲信は「無勢にて難叶」と訴え、長尾景仲の加勢を得て両大将の一人（一手の大将）になっている。
(17) 前掲註（12）史料。
(18) 『古河』二一二三号。
(19) この後の四郎の動向は確認されず、或いは養生の甲斐なく、この度の疵により死亡したのかも知れない。嫡流の地位は憲信流が確保したようである。

【付記】足利成氏の花押形の確認に際しては、鷲尾政市氏にお世話になりました。記して感謝申し上げます。

Ⅵ

深谷城主上杉憲賢筆清隠斎詩軸幷序について

持田善作

詩軸は深谷城三代の城主上杉憲賢の筆蹟で群馬県新田郡世良田の長楽寺所蔵である。

紙本墨書で掛物になっており、本紙は縦二尺（六〇六センチ）、幅八寸二分（二五センチ）縦八行に書かれ、款識は法号を書している。落款印は款識の下に朱文鼎形印、印文不明その下に方形朱文「静賢」の印、関防印は長方形「義竹」とある。ともに朱肉を用いている。紙面に数箇所欠失部があり、ために文字三字欠失しているが、後出の語をもって補筆した。

清隠斎詩軸　幷序

清隠法身処。馬大師曰。金沙灘頭馬郎婦。于㆑爰在家沙弥、其名曰㆓見正㆒。年老無㆓婦妻㆒。苦竹林中結㆓茅屋㆒独立。古人曰、老無㆑妻独。予求㆓斎名㆒、以㆓清隠二字㆒。応㆔其意避㆓秦世主君㆒。詠㆓賢愚㆒、雖㆑異㆓無心底之処㆒同。亡父憲清多年尽㆓忠功㆒、以㆓其賞㆒子葉孫枝繁茂。於此斎宜哉。寒山子詩曰。吾心似㆓秋月碧潭皎潔㆒。借㆓斯句㆒、作小詩曰。

清光似㆓意碧潭流㆒　山色悠然一葉舟
斯斎楽処以㆑何用　苦竹庭前不㆑報㆑秋

于レ時永禄元戊午竜集臘月仲旬
庁院義竹閑人雲岑静賢書焉

清隠斎詩軸　并に序

清隠は法身の処、馬大師曰く、金沙灘頭の馬郎婦。爰に在家の沙弥其の名を見正と曰う。年老いて婦妻なし、苦竹林中に茅屋を結び独立す。古人曰く、老いて妻なきは独りなりと。予斎名を求るに清隠の二字を以てす。応に其の意は秦世の主君を避るべし。賢愚を詠るは無心底の処を異にすと雖も、同しければなり。亡父憲清は多年尽忠の功ありて、其の賞を以て、子葉孫枝繁茂す。於この斎の宜しいかな。寒山子の詩に曰く、吾心秋の月に似たり。碧潭皎潔。斯の句を借り、小詩を作りて曰く。

清光は意碧潭の流るに似たり、山色悠然たり一葉の舟、斯斎楽しむところ何を以て用いんや。苦竹庭前秋に報いず。

時に永禄元戊午竜集臘月仲旬
庁院義竹閑人雲岑静賢書焉

○清隠は仏の真法身の如く純粋理念をいう。仏身に法身、報身、応身の三種ある。仏の真法身は虚空の如く物に応じて形を現はすこと水中の月の如し。
○馬大師は唐の禅僧道一の異名。姓は馬氏故に馬祖又は馬大師と称した。開元中南嶽の懐譲禅師に侍して其の印可を得、大いに南嶽の宗風を挙揚して、大寂禅師と追謚せられた。著に「馬祖道一禅師語録」がある。
○金沙灘頭馬郎婦。唐憲宗の頃、陜右の金洲湾に美女が現われ多くの青年に仏教を読むことを勧め、法華経を読んだ男に嫁がんと約束した。馬郎が全部読んだので之に嫁して妻となったが間もなく亡った。その後墓を掘って見たら死骸は無くて金鈎があった。これは観音菩薩が仮に美女に化して人々を仏道に導いたので馬郎婦の観音と云う。滋に云う独身の沙弥見正は恐らく馬郎婦の如く観音の化身であろう。

○詠二賢愚一　詠はうたう。国訓ながむるをとった。

○秦世　秦は国名、中国の乱世の世をさしこれによって乱世の意とす。蘇軾の「雷侯論」に「秦之世有二隠君子一」がある。これを引いたであろう。

○寒山子　唐の高士天台始豊県の寒山に住す、国清寺に往還して、拾得と交わり、樺皮を冠り布襦木屐風狂に類す。後ち寒山の穴中に去り其の穴自ら合したという。詩二百余首ある。詩集に次の詩があり、詩句を引用したのである。

吾心似リ二秋月ニ一　碧潭清テ皎潔
無シ三物堪ル二比倫ニ一　致テ二レ我如何説一

清隠は法身の処である（清浄で純粋な気持清隠斎を法身であると説明した）。馬大師が申されたことに、金沙灘頭に観音の化身である高徳な女性馬郎婦がいた。ここに在家の沙弥見正も老いて婦妻がなく、竹林中に茅屋を建て、潔斎して独り暮しであった（馬郎婦を引いておるのは、見正の独り暮しは馬郎婦のごとく観音の化身と思わしめている）。

憲賢が斎号を求めたのに清隠の二字をもってしたが、その意途は乱世の城主を引退することにある。世を避けて賢いことや、愚な世の出来ごとをながむることは、我を忘れるということと異るかもしれないが、大観すれば等しいことである。亡父憲清は多年地方統治の功があった。そのお蔭であろう一族がみな繁栄しておる。ここで帝号は身を慎しむのに、誠に宜しいことではあるまいか。日頃愛唱する寒山子の詩に「吾が心秋の月に似たり」という句がある。それを引用して七絶の詩を賦してみた。

清き月の光りは心、山水は青くさらに深く流れに似ている。山の景色は悠然として孤舟が漂い、斎号を附したものの何に用いて楽しもうか。庭前の趣きには秋だというのにまだそれらしい気配もない。

上杉憲賢の事蹟は、久下の東竹院の伝に、深谷城主上杉憲賢は「結城の孝顕寺的翁文中和尚を請して、禅苑となす」とある。憲賢の墓は、憲賢の室、高泰姫が再興したと伝える曹洞宗高台院高泰姫の墓の側に宝篋印塔一基があり、憲賢の墓と伝えている。永禄三年四月六日卒。法諡は義竹庵殿雲岑静賢大居士。室高泰姫は元亀四年二月六日卒。法諡は高台院殿梅室元法大姉。

長楽寺に憲賢に係りのある次の文書がある。

寺家之事御代々勅願所。管領外護之地無レ紛由。静賢噺候間。近年乱中無二相違一様申付候。因レ茲其以来節々預二音信一候。喜悦之至候。然者寺領等横合非分之儀申出人候者可レ加二下地一候。委細者大導寺駿河守可二申届一候状如件

弘治三年五月十日

虎印　　大導寺奉レ之

長楽寺

静賢は深谷城主上杉憲賢である。長楽寺は代々勅願所にして管領外護の地に相違ない寺であると、後北条氏に深谷城主上杉憲賢は申上ている。「近年乱中相違無き様申付た」は深谷城主憲賢に申付たととれる。長楽寺と深谷城主上杉憲賢は無関係ではない。憲賢はこの文書の発せられた弘治三年、既に後北条氏の勢力圏内における深谷城の城主であったことが知れる。清隠斎詩序に述べられている「主君避るべし」は憲賢が深く仏道に帰依する意途のみでなく、

政情の然らしむるところでもあろう。先に古河公方足利政氏は、後北条氏に対する見解が長子の高基と相違して、家督を高基に譲り、久喜に隠退して甘棠院を開基している。

深谷城初代城主上杉房憲の開基した人見の昌福寺には、初代、二代、四代、五代の深谷城主の墓があり、右法号が墓石に刻されている。ここにあるべき三代憲賢の墓がみえぬのである。高台院には憲賢墓と伝える墓石があるが、法号は刻されていない。厳密にいえば深谷に憲賢の墓はみえぬのである。かような点を前より問題にしていた。いまにしてこれを思い、また詩序に述ておられる城主引退のことどもを、併せて考うるならば、憲賢は実際に城主を引退して、深谷を離れての隠棲が推測されるのである。そうしてその隠棲の地は詩序を伝える長楽寺ではなかったか。長楽寺は深谷北方約二里の位置、栄西禅師の法弟栄朝禅師を開山に頂く禅林の名刹であった。ここなれば憲賢が余生を送るに最適の地であったと思えるのである。

戦国時代の武将が書き遺されているものは、寄進状とか安堵状とかの類までみられるが、城主自ら雅印をもち、詩文を作り、書かれた軸が伝えられたということは稀なことではないかと思う。五山の詩僧が書かれた太田道灌の静勝軒の詩序、或は江戸城江亭記などと等しく、上杉憲賢の清隠斎詩序は、今後注目されるであろうと思われる。

筆をおくに当り長楽寺現住池田亮信師より筆写及び写真撮影の許可を、稲村坦元先生には御高配を賜り、ここに記して深甚なる謝意を表し、併せて読者の玉斧を請う次第である。

【付記】史料の読みは原文通りとした（編集部）。

第2部

越後・上条上杉氏

Ⅰ

上杉房方の時代

田村　裕

南北朝の合一と室町幕府

室町幕府三代将軍足利義満は、全国の武家勢力を統合することにひとまず成功し、また北朝側が保持していた国家の諸権能を幕府側に吸収したうえで、明徳三年（一三九二）に、南朝側を合体という名目で解消させた。ここにおよそ六〇年におよんだ南北朝の動乱は収束をみた。

義満は、武家勢力のみならず、中央の公家・寺社勢力といった支配勢力とも融合し、これを幕府の統制下において公武両世界の頂点に立った。

本章で扱う義満・義持・義教が将軍であった時代は、その前後の時代と比べると室町幕府の体制が固まり、最も安定期を迎えた時代であった。しかしいっぽうでは室町幕府の分身ともいうべき東国を管轄地域とする鎌倉府の自立化が進み、京都の将軍と鎌倉府公方との対立が深まって最終的な激突をみる。

また南北朝の動乱期以来自立化を進めつつあった、守護・国人ら地域権力がさらなる展開を遂げ、十五世紀後半以降展開する戦国の動乱状況を準備していった時代でもあった。

室町幕府と鎌倉府とのはざまで

南北朝の合一がなった明徳三年（一三九二）段階に、越後守護であったのは上杉房方である。房方がこの国の守護職に在職していたことを示す初見史料は、康暦二年（一三八〇）四月八日付「室町幕府御教書案」（『新潟県史』資料編3・八二三。以下、『新潟県史』資料編（3～5）・中世（一～三）は、『県史』と略述する）で、これ以降、応永二十八年（一四二一）十一月に五四歳で京都において死去するまでの四〇年あまり、房方は越後守護の地位に在職した。

観応の擾乱期に上杉憲顕が越後守護職を解任され、宇都宮氏綱が守護であった一時期を除き、越後は終始室町幕府の管轄領国であり、また十五世紀初頭ごろには幕府管轄下の守護は在京することが原則となっていたことから、房方は、主たる生活の基盤を京都に置いていたようである。しかし、房方が守護であった時代、特にその前半期における越後は、房方の実父で山内上杉氏家督であった上杉憲方の強力な影響下にあったと考えられる。この国の守護支配の展開がみられ、また守護所（上杉館）に隣接して至徳寺が建立されて、越後府中の都市づくりが進められたのは、守護房方が主導したものではなく、関東管領で山内上杉氏の家督の地位にあった憲方の強力な援護があって進められた可能性がある。

鎌倉府における関東管領、特に山内上杉氏の歴代は、鎌倉公方を補佐しつつも、室町幕府の意向を受けて、公方が京都の将軍に対して敵対的行動に走るのを制御する役割も担った。越後は、室町幕府管轄下にあって鎌倉府に対する防波堤として位置付けられていくが、このような性格を強めていったのは、房方期、特に憲方の意向が強くはたらいた時期ではなかったであろうか。

以下、その具体的様相を房方の前の守護の憲栄期まで遡ってみていきたい。

憲栄期の越後支配

房方の前代の守護である憲栄は、父憲顕の没後越後守護となるが、憲栄期においては、守護としての立場や領国支配という側面においては、必ずしも安定したものではなかったようである。

『上杉氏系図大概』によると、憲栄は父憲顕の死後越後守護職を継ぐが、世俗を嫌い、一八歳のとき国を捨て出家した。しかし将軍義満はこれを認めず、在京させたという。憲栄は在京のまま越後守護の地位にあったが、それから一〇年後、再び越後守護の地位を捨て、但馬国の月潭寺に入り出家したとある（『越佐史料』二―七五四）。しかし文安元年（一四四四）ごろ作成された上杉長棟（房方子息憲実）の置文（『中世』二七三）によると、憲顕が越後守護職を末子憲栄に譲与したとき、憲栄は道久という僧名を名乗っていたことが述べられている。

『上杉氏系図大概』は、はるか後世に作成されたものであり、「長棟置文」のほうに信を置くべきかと思われるが、いずれにしても憲栄は越後守護職に補任される前後に出家の身であったこと、また一〇年ぐらいで越後守護の地位を放棄して出家したことは、諸種の系図類に記されていることである。

憲栄は父憲顕が応安元年（一三六八）九月に死没した後、同年十一月には越後守護として在職していたことが確認される（『県史』一二六一）。しかしこの後、憲栄の守護の在職をものがたる文書は、応安七年八月に、幕府が上杉左近将監（憲栄）に宛てた、佐味荘武直村（上越市吉川区）の遵行を命じる「室町幕府将軍御教書案」である（『県史』四二七〇）。この間、六年近くの間がある。文書の残り方の偶然性もあると思われるが、この時期守護代など守護側の文書も見出せない。

奥山荘中条（胎内市）の領主中条秀叟（房資）の享徳三年（一四五四）の「記録」（『県史』一三一六）に、

祖父政資、侍中と新衛と守護職を争う時、御方に参りて粉骨の合戦を致す

と述べている。この記述はこれまで注目されることはなかったが、中条政資は、延文元年（一三五六）八月に父茂資から奥山荘の所領を譲与されており、永和元年（一三七五）十月に子息寒資に所領を譲与しているから、政資の代における守護職をめぐる争いとは、応安元年九月に憲顕が死没した後、憲栄が越後守護職を継承することにかかわるものであろう。新衛は、近衛府の唐名である親衛のことで、左近大夫将監という官職で呼称された憲栄のことであろう。また侍中とは蔵人の唐名で、憲栄の兄である憲英が蔵人を称していたことが諸系図からわかる。

すなわち上杉憲顕が死去する際、次の越後守護職を誰にするかは明確にされてはおらず、末子の憲栄と、その兄で庁鼻和（埼玉県深谷市）上杉氏の始祖となる憲英とのあいだに、越後の国人層を巻き込む対立が展開したことが推測されるのである。憲栄の最初の出家も、あるいはこのことにかかわるものではなかったであろうか。

ところで越後守護憲栄に宛てた幕府の命令は「上杉左近将監殿」と宛所に記すが、これを受け守護代の長尾高景や景春に宛て発給した憲栄の施行状は、終始「散位」と署名して発給されていることも、憲栄の意識を示すものとして注目される。

おそらく在京のまま越後守護職をつとめ続けた憲栄は、永和四年七月の「室町幕府将軍御教書」（『県史』一〇〇

九）まで確認されるが、この後再出家したことになる。憲栄が守護であった時期、越後では長尾高景と景春の二人が守護代をつとめていたことがわかるが、守護が積極的に領国経営にかかわった様相をうかがうことはできないのである。

また後述するように、憲栄は、彼の前後の守護たちと異なり、国衙分を領有していなかった可能性もあることに留意しなければならないであろう。

越後守護房方と関東管領憲方

房方が越後守護の地位に就いた事情については、先述したように前守護憲栄の遁世によるもので、『長尾系図』では、守護代長尾高景が上杉憲方の二男龍命丸（のちの房方）を越後に迎え、頸城郡内の府内城に据えたと伝える（『越佐史料』二―六七〇）。

憲栄の越後守護在職の最後の徴証は永和四年（一三七八）七月で（『県史』一〇〇九）、龍命丸が越後守護として最初の徴証がみられるのは康暦二年（一三八〇）四月であるから、この二年足らずの間に越後守護職の交替があったことになる。

この間の事情については、前章ですでに述べられている。すなわち、室町幕府内にあっては、康暦元年四月に管領細川頼之が斯波義将らによって京都から追放され（康暦の政変）、また鎌倉府内にあっては、将軍足利義満に反旗をひるがえそうとした公方足利氏満を抑えるため、康暦元年三月に管領上杉憲春が諫死するという政変が展開していた。

しかし憲春の諫死に先行して、上杉家内部にあっては、憲顕の嫡子で山内上杉氏の家督を継いでいた能憲が、次弟の憲春を排除してその弟である憲方を山内上杉氏の家督に取り立てようとする動きがあり、憲春の死後、憲方が山内上杉氏の家督として、関東管領と上野国守護職を兼任することとなった。

憲栄が遁世し、いまだ龍命丸の幼名を名乗る房方が越後守護職に就任した背景を、前章では、憲春の諫死や、京都の幕府と結びつく龍命丸の実父上杉憲方の政治力があったことを推測している。

龍命丸（房方）が一三、四歳で越後守護となっていたことがわかる康暦二年七月から一年半後の永徳二年（一三八二）、幕府は、憲方に越後守護の沙汰のことについて手抜かりがないよう援助することを命じている（『県史』八一三三）。山内上杉氏家督の実父憲方が房方による守護支配に、さらなる援助を加えなければならない事態が越後では展開していたのであろう。この年、憲方は関東管領の役割を一時期中断していることから（『喜連川判鑑』）、憲方は雪解けを待って越後に入り、子息房方の越後支配を強力に進めた可能性がある。

この年六月、憲方（法名道合）は鵜河荘（柏崎市）の安田毛利五郎（憲朝か）に宛て、山東郡小加礼保（長岡市入軽井・町軽井付近）における鎌倉鶴岡八幡宮の氷室判官真興の知行分につき相違なく沙汰すべきとの書状を発給している（『県史』一五三二）。また十一月には守護代長尾道継（景春）が、小加礼村の下地を先例に任せ氷室判官の代官に打渡したことを安田殿に伝えている（『県史』一五三三）。

小加礼保は関東管領家が国衙職をもつ西古志国衙分に含まれていた可能性があるが、憲方は直接的な命令系統のない守護代との連繋のもとに小加礼保（村）を氷室判官へ宛行うことにかかわっていた様相がうかがえるのである。

憲方は、翌永徳三年には鎌倉府の職務に復帰しており、越後在住の期間は永徳二年に限られたと推測するが、鎌倉に戻ってからもいまだ若輩の子息房方の領国支配に強くかかわり続けたのではなかろうか。

白河荘山浦（現阿賀野市笹神）に、憲方の子息憲重を入部させ山浦上杉家をつくり、守護の支配がおよびにくかった阿賀野川以北の地に、拠点を設けたのも憲方の施策ではなかろうか。また憲方の長兄憲将の子息である僧可を開山として、守護所に隣接して至徳寺を建立したのも、おそらく憲方が配慮をめぐらしたものと推測される。

さらに山内上杉氏の家督の地位にあった憲方は、越後守護房方を、あくまでも山内上杉家の一員として処遇していたようである。至徳三年（一三八六）七月、憲方は自分のもつ所帯・所職を嫡子憲定に譲与するが、憲定に子孫がない場合は、憲定の弟房方が知行すべきことを申し添えている。越後守護房方が山内上杉氏の家督の地位や、関東管領家の地位に就く可能性もあったことに留意したい。このことは、逆に守護房方の越後支配が、憲方が存命している時期にあっては（憲方は応永元年（一三九四）十月、六〇歳で死去）、山内上杉氏の枠組みのなかで、これと一体化して展開したことをものがたっていると思われるのである。

「上杉長棟置文」から

もともと越後に基盤をもたなかった越後守護上杉氏にとって、最も重要であったのは国衙・国衙領の掌握であったことは早くから指摘されてきた。国衙が所在し、また頸北の一部（佐味荘）を除き、ほぼ全域を国衙領が占めた頸城郡が、守護の領国支配の最重要拠点であったことは間違いない。

ところでさきに若干ふれた史料であるが、房方の三男で、山内上杉氏に入って家督を継ぎ、関東管領をつとめた憲

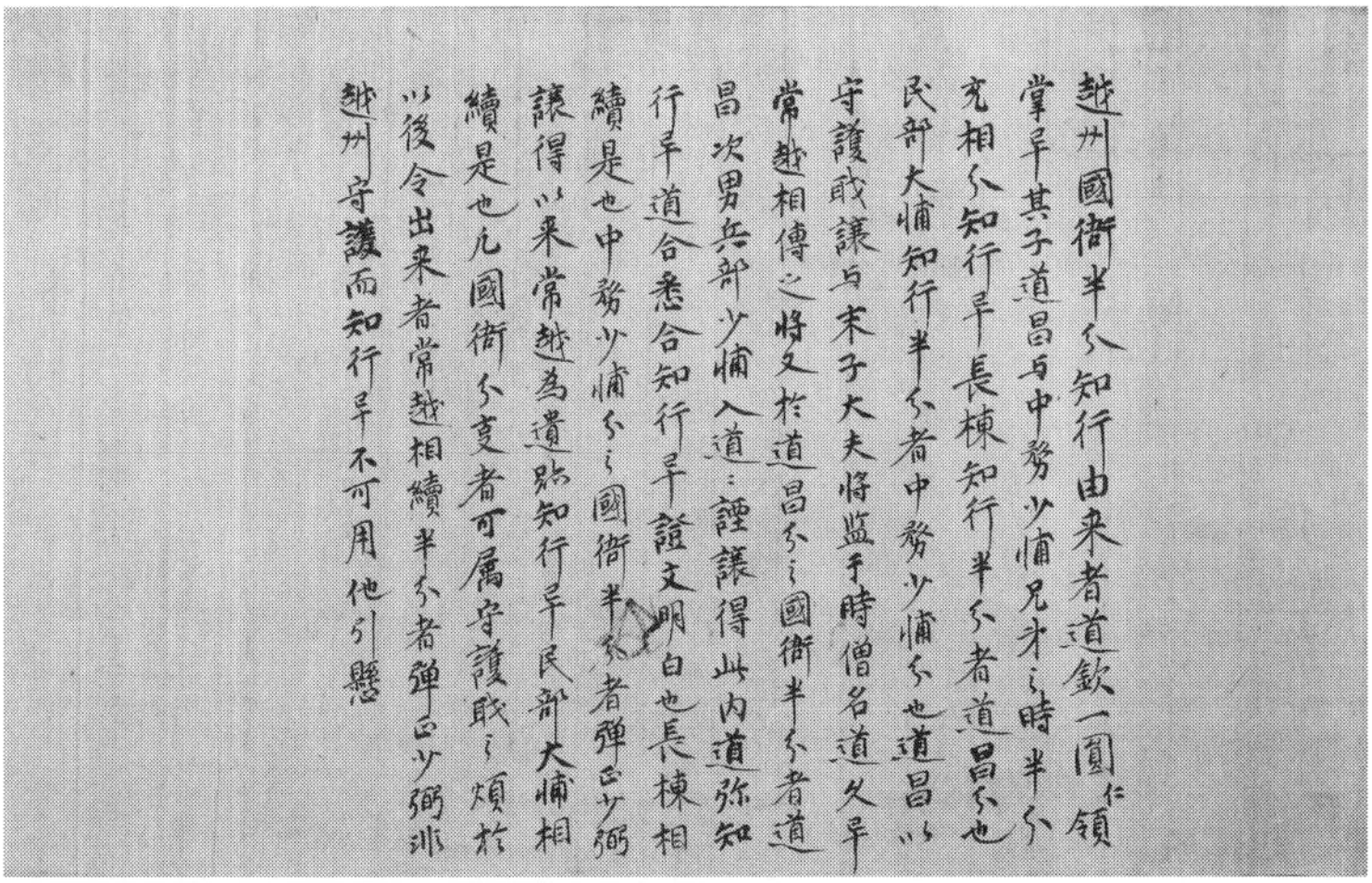
越州國衙半分知行由来者道欽一圓仁領
掌畢其子道昌与中務少輔兄弟之時半分
充相分知行畢長棟知行半分者道昌分也
民部大輔知行半分者中務少輔分也道昌以
守護職譲与末子大夫将監于時僧名道久畢
常越相傳之将又於道昌分之國衙半分者道
昌次男兵部少輔入道々謹譲得此内道弥知
行畢道合悉合知行畢證文明白也長棟相
續是也中務少輔分之國衙半分者弾正少弼
譲得以来常越為遺跡知行畢民部大輔相
續是也凡國衙分支者可属守護職之煩於
以後令出来者常越相續半分者弾正少弼非
越州守護而知行畢不可用他引懸

上杉長棟置文（上杉家文書、米沢市上杉博物館蔵）

裏花押

越州国衙半分知行由来者、道欽(上杉憲房)一円仁領掌畢、其子道昌(憲顕)与中務少輔(憲藤)兄弟之時、半分充相分知行畢、長棟(憲実)知行半分者、道昌分也、民部大輔知行半分者、中務少輔分也、道昌以守護職、譲与末子大夫将監(憲栄)于時僧名道久畢、常越(房方)相伝之、将又、於道昌分之国衙半分者、道昌次男兵部少輔入道(能憲)々謹禮譲得、此内道弥(憲春)知行畢、道合(憲方)悉合知行畢、証文明白也、長棟相続是也、中務少輔分之国衙半分者、弾正(朝房)少弼譲得以来、常越為遺跡知行畢、民部大輔相続是也、凡国衙分事者、可属守護職之煩、於以後令出来者、常越相続半分者、弾正少弼非越州守護而知行畢、不可用他引懸、

実が、永享の乱（一四三九年）後出家して（法名長棟）関東の政界からはなれていた文安元年（一四四四）ごろ、次男の龍春（のちの関東管領房顕）に宛てた置文に、越後国衙分（国衙職）半分を山内上杉氏家督が知行する由来を述べている（『県史』八二一）。

　これによると、まず上杉憲房が越後国衙分を一円領有し、その子憲顕（山内上杉氏始祖）と憲藤（犬懸上杉氏始祖）が半分ずつ分割して知行したこと、関東管領でかつ越後守護であった憲顕の分は、憲顕の子息のうち、山内上杉氏家督と関東管領の地位を継いだ能憲に譲与したが、一部はその弟の憲春が領有した。憲方が山内上杉氏の家督となった段階で、能憲分と憲春分を一括して領有した。いっぽう、憲藤が領有した国衙分半分は、憲藤の子息朝房が領有し、これが越後守護となった房方に伝えられたことを述べている。

山内上杉家を継承した房方の子憲実は、文安元年段階に、この家に伝わる文書を整理してこの置文を書いたと思われるが、伝聞による由来を述べた部分もあったようである。この置文の内容をすべて事実として考えることはできない。

まず上杉憲房が越後国衙分を一円領有したということについてであるが、憲房は建武三年（一三三六）正月に京都で戦死しており、このころ越後国衙領は、建武政権下で新田義貞が越後守として掌握していた。また犬懸上杉氏の始祖となる憲藤は建武五年三月に戦死している。憲顕が越後守護として軍事行動を開始する暦応四年（一三四一）以前のことである。憲藤の子息朝房が越後国衙分半分を領有したというのは、観応の擾乱を経て憲顕が越後守護に復帰した貞治元年（一三六二）十一月以降のことであり、あるいは憲顕没後、山内上杉家の能憲と、犬懸家の朝房がともに関東管領の地位に就いた応安元年（一三六八）九月段階のことであった可能性もある。

「長棟置文」には越後守護となった房方が伝領した国衙分半分は、朝房から譲与されたものであり、房方の父憲方は、能憲分と憲春分をあわせて領有したことを述べるが、房方期に、越後国衙職は、初めて山内上杉氏家督と、越後守護家が半分ずつ領有する体制ができあがったことになる。また「長棟置文」から見る限り、さきにふれたように房方の前代の守護憲栄は国衙分の知行にかかわらなかったことになることも注目されよう。

いずれにしても、憲方・房方父子はあわせて越後国衙分をすべて領有したことは間違いない。さきに房方期の越後の守護支配は、父憲方の存命している時期においては、憲方が主導するなか、山内上杉氏の枠組みのなかで展開したことを推測したが、守護の領国経営のうえで最も重要な地歩を占めた国衙・国衙領支配は、この段階でより確実なものとなっていったと考えるのである。

Ⅱ　応永の大乱

山田邦明

上杉房方の時代

応安元年（一三六八）九月に上杉憲顕が病死すると、越後守護は末子の憲栄が一九歳でついだ。この憲栄は、「上杉系図大概」によれば、若い時から世事を厭い一八歳の時遁世したが、将軍義満の命で還俗して在京奉公したという（『越佐史料』巻二―六二〇ページ）。憲栄は京にあって越後守護をつとめていたとみてよかろう。ところが守護になって一〇年ほどして彼は再び出家し、但馬（兵庫県）の月潭寺に入ってしまった（同上）。困り果てた守護代長尾高景は、関東にいる憲栄の兄憲方にたのみ、その次子龍命丸をもらいうけて守護とした。その年次は不明だが、憲栄が守護であったことを示す最後の徴証が永和四年（一三七八）七月（『新潟県史』資料編中世一〇〇九号、以下番号のみは同書からの引用）、龍命丸の守護在任の初見が康暦二年（一三八〇）四月である（八二三号）から、守護の交替はこの間におきたことになる（佐藤進一『室町幕府守護制度の研究』上、二七一〜二ページ）。龍命丸は当時一二、三歳の少年だったから、越後守護の職務はしばらくの間実父の上杉憲方がとりしきっていた（八二三号）。この憲方は兄の能憲・憲春から越後の国衙領の半分を受け継いでいたし、また守護の龍命丸は、これより前に国衙領のもう半分をもっていた犬懸

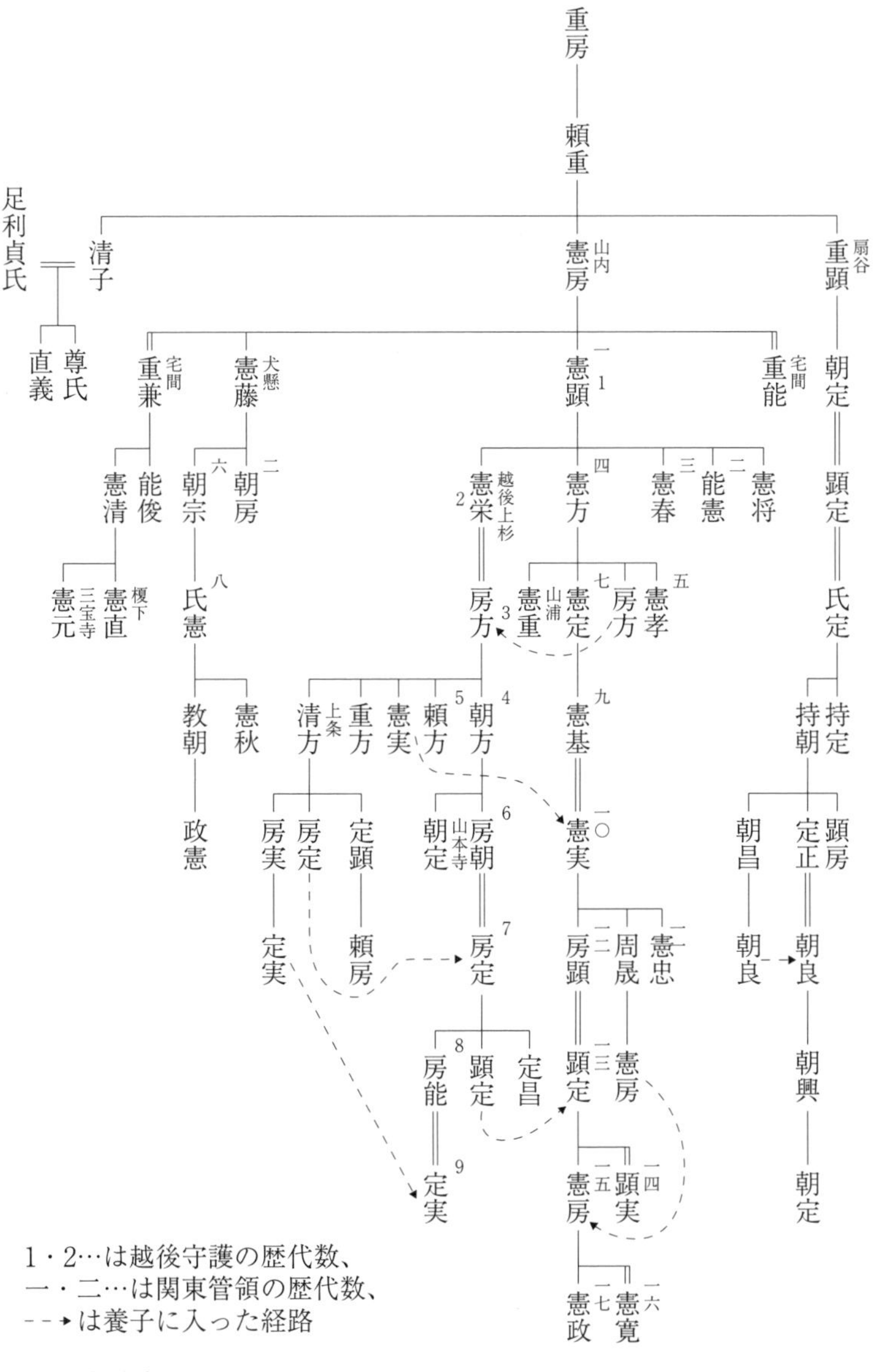
重房
頼重
足利貞氏
清子
尊氏
直義
山内 憲房
扇谷 重顕
宅間 重兼
犬懸 憲藤
一 1 憲顕
宅間 重能
朝定
能俊
憲清
二 朝房
六 朝宗
越後上杉 2 憲栄
四 憲方
三 憲春
能憲
二 憲将
顕定
榎下 憲直
三宝寺 憲元
八 氏憲
3 房方
山浦 憲重
七 憲定
房方
五 憲孝
氏定
教朝
憲秋
上条 清方
重方
憲実
5 頼方
4 朝方
九 憲基
持朝
持定
政憲
房実
房定
定顕
山本寺 朝定
6 房朝
一〇 憲実
朝昌
定正
顕房
定実
頼房
7 房定
一二 房顕
周晟
一一 憲忠
朝良
朝良
房能
8 顕定
定昌
一三 顕定
憲房
朝興
9 定実
一五 憲房
一四 顕実
朝定
一七 憲政
一六 憲寛
1・2…は越後守護の歴代数、
一・二…は関東管領の歴代数、
- - →は養子に入った経路

図1　上杉氏系図

上杉朝房の養子となり、朝房の死後はこれを継承していた（八二一号）。この時期越後の国衙領は、上杉憲方・龍命丸父子によって半分ずつ支配されていたのである。

龍命丸は長じて房方と名のり、越後の武士たちをひきつれて京都の館につめ、幕府に仕えることになった。南北朝動乱の終息後も、旧南朝方の抵抗の火種は消えたわけではなく、明徳四年（一三九三）頃、小国三河守・白河兵部少輔らが上杉憲方の所領の蒲原津（新潟市）と五十嵐保（下田村）を押領している（『越佐史料』巻二―六七五ページ）が、小国氏はかつての南党の首領であり、白河氏はおそらく同じく南朝方だった河内氏の流れであろう（『新潟県史』通史編2中世一八〇ページ参照）。また時期は不明だが、房方に従って在京していた小国某と黒滝某が房方に対する謀叛を企て、多くの国人たちを誘ったが、発覚して京都を脱出するという事件も起きている（一三一六号）。このようなこともあったが、四〇年余に及ぶ房方の守護在任期の越後は、さしたる戦いもおきず総じて平和を保ったとみてよかろう。このような中、房方もしだいに将軍や幕閣に信頼され、応永七年（一四〇〇）には評定衆の一員に加えられている（『越佐史料』巻二―六九三ページ）。

守護房方の時代は、上杉氏による越後の地域支配の基礎が形づくられた時代であった。越後各地の要所要所に、上杉氏の一族やその被官たちが、次々に送りこまれたのである（詳細は『新潟県史』通史編2中世二章二節三項「国人と守護」参照）。阿賀野川北岸の白河荘山浦（笹神村）には房方の弟憲重が入って山浦上杉氏の始祖となり、時期はやや下るが、鵜川荘の上条（柏崎市）には房方の末子清方が入って上条上杉氏を興した。また守護代長尾氏の一族も古志・上田（南魚沼郡）・下田（下田村）・菅名（五泉市・村松町）の各地に配置された。房方は主として京都にいたため、越後の国務は守護代長尾氏に任されていたが、守護と守護代の連携の下、越後一国の支配は着実に進んでいった。房方

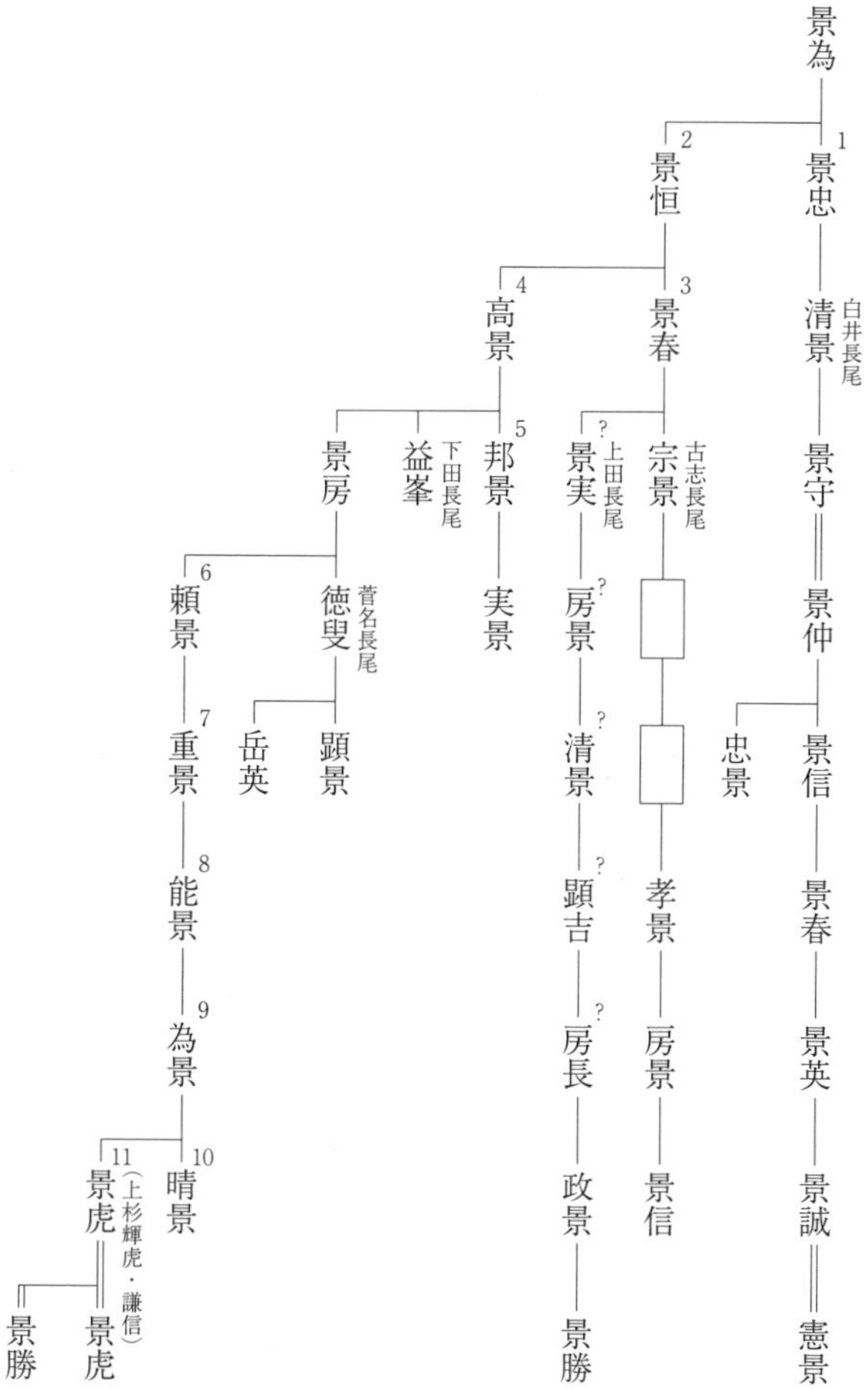

図２　長尾氏系図
数字は越後守護代の歴代数。？は父子である確証のないことを示す。

を関東から迎えた守護代長尾高景は、明（中国）・朝鮮にまでその名を知られた名将だったといわれている（『越佐史料』巻二―六七〇ページ）。彼は康応元年（一三八九）に佐渡に出兵して五八歳で戦死したと伝えられ、そのあとは長男の邦景が守護代となって国務を司った。彼は守護房方とほぼ同世代とみられ、房方の信任を得て府中で政治を主導し、着々とその実力を培っていった。

しかし越後一国は広大で、どうしても一つにまとまりにくい宿命を持っていた。阿賀北白河の地に入った山浦上杉氏は、しだいに一帯に勢力を広げ、山浦地方は府内に次ぐ第二の政治的中心の観を呈してゆく。守護房方は次男の七郎頼方を山浦家に養子に入れているが、のちに述べる大乱の際に山浦方の大将となった上杉頼藤がその義父かとも想定されるが確証はなく、頼藤と山浦上杉氏の祖憲重との関係も不明である。しかしいずれにせよ山浦家はやがて府内の守護家に対抗しうる力を持つに至り、越後一国は府内と山浦という二つの核を中心に分裂してゆく動きを強めていった。房方の時代は、越後一国をまきこむ大乱の素地が形づくられた時代でもあったのである。

大乱前夜

目を越後から関東へ転じよう。上杉憲顕が関東管領となり政界に復帰した頃から、鎌倉府による関東支配がしだいに軌道に乗るようになった。幕府から関東八か国（相模・武蔵・上野・下野・常陸・下総・上総・安房）に伊豆・甲斐を加えた一〇か国の管理を委任された（のちに陸奥と出羽も鎌倉府の管内に入る）鎌倉府は、基氏—氏満—満兼—持氏と代を重ねるごとに強大化し、しだいに独立的な関東政権としての色彩を強めていった。関東公方（鎌倉公方）を補佐する関東管領は、上杉憲顕の流れである山内上杉氏と、憲顕の弟憲藤の子孫にあたる犬懸上杉氏が交互につとめることになる。越後守護上杉房方は、山内上杉氏の出身であり、また越後国内に山内上杉氏の所領が数多く存在していたこともあって、越後は制度上は京都の幕府の管轄下にありながら、実質的には関東と深い結びつきを持ち続けることになった。またこの山内上杉氏は、ややもすれば幕府と対立的な道を進もうとする関東公方の独走を押さえ、京都と鎌倉の和融を保つべく奔走することが多く、越後守護上杉房方も、京と関東のパイプ役を果たしていたと考えられる。

しかし関東の独立化の動きは止められなかった。そして応永二十三年（一四一六）十月、関東動乱の序曲ともいうべき事件がおきる。前関東管領犬懸上杉氏憲（禅秀）が、関東各地の武士たちと組んで鎌倉に挙兵し、公方足利持氏と管領上杉憲基の館を襲ったのである。持氏は鎌倉を逃れて駿河（静岡県）に走り、憲基は弟の佐竹義憲と共に越後に逃げこんだ。急を聞いた将軍義持は、持氏を助けるため駿河の今川範政に関東出兵を命じた。一方、越後守護房方も憲基を後援し、十二月、憲基と義憲は越後を発して関東に入り、翌二十四年の正月には鎌倉になだれこんだ。

禅秀は滅び、足利持氏と上杉憲基は鎌倉に帰った。そして翌応永二十五年正月、管領憲基が病死すると、越後守護上杉房方は、山内上杉家の家老たちに請われて、三男の孔雀丸を憲基のあとつぎにして鎌倉に送りこんだ。のちの上杉憲実である。房方自身は京都にいたが、子息を関東に送りこんだことにより、彼は名実共に山内上杉氏の長老の立場にたつことになった。

しかし、禅秀の乱を契機にして、幕府と鎌倉府の関係は急速に悪化し、在京して将軍に従いながら、息子を関東管領として鎌倉に置いている房方の立場は、きわめて不安定なものになっていった。火をつけたのは関東公方足利持氏である。禅秀を滅ぼしたあと、持氏は関東各地の反対派討滅に狂奔し、一方、禅秀の乱の時には持氏を助けた将軍義持も、持氏の勢力拡張と独立化を警戒し、両者の対立は決定的になっていった。

そんなさなか、応永二十八年（一四二一）十一月十日、房方は京都の館で病死した（『越佐史料』巻二―七四八ページ)。五四歳とも、五五歳ともいう。あとは長男の朝方がついで越後守護となった。翌二十九年六月、朝方は京都高倉の自邸に将軍義持を迎えたが、このとき朝方から義持に捧げた献上品は、引出物三千貫及び金鯉・金俎《そ》・金俎箸・銀盃、それに越後布を車に一両と、干飯をやはり車に一両という莫大なものであり、義持の供をした大名たちにも、鎧一両と馬一疋が配られた(「看聞日記」)。実弟が関東管領をしている関東での政情にかんがみ、なんとか義持に疑いをかけられないようにしようという、朝方の必死の努力とも見てとれる。

ところがこの朝方も、当主になって一年もたたないうちに病気で死んでしまった。応永二十九年十月十四日のことである(『越佐史料』巻二―七五二ページ)。そして、朝方の死をきっかけにして、沈潜していた越後国内の矛盾は火をふき、幕府と鎌倉府の決裂という政情と連動して、越後一国を未曽有の大乱に突入させてゆく。

謎の越後守護

ところで朝方の死後越後守護になったのは誰だろうか。従来は朝方の子幸龍丸(のちの房朝)がそのまま幼少で守護になったと考えられてきた。ところが事実はどうも違うらしい。まず、応永三十一年十二月二十六日付の「看聞日記」の次の記事を見よう。

抑聞、上杉失面目今日没落、前上杉子息四歳、為宗(惣)領之間、為取立、管領奪取云々、依之有騒動、前管領《細川》ハ上杉最屓、当管領《畠山》ハ前上杉合力、両方確執云々、委細不能記之、

管領の畠山満家が、「前上杉」の子息で四歳になる小児を、惣領だから守護にとりたてようと、越後守護である

「上杉」の手から奪い取った、という話である。「前上杉」とは数年前に死んだ朝方だろうが、朝方の子房朝は、文安六年（一四四九）に二九歳で死んでいる（「康富記」）から、逆算するとこのとき四歳。つまり、このとき畠山によって奪取された四歳の小童こそ、朝方の一子幸龍丸だ、ということになるのである。

証拠はまだある。下って享徳三年（一四五四）十月二日付の平子政重の書状に、「常徳院殿（房方）の代より、当屋形（房定）までは、五代とも可申候か、」という文句がある（一三五四号）。従来のように房方―朝方―房朝―房定と考えると、房方から房定までは四代になってしまう。やはり、朝方と房朝の間に、もう一人越後守護がいたと考えざるを得ないのである。

それでは朝方のあとに越後守護になったのは何者だろうか。確かなことはわからないが、怪しい人物が一人いる。房方の次男で、朝方のすぐ下の弟、白河荘の山浦家に送りこまれていた上杉七郎頼方である。問題の守護上杉某は、後述するように、越後守護代長尾邦景と対立して大乱をひきおこし、正長元年（一四二八）頃に没落しているが、その直後の正長二年三月に上杉頼方は幕府に対して赦免運動を行なっており、永享四年（一四三二）段階でも、弟の憲実を通じて幕府に赦免の申請をしている（「満済准后日記」）。そして、時の将軍義教は、頼方を助けてやろうとしたが、長尾邦景が文句を言うことを懸念している。このように、守護時代の上杉某の活動と、没落後の頼方の動きがかなり符合するので、朝方のあと守護になったのはこの頼方であろうと一応仮定しておきたい。事実、彼が守護であった時代におきた越後の大乱で、守護方の基盤になったのは、頼方が入った山浦地方だったのである。

兄の朝方が死ぬとすぐ、頼方は兄の遺児幸龍丸を抱えこみ、その後見という名目で自ら守護の座におさまったのであろう。管領畠山満家と何かにつけ対立していた細川満元も頼方をバックアップしていた。しかし、前守護の朝方と仲の良かった畠山満家は頼方の存在を認めなかったし、将軍義持も、関東管領上杉憲実の実兄であることから頼方を信用しなかった。しかも運の悪いことに応永二十九年（一四二二）年から三十年にかけて、足利持氏は幕府と通じた関東の山入・小栗・宇都宮らをつぎつぎに滅ぼしたから幕府と鎌倉府は一触即発の状態になっていた。

当然上杉頼方は関東内通の疑いをかけられた。応永三十年九月十八日、将軍義持は清水寺に参籠し、諸大名がこれに従ったが、上杉一人は京都に残された。これは清水に集まった諸大名に命じて上杉を討たせようとの義持の計略だったが、かねてから頼方と親しかった細川満元や赤松義則らが必死になって諌めたので、結局義持も思いとどまる。しかしそれから一か月もの間、京都市中は上杉の噂でもちきりになり、頼方の命運はもはや尽きたかに見えた。十月二十五日、また義持が上杉を討つとの噂が広がった。頼方はあわや切腹かと覚悟を決めていたが、そんな頼方のもとに義持からの使いが到り、頼方は清水に呼ばれて義持から赦されることになった（「看聞日記」）。

頼方は細川・赤松を通じて、幕府に二心のないことをくり返し陳弁したのだろう。そしてそこで、関東に内通している越後守護代長尾邦景を討伐することも議題にのせたのかもしれない。頼方の立場はようやく安定し、彼は幕府の側に立つことを鮮明に示したのである。

大乱勃発

越後守護代長尾邦景は頼方の守護就任により大きな打撃を受けた。彼は父高景の残した基盤をもとに、三五年もの間府中在駐の守護代として実権を握っていたが、山浦地方を中心に勢力を伸ばしていた上杉頼藤・長尾朝景らが擁した頼方が守護になり、頼みの綱の幸龍丸も頼方に奪われて苦境に立たされた。そして邦景は、この苦境を、鎌倉府との関係を強めることで乗り切ろうとした。この後に展開する大乱で邦景が大将にあおいだ三宝寺匠作（修理）は、西頸城の不動山城（三宝寺城）にいた三宝寺上杉憲元の近族ではあるまいか（『新潟県史』通史編2中世二四五ページ参照）。憲元の兄榎下上杉憲直は関東公方持氏の寵臣であり、邦景は鎌倉府に近い三宝寺を擁して頼方に対抗しようとしたのである。

こうなっては、長尾邦景が幕府の治罰の対象となるのは必至である。上杉頼方はついに邦景治罰の御教書を将軍義持からもらうことに成功し、越後の国人たちにも一斉に御教書が配付された。間髪を入れずに上杉頼藤・長尾朝景は山浦を中心に挙兵し、中条房資・黒川基実・加地・色部・本庄ら阿賀北の国人衆も、将軍の命をうけてこれに呼応した。頼藤らは南下して山吉久盛の籠る三条城を、北は護摩堂城（田上町）、南は大面城（栄町）から攻めたてた。三条より北の諸勢力はすべて頼藤方に与同し、三条城が落ちれば邦景も危機に立たされる情況になったのである。

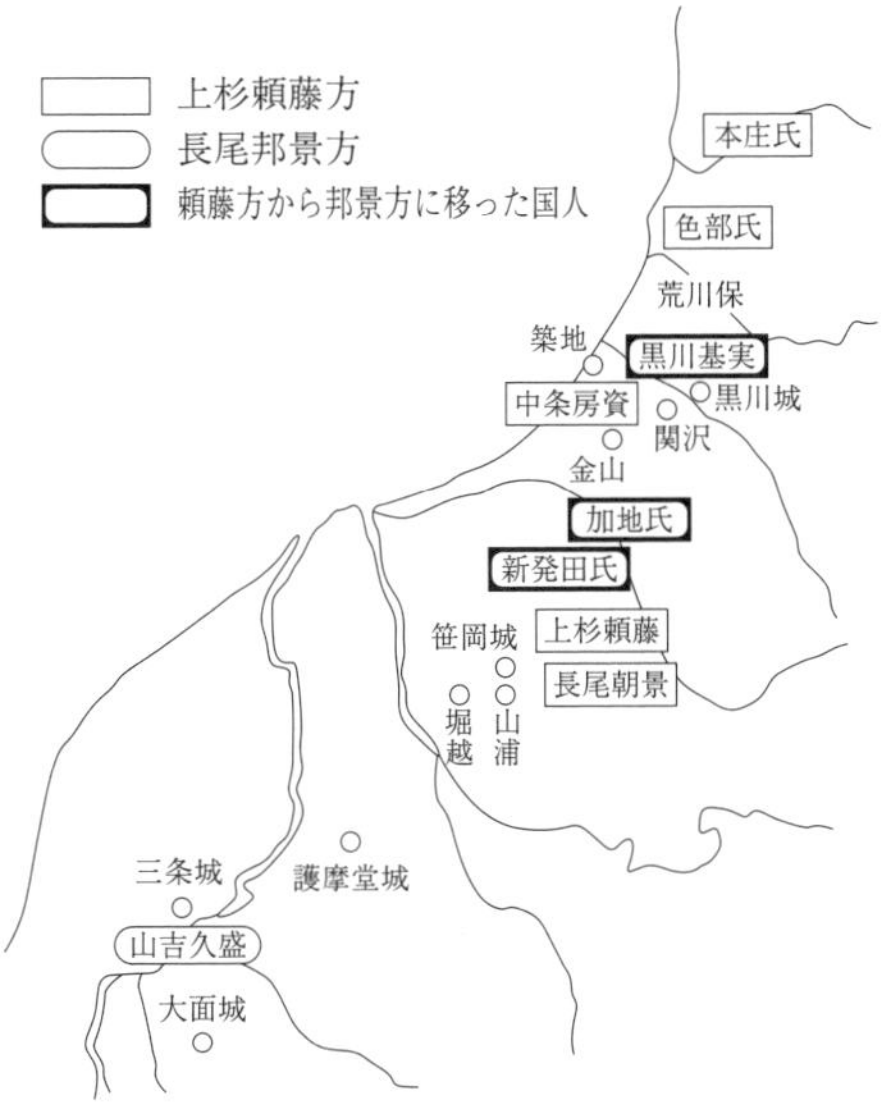

図3　応永の大乱要図

これに対し、邦景は阿賀北衆の分断をはかった。将軍の命を奉じるという大義名分のもと、彼らは一致団結して動いているように見えるが、もともと激烈な所領争いを繰り返してきた間柄だった。それに、彼らは独立性の強い国人で、頼藤に忠誠を誓っていたわけでは毛頭なかった。狙いは的中した。三条包囲陣に参加していた阿賀北衆のうち、黒川基実を中心として、加地・新発田らの国人や、白河荘の武士たちが、突然軍陣を抜け出しておのおの在所に帰り、笹岡（笹神村）に出ていた中条房資の退路を断ったのである。急を知った頼藤はしかたなく三条城の囲みを解いて北上し、堀越（水原町）の要害を落として房資の危機を救い、続いて謀叛の張本人黒川基実の攻撃にかかった。基実は邦景方の大将三宝寺匠作と共に黒川城に籠っていたが、頼藤は出羽の大族伊達持宗の援兵も得てこれを包囲した。翌応永三十一年、黒川基実はこらえきれずに降参し、基実とともに謀反した加地・新発田らも頼藤に降った（一三一六号）。こうして第一次の内乱はひとまず終息した。

しかし頼藤は将軍のお墨つきをもらっていながら、結局三条以南に兵を進めることができず、また危地を救ってくれた伊達持宗に莫大な恩賞を払わねばならなくなった。総合的にみれば、この戦いは頼藤方の敗北の色彩が濃く、守護代長尾邦景の実力を、内外ともに印象づける結果ともなった。

内乱の余波は続いた。乱のあと、荒川保に入部した伊達一族の滑沢が、隣の黒川館を夜襲し、黒川基実を切腹させた。急を聞いた中条房資は、基実の子の弥福丸（のちの氏実）を戦火の中から救い出し、中条にかくまった。弥福丸の母は房資の姉妹で、弥福丸は房資にとっては甥だったのである。上杉頼藤は房資にその処分を迫ったが、房資はこっそりと弥福丸を出羽の大宝寺（鶴岡市）に落ちのびさせた（一三一六号）。ついさっき自分を殺そうとした者の息子を、房資はなぜこんなにまでしてかばったのか。対立しているとはいえ同族であり、弥福丸は甥だという事情もあろうが、やはり黒川のあとつぎを保護することによって、黒川の地が完全に伊達のものになるのを防ぎ、あわよくば中条氏の勢力を黒川にまで広げようとしたのであろう。

長尾邦景の勝利

ここで舞台を京都に戻そう。在京していた守護上杉頼方は、頼藤らの戦いぶりがはかばかしくないのを気にしていたが、そのうち京の情勢も大きく変わってしまった。爆発寸前だった幕府と鎌倉府の関係は、足利持氏が低姿勢に回り、幕府に恭順の意を示したことにより、和解の方向に急速に進み、応永三十一年二月、両府の和睦が成立した。こうなってくると、邦景討伐の大義名分も無意味なものになってしまい、幕府にとっての頼方の価値も急低下した。越後の実権を握っているならともかく、現地でもなかなか力を伸ばせないでいる頼方に、義持もあまり期待しなくなっていった。そして、追いうちをかけるように大事件が起きた。応永三十一年十一月二十六日、管領畠山満家が、突然頼方の館から四歳になる幸龍丸を奪い取ってしまったのである（本書一九六頁参照）。彼こそ上杉の惣領だから、守護におし立てるべきだというわけである。朝方の死後、幸龍丸ではなく頼方が守護になったことにより流浪した朝方の近臣たちは、主人と近かった畠山を頼りながら、起死回生の機会を狙っていたのだろう。幸龍丸獲得作戦は成功した。そして一方の頼方は、自らの名分を保障する掌中の玉を失ってしまったのである。

幸龍丸を擁立した朝方の遺臣たちは、管領畠山満家のバックアップを得て、京都にもう一つの守護所のようなものを作りあげ、やがて越後の長尾邦景と結びついていった。応永三十三年（一四二六）三月二十日、「沙弥道意」なる者が、長尾邦景にあてて、弥彦荘内下条（巻町）・船越（岩室村）の両地を毛利道元に与えよとの守護の命を伝えている（一五三九号）が、この守護は幸龍丸で、道意（のちに道存と改名）は幸龍丸擁立の中心メンバーの一人とみてよいであろう。彼はこの後も京都で守護房朝（幸龍丸）の奉行人として活動し、長尾頼景と連名の奉書を出している（一五一九号）。確証はないが、彼はのちに長尾頼景と両頭体制で守護房定を補佐した飯沼頼泰の父ではあるまいか。

頼方―頼藤ラインにとって、生き残る道は、越後の現地における勢力伸張以外になかった。応永三十三年秋、頼藤は中条房資と組んで、また三条城の山吉久盛を攻めた。ところが今度も加地・新発田らが裏切って邦景方についたため、中条房資は中条に逃走し、邦景方の大軍の包囲をうけた。大将の長尾信濃守定景・長尾五郎左衛門実景（邦景の子）は築地（中条町）の広原に陣をとり、加地・新発田両氏や白河荘・豊田荘の武士たちの軍勢は、関沢（中条町）から金山（加治川村）まで満ちあふれた。さらに北からは黒川や荒川の武士たちが押し寄せ、房資は絶体絶命の危地に追いこまれた。しかし房資は懸命に防戦し、冬将軍の到来とともに、十一月、包囲軍はようやく去っていった（一三一六号）。

こんどは頼藤―房資ラインの完敗だった。事態を注視していた将軍義持も、もう頼方・頼藤を見放さざるを得ないことを知った。十一月十七日、義持は三宝院満済を呼んで、「頼藤の戦いぶりは全く頼りにならん」とぼやき、重大な決意を告げた（「満済准后日記」）。満済はこのあと管領畠山満家の休所を訪れ、義持の意向を伝えた。義持が何と言ったのか、満済は大事をとってか日記には書いていないが、頼方から越後守護職を取りあげ、幸龍丸を正式に守護と認め、また長尾邦景治罰の方針をとりやめて和を結ぼう、というものだったのではあるまいか。もとより幸龍丸擁立に一役かっている畠山がこれに不服なはずはない。さらに頼方の後楯であった細川満元は、この年の十月十六日に病死し、もはや頼方を助けてくれる大名もいなくなった。まもなく頼方は没落し、頼藤は越後でしばらく抵抗を続けていたが、やがて邦景に降伏した。応永三十四（一四二七）年十一月十三日、畠山満家は満済のもとを訪ね、越後の平定を祝った（同上）。こうして内乱は完全におさまり、長尾邦景は危機を乗り切って勝利を掌中にしたのである。

邦景と将軍義教

幕府の赦しを得、内乱を鎮定した長尾邦景は、これまでの鎌倉府寄りの外交方針を一八〇度転換して、急速に幕府への歩み寄りを始めた。正長元年（一四二八）正月、将軍義持が病死し、その弟の義教を、畠山満家・細川持元・斯波義淳・山名時熙らの大名や、三宝院満済が補佐する体制で、新たな幕閣が歩み始めた。邦景はすでに作りあげていた畠山満家との関係を軸にして、この幕閣に接近してゆく。

この年の十月、関東公方足利持氏は、邦景や越後の国人たちに御教書を発し、味方になるように誘ったが、邦景は持氏の勧誘を無視し、かえって京都の畠山満家に持氏の策動を伝えた（「満済准后日記」）。将軍義教は関東を西と北から包囲する位置にある越後・信濃・駿河の三国を、鎌倉府攻囲の前線基地として重視していた。信濃の小笠原と駿河の今川はすでに義教に忠節を誓っていたが、いま越後の邦景が義教への忠節を明言したことにより、義教が企図していた越後・信濃・駿河三国による関東抑圧の布陣は完成したのである。このころ関東公方持氏の鉾先は南奥の白河氏や下野の那須氏に向けられていたが、義教は永享元年（一四二九）から二年にかけて、何度か越・信・駿三国にあて御教書を出し、白河・那須を助けるよう命じている。

京都には幼少の守護幸龍丸がいて、近臣たちがこれを補佐していたが、邦景は守護の存在を半ば無視して、幕府との交渉をほぼ独占した。永享元年二月、義教から上条上杉清方にあてて、越後で忠節を尽くせとの御教書が出されたが、これは邦景が畠山満家を通じて申請したものだった。さらに永享二年五月、邦景は満家に、越後に関することはすべて自分に命じてくれるようにしてほしいと頼み、満家は満済を通じてこれを義教に申請した（同上）。そしてとうとう邦景は実子の右京亮実景を京都に遣わし、自分の代官として幕府との交渉に当らせた（同上、永享四年二月一日条）。本来在国して国務を司るのみの守護代が、代官を京都において、国務と外交をともに独占する前代未聞の事態になったのである。

しかし義教は邦景の専横を苦々しく思っていたらしい。義教が邦景を信用しなかったのは、彼が越後の所領に関する幕府の命令に全く従わなかったからである。邦景が幕府に近づくと、義教は越後の紙屋荘（小千谷市・越路町）を足利満直に与え、鵜河荘（柏崎市）内の地を八条上杉持房に渡すよう指示した。紙屋荘は満直が要求して彼に与えられた所領であり、鵜河荘は本来八条上杉氏の所領だったが、越後の武士たちによって押領されていたのである。ところが邦景は義教の命令を一応は受けながら、この両所に全く手をつけなかった。邦景は、二か所とも遵行を強行したら、二か所で戦争がおきて大変だといい、また、紙屋荘については、上杉憲実が代官職を望んでいるから手がつけられないと弁明した。義教はこれを邦景の口実だと断定し、全く信用しなかった。永享四年三月に、憲実の代官判門田祐元が上洛し、憲実が紙屋荘に執心していると言ったので、邦景が作り話をしているという疑いは晴れ、義教は紙屋荘はいいから鵜河荘はなんとかしろと邦景をけしかけた（「満済准后日記」）。しかし結局邦景は何もしなかった。たしかに彼にとって京都との関係をとりつけることは大切だが、越後の武士たちが持っている所領を強引に取り上げたりすれば、彼らの反発をうけるのは必至だったからである。

そうこうするなか、永享五年九月、邦景が最も頼りにしていた畠山満家が病死した。それに、まだまだ子供と思っていた幸龍丸も、元服して五郎房朝と名乗り、永享五年の十一月、義教が延暦寺を攻めた時には、その命をうけて洛中を警固している（同上）。満家亡き後、邦景が房朝一派を牽制し、京都との関係を維持するためには、将軍義教その人に結びつく必要があった。邦景はついに上洛を決意し、翌六年上京した。そして奔走の結果、義教の信頼をとりつけることに成功する。永享七年正月、義教は満済に、邦景と会って自分の意向を伝えてほしいと頼むが、その書状の中で、「邦景という男は、越後にいたころは言うことを聞かない奴だと思っていたが、今度上洛してからは、無二の忠義者だと見直した。」と邦景をほめちぎっている（同上）。とうとう邦景は義教の信用を得、その名分を保持したのである。

長尾実景の戦績

ところで幕府と鎌倉府の関係は、永享三年に二度目の講和がなされて以来、しばらく小康状態を保っていた。京都では畠山・斯波らの大名たちが、持氏誅伐に走りかねない将軍の独走を抑えていたし、関東では管領憲実が必死の調停を続けていた。憲実は両府の間に立って奔走し、義教はじめ幕閣の絶大な信任を得ていた。しかし、永享三年に畠山満家・斯波義淳が死に、同七年に三宝院満済も死ぬと、義教の専制を抑えうる人物もいなくなった。一方関東では、反幕の姿勢を強める公方持氏と、京都とも通じて両府の融和を保とうする管領憲実の対立が表面化していった。

永享十年（一四三八）になると持氏と憲実の不和は決定的となり、八月、憲実は分国の上野に逃れて将軍義教に救いを求めた。義教は直ちに天皇から関東征伐の綸旨をもらい、幕府軍は九月には相模に入り鎌倉に迫った。持氏はなすすべもなく敗れ、十一月三日、憲実の家老長尾忠政の兵に捕えられ、鎌倉の永安寺に幽閉されてしまった。

長尾邦景も、もちろん義教の命をうけて憲実を救援した。関東には老齢の邦景にかわって息子の因幡守実景が向かい、多くの越後の国人たちがこれに従った。十月、実景は上野に着陣し、さらに武蔵府中に入って憲実を助けた（二〇二・二〇四号）。憲実は主君の持氏との決戦をしぶっていたが、実景は、こうなっては断固戦うべしと憲実を勇気づけた（二〇五号）。実景の戦績は逐次京都に届けられ、義教から数回にわたって感状が出された。ことに実景があくまで戦うべしと主張したことは義教の機嫌をたいそうよくした。

鎌倉に入った憲実は、義教に戦勝を伝えるとともに、持氏の助命を懇願した。しかし義教の態度は冷たかった。憲実は万策尽きて、永享十一年二月十日、持氏を永安寺で自殺させた。主人殺しを余儀なくされた憲実は、隠退を決意し、越後から弟の上条清方を呼びよせて山内上杉家の家督を譲り、自分は出家して伊豆の国清寺にこもってしまった。憲実なき関東では、上杉清方が家宰の長尾忠政・同景仲・大石憲儀や、一族の扇谷上杉持朝らと共に政務をみることになる。

しかし持氏恩顧の武士たちは各地に残っていたし、各国の有力大名たちも上杉氏の進出を快く思っていなかった。永享十二年正月、持氏余党の一色伊予守が相模今泉（秦野市か）で反上杉の旗をあげたが、これを皮切りに、各地では公方方の挙兵があい次いだ。その中心になったのは下総の結城城である。三月、結城氏朝は持氏の遺児安王・春王を城中に迎え入れて兵を挙げた。潜伏していた持氏の近臣たちは結城城に集結し、常陸の佐竹義憲や信濃の大井持光、相模の大森憲頼らも、氏朝に呼応して立ちあがった。一方、上杉清方は結城城を攻略すべく、四月、鎌倉を出発して北上し、上杉持朝や小笠原政康・武田信重・千葉胤直らの大軍がこれに従い、七月には結城に到り城の八方を取り巻いた。

長尾実景も国人たちを率いて参加し、信濃の小笠原とともに城の東南に布陣した（『鎌倉大草紙』）。戦いは長引き、十月に作戦会議が開かれたが、実景は意見を求められて、「結城城は兵粮もそうないし、ぱらぱらと落ちていく人も見うけられる。厚くとり囲めば、二〇日か三〇日のうちに城中のようすはわかるだろう。他国の衆は知らず、越後の軍勢は、愚身が在陣しているからには、二年三年と戦いが続いても一人も帰さないつもりだ。今年中はしだいに包囲の軍も数を増すだろうから、あせって戦うのはやめた方がいい」と言い放っている（『越佐史料』巻二―八五五ページ）。

明けて嘉吉元年（一四四一）は、元旦早々から戦いがあり、実景の被官も何人か負傷し、実景に従って参陣していた色部重長も傷を受けた（二一〇〇・二一〇三七号）。そして四月十六日、清方は総攻撃を決行。激戦の末城は落ち、結城氏朝は自殺した。実景はこの戦いで城方の兵士三〇人を生け捕るという活躍をみせ、城方の将帥である安王・春王の二児を捕えた（『鎌倉大草紙』）。清方は実景に安王と春王の京都への護送を命じ、実景は京に向かったが、途中美濃垂井（岐阜県不破郡垂井町）まで進んだところで、安王・春王の二人を殺せとの義教の使いが到着した。五月十六日、実景は垂井の金蓮寺で二人を斬り、首を義教のもとに送った。後年、上杉謙信が先祖の戦功をしたためた書状の中に、「結城攻めの時、実景は義教から赤漆の輿に乗ることを許され、将軍の代官として結城に向かい、要害堅固な城を攻め落とし、その功により綸旨までもらった」ということが書かれてある（『越佐史料』巻二―八五三ページ）。輝やかしい戦功をたてた実景の前途は洋々たるものの如く見えた。

しかし、考えてみればこの頃が邦景・実景父子の栄華の絶頂期だった。実景は自分の娘を山内上杉氏の家老で武蔵守護代の上杉憲儀に嫁がせているが、憲儀と実景の娘との間に生まれた大石房重が応永二十七年（一四二〇）の生まれであるという「大石系図」の記載を信ずれば、このころ実景は六〇に近い年にはなっていたはずだし、その父の邦景は七〇歳をとうに越えていただろう。そして思いもよらない過酷な宿命が、越後の実権を掌握しているかに見えた年老いた邦景父子を待ちうけていたのである。

Ⅲ　越後応永の大乱

田村　裕

守護権力の分裂

十四世紀後半から十五世紀前半の段階に守護であった房方の代、長尾高景の子邦景（性景）が守護代として越後支配の実質を担い、越後の各地に配置された長尾氏一族が郡を単位とした支配を展開させたと考えられるが、その具体的様相は不明である。しかし、守護代長尾邦景が越後支配の実権をもつようになり、室町幕府首脳もその存在を無視しえぬほどの勢力をもつようになっていったことは、房方の死後、応永三十年（一四二三）秋ごろ以来、あしかけ四年間にわたり越後全体を巻き込んで展開した越後の大乱、いわゆる応永の大乱の過程と、その後に展開した越後の情勢からうかがうことができる。

応永二十八年十一月、守護上杉房方は、京都の館で死去した。その跡を継いで房方の長男朝方が越後守護となるが、翌二十九年十月、朝方も在京のまま死去した。朝方の跡を継いで越後守護となったのは、朝方の弟で、白河荘（阿賀野市）の山浦上杉氏に入っていた七郎頼方であったことが明らかにされている。

これより以前、応永二十五年、房方の三男で朝方や頼方の弟にあたる憲実が鎌倉に入り山内上杉氏を継いでいたが、その二年後には関東管領の地位に就いていた。

このころ、室町幕府将軍足利義持と鎌倉府の公方足利持氏との関係が悪化しており、それゆえ、憲実を関東管領家に送り込んだ越後守護家の立場は、京都の幕府内部において微妙な状況に置かれていた。朝方の跡を継いで越後守護となった頼方も、弟憲実との関係で鎌倉府に内通していると疑われたらしく、応永三十年九月から十月段階の京都においては、将軍義持が越後守護上杉頼方を討伐するという噂が広がっていた（『上越市史』資料編３　古代・中世　中世編　一九五〜一九七。以下、『上越市史』資料編３　古代・中世　中世編は、『中世』と略述する）。

頼方は幕府側につくことを鮮明に主張することによって赦されたようであるが、幕府は鎌倉府側に内通する越後守護代長尾邦景を討伐することを越後の国人たちに命じた。この幕府の命令により、越後に動乱が勃発するが、国人たちは、白河荘山浦（阿賀野市笹神）を拠点とする守護頼方側と、府中（上越市）を拠点とする守護代邦景側とに分裂して抗争が展開していった。

動乱の勃発

この越後における動乱の具体的な様相をものがたる基本史料は、享徳三年（一四五四）四月に書かれた奥山荘（胎内市）の中条秀叟（房資）の「記録」（『中世』一九九・二一四）である。房資は応永十九年（一四一二）三月に父寒資から家督を譲られており、中条家当主としてこの動乱を経験した人物である。それゆえ、この「秀叟記録」からは、この動乱期に頸城地域にどのような事態が展開していたかをうかがうことができないというきらみがある。

「秀叟記録」によると、守護代長尾邦景を討伐せよという幕府の命を受けた房資は、応永三十年秋ごろ、守護頼方側として山浦の笹岡城に入り、親類の者たちを大面（三条市）や護摩堂（田上町）に派遣した。房資自身は、菅名（五泉市）や田上原（田上町）の合戦に出陣しているが、房資の一族は、守護代邦景の家臣で蒲原郡代官であった三条の山吉氏の攻撃に向かったようである。

しかし、黒川・加地・新発田・大見氏らほかの阿賀北国人たちが邦景方に寝返ったため、房資は中条に退却し要害を構えた。まもなく態勢を立て直した山浦を拠点とする上杉頼藤・長尾朝景ら守護側の軍勢は、奥山荘北条の黒川基実をこのたびの謀叛の張本人であるとして、黒川の城（胎内市下館付近）に押し寄せた。このとき、府中の邦景方の大将三宝寺匠作が率いる軍勢三〇〇余騎は、基実とともにこの城に立て籠もったという。しかし基実は降参し、やがて守護側の上杉頼藤・長尾朝景と盟約を結んでいた出羽国の伊達氏家臣の夜襲を受け切腹した。邦景方の大将としてあらわれる三宝寺匠作は、西頸城の不動山城（糸魚川市）にいた三宝寺上杉憲元の近族ではないかと推定されている（『新潟県史』通史編中世）。

このときの戦いは、下越地域においては、守護頼方側が優位のなか、翌応永三十一年にいったんは休止した。中条房資は戦功により、翌三十二年に加地荘田中分を頼方側の長尾朝景から安堵され（『中世』二〇七）、新恩として奥山荘北条の高野郷・波月条や大面荘新方を宛行われている（『中世』二〇八・二一〇・二一二）。また羽黒家の時茂は、加地荘桜曽祢や高浜の所領を安堵された（『中世』二〇九）。

長尾朝景による所領の安堵や新恩給与で注目されるのは、幕府や守護の意向を受けて、それを取り次ぐという形式をとらず、朝景の直状として文書が発給されていることである。この段階までの守護は、守護領を除き、直状により国人に所領を安堵したり給与することはなかった。守護が所領の安堵や給与を直状で行うのが一般的になるのは、十五世紀中葉から登場する上杉房定段階にいたってからである。このような事態が展開したのは、この戦乱期において、幕府・守護とは乖離した権力の分裂状況が展開していたとも考えられるが、これには京都における次のような事情の展開がみられたからと推測される。

長尾朝景から中条房資らに宛て、所領の安堵や給与の直状が発給される前年の応永三十一年十二月二十六日、室町幕府管領の畠山満家が前越後守護上杉朝方の四歳になる子息（幸龍丸・のちの房朝）を守護頼方から奪い取り、これを越後守護に取り立てるという事件がおき、そのため上杉頼方は「面目を失い、今日没落」したという（『中世』二〇三）。頼方はこの後も京都にあって守護の地位にあり、「没落」という表現は正確ではないが、おそらく山浦を拠点とする守護頼方に反対する前守護朝方周辺にいた勢力との対立が京都でおこっており、越後守護家の内紛が、幕府の有力者を巻き込んで展開していたことがわかる。このころ守護の命令系統が不安定になっていたのである。

動乱の再発

このような京都での動向を背景にしつつ、越後においては、応永三十三年（一四二六）に動乱が再発した。中条房資ら守護方の軍勢は、再び邦景方の山吉久盛が籠もる三条島之城（三条市）を攻撃した。しかし、このときも加地・新発田ら阿賀北の国人たちが府中の邦景方に寝返り、房資は這々の体で阿賀野川を越えて中条の居館（江上館）に戻ったという。房資のあとを追った邦景の子実景や長尾定景（古志長尾氏か）を大将とする府中らの軍勢が、中条の築地の広原に陣を構え、さらに加地・新発田ら邦景方となった阿賀野川以北の国人たちが、金山（新発田市）から関沢（胎内市）まで充満したという。さらに北の荒河保（村上市）や奥山荘黒川（胎内市）における邦景方の軍勢も蜂起した。追い込まれた房資は江上館を脱出し、支城の「河間の城」に籠もった。十月のことであったという。しかし冬の訪れとともに、十一月には、房資を包囲した軍勢は退散していった。このときの戦いで、中条の羽黒秀性（時茂）は邦景方に寝返ったため、翌三十四年春、房資は秀性を攻撃し、これを切腹に追い込んでいる（『中世』二一四）。

この戦乱は、最終的には府中の守護代邦景方の圧倒的勝利で終わる。幕府側は越後守護を正式に頼方から朝方の子幸龍丸（房朝）にかえ、越後の現地支配の実質は、京都の幕府に接近した守護代長尾邦景に委ねた。出羽大宝寺（山形県鶴岡市付近）に落ち延びてい黒川弥福丸（氏実）は、邦景の挙達により帰国して本領を回復し（『中世』二一五）、さらに邦景は奥山荘北条の関や南条の関沢も黒川氏に宛行っている（『中世』二二六等）。また中条の羽黒の子息は、これも邦景の後ろ盾があったからであろう、府中に上り、訴訟によって所領の回復に成功している。これに対して、この戦乱で終始頼方側として戦った中条房資は、乱後、邦景の報復的措置を受け、邦景の代には不遇をかこったようである。この動乱を契機として、南条の関沢顕元が守護の被官（家臣）となっていったことも注目される（『中世』二一四）。

この動乱の余波は応永三十四年にも続いており、幕府は、信濃守護小笠原氏に再三越後への出兵を促しているが（『中世』二一七〜二一九）、同年十一月には、京都でも越後の動乱が収束に向かったことを認識していたことがわかる（『中世』二二〇）。

府中を拠点とする守護側の支配が、阿賀野川以北にも強くおよぶようになったという意味ではこの動乱は大きな契機となった。しかし一方では、国人たちは守護勢力や成長を遂げつつある百姓らに対応するため、主従制を核とした新たな武士団結合へと脱皮をはかっていく契機となった事件でもあった。

大乱後の長尾邦景

越後における応永の大乱の過程で、幕府側は最終的には守護代邦景を許し、邦景自身もそれまでの鎌倉府よりの姿勢を転換させ、京都の幕府側に接近していった。

正長元年（一四二八）十月、鎌倉公方足利持氏は越後の国人や守護代邦景に対して味方になるように御教書を出したが、邦景はこれを京都の幕府側に報告し（『中世』二二九）、これに対して幕府は邦景の申し入れに基づき、越後の国人たちに宛て御教書を出している（『中世』二三〇）。もちろん鎌倉公方持氏側につかないように命じたものであろう。さらにこの年室町幕府将軍となった足利義教は、このような邦景の行為を賞賛して十一月に太刀を送っている（『中世』二三一・二三二）。

この段階において越後守護職を継いでいた朝方の子幸龍丸はいまだ幼少で、邦景は越後の現地支配権を独占的に掌握していたが、国人らを抑えるためには、なおも上杉家の力が必要であった。正長二年二月、幕府は邦景の要請により、房方の四男清方を越後に下向することを命じている（『中世』二三三）。清方は、おそらく房方期に鵜河荘上条に所領を分与され、上条上杉氏の始祖となった人物である。

邦景の越後支配を京都で支えていたのは室町幕府管領畠山満家であったが、永享二年（一四三〇）五月、満家は、越後国に関することはすべて邦景に委ねるように将軍義教に申し入れている。さらに永享四年二月には、邦景の子息実景が邦景の在京代官として、幕府と現地との取り次ぎを行っているから（『中世』二四五）、この段階における邦景は、国務のみならず外交も独占したと評価されている。

このような実績を背景に、邦景はより直接的に将軍義教との関係を強めようとしたようである。永享六年八月に邦景は上洛し、銭三〇〇〇疋と太刀一腰を持参して義教側近の満済准后に会っているが（『中世』二五一）、翌年正月、義教が満済に宛てた書状に、邦景は在国しているときは無礼者と思っていたが、この度の上洛の様子から無二の忠節者であることがわかったと、伝えている（『中世』二五二）。

応永の大乱後、府中にあって越後支配の実権を掌握した邦景は、将軍とのつながりを強めるなかで、その地歩を確固としたものとしていったようである。

応永の大乱期や乱後における頸城地域における守護代邦景・実景父子の動向は、史料に恵まれていない。そのなかにあって、応永三十二年（一四二五）二月、邦景は居多神社の神事に、在庁官人らが妨害することを禁じ、あわせて居多神社の神子が、在庁らに同心することも禁じている事例は注目される（『中世』二〇六）。この史料は取り扱いがやや困難なものであるが、大乱期に、守護代邦景が府中域にある寺社の統制権を発動している事例として興味深い。

また、永享十一年十一月には、邦景は、居多神社の「九月九日御米田」として、末野新保（上越市三和区）・石神野中沢（上越市頸城区）・吉川西方（上越市吉川区）らの田畠・屋敷をもとからの領有者の証文をそえて寄進しているが（『中世』二六一）、これらの所領は、邦景の領有下にあった所領の一部であったと考えられる。

一方、邦景の子実景は、同五年十二月に、五十公郷内田員（上越市三和区）に所在した新鞍馬寺（上越市浦川原区）

の末寺に、同郷内水吉深町分新給八八〇文の土地を寄進している（『中世』二五〇）。

守護代邦景や子息実景は、頸城郡域のみならず、国衙領を中心とする守護側の所領を一国的規模で実質的に支配下に置き、独自に差配するなかで、私的に処分しうる所領を拡大していった可能性があるが、しかしそれもあくまで守護支配の枠組みのなかでのものであったと思われる。

守護上杉房朝

室町幕府将軍足利義教と鎌倉公方足利持氏との対立関係を、関東管領として抑えていた上杉憲実と、持氏との間の関係が悪化し、永享十年（一四三八）八月、憲実は守護職をもつ上野国に逃れ、幕府の援助を求めた。永享の乱である。幕府軍はただちに関東に軍勢を送ったが、幕府の要請をうけた守護代長尾邦景の子息実景は多くの国人たちを率いて上杉憲実側に参陣し、憲実の軍勢を鼓舞した（『中世』二五七〜二五九）。十一月には、憲実の軍勢によって持氏は捕らえられ、鎌倉の永安寺に幽閉された。憲実は、義教に持氏の助命を願い出るが許されず、翌年十一月に持氏は永安寺で自殺した。

永享十二年に入ると関東の各地で持氏側の武士たちが蜂起するが、その中心となったのが持氏の遺児を迎え入れた下総の結城氏朝の軍勢である。持氏自殺後、鎌倉の政界を引退した上杉憲実の後、越後から鎌倉に入って関東管領の実務を担っていた上条（柏崎市）の上杉清方（憲実弟）は、結城城（茨城県結城市）攻めの総大将となるが、長尾実景も清方側の軍勢として奮闘した（『越佐史料』二―八四五）。結城合戦といわれるこの戦いは、嘉吉元年（一四四一）四月に結城城が陥落し、持氏の遺児たちも捕らえられて収束をみるが、守護代邦景の子息実景が、色部氏ら越後の国人たちを率いて清方軍の主力として戦い抜くまで、国内武士の統制を進めていたことがうかがえる。

しかし、このころになると在京していた守護上杉房朝も二〇歳を過ぎており、守護代長尾邦景父子が専断していた越後支配に大きくかかわるようになっていたようである。関東の政界を退いた上杉憲実は、嘉吉元年六月に七歳の子息龍春（後の房顕）に国衙職半分をはじめとする越後の所領を譲与するが、この措置を房朝に相談し龍春の庇護を求めている（『中世』二六六・二六八〜二七二）。また、文安二年（一四四五）には上杉房朝老臣奉書により、白河荘の水原氏の検断職が安堵されており（『中世』二七七・二七八）、同四年四月には奥山荘の黒川氏実の所領を安堵している（『中世』二八二）。さらに同五年には白河荘の領家九条家側が賦課する段銭を守護房朝の被官人である代官千坂入道が納入しないとして、幕府側から催促を受けているが（『中世』二八六〜二九〇）。これは白河荘が守護請所となっていたことを示すものと考えられる。これよりさきの文安三年、房朝は直接越後に下り、佐橋荘（柏崎市）のおそらく南条毛利一族と推測される「佐橋之刑部少輔」を退治していることも知られる（『中世』二八〇）。

房朝は在京して本来の守護の職務を復活させたのみならず、ときには越後の現地に下って守護としての実力を誇示するまでに成長を遂げていたのである。応永の大乱後、長く守護代長尾邦景・実景父子が実力行使していた守護側支配の実質が、大きく制約されつつあったことが推測される。

しかし宝徳元年（一四四九）九月、房朝は京都で病死した。二九歳であったという（『中世』二九一）。

Ⅳ　上杉房定

山田邦明

房朝から房定へ

結城城落つの報が京都に届けられてから、将軍義教の身辺は祝賀の連続だった。ところが、戦勝気分もさめやらぬ六月二十四日の夜、赤松満祐邸で祝宴に臨んだ義教は、赤松の手の者によって斬殺されてしまった。主人を失った諸大名たちは、幼君義勝を立てて満祐を播磨（兵庫県）に攻め、やがてこれを滅ぼした。このちしばらく畠山持国・細川持之・同勝元らの大名が合議によって幕政を運営してゆくが、義教の横死によって、幕府の関東政策も急転回し、関東との融和をはかる方向に動き出した。

義教の死と幕閣の転回によって、長尾邦景・実景父子は立場を失った。それに、京都にいる守護上杉房朝も、このころはもう二一歳の青年に成長していた。ところで上杉憲実は、家督を弟の清方に譲り、自分の子息たちはひとり次男の龍春を除いてみな出家させたが、在京中の房朝に当時七歳の龍春の保護を頼んだ。その後長く龍春（のちの房顕）は房朝の「指南」をうけて在京し、やがて憲実は山内上杉氏相伝の所領のうち、清方に譲った関東分以外の地をすべてこの龍春に与えた。そのほとんどは越後国内の所領だった。越後の国衙職半分（もう半分は房朝が知行）をはじめとし、上田荘・妻有荘・大面荘・蒲原津・五十嵐保・五十公郷闕所分・千屋郡国衙職といった所領がすべて龍春に譲られたのである（『新潟県史』資料編中世二八六号、以下番号のみは同書からの引用）。嘉吉三年（一四四三）九月、憲実は龍春にあてた手紙の中で、房朝のいいつけを守ることが「孝心第一」であると諭している（八二〇号）。房朝は憲実のつよい信頼を得ていたのである。

房朝の成長によって、それまで邦景により専断されていた裁判沙汰も、多く京都の房朝のもとまで届けられるようになった。文安二年（一四四五）、水原弥太郎は知行分の「検断不入」の証文が紛失したので、改めて不入を認めてほしいと房朝に訴えた。房朝はこれを認め、彼の不入権を保護せよと邦景に命じている（一五一九～二一号）。このとき房朝の意を奉じ、邦景にその命を伝えたのは、長尾頼景と沙弥道存の両名である。頼景は系図によれば邦景の弟景房の次男で、このとき五六歳（『越佐史料』巻三―三六ページ）。道存は房朝擁立の中心人物であり、のち頼景とともに守護房定を補佐した飯沼頼泰の父である可能性が高い。

ところでこの長尾頼景は、自分の娘を山内上杉氏の家宰長尾景仲（上野白井城主）の嫡子景信に嫁がせている（『大日本史料』八編之六、六三九ページ）が、景信と頼景の娘の間に生まれた景春は嘉吉三年生れだから、頼景と白井長尾氏の縁組みは、結城合戦の終ったあとくらいに結ばれたのではないかと思われる。頼景の前半生は闇の中にありよくわからないが、このころにはすでに、房朝の近臣としての頼景の実力が、内外ともにかなり認められていたことがうかがわれる。そして、長尾頼景や飯沼氏らを中心にして、長年邦景父子によって押えつけられてきた武士たちは、続々と守護房朝のもとに集まり、強力なまき返しを展開してゆくのである。

関東では上杉家宰の長尾景仲らが憲実の子龍忠の擁立をはかり、文安三年（一四四六）ごろには龍忠を還俗させて憲忠と名乗らせた。これとあい前後して、憲実のあとをついだ上条清方が謎めいた自殺をとげている。「簗田家譜」によれば、清方は京から越後に入る途中、越後と越中の境の境川のほとりで切腹し、若殿原の柿崎源三がこれに殉じたという。清方自殺の真相は不明だが、あるいは山内家家宰の景仲らとの対立が原因としてあったのかもしれない。その後憲忠は文安五年になって幕府から正式に関東管領に任命された。

一方、関東公方のほうは、持氏の死後ずっと空位のままだったが、文安四、五年のころに、持氏の遺児永寿王が信濃から鎌倉に入り、関東公方の座についた。のちの足利成氏である。ところで、「鎌倉大草紙」には、この成氏の関東帰還が「越後の守護人上杉相模守房定」の長年にわたる幕府への歎願によって実現した、という話がのっている。当時房定はまだ守護でないから、成氏帰還に尽力したとすれば房朝だろうが、在京しながら関東とも関わりの深い彼の立場を考えれば、房朝が成氏の関東入りを強くおしすすめたことは充分考えられる。

文安三年、房朝は突如として越後に入り、佐橋荘の毛利刑部少輔を誅伐し（一三一六号）、厳然たる守護の力を示した。宝徳元年（一四四九）二月二十七日、房朝は痢病のため、二九歳の若さで京都で急死する（「康富記」）が、長尾頼景らの側近たちはすぐさま、前に自殺した上条清方の子で、房朝にはいとこにあたる房定を擁立して守護とした。房朝から房定へと代は替わったが、守護勢力はそのまま温存されたのである。

邦景父子の没落

関東には久しぶりに公方と管領が揃った。しかし、長尾景仲・太田資清ら上杉勢力と、公方成氏との対立は間もなく表面化した。宝徳二年四月、成民は突如鎌倉を脱出し、江の島に走った。長尾景仲らはこれを追うが由比ヶ浜で成氏方の軍と戦って大敗し、やがて降参した。

ところで、「上杉家記」によると、この江の島合戦のとき、越後の長尾邦景・実景父子は、長尾景仲らに加担して合戦に加わり、その後景仲らが帰順しても独り抵抗したという。他に所見はないが、成氏の父と兄二人を殺した張本人である邦景父子にとって、成氏の復帰は喜ばしくないことだったし、京都で力を伸ばしている守護方に対抗するためには、関東で血路を開くしかないと考えたのではあるまいか。しかし狙いははずれた。関東で上杉方が敗れた今、邦景父子にとって頼れるものは何もなくなっていた。

機は熟した。宝徳二年十二月、房定は突然帰国して邦景父子を府中に攻めた。十二日、邦景は力尽きて自殺した（『越佐史料』巻三―三五ページ）。息子の実景は危地を脱して信濃に走り、これから長年の間復帰作戦を各地で展開してゆく。

房定はおそらく幕閣を動かして、邦景治罰の御教書をもらって事に臨んだのであろう。思えば二七年前、幕府から治罰の対象にされながら、実力で危地を克服したあの邦景も、もはや年をとり、昔のおもかげはなかった。主役の交代はあっけなく終わり、房定が長尾頼景や飯沼頼泰らに支えられながら政治を行う時代に入ってゆく。

関東在陣

邦景を滅ぼした房定は、京に戻ることなく府中で政務をとった。長尾頼景は念願の越後守護代となり、飯沼頼泰は千坂定高らと共に房定に近侍し、その奉行人として政治の実権を握った。邦景滅亡の翌春の宝徳三年（一四五一）三月、房定は、府中を発して中郡を通り、弥彦神社まで旅をした（一三六四号）。府内での政権掌握に成功した房定が、下郡の国人衆に対してその権威を見せつけようとした示威行動とも見てとれる。一方、信濃に逃れた長尾実景は、旧好の武士を集めて越後に何度か乱入したが、結局敗北し、以後目立った反抗はみられなくなってしまった。房定の越後支配はなんとか順調にすべり出した。

ところが、関東の情勢は急を告げていた。江の島合戦で一度火をふいた公方方と上杉方の対立は、おさまることなく深刻化し、ぬきさしならないところまで進んでしまったのである。享徳三年（一四五四）十二月二十七日の夜更け、公方成氏は管領憲忠を自邸に呼びよせてこれを謀殺した。急を聞いた上杉家の家宰長尾景仲は、軍勢を率いて成氏軍と戦ったが、結局敗れて常陸の小栗城（茨城県真壁郡）に入り、さらに下野に逃れた。憲忠を失った景仲らは、かって越後守護上杉房朝のもとで在京奉公し、今は房定とともに越後にいる、憲忠の弟の房顕を呼びよせ、総大将におしたてた。そして越後支配に専心していた房定も、宗家の危急を救うべく、越後の武士たちを大挙動員して上野に軍を進め、やがて景仲らと合流した。この後両軍の戦いは、関東の中心部にあたる武蔵・上野・下総・下野の国境線の交わる一帯を中心に繰り返され、房定や越後軍の関東在陣も長期化した。ところで、景仲らは成氏勢と戦う一方、急を幕府に告げて救援を乞うたが、将軍義政はこれをうけて成氏を逆賊と断定し、駿河の今川範忠に関東出兵を命じ、康正元年（一四五五）六月、範忠は鎌倉を占領した。義政はさらに長禄元年（一四五七）、自分の弟の政知を伊豆堀越（静岡県田方郡韮山町）に送って関東の公方とした（堀越公方）。上杉勢を追って北上していた成氏は、結局鎌倉に帰ることができなくなり、長禄元年十月に、下総の古河（茨城県）を居所と定めここに移った。以後成氏とその子孫は数代にわたって古河に拠ったのでこれを古河公方という。

関東は二つに分かれ、戦線は膠着した。地域的にみると、相模・武蔵・上野はほぼ上杉氏の勢力圏内にあり、一方の成氏方は、北関東の結城・小山・宇都宮・千葉らの豪族たちを中心に構成されていた。戦いは長引き、房定の率いる越後勢も関東での越年を続けた。長禄三年十月、上野海老瀬（群馬県邑楽郡板倉町）・羽継原（館林市）の合戦で多くの越後の武士が活躍したが、その顔ぶれは、上杉一族の上杉中務大輔・同播磨守、重臣の長尾頼景・飯沼頼泰、上田の長尾房景、佐橋の毛利（安田）房朝、阿賀北の雄中条朝資・本庄時長・色部昌長といったものだった（『越佐史料』巻三―一〇三ページ）。越後の有力な国人たちはほぼ総動員されたとみてよかろう。

図1　長禄三年ころの関東の情勢

房定が長々と張陣したのは、幕府、とくに将軍義政の意を受けての行動という性格も強かった。あくまで成氏征討を志す義政にとって、房定は関東の見張り番としてなくてはならない存在だったのである。寛正二年（一四六一）十二月、義政は房定の数年に及ぶ関東在陣をねぎらい、「張陣の費用もたいへんだろうから、あなた（房定）の不知行地の支配を何とか回復させるようにしてやろう。」と約束している（『越佐史料』巻三―一一五ページ）。一方房定のほうも幕府への奉仕を怠らず、寛正四年九月に義政の母裏松重子が死ぬと、早速香典を送りとどけ（「蔭凉軒日録」）、また寛正六年末の後土御門天皇の即位にあたっては、銭五八貫八〇〇文と絹六三丈を献じている（「親元日記」）。守護になって間もない房定にとって、実景一党の復帰を阻止し、また国内の半独立的な国人たちを押えるためには、将軍義政の信用を得ていることを公然と示すことが是非とも必要だったのである。

しかし大軍を擁しての張陣をいつまでも続けられるはずはなかった。戦費は莫大だったし、それに寛正二年には大飢饉がおこり、越後の民も飢えに苦しんでいた（『越佐史料』巻三―一一五ページ）。房定は早く関東から身を引きたかったろうが、戦況は一向に好転せず、そうこうするなか、文正元年（一四六六）二月に管領の上杉房顕が武蔵五十子（埼玉県）で急死してしまった。まだ三二歳の若さで嗣子もなかった。困った長尾景信（景仲の子）は、房定と親しい上野新田の岩松家純を通して、房定に子息のうち一人を関東にもらい受けたいとくり返し懇願した。房定は乗り気でなかったが、突然宿所まで訪ねて来た岩松家純に「まだあれこれと強情をはって聞かないなら、このままあなたの陣所に何年でも居坐るぞ」と迫られてついに折れ（「松陰私語」）、当時一四歳だった次男の龍若（のちの顕定）を関東に入れて山内上杉氏の家督を継がせた。とうとう房定は関東管領の父となり、上杉軍の長老の立場に立たされたのである。

戦局の展開

関東の内乱は長引いていたが、応仁元年（一四六七）になると、京都でも大変な動乱がおこった。有名な応仁の乱である。将軍義政を擁した細川勝元を中心とする東軍と、山名宗全を軸とし、義政の弟義視をまつりあげた西軍は、京都を舞台にとめどない戦いをくり返した。そして京都の混乱に乗じて戦局を好転させようと考えた千葉・小山・結城ら成氏方の武士たちは、文明三年（一四七一）三月、長途して箱根山を越え、足利政知のいる伊豆を襲った。しかし政知は三島でこれを破り、上杉顕定は、越後から出張してきていた宇佐美孝忠に命じて、千葉らの逃げ道でこれを待ちうけさせた（「鎌倉大草紙」）。成氏方は惨敗して古河城に逃げこみ、こんどは上杉方の古河城総攻撃がはじまる。房定はこのころ越後に帰っていたらしいが、これを聞いて関東に出陣し、上杉方はかつてないチャンスをむかえた。

ところがどうしたわけか、上杉房定は一旦関東に出兵したものの、信濃のことが気になるといって突然兵を引いて越後に帰ってしまった。将軍義政はこれを聞いて怒り、関東に出るよう房定をけしかけた（『越佐史料』巻三―一七四・一七七ページ）。しかし房定は結局関東に出なかった。この年の五月、佐橋の毛利（安田）房朝が反乱を起こし、房定は房朝の甥の重広にこれを討たせている（『越佐史料』巻三―一七六ページ）。こうした国内の情況を考えれば、房定自身が長く国をあけているわけにはいかなかったのである。

それに、このころには房定の長男の定昌が、父に代って関東の軍事を任せられていたようである。因みに文明三年当時定昌は一九歳、顕定は一つ下の一八歳だった。長男の定昌が越後の武士たちを率いて参陣しているのだから、自分がわざわざ関東に出る必要はない、というのが房定の言い分だったのだろう。

長尾景信らが率いる上杉軍は、六月、ついに古河城を落とし、成氏は千葉孝胤のもとに逃げこんだ。しかし、翌文明四年正月、成氏は実力で古河城をとり戻した。こうして情勢はまたふりだしに戻ってしまった。この一乱の後、両軍は戦意を喪失し、和平を望む気運が広がっていったが、政情は思わぬ展開をみせた。文明五年六月、山内上杉氏の家宰の長尾景信が病死したが、管領顕定は、その子の景春をさしおいて、景信の弟の忠景を家宰にした。これに腹を立てた景春が、文明八年六月、ついに武蔵鉢形城（埼玉県大里郡寄居町）に籠って反旗をひるがえし、山内上杉顕定と扇谷上杉定正、それに越後から上杉定昌が出て布陣している五十子の本陣を襲ったのである。上杉軍は敗れ、翌九年正月、五十子陣は崩壊、顕定は阿内（前橋市）、定正は細井口（前橋市）に走り、定昌は越後上杉軍の上野における拠点である白井城（群馬県北群馬郡子持村）に入った。

しかし景春の反乱も、扇谷上杉氏の家宰の太田道灌の活躍によって鎮静されることになる。道灌は文明九年五月に景春を武蔵の用土原（寄居町）で破り、彼を鉢形に追いこんだ。一方、古河公方成氏は、景春を救援しに出兵し、一時上杉軍はまた五十子から退き白井に逃げるという危機を迎えたが、顕定・定正は幕府と成氏との講和を自分たちでとりつけるから、ここは自分たちと仲直りしてほしいと成氏に話をもちかけて危機を乗り切ろうとした。そして文明十年五月、とうとう成氏は両上杉氏と和を結び、武蔵の成田（熊谷市）に退いた。享徳三年以来続いていた成氏と上杉氏の戦いは、実に二四年ぶりにピリオドをうったのである。孤立した景春は文明十二年六月に秩父の日野城を落とされて没落し、成氏のいる古河城に逃げこんだ。

都鄙合体の立役者

成氏と上杉氏の和睦と景春の没落によって、久方ぶりに関東に平和が訪れた。あとは成氏と幕府―義政との講和を残すだけである。京都では一〇年に及んだ応仁の乱も終息し、幕閣もなんとか安定を保っていた。成氏は、約束通り上杉顕定と定正が京都に働きかけてくれるだろうと待っていたが、音沙汰ないので、自分のところに逃げて来ていた長尾景春を使って幕府に和睦の申し入れをし、また下総の結城氏広にも和平の斡旋をたのんだ（『越佐史料』巻三―二四七・二五〇ページ）。しかし景春や氏広の運動はほとんど効力をもたなかった。幕府と関東の間を取りもてる人物は、長年義政の命に従って関東を押え、彼の絶大な信任を得ていた越後守護上杉房定をおいて他になかったのである。成氏はとうとう房定をくどき落とし、和平交渉を一任した。文明十二年十月、房定は府中円通寺の住持岳英に都鄙合体（都＝京都と鄙＝関東との講和）の交渉をするよう命じ、岳英は大任を与えられて上洛した（一三六九号）。この岳英は、房定を擁立した前守護代長尾頼景の兄で越後菅名荘に住んでいた長尾上総入道徳叟の子で、現守護代長尾重景のいとこに当たる人物である。講和は簡単にはまとまらず、岳英の京洛での奔走は満二年に及んだが、文明十四年（一四八二）十一月、ようやく義政と成氏の講和が締結され、成氏は義政から正式に関東の公方であることを認められた（『大日本史料』八編之十四、七三三ページ）。そしてその年の大晦日、義政から正式に成氏赦免の御内書が出され（「大乗院寺社雑事記」）、念願の都鄙合体がここに成立した。

房定は大いに面目を施した。それだけでなく、実際に講和に奔走した円通寺岳英は、功績を認められて鎌倉建長寺の住持に抜擢された。文明十四年十二月、功成り名遂げて越後に帰る岳英を囲んで、京都五山の禅僧たちによる盛大な送別会が開かれた。出席したのは南禅寺の徳種玉荘、建仁寺の天隠龍沢、南禅寺前住の勝幢宗殊、建仁寺前住の文紀曇郁、蔭凉軒の益之宗箴、それにのちに蔭凉軒主となる亀泉集証など、計一三人に及ぶそうそうたる当代一流の禅僧たちだった（『越佐史料』巻三―二六四ページ）。ここに集ったのは、二年に及ぶ在京中に、岳英が動きまわって交わりを結んだ友人たちであり、岳英にとって、今度の上洛は、京都五山の禅風を学ぶ絶好の機会だった。それに、当時の五山の禅僧たちはみな義政の信任を得ていたから、彼らに近づくことは、都鄙和睦の政治工作を進めるためにも必要だった。この会には参加していないが、相国寺の前住持で、詩文家として名声の高かった横川景三とも岳英は親交をもった。越後に帰る直前、岳英は自分の父親の徳叟の画像をもって景三をたずね、画像の讃を求めたが、景三は快くこれに応じ、徳叟の業績を美麗な詩句にしたてた讃を書いて与えた（『越佐史料』巻三―二六八ページ）。岳英は間もなく京都を離れるが、彼が在京中に作りあげた人脈は、その後も越後の上杉氏にとって貴重なものになってゆく。

京都の知己たち

成氏から都鄙和睦の交渉を任されたことは、房定にとって立身出世のまたとない機会でもあった。彼は当時民部大輔の官職だったが、幕府と朝廷に働きかけてより高い位階と官職を求めようと考え、そのための有力な仲介者として、時の関白で藤原氏の長者である近衛政家に目をつけた。文明十四年のころだろうか、房定は使者を政家のもとにつかわし、「上杉氏も藤原氏の末流ですので、藤氏の嫡流である近衛家のことはたいへん尊敬しております」とおべっかを使った。しかし政家にしてもただで房定のために尽力しようなどと思うはずもない。いい機会だとばかり、早速彼は房定に、いま進められている京都の吉田神社の造営費を出せばなんとかしてやる、ともちかけた。立身出世するのも大変である。房定はいろいろ工面した末、文明十五年の冬に銭一万疋を集めて吉田神社に送り、残りはまたあとで送ると約束し、一方政家にも礼として三千疋を送った（「後法興院記」文明十八年九月三日条）。

交渉は足かけ五年に及んだが、政家をはじめ、朝廷・幕府の有力者や前将軍義政の働きかけによって、文明十八年（一四八六）三月、房定は正式に相模守に任じられ、従四位下の位階をうけた。相模守というのは、鎌倉幕府の執権・連署しかもらえない官職だったから、破格の待遇であり、肩書きの上でも関東の執権としての地位を認められたことを示していた。房定の喜びようはいかばかりだったろうか。しかし、この交渉にかかった費用はたいへんなもので、位階昇進のために義政に贈ったのが太刀一腰・馬一疋と鳥目（銭）二万疋、相模守受領のために義政に贈ったのが鵞眼（銭）三万疋という、とほうもない金品だった（『越佐史料』巻三―二九四ページ）。このほか伊勢貞宗・中御門宣胤といった関係者にもそれぞれ相当の金銭が渡された（「宣胤卿記」永正五年八月六日条）。

文明十八年九月のこと、房定の使僧が近衛政家をたずね、今度のことのお礼を言い、二千疋を献上した。ところがあとになって、例の吉田社造営の費用を催促するのを忘れていたことに気づいた政家は、しばらくたって九月二十七日、連歌の師である宗祇に手紙を書いて、機会をみつけて上杉に早く残りの費用を出すよう催促してほしいとたのんだ（「後法興院記」）。宗祇は房定の昔からの知己であり、政家もそれをみこんで頼んだのである。房定としても頭の痛い話で、こうした要請にまじめに答えていたら、お金はいくらあっても足りなかったと思われるが、いずれにせよ当時の越後からこれだけ莫大な金銭をひねり出せたことは驚くべき事実である。

一方、帰国した岳英から京洛のことを聞かされた越後府中の禅僧たちも活気立った。文明十七年春、上杉房定は画工に命じて足利義政の寿像を書かせ、至徳寺の住持章岳に、それを持って京都に行けと命じた。入京した章岳は、あの横川景三に義政の画像の讃を求め、八月、景三はこれに応じて讃を書いて与えた。それから二年近くたった文明十九年六月、章岳は自分の故郷の米山山麓の風景を描写した一幅の山水画を携えてひょっこりと景三のもとに訪れ、讃を乞うた。景三との対話の中、章岳は熱をこめて越後のお国自慢をする。「府中には至徳寺・長松院・最勝院という寺院があって、東を望めば米山がそびえています。米山には六月になっても雪が残り、富士とならぶ壮観です。その麓には私の年老いた親が住んでいて、私も孝養を尽くしております」。景三は、章岳の話す越後の風物がみなその絵の中に描かれているのを見ていたく感動した。快く讃を書いた景三は、その末尾で、「もう少し若かったら、思い切って東に赴き、この章岳と肩をとりあってぶらぶらしたいものだが」と感慨を述べている（『越佐史料』巻三―二九三ページ）。

この至徳寺章岳も、さきの岳英と同じように、大きな政治的使命を帯びて上洛したのだろう。そしてその使命とは、あの房定の官位昇進運動だろう。文明十八年九月に近衛政家をたずねた房定の使僧とは、あるいはこの章岳だったかもしれない。岳英にしても章岳にしても、房定の命をうけて奔走する一方で、横川景三らの五山の禅林と親交を結び、文化のエキスを越後にもたらそうとしたのである。そして、そのような中で、景三のさきの述懐にもみえるように、京都の禅僧や文化人たちの間に、一度東遊して越後に赴きたいという空気が広がっていった。越後には続々と京都からの来客が訪れた。文明十八年の六月には、常光院の堯恵法師が府内に入り（『北国紀行』）、七月には、全国の山伏を統率していた聖護院の道興准后が二〇〇人に及ぶ供衆を従えて来た。房定は道興を路次まで迎えに行き、長松院の塔頭貞操軒を宿所にしたてて、下へもおかないもてなしをした（「廻国雑記」）。道興一行を迎えた府内のにぎわいは大変なものだったろう。また、聖中永元・永節存伯らの京都五山の禅僧たちも府内にやってきた。こうして越後府内は一つの文化的エポックを迎えたのである。

大蔵経を求めて

このような中、府内の禅僧たちの間には、なんとか仏教の根本経典である大蔵経を越後にも、という夢が広がっていった。そしてやがてその夢は思いもよらず現実のものとなった。官位昇進運動を進める一方、房定は、府内の安国寺在田庵に大蔵経を納めたいが、かんじんの大蔵経がないので、これを朝鮮にもらいに行きたい、ついては朝鮮に向けて船を出してほしい、と義政に頼んだ。実際に申し入れをしたのはあの章岳だったかもしれない。そして義政は房定の頼みをすんなりと認めてしまったのである。文明十八年五月、義政は中国・朝鮮との外交を司っていた蔭凉軒主の亀泉集証と相談して、朝鮮に出す文書（疏）の執筆を横山景三に頼んだ。そして八月四日づけで朝鮮への義政の国書が作られた。房定からは礼金として千疋が義政のもとに届けられ、また朝鮮からの下賜品はすべて義政のものにするという約束がかわされた（「蔭凉軒日録」）。

等堅ら一行は筑前博多の津から船出し、長享元年（一四八七）四月末、朝鮮に到着した。五月十七日、仁政殿において、等堅ら二四人は、朝鮮国王李娎《りけつ》（成宗）と会見し、そのあと日本から持ってきた金を各地で売って、大蔵経を納める蔵殿を造るための費用を集めた。一月余り過ぎた六月二十六日、国王李娎は景福宮の慶会楼に等堅らを招いて盛大な宴会を開いた。かんじんの大蔵経は、とても全部もらうわけにはいかなかったが、なんとか一部の経典を得て一応の目的を達成した。七月九日、等堅は国王にいとまごいをし、いただき物を積んで朝鮮を去り、博多から京に入った（「李朝実録」）。長享二年三月三十日、等堅は世話になっ亀泉集証をたずね、礼を述べた（「蔭凉軒日録」）。大蔵経はおそらくすぐ越後にもたらされ、安国寺の在田庵に納められたことだろう。等堅は長享二年十一月ごろに越後にいたという（「梅花無尽蔵」）から、あるいは彼自身の手で大蔵経を越後に運んだのかもしれない。安国寺はこの後二〇年ほどたった永正四年（一五〇七）に、長尾為景と上杉房能の間におきた戦いにまきこまれて焼亡し、この大蔵経もおそらくこの時焼失してしまったものと思われる。惜しいことをしたものだが、とにかくはるか彼方の朝鮮国から大蔵経を越後にもらい受けることができた、というのは驚くべきことであり、それは当時の守護上杉房定が、幕府の信頼を一身に集めていたからこそ可能だったのである。

晩年の房定

従四位下相模守という、一国の守護としては破格の官位をもらってしばらくして、房定は出家し常泰と号した。文明十八年八月には相模守と呼ばれていた房定が、翌長享元年（一四八七）十一月、常光院堯恵が越後に入った時には、すでに出家し常泰と号していたというから、房定の出家はこの間のある時にとり行われたことになる。すでに房定も五〇の坂を越えてから何年かたっていた。そろそろ隠居して余生を楽しみたいと思ったのかもしれない。

しかし、ようやく訪れた関東の平和は長くは続かなかった。長年にわたって協力しあっていた山内上杉顕定と、扇谷上杉定正が、長享元年にお互いに争いを始めたのである。房定は上野の白井に出ている長男の定昌に命じて顕定を助けさせ、長享二年三月二十四日に、その定昌が白井で謎の自殺をとげると（「蔭凉軒日録」ほか）、平子朝政・斎藤頼信らの近臣を白井城に入れ、阿賀北の中条定資にも出兵を命じ、房定自身も久方ぶりに関東に駒を進めた。五月、相模小田原・七沢（厚木市）を攻め（三八四七号）、定正を追いこんだ房定は、平子・斎藤・中条らに白井に在陣して顕定に協力せよと諭して越後に帰った。

ところがこのとき、越後国内で大事件がおきた。越後の最北端に居をかまえ、隠然たる勢力を持つ本庄房長が、突然房定に反旗をひるがえしたのである。長享三年七月ごろのことである。驚いた房定は、白井にいる平子・斎藤・中条らに急ぎ帰国せよと命じ、彼らは直ちに国に戻った（一八八五号）。しばらくして房長は降参したらしいが、この後本庄氏は事あるごとに反乱を起こし、長く府内政権を苦しめ続けてゆく。

房定晩年期の関東と越後は、このように決して穏やかではなかったが、京都からの文化人や貴族たちの来越は止まらなかった。長享二年六月には、連歌師の宗祇が越後に来た。宗祇の今度の来越は少し前に上野白井で突然の自殺をとげた上杉定昌の墓参が目的だった。宗祇はかつて長く関東にあり、白井の定昌の世話になっていた。定昌死すの報が京都に伝わると、宗祇は悲嘆のあまり、自ら定昌の追善のために一品経供養の和歌会を開き、そのあとで越後に旅立ったのである。六月十七日、定昌の墓前に詣でた宗祇は、三六歳で逝った「仁慈博愛の武士」定昌に対する思いをこめて墓前に一首を手向け、翌月越後を去っていった（『越佐史料』巻三―三三〇ページ）。

同じ年の十月には詩文家として有名な万里集九が来越し（「梅花無尽蔵」）、延徳三年（一四九一）三月には、前管領細川政元が、奥州の牧場を見たいと旅に立ち、その途中で越後にやって来た。房定は近くから馬を集めて政元に見せ、

「奥州の牧場といっても所詮こんなものです」と言って政元を納得させ、京都に送り帰してしまった（『越佐史料』巻三―三五七～九ページ）。下って明応二年（一四九三）の夏には、前権中納言飛鳥井雅康が来訪した（同三七二ページ）。一方、横川景三らと府内の禅僧たちとのつながりも続き、明応元年九月には、安国寺の正音らが、はるばる京に景三をたずねて字偈をもらっている（同三六五ページ）し、翌明応二年には、至徳寺の鷹叔らがやはり景三を訪ね、その詩文集の「京華集」を借りて写している（同三七七ページ）。

房定の死

明応三年十月十七日、房定は死んだ。年齢は不詳だが、長男の定昌がもし生きていたら四二歳になっていたわけだから、房定も少なくとも六〇は越していただろう。あしかけ四六年に及んだ守護房定の時代は、内外ともに多難な時代だったが、それでも戦乱の続いた関東や畿内の国々に比べれば、越後の国内は穏やかで、表面的にせよ守護の威令が行き届いていた。そのような中、房定は幕府の信頼を得て、東国の要として活躍し、京都文化の移入によって、越後府中も活気を呈した。房定自身も一流の文化人で、ことにその筆になる白鷹の絵は、万里集九を賞嘆せしめている（「梅花無尽蔵」）。

房定のあとは三男の房能がついで越後守護となった。ところでこの房能は、房定がかなり年をとってからできた子らしい。長享二年（一四八八）に比定される九月二日付の房定（常泰）の書状に、「九郎祝儀」ということばが見える（一八三三号）が、この九郎とは系図から房能のことであることがわかる。また九月十日付の房定の奉行人の千坂実高の書状には「九郎の名乗りはまだ決まっていない」と書かれてあり（一八八四号）、この「九郎祝儀」とは、房定の子九郎（房能）の元服の儀であることはまちがいなかろう。元服は一五歳前後でするのが普通だが、政治的事情で早くなることもある。いま仮に当時房能は一五歳としてみても、定昌・顕定という二人の兄とは二〇も年のちがう弟ということになる。おそらく房定が四〇を越えてからもうけた子供だろう。

ところで房能が元服した長享二年九月は、その兄の定昌が上野白井で自殺してから半年しかたっていない時点である。定昌自殺の真相は、結局よくわからないが、腹ちがいの弟との家督争いが原因としてあり、九郎（房能）を擁立する一派が、定昌を死に追いこんだという憶測も成り立つ。さらに奇妙なのは九郎の「房能」という名乗りである。かつて井上鋭夫は、守護房能と守護代長尾能景がともに「能」の字をもつことについて、能景が房能から一字をもらったものとされた（『上杉謙信』七四ページ）が、房能が元服した長享二年当時、長尾能景はれっきとした越後守護代で、もう三〇歳になっていた。もちろん能景の名も前から使っている。とすると、能景の能の字を房能からもらうことはありえず、むしろ逆に房能の能は能景の一字を借りたもの、正確にいうと、時の守護上杉房定が、わが子の元服にあたって、その名に守護代長尾能景の一字を借りてつけた、ということになる。もっとも房能の「能」の字は下の字だから、房能と能景の主従関係が逆転するわけではない。ただ、それにしても主人が子供に家臣の名の一字を与えるというのは珍しい話である。井上は、この長尾能景こそ房能擁立の主謀者ではないか、と推理しているが、その名の一字が、房能の名乗りにつけられたことを見ても、その可能性は高いといえよう。房定にしても、長い間関東にいて何かと疎遠になっている定昌より、年をとってから得た房能の方が可愛いかったのかもしれない。そして能景らに押されて九郎をあとつぎに決めた房定は、最愛のわが子の名に能景の「能」の字をつけることを余儀なくされたのである。

この奇妙な事実の中に、当時の守護上杉房定と守護代長尾能景との政治的な力関係が、はしなくも表われている、と見ることはできないだろうか。要するに房定は守護として形式的には越後一国の統率者の立場にあるが、国内の政治の実権は、長い間越後の現地を管理し、その基盤を広げていた守護代長尾氏に牛耳られていた、と考えられるのである。思いおこしてみれば、房定がいとこの房朝のあとをついで守護となり、長年守護をないがしろにしてきた長尾邦景父子を討って、安定した政権を作れたのも、みな彼をバックアップしてくれた長尾頼景のおかげだった。長尾邦景の誅伐は、表面的には守護権の回復劇のように見えるが、実際は守護代長尾氏の代替わりにすぎないという面が強かった。邦景父子とそれにつながる武士たちの所領は、おそらくすべて没収されただろうが、そのどれほどが守護房定のもとにもたらされただろうか。おそらくその大半はあらたに守護代となった長尾頼景その人が掌中にしたのではないか。房定が若くして守護になったとき、頼景はもう六〇歳になっていたが、文明元年（一四六九）に八〇歳で死ぬまで、彼は実力随一の老臣として房定を支えた。頼景のあとはその子の重景が四五歳で守護代となり、文明十四（一四八二）年に重景が五八歳で死ぬと、子の能景が二四歳であとを継いだ。房定は結局のところこの頼景・重景父子に頭があがらず、いままた若くして守護代になった能景にさえ大きな顔はできなかったのである。房定がやたらと幕府の信用をとりつけようと努力し、果ては自らの立身出世のために莫大な金品をつぎこんだのも、そうすることによって守護の権威を国内の諸勢力、ことに守護代長尾氏に見せつけようとした、少々時代錯誤的な空しいあがきのようにも見える。

しかし、まがりなりにも四十余年の間、国内が安定を保ったのは、守護房定が長尾氏をないがしろにして独走することをしなかったからだった。長尾あっての上杉である以上、長尾氏の意向に沿わねばならない、というのが房定の処世訓であり、彼はわが子に、ゆめゆめ長尾能景の意にそむくな、との願いをこめて房能の名を与えたのではないか。そして同時に、能景にまだ若いわが子の将来を託したのではないか。しかし二〇歳になるかならぬかの若さで守護になった房能に、長尾氏の専権を諦観することができるかどうか。新守護房能の政権は、はじめから悲劇の芽を内に含んで出発したのである。

V　房定の一族と家臣

片桐昭彦

房定の一族と子どもたち

房定の実父は、越後守護上杉房方の四男で上条上杉家の祖とされる清方である。清方には二男の房定のほか長男定顕と三男房実がいた。房定の実兄である定顕は兵庫助（兵庫頭）を称した。房定の実弟房実は淡路守を称し、房実の長男は、のちに房能の跡を継ぎ越後守護となる定実、二男は十郎定明であった（『上杉長尾系図天文本』等）。

房定の息子は三人いる。長男の定方（定昌）、二男の顕定、三男の房能である。定昌は享徳二年（一四五三）、顕定は翌享徳三年に越後で生まれた。顕定は、文亀二年（一五〇二）八月二十八日に上野板鼻の海龍寺で母の十三回忌を行っており（『群馬県史』一八五九）、顕定の母が延徳二年（一四九〇）に死去したこと、法名は「青蔭庵月山妙皓禅定尼」であったことがわかる。定昌の母も同人であったと考えられる。顕定の幼名は龍若丸、仮名は四郎であり、応仁元年（一四六七）、前年の二月十二日に武蔵五十子陣中で死んだ関東管領山内上杉房顕の名跡を一四歳で継いだ。

三男房能の母は、定昌・顕定とは別人とされるが、誰であるかは未詳である。房能の生年も未詳であるが、定昌が死んで半年後の長享二年（一四八八）九月に元服した。仮名は九郎であり、明応三年（一四九四）十月十七日の房定の死去後、その家督を継承し、少なくとも同六年ごろには歴代の越後守護が用いた官途である民部大輔を称している（『上越市史』資料編3中世編五〇四号、以下『中世』五〇四と略す）。

越後の房定のもとには、実の兄弟以外にも多くの上杉一門や一族がいた。以前から越後に在国した者や、宝徳二年（一四五〇）十二月に房定が越後へ下向した際に京都から連れてきた者、のちに京都や関東などから越後へ下向してきた者など、上杉の庶流の者も含め上杉宗家の房定のもとに参集していた。出自や実名などのわからない者が多いが、史料に現れる者だけでも、長禄三年（一四五九）十月十五日の上野羽継原合戦に参陣した八条中務大輔（『中世』三一一）、上杉三郎（中務少輔教房の弟）、上杉政藤、上杉右馬頭、上杉宮内大輔、上杉播磨守、上杉修理亮（『中世』三一二）や、山浦上杉氏（山浦殿）、および越後に在国していた「八条殿」（『中世』三五六）などであった。

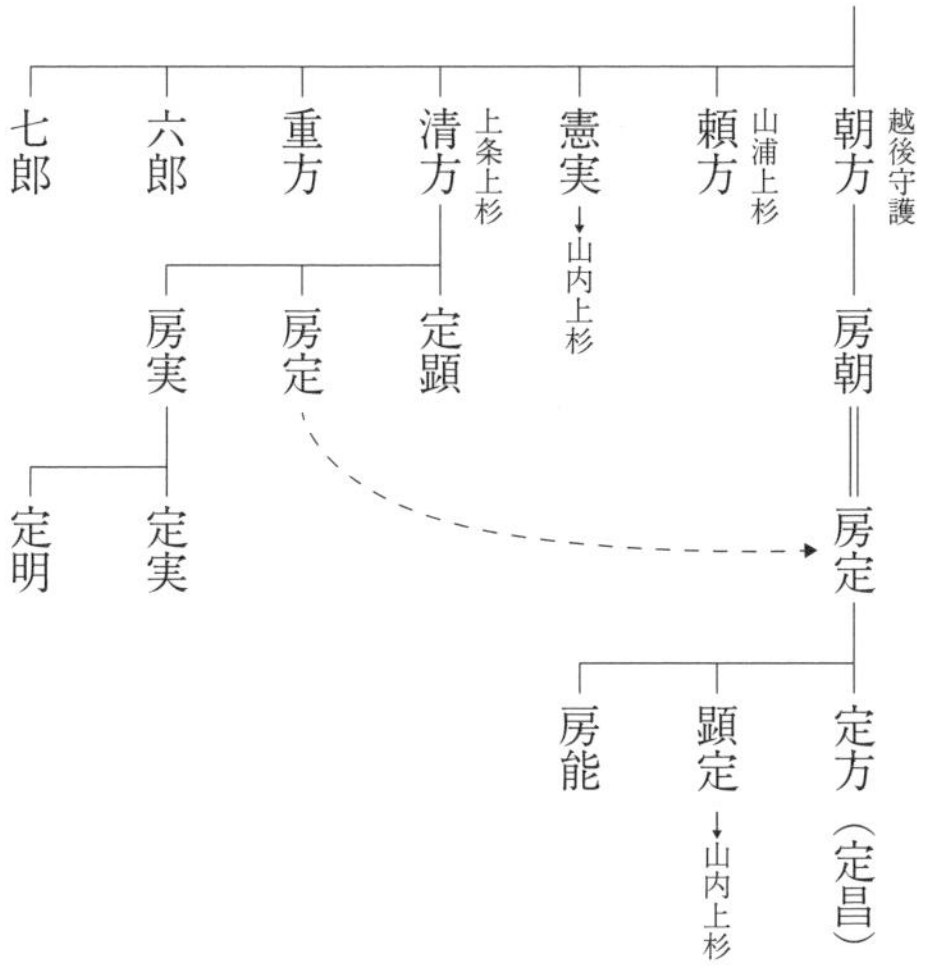

図1　房定期の上杉氏略系図

このうち八条上杉氏は、上杉氏の諸系図によると、南北朝期ごろ、扇谷上杉家の朝顕を「八条」とするのを初見として、京都壬生を拠点として活動していたとみられる。『満済准后日記』や『親元日記』などの日記にも散見される。八条家の当主は官途「中務大輔」を世襲していたとみられている（森田真一二〇〇四）。八条上杉氏には京都で活動する者や越後に下向する者など多くの一族がおり、十五世紀半ば以降には数多くの庶流に分かれ、馬術に秀で八条流馬術を相伝・指南する八条近江守房繁という者もいた。また、「定」を通字として歴代室町将軍義満・義持・義成（義政）から偏諱を授与され満定―持定―成定と名乗った一流もいた。そのうち持定は中務大輔を称していたことから（『親元日記』）、惣領筋とみられる。越後に基盤をもつ八条上杉氏には、鵜河荘を本領とし（『満済准后日記』）、松山保に利権をもつ上杉中務大輔などもいた（『新潟県史』三八九六号等、以下『県史』と略す）。越後の白河荘の領家職をもつ上杉八条入道もいた（『九条満家公引付』）。文明十年代後半ごろに作成された現在の長岡・栃尾・見附の三市地域周辺の検地帳（『県史』七七七、以下『文明検地帳』と略す）には、高波保のうち森明・西俣・半沢兼や名木野に知行をもつ「八条伊予守」がみえるが（『県史』七七七）、同一人物と思われる「上杉伊予守能重」が明応八年（一四九九）三月四日、京都で和漢連句会に参加している（国文学研究資料館一九八五）。このように京都で活動しながら越後に所領をもつ者も多かったと言えよう。上杉の系図類にはみえない一族もたくさんいたことがわかる。

山浦上杉氏（山浦殿）は、永享二年（一四三〇）に死去した房定の実伯父である頼方の名称を継いだ者と思われる。『文明検地帳』では大嶋荘（現長岡市）に山浦上杉氏の被官である本条隼人佐・牧山・石坂左近将監がそれぞれ給分をもっている。

上杉播磨守については、房定の実兄定顕に比定している研究もあるが（森田真一二〇〇四）、系図に載る人物を消去法的にみた結果であり、系図類では定顕を兵庫助・兵庫頭としていることから、八条上杉氏のように系図に載らない人物が多いことなども含めて考えると検討の余地があると思われる。

上杉右馬頭については後述するが、宮内大輔・修理亮などについては未詳である。

嫡子定昌とその死

定昌の元服した時期はわからないが、少なくとも文明五年（一四七三）四月、二一歳の実名は定方であった。定方の「定」の字は、父房定の偏諱（名前の一字）と思われ、「方」の字は越後守護上杉家の通字（房定前代房朝の祖父は房方、父は朝方）、あるいは房定の父清方からとって名付けたものと考えられる。そして、父房定が若いころに称していた官途の左馬助を名乗っていることから、房定の嫡子として成長したことがわかる。

定方は、文明五年四月二十二日から翌六年四月二十八日のあいだに実名を改め定昌と名乗っている（『中世』三四五・三四九）。なぜ越後守護上杉家の嫡子として何の問題もない実名を定昌に改めたのであろうか。

享徳の乱勃発以降、房定は、関東へ軍勢を送り込み自身何度も関東へ出陣する。文正元年（一四六六）に二男顕定に関東管領山内上杉家を継がせ、翌応仁元年（一四六七）九月に扇谷上杉持朝が五七歳で死ぬと、上杉諸家の長老となり、のちに周りからも上杉宗家（総本家）と認識されるまでにいたる（『蔗軒日録』）。以降、次第に関東への介入の度合いを強める。文明五年六月二十三日、山内上杉家の執事であり上野守護代であった長尾景信が死ぬと、景信の嫡子景春（白井長尾）ではなく弟の忠景（惣社長尾）に跡を継がせた。それから間もない十一月二十四日、ともに古河公方足利成氏と対抗していた扇谷上杉家の当主政真が若くして死去した。子どものなかった政真の跡を継ぐ可能性のあったのは、政真の叔父である朝昌（持朝二男）と定正（同三男）であった。この時期に定方は、実名を定昌に替えたことになる。

上杉定昌の花押（『新潟県史』資料編４中世二（新潟県、1983年）の付録から転載

実名は、主人や父祖から偏諱を与えられて改める場合が一般的である。定昌の「昌」の字は、扇谷上杉朝昌の偏諱である可能性はないだろうか。上杉宗家の長老房定は、長子定方（定昌）を朝昌の養子に入れて扇谷上杉家の当主選びに介入しようとしたのではなかろうか。また朝昌は、相模七沢城主である。この時期の房定の家臣には、武蔵に所領をもつ平子氏のように関東にも拠点を保持していた者が多かった（矢田俊文　二〇〇二）。定昌を七沢に入れて相模・伊豆周辺地域への基盤強化をはかろうとしたのではなかろうか。長子定昌を朝昌の養子に入れることのできる状況を考慮すると、このころには三男の房能が生まれていた可能性が高い。しかしながら房定の企図は失敗に終わり、扇谷上杉家を継いだのは、家宰太田道真・道灌父子の支持をえた定正であった。その後、定正を担いだはずの太田道灌が、顕定に攻略した鉢形城を献上するなど、しきりに房定や山内上杉家に気遣いをみせているのはこの家督選びのときに何か原因があるかもしれない。

いずれにせよ房定が、定昌を越後と上野の結節点である上野白井に在城させたのは、山内上杉顕定への援護や関東への介入の布石としたい、まさにこのころだったと思われる。

文明十八年（一四八六）三月十日、房定は従四位下相模守に叙任された（『中世』三八四・四七二）。同年六月に越後府中や善光寺を訪れた歌人堯恵は、八月末に柏崎から三国峠を越え、九月九日に上野白井へ移っており、「則藤戸部定昌、旅思の哀憐を施さる」とみえる（『中世』三八八）。「戸部」とは「民部」の唐名である。定昌は、九月にはすでに父房定の官途であった民部大輔を譲り受けた。この時点で房定は、定昌を自身の家督継承者として認識していたと思われる。その後、堯恵は一ヶ月あまり上野白井に逗留したとみられ、翌十月二十日には上野国府の長野氏の陣所へ至り、その後、定昌の指南により関東管領上杉顕定のもとへ移っている。房定は、少なくとも翌長享元年（一四八七）十月には出家入道して常泰と号した（『蔭凉軒日録』）。一般的に出家入道する際に家督を譲ることが多い。右の民部大輔を譲り与えた件を考慮すれば、房定は、長享元年の十月以前に家督を長男定昌に譲り、大御所として実権を握ることになったと思われる。

定昌が越後上杉の家督を継承したことの徴証として、家臣に与える偏諱（名前の一字）があげられる。当時武家の男子は、元服する際に烏帽子親から偏諱を与えられることが多かった。定昌が烏帽子親となり、偏諱を与えた可能性のある者として、神余昌綱、斎藤昌信、色部昌長、竹俣昌綱、奉行人の某昌朝などがあげられる。たとえば、神余昌綱の子は実綱であるが、実綱の「実」の字は、定昌の弟房能のあと上杉家を継いだ定実から与えられた可能性が高い。神余氏の嫡流の実名は、代々「綱」を通字とし、仕える主人の偏諱を与えられて成っていたと考えられる。この五名はいずれも十五世紀末から十六世紀はじめごろに史料上に現れ、活躍している。これは、一四八七年ごろに一五歳前後で元服した彼らが成年・壮年となり、各家の家督を継承して活動する時期と符合するのではなかろうか。

しかし、家督を譲られた定昌は、長享二年三月二十四日、上野白井において謎の自殺を遂げる。三六歳であった。定昌自害の報は、翌月六日には京都に伝わっている（『中世』四〇九）。連歌師宗祇や三条西実隆は定昌の死を悼み（『中世』四一一）、宗祇は実隆と相談し、「追善一品経和歌」を勧進している（『中世』四一二・四一三）。追悼のために歌を寄せた者は青蓮院尊応・飛鳥井宋世（雅康）・姉小路基綱・釈肖柏・宗祇・飛鳥井雅俊・実隆・飛鳥井栄雅であった。なかでも飛鳥井雅康は、文明十八年十月、房定の招きにより越後へ下向しており（『中世』三九七）、定昌と面識があったと考えられる。さらに宗祇は、翌月越後に下向し（『中世』四一四）、六月十七日定昌の墓所に詣でている（『中世』四一五）。宗祇は定昌のことを「無双の仁慈博愛の武士」であったと実隆に語っている。前述した歌人堯恵の接待といいい、定昌は京都における当代一流の文化人らとごく親密な交流をもっていたのである。

定昌の被官・同心には、宇佐美新兵衛尉（『群馬県史』一七八九）や、定昌の死に際して殉死した発智山城入道景儀などがいた。景儀は、定昌の死に際しては側近くにはいなかったとみえ、定昌死去二日後の二十六日、息子の六郎右衛門に書状を送り、「白井の殿様」の死は申すに及ばずとし、石白へ赴きすぐに追いつきお供して追い腹を切ると述べている（『群馬県史』一七九五）。景儀には、すでに成人した子がおり出家入道していることから、年齢も高かったことがうかがえ、定昌寵愛の小姓・近習というよりも、房定が定昌の後見役として側に付けた者かもしれない。

定昌の死については、房定の三男で定昌の異母弟である九郎（房能）を擁立する守護代長尾能景らの陰謀であるとの節が唱えられているが（井上鋭夫一九六六等）、これはのちに上杉家を掌握した房能・能景を遡及的に据えたものである。すでに常泰（房定）の家督は、実権はともかく形式的には定昌に譲られていた。またこの時期、文明十八年七月の扇谷上杉定正による太田道灌暗殺を契機として、常泰（房定）・定昌と山内上杉顕定は、扇谷上杉定正と対立して「長享の大乱」とよばれる戦況状況にあった。定昌の死後、常泰は越後勢を遣わしてみずからも越山して上野白井に入り、総力をあげて、六月に武蔵須賀谷原で戦い、十一月に高見原で合戦しており、定昌の弔い合戦であるかのように扇谷上杉氏との戦闘が激化する。このことを考慮するならば、定昌の死は扇谷上杉の手による謀殺であったと捉えたほうが自然ではなかろうか。

房定の家臣たち

長享二年（一四八八）七月十日、京都の衆林院が蔭凉軒主に語ったところによると、上杉の「被官」のうち長尾・石川・斎藤・千坂・平子の五人が「古臣」であり、飯沼らは「評定衆」ではないとのことである（『中世』四一六）。これは衆林院が当時急成長してきた上杉の家臣飯沼氏らのことを快く思っておらず、彼らは新参者であり評定衆ではないことを強調したかったように思える。「古臣」とは昔ながらの上杉譜代の家臣のことを指し、「評定衆」とは上杉家の政務や裁判を合議裁決できる年寄たちのことであろう。長尾だけでなく少なくとも石川・千坂・平子は、南北朝期はじめごろにはすでに犬懸・山内両上杉氏の家臣にみえる上杉の根本被官である（山田邦明二〇〇三）。つまり、上杉譜代の家臣である長尾・石川・斎藤・千坂・平子氏は、評定に参加できる年寄として上杉家政を支えていたことがわかる。

この古臣の五氏および飯沼氏のほか、房定が越後守護であった時期において上杉家政に携わった重臣や奉行人たちを整理したものが図2である。ただしこの図2に載る者たちは、上杉家から発給される文書（奉書・打渡状・副状など）の署名者がほとんどであり、文書には姿をみせない実力者たちも当然考慮しなければならないが、家臣の変遷の大まかな目安にはなろう。

長尾には守護代の頼景・重景・能景の三代と、一族の三河守輔景、下総守顕景がみられる。頼景は、宝徳二年（一四五〇）十二月に房定に切腹・追放させられた邦景・実景父子の跡を継いで守護代となり、京都から下向したばかりの房定を支えた。文明元年（一四六九）頼景が八〇歳で死去すると、子の重景が跡を継ぎ、同十四年二月二十五日に重景が五八歳で死去すると、子の能景が二四歳の若さで跡を継ぎ守護代となった。

長尾三河守輔景は、文明七年十月七日に死去した栖吉長尾家の肥前守顕吉の嫡子であり、姉は守護代為景の妻になっている（『外姻譜略』所収長尾系図）。文明九年十二月に千坂定高とともに所領宛行の奉書の連署者としてみえるのを初見として（『県史』一五四八）、房定の跡を継いだ房能の時期、文亀三年（一五〇三）五月ごろまで奉書の発給者として確認できる（『県史』一五二五）。しかし輔景は、文明十三年から延徳四年（一四九二）まで署判者としてみえなくなり、そのあいだに出家入道して沙弥存胤と号している。下総守顕景は、輔景がみえない時期である文明十五年十二月に奉書の連署者として登場する（『歴代古案』六九五）。『文明検地帳』によると、賓村・塩村（現栃尾市）に知行をもち、被官の金内・行方・牧口・岡村にそれぞれ与えたり預けていたことが知られる（『県史』七七七）。

石川氏については、管見の限り、上杉家発給文書の署判者としてはみられないが、前述のように石川氏が上杉譜代の重臣であったことは間違いない。寛正二年（一四六一）には石川遠江入道を確認でき（「御内書案」）、『文明検地帳』にも石川長門守と石川彦次郎を確認できる。

斎藤頼信は下野守を称し、赤田を拠点としていた。上杉家の発給文書には文明十年十二月三十日付の奉書に千坂定高とともに連署するのを初見として（『県史』一五五〇）、明応九年（一五〇〇）十月まで確認される（『県史一二一七）。ただし、文明十六年から延徳三年までのあいだに出家入道して沙弥珠泉と名乗っており、前述した輔景が沙弥存胤と称した時期と共通する。長尾輔景と斎藤頼信の入道は、長享元年の房定が入道して常泰を号したときにあわせたか、あるいは翌二年三月の定昌の死に直面して出家入道したと考えられないだろうか。また頼信は、『文明検地帳』によ

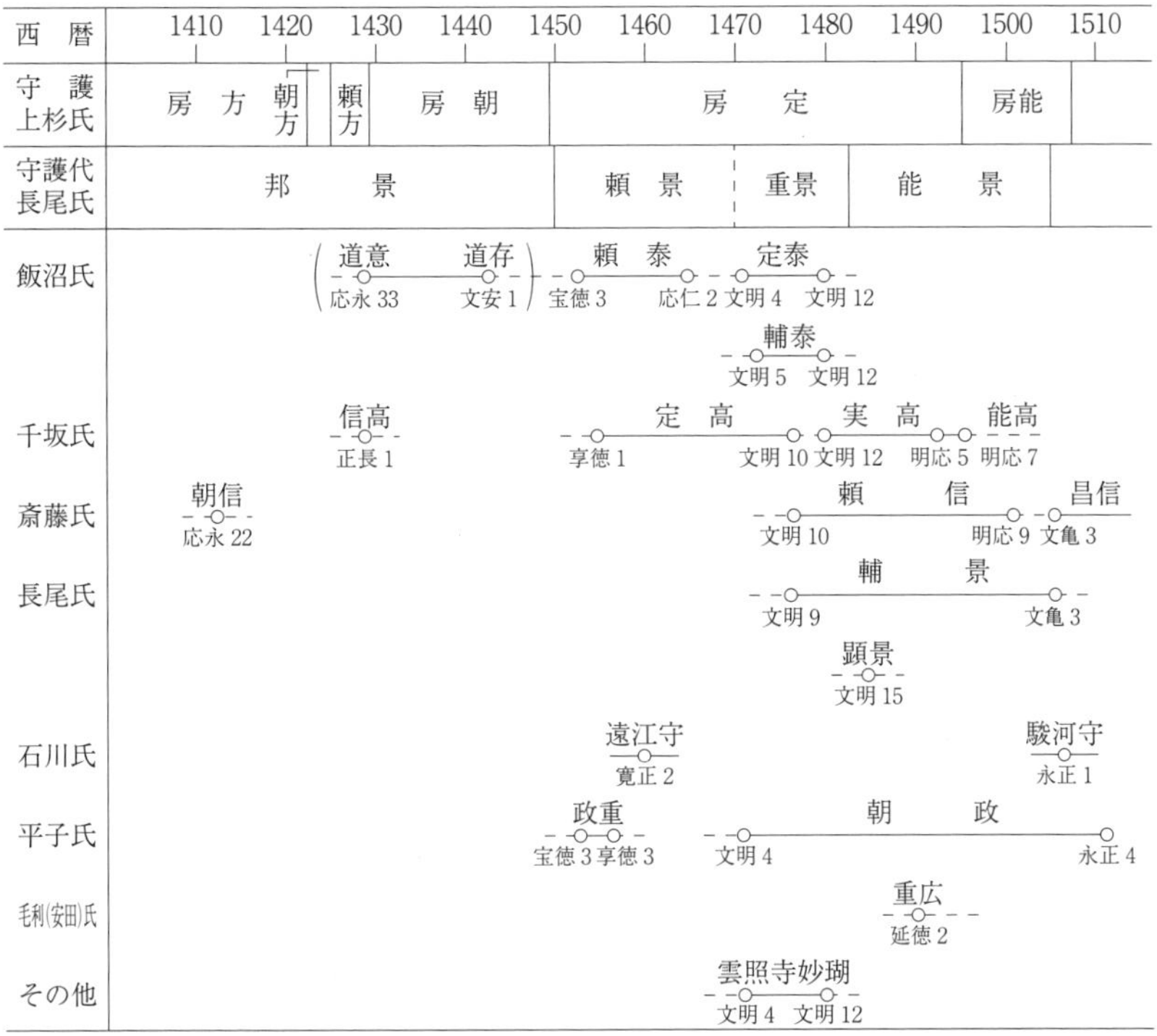

図2　上杉家重臣の変遷（『新潟県史』通史編２中世、新潟県、1987 年から転載・加筆）

ると浦栖にある知行を代官石上に預けている。

千坂氏には房定期には定高と実高がいるが、同じ対馬守を称し、定高と代替わりするように実高が登場することから父子関係にあると思われる。定高は、享徳元年（一四五二）九月十八日には飯沼頼泰とともに所領安堵の奉書に連署しており（『中世』三〇四）、文明十年十二月まで文書に連署することが確認できる（『県史』一五五〇）。その後代替わりしたのか実高が、同十二年十一月三日の書状を初見としてみえ（『県史』一三五八）、明応五年七月まで確認できる（『県史』二六七四）。『文明検地帳』によると、実高には金原新右兵衛・深原という被官がおり、千坂七郎三郎という同族の者がいたことがわかる。また千坂氏には与五郎高信がおり、康正三年（一四五七）七月二十六日に領家役の請取状を出している（『県史』一五二二）。

平子氏は、本領である武蔵の本目を維持しながら越後上杉家の政務に携わっている（矢田俊文二〇〇三）。房定期には政重・朝政父子がいる。政重は平左衛門尉を称し、宝徳三年（一四五一）三月、黒川氏実からの訴訟を上杉家へ取り次ぎ、その裁決について副状を発給している（『中世』二九六）。享徳三年十月にも副状を発給しており（『県史』一三六五等）、評定衆として越後の国人から上杉家への訴えを取り次いだり訴訟の審理を担当した。朝政は、仮名は孫二郎、文明四年（一四七二）十一月には父の跡を継いだのか平左衛門尉と称し、のちには若狭守を称したとみられる。朝政も政重と同様、上杉家の訴訟審理にかかわり取り次ぎについての書状や屋形判物の副状を発給している（『県史』一三六六・三八四五等）。『文明検地帳』によると、平子氏の被官として河内・今泉・針生・中間道満がみえる。

飯沼氏は、上杉の家臣としては新参者とみられるが、房定期には当初からすでに飯沼頼泰が登場しており、邦景父子を没落させたときに長尾頼景とともに主導的な役割を果たしたという。頼泰は、官途弾正左衛門尉（左衛門尉）を称し、応仁二年（一四六八）三月までほとんどの上杉家連署奉書の署判者のひとりとして加わっている。奉書の署判者だけでなく、平子氏と同様に訴訟の審理・取り次ぎなどにも多くかかわっていた（『県史』一四〇八・一四一五等）。頼泰のあと文明四年九月には定泰、翌五年四月には輔泰が相次いで上杉家の文書発給者として登場する（『県史』一四〇七・一四〇九）。定泰と輔泰が父子か兄弟かはわからないが、二人とも頼泰の官途左衛門尉を名乗っていることから頼泰の継承者であることがうかがえる。官途の名乗り順は、左衛門尉をまず輔泰が称し、文明十二年までに輔泰が遠江守を称すと定泰が左衛門尉を称していることから、頼泰―輔泰―定泰の順で継承されたのだろう。しかし輔泰・定泰は訴訟の審理に携わることはあっても、少なくとも文明九年十二月ごろには奉書の連署者は千坂定高・長尾輔景・

斎藤頼信らに取って代わられ、同十二年までしか確認できない（『県史』一八八九）。といっても没落したわけではなく、『文明検地帳』によると、輔泰・定泰ともに高波保に知行をもち、輔泰の被官には東村・蔵本・市川・田鰭・大関・中田・土橋・本間・波多・岡村・小坂・西方ら、定泰の被官には堅出・楡沢・山沢・金沢・小嶋らがいた。

そのほかに雲照寺妙瑚なる者がいる。妙瑚は越後の禅僧であるといわれ、文明四年十一月には副状の発給者として現れ（『県史』一三六三）、同十二年まで確認できる（『県史』一三六二）。妙瑚は、訴訟審理・裁決に関する事柄や状況を説明する書状を出している（『県史』一三六〇・一三六一等）。

房定期の家臣には、共通の偏諱をもつ者が多い。「頼」の字をもつ長尾頼景・飯沼頼泰・斎藤頼信・加地頼綱・屋代頼国、「定」の字をもつ千坂定高・斎藤定信・飯沼定泰・市川定輔・上原定永、「輔」の字をもつ長尾輔景・飯沼輔泰などである。「定」の字は、時期的にみても房定の偏諱と考えてよいと思われるが、「頼」の字は房定の伯父上杉頼方の偏諱、「輔」の字は上杉一門の誰かの偏諱であろうか。現在残る系図類にはみえない上杉一門の存在を考える必要があろう。

房定を頼る信濃衆

寛正四年（一四六三）十二月十二日、房定の遣わした越後勢が、信濃高井郡の高梨氏領内を攻め、高橋まで侵攻して各所を放火したが、大将である上杉右馬頭が討ち死にした。このことはすぐに古河公方足利成氏のもとへ伝わり成氏は喜んでいる（『信濃史料』八―四六六）。上杉右馬頭を討った高梨弥太郎政高は、同じく北信濃の領主村上政清ら

上杉右馬頭信州において討死の由、申し上げられ候、目出候、これについても御調義あるべく候由、申され候、左候へば、兼ねて御談合候間、いよいよ御油断あるべからず候、恐々謹言、

十二月廿二日　　成氏

新田左京亮殿

図3　足利成氏書状写（読み下し文）

とともに成氏方として房定と対立していたとみられる。上杉右馬頭が討ち取られたことは、房定から京都の幕府に注進されたと思われ、高梨政高は幕府から追及をうけ、同六年六月には信濃守護小笠原光康に対して房定と協力して村上・高梨を退治するように命じられるほどであった（『信濃史料』八―五二五）。あわてた高梨政高は、幕府政所の伊勢貞親らに何度も将軍義政への佗言の取り成しを求めることになった（『親元日記』寛正六年二月九日・七月十五日等）。討ち取られた上杉右馬頭が何者であるかはわからないが、成氏が喜んでいることや将軍義政の勘気をこうむっている点などを考えると、単なる上杉の庶子ではなく、房定を支える一門の有力者であったことがうかがえる。

ところでこの越後勢の信濃侵攻はなぜおきたのだろうか。これには高梨一族による近隣押領をめぐる争いが絡んでいた。諏訪社上社の頭役を記した『諏訪御符礼之古書』によると、寛正六年四月八日、大熊郷は高梨弥次郎房高、新野郷は高梨政高がつとめている。しかし、大熊郷の頭役は、康正二年（一四五六）と寛正二年（一四六一）には大熊出羽守高家がつとめており、新野郷の頭役は寛正二年には新野朝安がつとめていた。寛正二年から同六年の間に大熊・新野両郷を高梨氏一族が領有したのである。それ以降、大熊・新野両氏は同郷の頭役として復帰することはなく、『長野市誌』ではこのとき大熊・新野両氏は没落したとしている（藤枝文忠二〇〇〇）。

しかし、その後文明元年（一四六九）十月には、大熊伊賀守なる者が山内上杉方として上野綱取河原の合戦に参戦

し戦功をあげている（『記録御用所本』一）。このとき山内上杉龍若（顕定）と家宰の長尾景信から感状をもらっているが、その際に越後守護代の長尾頼景から上杉龍若・長尾景信の感状を発給してもらった旨を記す副状も受給している。このことから大熊伊賀守は、房定から派遣された大将長尾頼景のもとで上野綱取河原に参戦したことがうかがえる。伊賀守は、文明三年五月にも顕定から感状をもらっており、年未詳の十一月二十六日にも河越府川口の合戦で息子左近将監が討ち死にしたことへの感状をもらっている。大熊伊賀守の一族が、越後の房定から派遣されたものの、しばらくは山内上杉顕定のもとで活動していたことがうかがえる。

この感状写を載せる『記録御用所本』には、続けて大熊備前守朝秀に宛てた武田信玄感状なども書き写されており、大熊伊賀守の一族が、のちの越後守護上杉氏の被官であり長尾景虎政権の官僚となる大熊政秀、そしてその子朝秀へとつながっていくことが明らかである。この大熊氏一族が越後上杉氏にかかわって登場するのは、前述した文明元年十月のものが初見でありそれ以前にはみられない。寛正四年ごろ本拠である信濃大熊郷を高梨氏に奪われた大熊氏の一族が、越後の上杉房定を頼り従属して、その後上野の合戦へと派遣されていったのではなかろうか。のちに大熊政秀が、長尾為景と対立して常に守護側に立っていたのは、為景が仇敵高梨氏と強い姻戚関係で結ばれていたためかもしれない。

大熊氏と同様、戦国期の上杉家臣としてみえる新野氏も信濃から越後へ逃亡した新野氏の一族の可能性は高い。このように信濃など越後の近隣諸国から房定を頼って逃げてくる者も多かったと思われる。それゆえに房定は、亡命者たちの旧領復帰を支援するために信濃へ軍勢を送り込んだのであろう。

【参考文献】


井上鋭夫『上杉謙信』（人物往来社、一九六六年）

藤枝文忠「関東の争乱と北信濃」（『長野市誌』第二巻歴史編原始・古代・中世、長野市、二〇〇〇年）。

森田真一「戦国の動乱」（『笹神村史』通史編、笹神村、二〇〇四年）。

同　　「八条尾張守について」（「室町・戦国・近世初期の上杉氏史料の帰納的研究」研究会レジュメ、二〇〇四年六月十三日）。

矢田俊文「中世平子文書の伝来と越後平子氏」（横浜市歴史博物館編『特別展鎌倉御家人平子氏の西遷・北遷』、二〇〇三年）。

山田邦明「犬懸上杉氏の政治的位置」（『千葉県史研究』第11号別冊中世特集号「中世の房総、そして関東」、二〇〇三年）。

Ⅵ　上杉定昌と飯沼次郎左衛門尉

森田真一

はじめに

上杉定昌は享徳二年（一四五三）に越後守護上杉房定の子息として生まれ、長享二年（一四八八）に三十六歳で上野国白井（現群馬県渋川市）において亡くなっている。[1] 定昌は官途名からみて房定の嫡子として成長したと考えられるが、[2] 越後守護職を継ぐ前に没したためか越後国内においてはそれほど特質すべき活動内容を残していない。むしろ、関東での政治活動において定昌は注目される。

とはいえ、これまでの研究では定昌と関東との結びつきについて、一歳年下の弟で山内家を継ぎ関東管領となった上杉顕定との一体的な関係という以上の具体的な考察はなされてこなかったように思われる。[3] そこで、ここでは後述する定昌の近臣と考えられる飯沼次郎左衛門尉の動向を明らかにすることによって、定昌について若干考察したい。なお、越後における飯沼氏全般の動向については、木村康裕氏の研究を参照した。[4] また、定昌の初名は定方であるが、特に断らない限り定昌で統一して用いることとする。

一、飯沼次郎左衛門尉について

享徳三年（一四五四）十二月、東国では鎌倉公方（後の古河公方）方と上杉氏方（京方）に分かれて争う享徳の乱が勃発した。上杉氏方は武蔵国五十子（現埼玉県本庄市）[5]を中心的な陣所とし、古河公方方と争った。その後の文明九年（一四七七）一月、前年六月に起こった長尾景春の乱のため、上杉氏方は五十子陣から上野国へ撤退した。[6]『松陰私語』によれば、この頃に上杉氏方を主に構成していたのは山内上杉顕定・越後上杉定昌・扇谷上杉定正であった。『松陰私語』の著者である松陰は、上杉氏方の撤退時に定昌のもとに赴いている。『松陰私語』では、その時の様子を以下のように記している。

〔史料1〕「松陰私語」第五（『群馬県史　資料編5　中世1』八三九頁下段）

其後越州典厩へ参処ニ有陣払、典厩者飯沼次郎左衛門陣所へ被移、愚僧驄而対面アリ、

これによれば、松陰が「典厩（定昌）[7]」のもとへ赴いたところ、定昌は既に陣払いをしており、「飯沼次郎左衛門」の陣所へ移っていたという。飯沼氏は越後上杉氏の重臣で十五世紀半ば頃には飯沼頼泰が千坂氏と共に活躍しており、「千坂・飯沼体制」と呼称される程に守護上杉家奉書の署判者にその名が確認できる。[8]この頃に越後での活動が多く認められるのは、飯沼弾正左衛門尉定泰である。しかしながら、『松陰私語』の記載によれば、「飯沼次郎左衛門」が定昌と共に五十子へ在陣している。五十子からの撤退という非常事態であるため、定昌が飯沼の陣へ移ったことは単なる偶然であったのかもしれない。だが、逆に近臣であったからこそ、定昌は飯沼の陣へ移ったと解釈する余地もあ

ろう。つづいて次の史料を確認したい。

〔史料2〕「太田道灌状」（『北区史　資料編　古代中世2』第三編中世記録四八号、一一五頁上段）

従飯塚早朝景春罷越堅申留候意趣者、於御陣御屋形幷典厩様不奉洩様計略最中候、道灌参候者時儀可相違旨様々申候之処、不能承引致参陣、彼支度之趣聴而飯塚次郎左衛門尉ニ相知ス、

〔史料2〕は、長尾景春の乱の勃発（文明八年）に関する「太田道灌状」の記述である。これによれば、自身が五十子へ行けば顕定や定昌の意向は変わるであろうと道灌は景春を説得したが、景春は承知せずに合戦の準備を始めた。そのため、その状況を道灌は「飯塚次郎左衛門尉」に知らせたとある。おそらく道灌は事態を顕定や定昌へ伝えるために取次役である「飯塚次郎左衛門尉」へ知らせたのであり、その後に「飯塚次郎左衛門尉」が顕定なり定昌へ披露したのだと考えられよう。このことから、「飯塚次郎左衛門尉」は顕定か定昌のかなりの近臣であると推測される。

では、この「飯塚次郎左衛門尉」とは誰であろうか。この時期に関東管領上杉氏や越後上杉氏の近臣において、飯塚氏を確認することはできない[9]。この「飯塚」は引用箇所の冒頭に記されている地名の「飯塚（武蔵国榛沢郡）」に引きずられた誤字あるいは誤写であり、本来は飯沼であったのではなかろうか。既に『北区史　資料編　古代中世2』では「飯塚次郎左衛門尉」の「飯塚」は飯沼でないかと傍注で補訂しており、そのように解釈してよいであろう。よって、この「飯塚（沼）次郎左衛門尉」は先にみた『松陰私語』の飯沼次郎左衛門（尉）と名字が同一であり官途が近似することからおそらく同一人物であり、彼は定昌のかなりの近臣ということになろう。では、越後関係の文書においても、この飯沼次郎左衛門尉を確認することはできるのであろうか。次の史料を確認したい。

〔史料3〕「越後文書宝翰集　黒川文書」（『新潟県史　資料編4　中世二』一三八五号）

就御文書紛失之事幷御親類中知行之地事、自府中被進候判形之案共令披見候、是簡要候間、双而不及進判候、如何様如府中成敗相心得申候、恐々謹言、

四月《文明五》廿二日　　定方《（上杉）》（花押）

黒川下野守殿

〔史料４〕「越後文書宝翰集　黒川文書」（『新潟県史　資料編４　中世二』一四〇九号）

両条之案、則致披露、御返事調令進之候、当陣之時宜先以同前候、委曲旨旁可被申候哉、他事期後信候、恐々謹言、

四月廿三日《（文明五年）》　　左衛門尉輔泰《（飯沼）》（花押）

謹上　黒川殿 御報

〔史料３〕は、定方（定昌の以前の実名）が黒川氏に対して越後府中からの文書に目を通したので、案件については府中の成敗通りにするということを伝えた書状である。〔史料４〕は飯沼左衛門尉輔泰が黒川氏に対して、黒川氏からの文書を某に「披露」してその「返事」を貰ったということを伝えた書状である。〔史料４〕の年次比定を『越佐史料』巻三では〔史料３〕と同年の文明五年とし、『新潟県史　資料編４　中世二』でもそれに準じている。書状の内容と〔史料３〕の日付から考えて、『越佐史料』などの比定通り〔史料４〕の年次を文明五年としてよいであろう。したがって、輔泰が披露した相手は〔史料３〕の署判者である定昌ということになる。

さて、これによれば、飯沼輔泰が上杉定昌に対して「披露」する取次役を果たしていたことが確認できる。では、飯沼輔泰が定昌に対して「披露」を行った「当陣」とは、一体どこであろうか。〔史料３〕に「府中」とあるので、

少なくとも定昌や輔泰は越後府中には居なかったことになる。また、『越佐史料』巻三の文明五年の範囲をみる限りでは、この年に越後国内において合戦が生じていたとは考えられない。それよりも、同年六月二十七日付で房定が江口氏や発智氏に対して「連年度々陣労」にも関わらず急な関東への出陣に備えるよう告げているように(10)、文明五年の時点で越後勢が在陣していた地域は関東以外には考えられないのである。よって、この「当陣」とはこの頃に越後勢が関東において拠点としていた、上野国白井か武蔵国五十子であろう(11)。どちらであるのか確証は得られないが、前年の文明四年に上杉氏一門が五十子陣に集結している様子が『松陰私語』第二には記されているので(12)、おそらく五十子であろう(13)。以上から、関東において定昌の近臣として飯沼左衛門尉輔泰を確認できることになる。さらに、この輔泰の官途「左衛門尉」と先に『松陰私語』と「太田道灌状」において確認した飯沼次郎左衛門尉とは、「左衛門尉」の部分が共通する。両者は同一人物であるのではなかろうか。次の史料を確認したい。

〔史料5〕「越後文書宝翰集　黒川文書」（『新潟県史　資料編4　中世二』一三五九号）

就彼地御安堵之儀、屋形へ御音信、目出可然存候、年来御本意奉察候、巨細式部丞殿可被申候、恐々謹言、

（文明十二年）七月八日　（飯沼）左衛門尉定泰（花押）

謹上　黒川宮福殿　御報

〔史料5〕の署判者である飯沼定泰の本来の官途は、弾正左衛門尉である。定泰の父と考えられる飯沼頼泰も同じ官途を称しており、おそらく定泰は飯沼氏の中では嫡流の系統なのであろう。しかしながら、本文書中において定泰は「弾正」を略して左衛門尉定泰と称している。よって、飯沼氏においては弾正を略して左衛門尉とのみ記すこともあったことがわかる。とすると、これまでみてきた飯沼次郎左衛門尉が次郎を略して左衛門尉とのみ称したこともあ

り得ると考えられよう。

以上、（１）〔史料１・２〕の飯沼次郎左衛門尉と〔史料４〕の飯沼左衛門尉輔泰の定昌に対する位置がほぼ共通する、（２）〔史料１・２〕が文明八〜九年、〔史料４〕が文明五年であり、二つの事例の時期が極めて近い、（３）飯沼輔泰は官途を左衛門尉だけではなく次郎左衛門尉と称することもあり得るという点から、〔史料１・２〕の飯沼次郎左衛門尉と〔史料４〕の飯沼左衛門尉輔泰とを同一人物とみてよかろう。よって、飯沼次郎左衛門尉の実名は輔泰ということになる。

飯沼次郎左衛門尉輔泰は、官途からみて飯沼氏の中では庶流の系統であったのではなかろうか[14]。輔泰は文明十二年（一四八〇）十一月には、官途を遠江守に改めていることが確認できる[15]。また、後の文亀三年（一五〇三）五月二十八日付の文書において、水原伊勢守と「済物多少」について相論をしている飯沼次郎左衛門尉を確認できる[16]。この人物は、輔泰の子息かその系統の人物であろう。次郎左衛門尉の系統は、輔泰の後にも続いたのである[17]。

二、定昌の死と飯沼氏

長享二年（一四八八）三月、上杉定昌は白井において没する。以下では、定昌の死について飯沼氏を通じて若干考察したい。

〔史料６〕「発智文書」（『越佐史料』巻三、三二三〜三二四頁）

（巻裏）「長享二年つちのへさる三月廿七日酉刻上野鳥取之御陣へ到来候」

白井之殿様之御事、中々不及申候、今月廿六日に、石白へまいり、やかておいつき、御とも可申候、いゝぬまとのへ此由を可申候（中略）

三月廿六日　　　　　　　　やましろ入道

　　　　　　　　　　　　　　　景儀

発智六郎右衛門殿

〔史料6〕は三月二十四日に白井で自殺をした上杉定昌の後を追おうとしている発智景儀が、上野国鳥取（現群馬県前橋市）に在陣している発智六郎右衛門に宛てたものである。本史料は、現在では原本が所在不明のようである[18]。しかしながら、「赤堀文書」によって前年の長享元年（一四八七）十二月頃に扇谷上杉氏方と対立していた山内・越後両上杉氏方の軍勢が鳥取に在陣していたことは確認できる[19]。よって、それが本史料の「上野鳥取之御陣」という記載と一致することから、本史料は信頼してよいと考えられる。

とすると、文中に「いゝぬまとのへ此由を可申候」とあるように、景儀はこの書状の内容を飯沼氏に伝えるように六郎右衛門に命じていることになる。では、この「いゝぬまとの」とは誰であろうか。この文書の文脈から判断すると、①この飯沼某は越後ではなく鳥取の陣もしくはその近辺に居たと考えられる、②発智景儀が自身の追腹について伝言しようとしていることから、この飯沼某は関東における越後勢の中で重要な役割を果たしていたと考えられる、となろう。以上の①②から、この飯沼某はこれまでみてきた飯沼輔泰なのではあるまいか[20]。

定昌の死については依然として不明確な部分が多い。しかしながら、定昌が没した時に東国の陣で定昌の近臣として活動していた飯沼輔泰が白井に赴いていないことは、注目されよう。定昌と殉死をしたのは、発智景儀であった[21]。

おわりに

以上、本稿では①飯沼次郎左衛門尉は関東の五十子陣などにおいて定昌の近臣であったと考えられる、②飯沼次郎左衛門尉の実名は輔泰であったと考えられる、③十五世紀後半の段階において飯沼氏の嫡流の系統は弾正左衛門尉定泰であったのに対して、庶流の系統は次郎左衛門尉輔泰であったと考えられる、④長享二年に白井で定昌が没した時に、輔泰は定昌とは距離をおいて鳥取陣もしくはその近辺にいたと考えられる、といった点を確認した。

これまで考察してきたように、上杉房定の重臣の一人であった飯沼氏が自身の近臣であるなど、定昌の権力のあり方は明らかに本国越後の支配体制を反映したものになっていた(22)。飯沼輔泰は定昌の近臣として、重要な役割を果たしていたのである。

註

（1）定昌の死去については、『越佐史料』巻三、三二一～三三二頁に関係する史料が収録されている。

（2）片桐昭彦「房定の一族と家臣」（『上越市史　通史編2　中世』第三部第一章第二節、上越市、二〇〇四年）参照。

（3）逆に少なくとも十六世紀初頭頃まで、上野国との境界に位置する越後国の上田荘などは関東管領家と関係が深かったと考えられるが、これらの地域と関東管領家との関わりについても具体的によくわかっていない点が多い。筆者は以前に尻高氏を取り上げて、その動向の一端を明らかにした（拙稿「尻高左京亮についての覚書」『群馬県埋蔵文化財調査事業団　研究紀要』二十二号、二〇〇四年）。

（4）木村康裕「飯沼氏とその伝承」（『町史よいた』第一集、一九九〇年）。本論文には飯沼氏に関する史料が網羅されており、現時点における飯沼氏に関する最もまとまった論考である。

（5）五十子陣については、近年に発掘調査が進んだ結果、陣の実態の一端が考古学的に明らかになりつつある（『東五十子・川原町』東五十子遺跡調査会、二〇〇二年、太田博之「「五十子陣」研究ノート」『群馬考古学手帳』十五号、二〇〇五年など）。また、文献史学の側でも、最近になって陣についての研究が進んでいる（松岡進「戦国初期東国における陣と城館」『戦国史研究』五十号、二〇〇五年、峰岸純夫「享徳の乱における城郭と陣所」千葉城郭研究会編『城郭と中世の東国』高志書院、二〇〇五年など）。それらの研究視角とは別に、上杉氏一門の関東における活動の結節点として、文献史料に基づいた五十子陣の実態解明が不可欠である。筆者は以前に、五十子陣の機能していた時期が十五世紀の第3四半期であることを論じた（拙稿「文書・記録からみた五十子陣」『中世考古学文献研究会 会報』第六号、二〇〇六年二月発行）。

（6）文明九年（一四七七）一月の上杉氏方の五十子陣からの撤退に関しては、井田晃作「武士の城山を中心とした松陰私語の抄訳」（『境町歴史資料』六十五号、一九六六年）参照

（7）この典厩について『群馬県史　資料編5　中世1』では、上杉顕定の子息である憲房に比定している。しかしながら、早くに『北区史　資料編　古代中世2』第三編中世記録　三一号で注記を付し、木下聡「山内上杉氏における官途と関東管領職の問題」（『日本歴史』六八五号、二〇〇五年）においても指摘されているように、この典厩は官途の左馬助の唐名と解釈して定昌に比定するのが適切である。

（8）木村前掲論文など。

（9）この時期における越後上杉氏の家臣については、片桐前掲「房定の一族と家臣」などを参照した。関東上杉氏の家臣については、峰岸純夫「上州一揆と上杉氏守護領国体制」・「東国における十五世紀後半の内乱の意義」（同氏著『中世の東国　地域と権力』東京大学出版会、一九八九年、初出一九六四・一九六三年）などの研究、佐藤博信氏の一連の研究（同氏著『中世東国の支配構造』思文閣出版、一九八九年、『続中世東国の支配構造』思文閣出版、一九九六年など）を参照した。また、山内上杉氏の分国である伊豆に関しては、家永遵嗣「北条早雲の伊豆征服」（『伊豆の郷土研究』二四集、一九九九年）を参照した。これらの研究をみる限り

では、関東と越後の上杉氏の分国内において、飯塚氏という氏族が顕著な活動をしていたことは認められない。

(10)『越佐史料』巻三、一九八～一九九頁。同月二十三日に関東において、山内上杉氏の家宰である長尾景信が亡くなっている。この景信の死去が関東の政治情勢に不安定をもたらすという懸念があったため、房定は配下の江口氏や発智氏に対して出陣の準備を命じたのではないか。江口氏や発智氏への書状は同日付で同内容であり、この他にも同様の書状が多く発給された可能性がある。それだけ、東国における景信の果たす役割は大きかったのであろう。その後、房定の懸念は現実のものとなり、同年十一月には古河公方方に五十子陣は攻められており、扇谷上杉政真が討ち死にしている（『鎌倉大草紙』巻之五など）。

(11)前掲の峰岸氏や佐藤氏の研究などがあるように、白井は越後上杉氏の関東における重要な拠点であった。近年、内山俊身「鳥名木文書に見る室町期東国の政治状況」（『茨城県立歴史館報』三一号、二〇〇四年）によって、嘉吉元年（一四四一）七月～翌二年十一月にかけて信濃佐久の万寿王丸（後の古河公方足利成氏）の武装蜂起のために、上条家の上杉清方が白井に軍事結集していたことが明らかにされている。

(12)文明四年における古河公方方と上杉氏方の利根川を挟んだ対陣の状況については、前掲の峰岸純夫「享徳の乱における城郭と陣所」参照。

(13)文明五年四月の段階で定昌は五十子へ在陣していたと思われ、この前後の期間も五十子へ滞在していたことが多かったのではないか。片桐前掲「房定の一族と家臣」によれば、定昌は文明五年四月から翌六年四月の間に実名を定方から定昌へ改めており、「昌」字は扇谷上杉氏の系統である上杉朝昌からの偏諱である可能性が高いという。朝昌は『松陰私語』によって前年の文明四年には五十子に滞陣していたことが確認され、その後の動向はしばらく不明であるが、長尾景春の乱後の文明九年には「太田道灌状」によって江戸城に居ることが確認できる。片桐氏の仮説が正しいとするならば、朝昌から定昌への偏諱は五十子でなされたのかもしれない。なお、朝昌については齋藤慎一「南関東の都市と街道」（浅野晴樹他編『中世の東国2　南関東』高志書院、二〇〇四年）、黒田基樹「扇谷上杉氏の台頭」（同氏著『扇谷上杉氏と太田道灌』岩田書院、二〇〇四年、初出一九九六年）参照。

(14)片桐前掲「房定の一族と家臣」では、飯沼頼泰の官途であった左衛門尉を輔泰がまず称して後には定泰も称するので、飯沼氏の系統は頼泰―輔泰―定泰であるとしている。しかしながら、木村前掲論文の「飯沼氏関係史料」という表からも明らかなように、弾正左衛門尉の官途を最初に称するのは定泰である。また、これまでに明らかにしてきたように、そもそも輔泰の官途は正確には次郎左衛門尉である。

(15)「山形大学所蔵　中条家文書」（文明十二年）十一月十日（『新潟県史　資料編4　中世二』一八八九号）の署判に「遠江守輔泰」とみえ、その花押が次郎左衛門尉輔泰の花押と一致するという一八八九号文書の説明による。なお、両者の花押が同一であることは、筆者自身も新潟県立文書館架蔵の写真版によって確認した。

(16)「越後文書宝翰集　水原文書」（『新潟県史　資料編4　中世二』一五二七号）。

(17)後の永正十一年（一五一四）一月に上田荘六日市において行われた八条上杉氏方と長尾為景方との合戦において、「石川・飯沼已下千余人」が討ち取られている。この飯沼は、これまでにみてきた飯沼氏のいずれかの系統、あるいは両者であったろう。この飯沼氏や石川氏・力石氏・尻高氏などの関東・越後両上杉氏の古くからの家臣の十六世紀初頭における衰退の状況については、拙稿「関東管領上杉顕定と越後」（『上越市史　通史編2　中世』第三部第二章第一節、上越市、二〇〇四年）参照。

(18)本文書は昭和二年刊行の『越佐史料』巻三には収録されているが、その後に桑山浩然氏によって本文書は影写本にもなく、原本の所在が不明であるという指摘がなされていた（同氏「解題　発智文書」佐藤進一他編『影印　北越中世文書』柏書房、一九七五年）。しかしながら、近年刊行された『湯沢町史　資料編　上巻』（湯沢町教育委員会、二〇〇四年）には、第四章四十一号文書として本文書の写し（東京大学史料編纂所所蔵　伊佐早謙採集文書巻十七）が収載されている。本稿では、『越佐史料』巻三の翻刻に拠った。

(19)『群馬県史　資料編7　中世3』一七八九号〜一七九一号。なお、山内・越後両上杉氏と赤堀氏との関わりについては、須藤聡・簗瀬大輔「秀郷流赤堀氏の伝承と資料の調査」（『群馬県立歴史博物館紀要』二十号、一九九九年）、久保田順一「鎌倉府体制と赤堀地方」（『赤堀町誌』第二章第四節、赤堀町、二〇〇四年）参照。

(20)前掲の『湯沢町史　資料編　上巻』第四章四十一号文書の註では、この「いゝぬまとの」を飯沼定泰かもしれないとしているが、本稿ではこれまでの考察から以上のように考えた。なお、同書では本文書中にみえる「石白」を石白の泉福寺ではないかと推測しており、泉福寺跡出土の考古資料も同書の第二章に併せて掲載している。

(21)　片桐前掲「房定の一族と家臣」では、この発智景儀を「房定が定昌の後見役として側に付けた者かもしれない」としている。

(22)　片桐前掲「房定の一族と家臣」において既に指摘されているように、長享元年（一四八七）と推測される定昌から上野国の赤堀氏に宛てられた書状に「委曲猶〻宇佐美新兵衛尉可申候」とあるように（『群馬県史　資料編7　中世3』一七八九号）、この宇佐美新兵衛尉も定昌の近臣であろう。宇佐美氏は房定の後の守護上杉房能・定実期において、守護近臣であったことが明らかにされている（矢田俊文「戦国期越後国政治体制の基本構造」本多隆成編『戦国・織豊期の権力と社会』吉川弘文館、一九九九年）。

【付記】再録にあたって、文章のわかりにくい箇所を訂正した。

Ⅶ　上杉房能の政治

森田真一

京都上杉氏

越後上杉氏（越後守護家・上条家など）や関東上杉氏（山内家・扇谷家など）とは別に、京都を拠点に活動をした四条上杉氏・八条上杉氏とよばれる系統が上杉氏一門には存在した。「京八総領《ママ》、関東八庶子」（『蔗軒日録』文明十八年九月二十二日条）という記事に象徴されるように、京都上杉氏こそが惣領筋であったようである（湯山学一九八九）。四条上杉氏は外様衆として十六世紀前半まで一貫して京都との結び付きがあったのに対して、八条上杉氏は十六世紀初頭には御相伴衆としての京都での活動が認められなくなるという（谷合伸介二〇〇四）。『北越軍記』巻第二に、八条上杉氏は「文明の比京師の乱を避て越後え立越」ともあるように（湯山学一九八九）、十五世紀後半から八条上杉氏は拠点の比重を越後へ移していったと推測される。

明応九年（一五〇〇）以前の守護上杉氏と揚河北の本庄氏との対立に関する史料において、「尾州」と「市川和泉守」とが守護の書状に添状を出していることが確認できる。この史料の全体的な文脈から、「尾州」が大きな発言力を有していたことが推測される。当該期、上杉氏重臣の長尾・石川・斎藤・千坂・平子・飯沼・宇佐美ら各氏のなかに、官途「尾張守」を称する人物は認められない。『園塵』第三に連歌を催した人物として「上杉尾州」がおり、『梅花無尽蔵』から、長享二年（一四八八）十一月十九日に集九が「祇梅和尚・尾州守・対馬守」に書状を出していることが確認できる。後述する永正四年（一五〇七）の政変にかかわる史料に「八条尾張守」「尾州父子」が散見しているように、これらはすべて八条尾張守に比定される可能性が高い。十五世紀後半において、八条上杉氏（尾張守）は越後において活動していた（森田真一二〇〇四ｂ）。

房能の政策

明応七年（一四九八）、上杉房能は領主の郡司不入権を破棄する政策を行った。郡司不入権とは、在地の領主が守護の郡単位の代官である郡司の公権力の介入を拒否できる権限であった。したがって、この権限が破棄されたことによって、在地の領主の支配に守護の公権力（郡司）の介入が増大することになった（矢田俊文一九九九ａ）。

この政策が実行されたころの文亀二年（一五〇二）、伊勢盛種の所領である越後国松山保（旧松代町・松之山町）に長尾輔景が強入部したとして政治問題となっている（『県史』三八九四～三九〇三）。この事件で注目されるのは、輔景が強入部したことに対して伊勢盛種の側は松山保をみずからの「直務」地であると言い、それが侵害されているためにみずから越後に「下国」するということを主張している点であろう。伊勢盛種は伊勢宗瑞（北条早雲）の従兄弟であるということから、この文書群に伊勢氏と上杉氏とのあいだの政治的関係を考慮に入れる必要はあろう（家永遵嗣一九九六）。とはいえ、松山保を代官の請負地ではなく直務地とし、その所領を維持するために御内書まで発給して現地に赴くとする主張から、伊勢氏の自己の所領に対する公権力を介した直接的支配という意向も文言どおりに読み取れるのではなかろうか。

さきにみた房能の郡司不入権の破棄という政策も、郡司を介しながらではあるが在地社会を直接的に支配するという点では、伊勢氏の動きと共通していよう。とすると、房能の政策は特異なものであったのではなく、むしろ、十五世紀後半から十六世紀初頭にかけての幕府や守護などの社会的な上位権力には、公権力やみずからの社会的な権威（家格）によって、散在的な所領の維持のために在地社会を直接的に支配するという指向性があったのかもしれない。そして、越後国におけるその具体的な事例が房能の郡司不入破棄という政策であり、八条上杉氏の越後での活動ということになる。

八条家と永正四年の政変

八条家は扇谷上杉氏の朝顕からはじまるようである。その後、『満済准后日記』や『親元日記』、『永享以来御番帳』などによって、「上杉中務大輔」と京都政界との接触が認められる。また、『松陰私語』、『結番日記』によって「八条治部少輔」、「八条刑部少輔」の活動も確認される。越後国内では、白河荘（現阿賀野市）や鵜河荘（現柏崎市）、高波保（現栃尾市・見附市・長岡市）などを経済的な基盤とし、松山保（旧松代町・松之山町）や紙屋荘（現長岡市・小千谷市）とのかかわりもうかがえる。八条家は越後国内において十五世紀の段階で、「八条殿」と尊称を付した表記によって確認される。それは、京都政界との政治的な関係や経済的な富に裏打ちされたものであった（森田真一二〇〇四a、谷合伸介二〇〇四)。

永正四年(一五〇七)八月、守護の上杉房能は守護代の長尾為景によって殺害された。この政変のおこる前年の八月まで、越後国の守護代は長尾能景であった。年次は未詳ながら、「八条殿」が長尾能景亭において能景と「御直談」をしており、このことから八条家と能景との関係は良好であったと推測される。ところが、永正三年八月に能景が越中国に出陣中に戦死をしてしまい、能景の後継者として若年の為景が越後守護代に就任すると、八条家と為景とのあいだの確執が表面化する。就任からわずか三ヶ月後の十一月には、早くも「高家(八条家など)」を中核とした領主らが為景と抗争をするのである。

このような経緯を経て、永正四年の政変は引きおこされた。結果として越後守護家の当主をも殺害することになったものの、政変における為景の本来的な目的は政治的な介入を増大させつつあった八条家を排除することにあったと考えられる。

永正四年から五年の抗争

房能が没した後の永正四年(一五〇七)十一月には、早くも定実の判物が出され、翌永正五年十一月には幕府への働き掛けの結果、定実は正式に越後守護に補任されている。しかしながら、永正四年から五年にかけても引き続き八条家と為景とのあいだには抗争が継続した。永正四年の政変のおきた直後の翌九月、長尾氏の「一族衆若党以下数十人」がおそらく八条家を中心とする「上杉一家衆」によって殺害された。そして、この「上杉一家衆」の行動と歩調を合わせるかのように、同じく九月には揚河北で本庄氏が府中に対して挙兵をしている。さらに、翌永正五年にかけて、竹俣・池原・小田切・瀬原田・色部・堀越といった揚河北の領主が八条方であったことを確認できる。府中における権力闘争が、そのまま阿賀北にまで拡大したのであった。

八条方と為景との抗争は、八月に最終的な政治決着がついた。八月九日、八条成定が切腹することで事態は収束した。為景方の勝利によって、永正四年から五年にかけての抗争は終結したのである。

【参考文献】


家永遵嗣「明応二年の政変と伊勢宗瑞（北条早雲）の人脈」（『成城大学短期大学部　紀要』二十七号、一九九六年）。

谷合伸介「八条上杉氏・四条上杉氏の基礎的研究」（『新潟史学』第五十一号、二〇〇四年）。

森田真一「戦国の動乱」（『笹神村史』通史編、笹神村、二〇〇四年ａ）。

同　「八条尾張守について」（「室町・戦国・近世初期の上杉氏史料の帰納的研究」研究会レジュメ、二〇〇四年六月十三日　二〇〇四年ｂ）。

矢田俊文「戦国期越後の守護と守護代」（田村裕・坂井秀弥編『中世の越後と佐渡』、高志書院、一九九九年）。

湯山学「八条上杉氏」（オメガ社編『地方別　日本の名族』四　関東編Ⅱ、新人物往来社、一九八九年）。

【付記】再録にあたって、文章のわかりにくい箇所は訂正した。

Ⅷ　上条上杉定憲と享禄・天文の乱

森田真一

はじめに

古河公方研究によって中世東国史の研究をリードしてきた佐藤博信氏[1]は、上杉氏の権力の特質を南北朝期に溯って次のように規定している[2]。①上杉氏は足利一門に準ずる存在であり、上杉憲顕が足利直義と政治理念や身分格式・存立基盤で一致し、その基盤を鎌倉的秩序の上に存立する、という族的性格を有していた。②「関東管領を世襲し、併せて一族が数ヶ国守護を独占した」。③上杉氏の守護配置は、「ほぼ鎌倉期の北条氏得宗の東国における位置と役割をそのまま襲封する形で実現された」。④「関東管領上杉氏は、幕府と鎌倉府を結ぶカスガイ的な存在であった」。

以上のような上杉氏の特質を踏まえた上で、佐藤氏は古河公方を中心とした政治秩序に関東管領上杉氏を組み込み、東国国家論[3]を構築した。佐藤氏は、鎌倉府研究も併せて東国を南北朝期から織豊期までトータルに捉える理論的枠組みを提示しているが、鎌倉公方（古河公方）に準ずる公権力行使者であった上杉氏に関しては、長い時期設定でその動向を総体として捉える視点が確立されなかったと思われる。その要因の一つは、②③の指摘にあるように上杉氏と得宗家の類似性を把握しながらそれを守護公権の問題に限定したため、国ごとの守護沿革等が精緻に追及される一方で、上杉氏の研究が個別分散化してしまったためであると思われる。そして、そのような研究姿勢が間接的にではあれ戦国期にまで及んだ結果、佐藤氏の議論と池・矢田論争に代表される越後上杉氏研究の議論が必ずしもかみ合っていない、という現状となっていよう。全般的にいって、上杉氏の研究は個別分散化と断続的な時期設定のため、総体としての歴史像が見えにくくなっているのではあるまいか。従来の研究のように北条得宗家と上杉氏に共通する「東国における位置と役割」を守護職に還元するのではなく、そもそも所職を独占し得た上杉氏一族の血脈の内実、つまり、得宗家をはじめとした北条氏にこそ及ばないものの、一族の「凄まじい分流(4)」という共通する現象にこそ着目する必要があるのではなかろうか。

上杉氏は東国で山内・犬懸・扇谷等、各家に分流しているが越後においても同様に上条・山本寺・山浦と分流し、八条(枇杷島)家(5)が在地に定着していく。そして、上記の越後上杉氏一族の動向を天正期においても認められることから(6)、守護任国の変遷や同族結合の内実に変化が伴ないつつも、一族の関係を軸に上杉氏を南北朝期から織豊期まで一貫して追求し得るのではないか。このような見通しに依拠するためには、一族内の親疎関係や族縁関係、同族結合の在り方を具体的に明らかにする必要があるため、本稿ではフィールドを越後として関東管領家(山内家)と上条家、越後守護家の族的結合を十六世紀前半に焦点を絞って考察していきたい。

さて、関東との関わりを念頭に置いてフィールドを越後に設定するためには、個別上杉氏研究の蓄積として越後上杉氏の研究史を整理し、併せて佐藤氏の指摘する「越後の伝統的な政治的位置と建武政権成立以降の上野との一体的な支配体制の存在とその歴史的刻印(7)」を考慮に入れる必要があろう。これまでの越後上杉氏の研究は越後守護家の研究といってよく、その理解の枠組みは戦後の羽下徳彦氏の研究(8)によって形成され、基本構造の理解に関しては現在でも大きな影響力を保持していよう。羽下氏の枠組みは部分的な修正を加えられながら大名領国制論の池享氏に継承され、池氏は「守護領国制から大名領国制」というシェーマを明確に打ちだし、十六世紀前半を大名領国制の形成期と位置付けた⑼。一方、戦国領主論の矢田俊文氏⑽は政治的秩序の源泉として守護公権力を重視したため、両者では十六世紀前半の理解が大きく異なる結果となった。もっとも、両説では多くの政治的事象を守護または守護代との関わりに引き付けて解釈している点は共通しており、これを本稿の視点から捉え直す必要があろう。つまり、上杉氏一族、具体的には関東管領家・上条家・越後守護家の三者の関係を軸に十六世紀前半の政治史を把握し直すのであり、見通しから先に述べるならば、少なくとも天文年間初年までは関東管領家と上条家の上杉定憲の関係を理解しなければ、越後国の政治的動向を説得的に説明できないことが想定される。

そこで、佐藤氏の指摘する越後と上野の「一体的な支配体制」を概念規定するには、これまでの個別上杉氏研究のように所領や家臣団、または守護職を重視するのではなく、上杉氏一族の人的な関係を重視する必要があろう。その際、本稿では佐藤氏が東国国家論において用いた「上杉氏体制」という体制概念に着目したい。この概念は早くに峰岸純夫氏⑾によって用いられ、佐藤氏の研究では享徳の乱勃発の享徳三年（一四五四）から永禄十二年（一五六九）の越相同盟成立まで、公方―管領体制下の山内・扇谷両上杉氏の「対立しながらも両者相俟って」南関東の権力を行使している支配体制を示そう。ただ既述の通り、当該期には越後と上野の「一体的な支配体制」が想定されるのであって、上杉氏の軍事行動⑿や族縁関係⒀を考察する際に、越後上杉氏を切り離して「上杉氏体制」という概念を用いるのは不適切なのではあるまいか。本稿では、佐藤氏の用いた「上杉氏体制」という概念に越後上杉氏を組み込み、公方―管領体制下の「上杉氏体制」ではなく、公方とも関わりをもちながらも相対的に独立した、上杉氏一族の血縁関係を媒介とする権力行使の在りようを上杉氏体制と概念規定して用いたい。

以上、本稿の目的を抽象化して簡潔に述べるならば、関東上杉氏研究の成果と越後上杉氏研究のそれとを上杉氏体制という概念を用いることによって結び付け、上杉氏一族の動向を軸に十六世紀前半の越後国の政治史を読み解くことにある。

第一章　上条家の系譜

本章では、上杉定憲[14]に関する血縁関係を明らかにすることによって、上条家の系統について整理したい。まず、定憲の系図上の位置を「天文本上杉長尾系図」によって確認しよう。

（史料1）「天文本上杉長尾系図」摘要[15]

最勝院殿御家

笑中直公　廣徳院御息四男

最勝院殿　保眞院殿御舎弟　兵庫守殿

清方

蓮器玄澄

朝日寺殿　最勝院殿御息　淡路守殿

房実　最勝院殿御舎弟

定明
天祥祖晃
陽谷院殿　朝日寺殿御息　十郎殿無御息

齢仙永寿
長福院殿　朴峯様ノ御息　安夜叉丸殿
上條少弼入道殿御事也

（後略）

「天文本上杉長尾系図」では、上段に法名と実名、中段に詳細な血縁関係、下段に通称または幼名等が記されている。ここで注目したいのは、定明の項の下段と「長福院殿」の項についてである。定明の項の下段には通称が記されず「十郎殿無御息」とあって理解に苦しむが、『上杉文書』所収の諸系図[16]において定明を「十郎」とする記載があるので、この「十郎殿無御息」とは定明には子息がなかった、と解釈されよう。次の「長福院殿」には実名は記されていないが、これも同じく『上杉文書』所収の諸系図において定憲を「安夜叉丸号上條弥五郎播磨守」と記し「安夜叉丸」が史料１の「長福院殿」の下段の記載に一致することから、この「長福院殿」を定憲とみてよかろう。したがって、「十郎殿（定明）」は継嗣に恵まれなかったので、「朴峯様」の「御息」である定憲が上条家に入った、となろう。それでは、「朴峯様」とは一体誰なのかということが次に問題となるが、「上杉系図大概」[17]をみると「四郎顕定、越後国守護相模守房定實子、法名可諄、道號告峯、號海龍寺殿（後略）」とあるように、朴峯（告峯）とは関東管領上杉顕定である。

これまで定憲が顕定の子息であると記された系図[18]はあったが、「按ニ流布ノ上杉系図、上條定憲ヲ顕定公ノ養子ト記シ、或實子ト記シ、或公ト共ニ戦死スト記ス（中略）皆誤ル故ニ今皆之ヲ採ラス」[19]とあるように、顕定の実子であるとか養子であるとか錯綜していたために、系図の記載は信憑性のないものだと考えられてきた。次にこの点を考察しよう。

（史料2）「上杉可諄（顕定）書状写[20]」

（前略）

一、上条弥五郎相馳砌、寺泊要害為始長茂張陣之衆被除以来、各屋敷打明候間、同名六郎至于寺泊出張、（中略）

永正七年六月十二日　　　　可諄

「長尾但馬守殿」

史料2は、永正六年（一五〇九）七月から始まる上杉顕定の越後介入に関する史料である。通説はこの部分を根拠に『越佐史料』の綱文[21]と同様に解釈して、「上条弥五郎（定憲）」は顕定を裏切ったとしている。素直に解釈すれば、「上条弥五郎（定憲）」が来た時には、「寺泊要害」では「長茂」をはじめとした「張陣之衆」が敗れてしまったので、「各（寺泊要害にいた者）」は屋敷を空けて降参し、「六郎（為景）」が「寺泊」に出張した、となろう。これまでは

「各」を「上条弥五郎（定憲）」と解釈してきたが、「各」＝「寺泊要害」の者である。定憲が寺泊に来た「砌」には、既に事態が以上のように推移していたのであって、定憲としては為景が既に占領している寺泊要害を傍観せざるを得ない状態だったのではないか。先の定憲の血縁関係と後にみる定憲の行動を勘案しても、定憲が顕定を裏切ったとは考えられない。問題は、「長茂」である。今までは、これが誰なのか解釈されてない。

（史料３）「上杉系図　系図部四十九」摘要

├顕定　四郎　關執権　実相模守房定二男
├憲房　五郎
└憲明　十郎長茂　於越州討死　六月十二日

（後略）

（史料４）「上杉系図　浅羽本」摘要(22)

周清　禅僧大徳寺僧　號晟蔵主　道號文明　後落堕
├憲房　五郎右馬頭　永正十二年任管領　大永五年四月十六日五十九歳死　號龍洞院道憲大成
├憲明　十郎
└女子

史料３を見ると、憲明の注記に「十郎長茂」とある。この系図では憲明を顕定・憲房の兄弟として記し錯綜しているが、史料４において憲房の実弟に憲明を確認することが出来る。したがって、長茂を十郎憲明としてよかろう。憲房が顕定の養子となっていること(23)から、この憲明も同じく顕定の養子になったのであろう。したがって、長茂（憲明）が顕定の養子であることが明らかになったことから、なぜ定憲が顕定の養子であるとか顕定とともに越後で戦死したとの説のあるのかが理解されよう。この説は全く根拠がないわけではなく、この長茂（憲明）が顕定の養子であるということと混同したのである。(24)定憲を顕定の養子とする系図もあるが、第二章で分析する定憲の花押形を考慮するとおそらく実子であり、後に上条家の養嗣子となるのである。(25)

それでは、定憲が顕定の子息で上条家の養子となった、という歴史的事実をいかに評価すべきであろうか。佐藤氏によると、顕定は古河公方家へ「御一家」化し、古河公方家から顕実を養子として迎え入れるなど「公方―管領体制の修復・補完の役割を果た」したという。(26)確かに佐藤氏の指摘されるように、顕定は古河公方足利政氏と密接な関係を築いていたが、その一方で子息定憲を上条家に養子として送り込み、一族の憲房・憲明を養子として迎え入れるという血縁関係も併せて結んでいたのである。そして、第二章でみるように、定憲の動向が確実に十六世紀前半の越後国の歴史的展開を規定したことから、定憲の上条家入嗣は、公方―管領体制に収斂されない上杉氏体制という枠組みに規定された政治的所産であったといえよう。(27)

ところで、関東管領家から上条家へ入嗣した定憲と、永正四年（一五〇七）に為景によって守護として擁立された上条家出身の定実とはいかなる関係にあったのだろうか。定憲の上条家への入嗣の時期は、憲房が文明～長享の頃、顕実が永正年代初期には顕定の養子になっていたと推測され、(28)定憲の養父定明が逝去した徴証が十五世紀末にあることから、定実が守護に擁立される以前であったと推測されよう。ならば、後に為景が定実をコントロールしようと図ったことから、(29)為景の政治的立場上、定実は定憲よりも守護として擁立するのに適当な人物であったのではなかろうか。この想定を裏付ける史料に、「米沢上杉之藩山吉家伝記之写」（以下「山吉家伝記」と略）に筆写された以下の六通の家伝文書がある。(30)①（無年号）山吉孫五郎宛憲房書状写、②（無年号）山吉孫五郎宛定俊書状写、③（無年号）山

吉孫五郎宛定俊書状写、④（無年号）山吉孫五郎宛伊玄書状写、⑤（無年号）山吉孫五郎宛長授院妙壽書状写、⑥（無年号）福王寺彦八郎宛張恕書状写。

この文書群の写を利用するのにあたって、幸い⑤⑥がそれぞれ「編年文書[31]」、「新編会津風土記[32]」に筆写されているため、ひとまず信頼できる史料であるといえよう。全面的な検討は省略し、ここではとりあえず②③に注目したい。後にまた利用するが、重要な史料なので全文を掲出する[33]。

（史料５）「定俊書状写」

自伊玄之切紙委細披見、先以足軽於山中被置候者、可然候、其方之事者、諸軍打着之上、時宜調可被遣候哉、何様其庄江寄陣可申合候、其有無之切紙返申候、謹言、

八月十三日　　定俊御判形

山吉孫五郎殿へ

（史料６）「定俊書状写」

自府中書状共、早速給候委細披見、則及御報候、於其方皆々伊玄書状罰文有披見、□へ可被遣候、此上諸軍談合簡要候、謹言、

（自六郎殿之切紙返可給候）八月廿四日　　定俊判形

山吉孫五郎殿

史料５・６ともに文言に特に不自然な箇所は見当たらない。ただ、署判をしている定俊という人物は、これまで確認されていないと思われる。系図中には定俊についての言及があり、それによると、「上杉掃部守定俊御書、壱通、

（中略）右上杉定俊ハ、永正年中椎屋ニ被成御座候上杉兵庫頭定実公之御父也（後略）」とある。つまり、これまで定実の実父は史料1にも記載のある房実[34]であると考えられてきたが、「山吉家伝記」では定俊こそが定実の実父であるとしている。そもそも、この定俊の存在自体に疑問もあろうが、次の史料から定俊という人物が実在したことは間違いなかろう。

（史料7）「（姓不詳）定俊書状[35]」

年頭之為祝義、扇子目出候、仍五明壱本進候、誠々珍重之壱義計候、恐々謹言、

正月廿五日　　　　定俊（花押）

和田山修理亮殿

史料7は、年未詳の正月の贈答儀礼に関するものである。宛所の和田山氏は所領を現在の下田村と栃尾市に所持し、拠点が栃尾、つまり古志郡にあった[36]。一方、先にみた定俊が署判をした史料5・6の宛所は、蒲原郡司山吉氏である。和田山氏の拠点と山吉氏のそれとは、定憲の養父である定明が活動した徴証のある定明《じょうみょう》（現長岡市）の位置する古志郡、定明寺（現三条市）のある蒲原郡とおおよそながら範囲が符合する[37]。したがって、史料7の定俊とは「山吉家伝記」に筆写された家伝文書の定俊と考えてよいのではないか。系図上では確認されないが、この定俊は定明の後に蒲原郡と古志郡を拠点に活動した上条家の庶流の系統にあたると考えられる。つまり、定明から定憲へと継承された上条家嫡流と、定明から定俊へと継承された上条家庶流の系統があったのではなかろうか。そして、定俊の息であった定実が守護として為景に擁立されたのは、上条家の系譜にありながら傍流に位置し、生来的に政治的な影響力を発揮することの少ない人物であると考えられたからではないか。以上のように推測した上条家庶流については、十六世

紀前半からその動向を確認し得るのである。

十六世紀前半に「越（古志）の十良（十郎）」が史料に現れる。[38] 享禄・天文の乱に関する著名な史料である「享禄四年（一五三一）六月日　越後衆連判軍陣壁書写[39]」の最奥で連署をしている「十郎」が初見であろう。天正三年の軍役帳においても「十郎殿」を上杉氏一族として確認し得ることから、姓は記されていないがこの十郎は上杉氏一族とみてよかろう。ただ、八条（枇杷島）・上条・山本寺・山浦の庶族は十五世紀からその動向を確認し得るが、この十郎だけはその系統が不明なのである。先にみた定俊は確認されないが、定明や上条家の祖である清方の仮名が十郎であること、定明の活動拠点の一つが古志（越）であることから、この十郎とはこれまでみてきた上条家庶流の系統にあたるといえよう。つまり、定明・定俊の後においても古志郡を拠点に上条家の庶流にあたる系統が、「十郎殿」として活動していたと考えられよう。

以上、本章では、上条家の上杉定憲は関東管領上杉顕定の子息で後に上条家の養子となったということ、上条家は、定明から定憲へと継承される嫡流の系統と定明から定俊へと継承される庶流の系統の二系統あったこと、この庶流の系統は古志郡を拠点に「十郎殿」として天正期においても活動していること、などを確認した。

第二章　享禄・天文の乱の構造と展開

本章では、第一章で明らかにした関東管領上杉顕定の子息である上条家の上杉定憲の動向を軸に、享禄・天文の乱の構造と展開を明らかにしたい。まず、定憲が発給した文書を整理することから始めたい。管見の限りで定憲が発給した文書を六通確認し、これを年次順にまとめたものが表1の定憲関係文書である。以下、この表1から文書を引用する時には、表の番号によることにする。また、定憲には花押形が二つあり、その形象は図1のようなものである。以下、順にみていこう。

No.1はその内容と、永正十年（一五一三）三月以降に為景は官途弾正左衛門尉を称するようになったという指摘[40]から、『新潟県史』や『越佐史料』の指摘通り永正十一年（一五一四）に比定できる。[41]この史料で注目されるのは、定憲の花押形である。これは、定憲が花押1を用いている唯一のものであり、その形象は先学の指摘の通り[42]、実父顕定の花押形とその実父である房定の花押形に酷似しているのである。この花押形は、永正四年（一五〇七）に守護に擁立された定実のものに比べ、明らかに房定―顕定―定憲と位置付けられるのに相応しいものである。したがって、当初、定憲は自己の権力の正当性を顕定との血縁関係によって強烈に主張していたといえよう。

No.2〜No.4についての年次比定は確定できないが、花押形が1から2に大きく変化していることから定憲の権力志向が大きな変質を遂げたことは間違いなかろう。したがって、享禄三年（一五三〇）十月に勃発した享禄・天文の乱がその契機になったのではあるまいか。[43]No.1には「対定実、長尾弾正左衛門尉慮外之刷、前代未聞」とあるように、永正十一年段階での定憲の政治基調は守護定実を中心とした政治体制を擁護するものであった。しかしながら、No.2以降の定憲の文書から守護定実を推戴するような文言を窺えないことから、「折りあらば定実の守護権を回復せんと狙」[44]うためではなく、享禄・天文の乱以降、定憲は守護―守護代という権力体系から離れて活動していくのである。

No.5とNo.6では、定憲は実名を定兼に改めている。No.5には「奥山・瀬波之衆明日廿六至于蒲原津着陣」とあり、

表1　定憲関係文書

No.	年月日	文書名	署判	宛所	出典（刊本）
1	（永正 11） 6・13	上条上杉定憲書状	藤原憲定 （花押 1）	謹上　伊達殿	伊達文書 （「新」3212 号）
2	（年未詳） 正・16	上条上杉定憲書状	定憲 （花押 2）	穴沢新右衛門尉殿	大石文書 （「新」3227 号）
3	（年未詳） 8・2	上条上杉定憲書状	定兼 （花押 2）	楡井弥七郎殿	志賀槇太郎氏所蔵　楡井文書 （「新」3579 号）
4	（年未詳） 11・9	上条上杉定憲書状	播磨守定憲 （花押 2）	計見四郎右衛門尉殿	上杉家文書 （「新』577 号）
5	（天文 4） 6・25	上条上杉定憲書状写	定兼	宇佐美四郎右衛門尉殿	歴代古案 （『越」3 -812）
6	（天文 4） 8・17	上条上杉定憲書状写	定兼 （花押影 2）	平子弥三郎殿	武州文書 （「趙」3 － 820）

〔註〕No.1 の花押については「新潟県史　資料編５　中世三　付録」の花押・印章一覧で確認をした。
No. 2、3、6 の花押については、東京大学史料編纂所架蔵の影写本で確認をした。
No. 4 の花押については、新潟県立文書館架蔵の写真帳で確認をした。

図1

房定　　顕定　　定憲（花押 1）　　定憲（花押 2）　　定実

※　花押は『新潟県史　資料編　中世一・二・三』付録の花押・印章一覧に拠った。

他の関連する史料(45)と併せて考えると『越佐史料』の指摘通り天文四年（一五三五）に比定してよかろう。No.６も他の一連の文書群(46)から天文四年に比定できよう。したがって、定憲が実名を改めた時期は天文四年六月以前ということになり、為景が天文二年（一五三三）に本成寺に宛てた寄進状(47)に「今度再乱」とあって天文二年が一つの画期であったと考えられることから、定憲の改名は天文二年にあったのではあるまいか。改名の時期を明確にはできないが、改名によって定憲は為景に対する自己の政治的立場を鮮明にしたのだと考えられよう。以上、定憲が発給した文書について概観してきた。次に、定憲に関する史料を順にみてみよう。

（史料8）「山内重俊書状(48)」

就如仰憑入候題目、御被官内山忠右衛門尉方為御使、御懇切被仰付、上条兵部井御同名為景へ両度被仰届候、依之二ヶ所可預之由承候、先以大慶存候、雖然、何も殊外少地之由覃承候、殊上田毎子村遠路之事候、旁々以難覃其刷候歟、乍去、能々尋承候而、為御礼態可申入候、仍如御書中、太刀一腰、送預候、祝着候、是も太刀一進之候、御祝儀許候、巨細忠右衛門方口上申候之間、不能重説候、恐々謹言、

六月三日　　内匠助重俊（花押）

謹上　長尾弥四郎殿
御報

これは、現在の福島県大沼郡金山町に拠点のあった山内氏から古志長尾弥四郎（房景）に宛てた書状である。前半では、重俊の「憑入候題目」を「上条兵部」と「同名為景」へ「仰届」てくれた房景に対して、重俊が謝意を表している。年次比定は困難であるが、「上条兵部」の官途「兵部」に着目すると、次の史料が注目される。

（史料9）「長尾為景書状(49)」

御折□披読、則及披露候、仍小森沢弥二郎在所へ、近辺地下人等令乱入候処、□□制止被相静由、可然候、随而上田庄被成其御刷上、落居不可有程之由被仰越候、専一候、先書如申各被差越候条、能々被遂御相談、御武略簡要候由、可得御意候、恐々謹言、

長尾

九月廿五日　　　　　　為景（花押）

兵部まいる人々御中

これは、「小森沢弥二郎在所」へ「近辺地下人等」が乱入したのを「兵部」が「制止」し、そのことを為景に伝えたところ、為景が定実に披露をした上で「兵部」に宛てたものである。宛所には姓を記さずに「兵部」とある。山田邦明氏の指摘(50)によると、「兵部」に姓が記されていないこと、丁寧な脇付、先の史料８に「上条兵部」とみえることから、この「兵部」は上条兵部である可能性が高いとしている。しかしながら、山田氏はこの「兵部」の人名比定を慎重に保留している。この史料にある為景の花押形は永正五年二月から同八年七月まで確認できるので(51)、本史料が発給されたのは永正五年～七年の間であり、さらに永正六年には顕定が越後に介入するので同年とは考えられない。したがって、山田氏の指摘通り永正五年か七年であり、どちらの年であるのか判断は難しいが、永正五年には揚北の領主と府中との間で抗争が続く(52)ので、顕定が死去した後の永正七年九月ではなかろうか。この点に留意して、次の史料をみてみよう。

（史料10）「長寿院妙寿書状写(53)」

御注進状致披露上、被成御書候、可為御満足候、

一（一条目）兵部為御意見、福王寺ニ少々被相加人数山を可被越之由候哉、他国之儀候間、毎篇無越度之様可仰合事専一候、

一（二条目）御上使御公用以下、堅被仰付候故、近郷之方出陣延引之由候歟、是又兵部へ御申候て、御催促尤候、次自御上使如仰越候、今度御出陣之方取分、其方御同道衆濫妨狼籍以外之由候、雖無申説候、堅可被仰付事簡要候、

一（三条目）従沼田殿書状も、前之御返事恩田同名中も同前候間、不及御返事候、

一（四条目）自伊玄御一札、并御罰文状事、此方ニをかせられ候、
一（五条目）夫丸事示給候、何様正盛談合申内《（マヽ）》候、可得御意候、
一（六条目）晝夜之御陣労奉察候、何様旁追而可申入候、恐々謹言、

九月七日　　長授院　妙寿在判

山吉孫五郎殿御返報

この史料は、長授院妙寿から山吉氏に宛てられたものである。『越佐史料』によって顕定が越後長森原で敗死した直後の永正七年（一五一〇）九月に比定されており、永正七年と考えられる八月三日付の上杉憲房書状写から『越佐史料』の指摘通り永正七年に比定してよかろう。さて、前書によってこの書状は山吉氏が出した「注進状」を長授院妙寿が定実に「披露」し、定実からの「御書」と一緒に妙寿から山吉氏へ宛てられたものであるとわかる。一条目と二条目に「兵部」に関することが記されている。一条目を置いて、まず二条目からみてみよう。二条目の前半の大意は、「近郷之方出陣」が「延引」しているので「兵部」へ言って「御催促」をしなさい、となろう。したがって、一条目の文意は、初めの「兵部為御意見」という部分がやや理解しにくいが、「御意見」は山吉氏の「御意見」であると考えられ、すなわち、「兵部」はあなた（山吉孫五郎）の「御意見」によって上野へ越山することになったのだろうか、他国のことなので油断のないように、となろう。「兵部」が軍事指揮権を掌握していたこと、しかしながら「兵部」は軍勢を動かそうとはしなかったことが読み取れる。

次に四条目をみよう。文意は、「伊玄」からの「御一札」と「罰文状」がこちらに「をかせられた」、となろう。先の上杉憲房書状写から、伊玄（長尾景春）と定実・為景方は提携関係にあったことが知られるが、「罰文状（起請

文）」を伊玄に提出させるとはどういうことなのであろうか。

第一章で考察した（史料６）「上杉定俊書状写」を見ていただきたい。定俊とは、上条家庶流の系統で現在の三条市と長岡市に拠点があったと考えられる上杉定俊である。文書中に「伊玄書状罰文」とあることから、これも永正七年に比定してよかろう。伊玄からよこされた罰文（起請文）が、定俊を介して山吉氏のもとへ送られていたことを確認できる。(55) 定実・為景方と伊玄との関係は、起請文を取り交わさなくてはならないほど不安定なものであった。両者が緊密な提携関係を結んで、定実・為景方は上野に軍事介入したわけではないのである。それでは、伊玄の側は定実・為景方の動向をどのように認識していたのであろうか。同じく「山吉家伝記」に筆写された家伝文書の④をみてみよう。(56)

（史料11）「伊玄（長尾景春）書状写」

先度以使申候処、十八・十九日両日ニ、可被打着由候間待入候処ニ、無其儀候、一揆其外白井・渋川ニ張陣、并□牢人衆為始図書之助、打集候て、急度有同心、当地へ可相動之由申来候、然者此地大切ニて、自府中者早速御合力之由度々承候処ニ、中途ニ滞留如何、若以別心之儀遅留候哉、余催促申集候間、覚悟之趣為可申承、以宝光坊重而申届候、恐々謹言、

八月廿日　　　　　　　　　　　　伊玄御判

山吉孫五郎殿

史料11の「白井・渋川」という記載が先の上杉憲房書状写の内容に一致することから、これも永正七年に比定してよかろう。「自府中者早速御合力之由度々承候処ニ、中途ニ滞留如何」とあるように、伊玄は定実・為景方が上野に

軍勢をよこさないことに対して激怒している。「中途ニ滞留」とあるのが、先の史料10の二条目「御催促尤ニ候」と対応しよう。つまり、府中の定実・為景方としては伊玄から「罰文」が提出されたことを受けて上野に軍事介入するつもりであったが、「中途ニ滞留」している「兵部」の率いる軍勢が遅々として進軍しないので「御催促尤ニ候」と「兵部」に圧力をかけた。しかしながら、「兵部」は上野に軍事介入することに消極的だったのである。

以上のことを踏まえた上で、「兵部」が誰であるのかを考えてみよう。史料8において「上条兵部并同名為景」という序列で記されていること、史料9の宛所には「兵部」とあるのみで敬称がないにも関わらず、脇付には丁寧に「まいる人々御中」を付すという特異な形態であること、史料10から「兵部」が軍事指揮権を掌握していたと考えられることから、「兵部」とは山田氏の指摘通り上条家の者、さらに確定すれば、この時の当主であった定憲であると考えてよかろう。したがって、定憲は最初に官途名の兵部を、後に受領名として播磨守を称するようになったのである。

定実・為景方と定憲との関係は、史料9の宛所や史料10の軍事指揮権から窺えるように、当初から極めて不安定で政治的緊張を伴なうものであった。通説は、享禄・天文の乱の展開を定実・為景方と提携関係にあった京都の細川高国の没落に結び付けることを強調するが、それはあくまでも外的な要因である。越後における内在的な問題として、関東管領の子息である上条家の上杉定憲が越後守護に就任せずに活動していたことが考えられよう。永正四年に為景は定実を守護に擁立したが、守護を擁立することに伴なって、そこには上杉氏体制内部の政治的秩序が分かち難く付随した。そして、定憲を差し置いて定実を守護に擁立するという選択が現実に機能している秩序と齟齬をきたしている以上、彼が政権固めに邁進すればする程に、守護職継承の順当な位置にいた定憲が浮上せざるを得ない。為景が定実を守護に擁立した当初から、越後国は構造的な矛盾を抱え込んでいたのである。

次に享禄・天文の乱が勃発する直前の次の史料を見てみよう。

（史料12）「大般若波羅密多経奥書　巻第二百八十八[57]」

久知・宮浦城□二三年国マキナリケルカ、ヨクコラエテ巳後開運云云、久知・羽茂対面、越後上条殿中媒ニテホサシ野トヤランニテ、馬上ニテタイメント申、越国一同ニ久知殿一人ニ御タイメントソ聞エケリ、

大永七天丁亥四月上旬比前代未聞之弓矢也、

これは、大永四年（一五二四）七月から始まった[58]佐渡の宮浦城を中心とした領主間の抗争が、大永七年（一五二七）に終結したことを示す史料である。山本仁氏は[59]、この佐渡の大永年間の抗争を越後の守護と守護代の対抗関係という図式に結び付けて解釈し、抗争が「越後上条殿（上杉定実）」の仲介によって終結したとしている。しかしながら、大永七年の時点で上条家の当主にあったのは定実ではなく定憲である。矢田氏によって、越後では永正十・十一年の守護方と守護代方の抗争の結果、守護不在の政治が始まるが、それ以後も守護権力の機能していたことが明らかにされている[60]。したがって、定実は永正四年から一貫して守護であって、大永七年の時点での「上条殿」とは定憲であるとみてよかろう。

これまでの研究では、享禄・天文の乱の勃発に伴なって定憲は揚北の領主によって急遽、担ぎ出されたと理解されてきたようであるが、乱の勃発以前から定憲は政治的な影響力を行使していたのである。既述のように永正四年に為景は定実を守護に擁立したが、守護を擁立するということは、内実がどうあれ最終的に越後国の政治体制に正当性を保証するのは守護である。にも関わらず、その正当性を付与する筈の守護が、正当に選択されていないのである。つ

まり、政治的秩序の構築に為景は自己矛盾を犯していたのであり、為景の対抗勢力として、享禄・天文の乱が勃発する以前から定憲が政治的な求心力を高めるのは必然だったのである。

次に、享禄・天文の乱の勃発についてみてみよう。

（史料13）「長尾為景書状写」(61)

当国之様躰被及聞召、遠路預御飛脚候、雖不始義候、御懇意祝着之至候、仍召仕候大熊備前守、上条張磨《（マヽ）》守・為景間種々申妨候間、終令鉾楯、向上条出馬、具柏崎地令張陣候、仍従当国松か岡地罷除候牢人寺内長門守・大熊新左衛門・大関一類之事、速被為生涯候者、連々無御等閑筋目与可為本望候、御納得之上、何様ニ一所可申合候、委曲御同名弥二郎方令啓候条、不能再意候、恐々謹言、

十一月六日　　　　長尾為景

山内三郎殿御報

これは、史料8でみた山内氏へ為景が宛てた書状であり、内容から享禄三年（一五三〇）に比定できよう。この史料から、享禄・天文の乱の契機を為景がどのように政治的に表明していたのか確認できる。前半の大意は、大熊備前守が上条播磨守と為景の間を色々と「申妨」げたので結局は「鉾楯」してしまった、となろう。守護権力の機能を重視する矢田氏は、本史料から守護公銭方の大熊備前守（政秀）と為景が対立し、兵を起こした主体を大熊であると解釈している(62)。しかしながら、為景の釈明によれば大熊はあくまでも抗争の契機に関与しただけであって、最終的に「鉾楯」となった対立構図は「上条張磨守・為景」の間にあったことから、守護権力と関わりの深い大熊を強調する必要はなかろう。為景は、当初から自らの抗争の相手を定憲であるとしていたのである。抗争が勃発した後も、為景

自らが「上条張磨守・為景」という序列をとっていることにも留意したい。

それでは、抗争の直接的な当事者ではない領主は、抗争をどのように捉えていたのであろうか。次の史料をみてみよう。

（史料14）「本庄房長起請文」[63]

就今度播州被違御覚悟、房長同心之由、世間表裏、依之各御不審之由、貴所深御尋、迷惑之条、以（衍）以血判、無別条段申入候、既信州以御芳情、致還住以来、毛頭無疎意候処、如此之義、嘆ヶ敷存候、然者、愚意無余儀分、貴所可被仰開事、満足候、於向後も、奉対為景、不可存不義候、若此旨於偽者、（神文略）

享禄参庚寅
十二月七日　　本庄対馬守
　　　　　　　　房長（花押血判）

色部遠州殿江参

これは、享禄三年（一五三〇）に揚北の本庄房長が色部憲長に宛てた起請文である。房長は、今回「播州（定憲）」が「御覚悟」を違えてしまい、そのことに自分が「同心」していると「世間表裏」なのでこの起請文を提出した、としている。従来の研究では為景の動向を高く評価していたため、後の展開を考慮せずに本史料から揚北の領主の政治的選択を直裁に判断してきたと思われる。そのため、この後に揚北の領主が定憲方に結集する要因を京都政界の動向という外的要因に結び付けざるを得ず、説得的に説明できていないのである。前後の政治史的な文脈から判断すると、そもそもこの史料はあくまでも房長の政治的な意志表明にすぎないのであって、この史料から読みとるべきなのは、抗争が勃発することで自己の政治的立場を明確にする必要のあった房長が自身を為景派であると表明している、ということであろう。抗争の直接の当事者ではない揚北の本庄房長も、この抗争の対抗関係を定憲と為景にあると認識していたのである。

それでは、この後に抗争はどのように展開していったのであろうか。次の史料をみてみよう。

（史料15）「長尾為景願文[64]」

敬白願書、抑今度凶徒乱入、当社悉以放火、併不恐神罰悪行非一、依之当敵上条播磨守并同名越前守、叛逆之張本人中条越前守・新発田一類速退治事、神慮無私可令守護事、不可有疑、然者今年三ケ月之内ニ味方設吉事、怨敵忽滅却、国中静謐所希也、今般之弓箭早速属本意之上、則社頭如元造栄(宮)、可励信心者也、仍件如、

天文弐年拾月廿四日　　信濃守為景（花押）

「居多神主」

「一宮居多社願書」

これは、天文二年（一五三三）に為景が居多神社に宛てた願文である。池氏は、大名領国制の形成期＝「越後統一の主導権をめぐる長尾氏内部での争い[65]」と理解し、おそらく本史料から対立の構図を為景と「同名越前守（上田長尾房長）」であるとしている。しかしながら、史料中には「当敵上条播磨守并同名越前守」とあるように、天文二年の時点においても為景は「同名越前守（上田長尾房長）」よりも「上条播磨守（定憲）」が反為景方の中心であるとしている。先の享禄三年の史料14には上田長尾氏のことが触れられていないことから、天文二年になって上田長尾氏は定憲と為景の抗争に加わったと考えられよう。

（史料16）「水原政家書状[66]」

幸便之間申候、先度貝之義御荷責借給候、祝着ニ候、其刻切紙進候つる、相届候哉如何、無御心元候、上へ誂候、到来候者可致返進候、仍蒲原備之義、弥三郎殿可被成之由、播州被仰出候、色々御斟酌候つる、無御余義候、吾々も同意候間、存分之義大概申断候、巨細布施小三郎可為存知候、併深御断ニ付而者、御領布尤ニ候、畢竟御的之御談合ニ不可過之候、委曲重而可申述候、恐々謹言、

返々かいの義かせき給候、忝候、

伊勢守

（天文四年）

六月十九日　　　政家（花押）

早田清左衛門尉殿

これは、水原政家から色部氏の重臣(67)の早田清左衛門尉に宛てたものである。No.５に「奥山・瀬波之衆明日廿六至于蒲原津」とあることから、この書状も天文四年に比定してよかろう。大意は、「播州（定憲）」が蒲原津に下向するため、「弥三郎殿（色部勝長）」に同調してくれるよう取り次ぐことを要請したものである。実態としても論理的にも定憲以外に反為景方の中心はあり得ないのであって、定憲の政治的影響力の高まりとともに、反為景方を軍事結集させるための準備工作が着々と進みつつあった。

さらに次の史料を見てみよう。

（史料17）「本庄房長等四名連署書状写(68)」

連々御進退之事、長越同右勘執而被申候、最今度之砌復先忠、速至于被顕其色者、西古志郡之義、皆以可為御知行候、於各々不可有別意候、然上播州へも相心得可申候、此上者可被急御動候、委曲従両所可被申断候、恐々謹

言、

「天文四」
八月十二日

本庄大和守
房長（花押影）
鮎川摂津守
清長（花押影）
黒川四郎兵衛尉
清實（花押影）
中條越前守
藤資（花押影）

平子弥三郎殿
御宿所

これは、本庄氏等四名が連署をして平子氏に宛てたものであり、「天文四」の書入と書状の内容から天文四年（一五三五）に比定してよかろう。文意は、「平子弥三郎」の「進退（所領）」について「長越（上田長尾房長）同右勘」が取り計らったように、こちらの側につけば我々は「別意」はない。その上で「播州（定憲）へも相心得可申候」というのである。所領について最終的な保証をするのは、「播州（定憲）」であったことが窺える。

（史料18）「長尾房長書状写」(69)

於時宜者、始中終承舊申断候、然者如御望、奥衆一筆相調進之候、至于此上者、任御兼約、早速可被顕其色候、

以前之御思惟者彼書中存候歟、尤無拠存候、御動有御遅延者、弥愚拙可失面目候、委曲石勘可被申分候、恐々謹言、

長尾越前守
房長（花押影）

八月十四日

平子弥三郎殿

（史料19）「上条上杉定兼書状写[70]」

以長尾越前守方、連々如承者、被屬味方可被抽忠信之由候哉、尤以簡要之至候、然者西古志郡内皆以可被拘候事、不可有相違候、委細越前守方へ相断候、定可有傳語候、恐々謹言、

定兼（花押影）

八月十七日

平子弥三郎殿

この二通も一連の文書群[71]であり、天文四年に比定できる。房長の書状に「如御望、奥衆一筆相調進之候」とあることから、平子氏の要請によって先の史料17の「奥衆一筆」が発給されたことがわかる。受益者の自発性に基づいてこの文書群が発給されたとする理解に立てば、この文書群から反為景方の権力の実態を窺えよう。定憲の書状の日付が最も後でありながらそれのみでは完結せず、揚北の領主の連署状を必要とし、房長の書状には定憲に対する文言の見られないことから、定憲の立場は反為景方の中心に位置しながらも盟主と規定するのが適切なのではなかろうか。先の永正七年の史料10において定憲は軍事指揮権を掌握していたことが窺われるが、その実態もおそらく所領を保証した権限に準ずるものであったろう。定憲は盟主として、軍事指揮権や所領保証権を行使したのである。

この後、定憲を中心に反為景方が大規模に結集し攻勢を強める中で、追い込まれた為景は天文五年（一五三六）八月に家督を晴景に譲るが[72]、その一方で定憲もまた政界の表舞台から忽然と姿を消す。為景への対決姿勢をとることが定憲の政治的求心力の源泉であり、為景を権力の中枢から外すことが彼の政治的課題でもあった以上、為景が家督を譲渡したことで定憲の政治生命は終焉を迎えたのであろうか。いずれにせよ、上杉氏体制という既存の政治的枠組みの前に為景は失脚せざるを得なかったのであり、この後の晴景・景虎の政権運営に少なからざる影響を与え、結果として景虎の上杉氏襲名という事態に導かれていくのである。

展望―むすびにかえて―

享禄・天文の乱は、上位権力における上杉氏体制内部の正当性を巡る抗争と、それに誘発された在地における上杉氏体制下の秩序の揺り戻しが重なり合う複合的な内紛であった。在地の領主は、上杉氏体制下の秩序が機能不全に陥いって自己保全の論理を優先できなくなることを最も避けるのであり、能動的にも受動的にも定憲の政治的影響力の下に結集して正当性の欠如した為景の政治体制に猛反発する。そのような下からのエネルギーが一元的に定憲の下に集中していった結果、定憲を盟主とする反為景大同盟が現出した。結果として、彼等の行動は所与の上杉氏体制下の秩序に依拠していたことになるのであり、当該期の在地領主を上位権力の対抗勢力と安易に規定することには慎重でなければならない。

東国では、この時期に関東管領家や古河公方家が一族内部の権力抗争を繰り返したように[73]、越後国内でも上杉氏一族を軸とした抗争が繰り返される。これらの抗争は家督相続を巡る内紛として惹起しており、定憲の出自が明らかになったことから、越後におけるそれも家督相続を巡る争いと同様の構造を有していたと言えよう。それぞれの抗争では抗争の当事者が自身の行為を正当化するため、古河公方家の家督という国政権、越後守護職・関東管領職といった公権力が焦点となることが多い。しかしながら越後の事例で明確になったように、いずれの抗争もより本質的にいえば、それは権力の正当性を巡るものであり、越後においても上杉氏体制内部の「正当性＝嫡庶の序列」[74]を巡るものであった。

このような歴史的段階を経て、十六世紀半ばに上杉謙信は登場する。[75]本稿でみたように十六世紀前半の室町期的なシステム内での正当性を巡る抗争を経た結果、そのようなシステムでは権力を公権力たらしめる機能が大幅に低下したのだと考えられる。それでは、そのようなシステムに代替して権力が公権力と認知されるための歴史的段階に照応した理念なりが現れたかといえばむしろその逆で、相対的に反動的・復古的な理念が現出した。すなわち、逆説的ではあるが中世最末期であるにも関わらず、いやだからこそ中世的な秩序（特に負の遺産）が理念としてより濃密に共有されたのではあるまいか。『越佐史料』の十六世紀半ば以降の範囲に頻出する史料用語は、「好（よしみ）」や「筋目」であり「忠孝」[76]の論理である。室町期的な秩序を崩壊に導いた戦国期権力は、結局のところ「好」や「筋目」に大きく依拠することによって社会的な秩序を維持するしかなかったのではないか。戦国期、特に十六世紀半ば以降には、このような世界が濃密に広がっていたのではないか。

永禄四年（一五六一）謙信は上杉の名跡を継承したが、上杉の名跡を継承するとはすなわち上杉氏体制を継承することでもあった。「好」や「筋目」の世界が展開するのに伴なって上杉氏体制は極めて権威的な秩序として機能したが、謙信の政治的行為を根本的に規定したのも事実であろう。関東においては上杉氏体制「下の古い諸関係を再生産[77]」することを政治的に求められ、越後においては上杉氏体制の体現者として上杉氏体制が機能していることを顕在化させるために、家格秩序[78]の再生産を不可避的に要求されることになる。

そして、そのような秩序に大きく依拠することによって逆に秩序そのものが自立的に作用し、秩序に包摂された者を突き動かすことにもなる。謙信の没後、天正六年勃発の御館の乱はそのことを端的に示している。謙信の後嗣を巡って景勝と景虎が主要な対抗関係にあったが、「上条殿」「源五殿（山浦家）」が景勝側、「十郎方」「枇杷島」が景虎方、そして山本寺家が二手に分かれ以上の上杉氏庶族が軍勢結集の中核にいたように[79]、御館の乱は上杉氏一族の内訌＝上杉氏体制の分裂として現象せざるを得ないのである。したがって、謙信期・景勝初期の権力を考える上でイデオロジカルな枠組みとして上杉氏体制を考慮に入れることも不可欠であると思われる。今後の課題としたい。

註

（1）佐藤氏の研究の多くは、『中世東国の支配構造』（思文閣出版、一九八九年六月、以下『支配構造』と略）『古河公方足利氏の研究』（校倉書房、一九八九年十一月、以下『古河公方』と略）『続中世東国の支配構造』（思文闘出版、一九九六年、以下『続支配構造』と略）『江戸湾をめぐる中世』（思文閣出版、二〇〇〇年）に収録されている。

（2）「鎌倉府についての覚書」（『支配構造』所収、初出一九八八年）。

（3）「戦国期における東国国家論の一視点」（『古河公方』所収、初出一九七九年）。

（4）細川重男「北条氏の家格秩序」（『鎌倉政権得宗専制論』吉川弘文館、二〇〇〇年、二二頁）。

（5）渡辺世祐氏が早くに「かく氏憲遺孤京都にありて幕府に用ひらるゝや鎌倉府は全く意を安うする能はざりしなり。幕府がこれ等を保護せしは全く鎌倉府に対する政策の必要に胚胎せるものならん」と鋭く見抜いているように（『関東中心足利時代之研究』雄山閣、一九二六年、二九五頁）、禅秀の乱後に子息の持房、教朝、憲秋らは京都で保護され、幕府の東国政策の最前線に送り込まれている。家永遵嗣氏の研究の通り、教朝の系統には堀越公方の重臣となる政憲、足利義政・義尚の側近となる政熙らがおり（『室町幕府将軍権力の研究』東京大学日本史学研究室、一九九五年、第二部等）、禅秀の子息の拠点は「四條之上杉」（『松陰私語』）、「四條上杉中務大輔」（『永享以来御番帳』）、「上杉八條」（『満済准后日記』）とあるように、京都四条や八条にあったと思われる。もっとも、扇谷家の顕定の弟である朝顕は系図上に「號八条」とあるのでそれ以前から八条には拠点があり、この系統は「馬一流開基也」（「上杉系図浅羽本」）、「八条流馬書」（『雄松堂マイクロフィルム上杉文書』リール番号223整理番号1563、以下『上杉文書』と略す）とあるように、京都政界と接触しながら高い文化水準を誇る実力者が多く、上杉氏一族を再生産する役割を果たしていたのである。本文中の佐藤氏の④の指摘と都鄙の両公方の対立という要素を併せて、上杉氏一族が極めて政治的に膨張していった一端を如実に示していると思われる。朝顕の息「三郎満朝」は所領を越後鵜川庄に有しており（「上杉家文書」『新潟県史　資料編3　中世一』一〇〇九号。以下『新潟県史　資料編3・4・5中世一・二・三』で使用する文書の番号は『新』と略す）、これ以降も越後において「八条殿」が殿付表記で散見する（「越後文書宝翰集　毛利安田文書」『新』一五五一号等）。これまでの研究では宇佐美氏の拠点を枇杷島に比定してきたが、高橋一樹氏（「越後国頸城地域の御家人」『上越市史研究』二号、一九九七年）・矢田俊文氏（「戦国期越後の守護と守護代」田村裕・坂井秀弥編『中世の越後と佐渡』高志書院、一九九九年）の指摘から宇佐美氏の拠点は枇杷島ではありえず、満朝の所領位置、『満済准后日記』に「鵜川庄三分一」とあること、さらに『越後名寄』には「往昔、八条殿ト申セシ官家ノ人ノ居住也シト云ヘリ」とあり、『白川領風土記』『越後野志』にも所伝が散見することから、八条家の越後での拠点が枇杷島であったことは間違いない。井上鋭夫氏が指摘するように、枇杷島には「御館」の地名があるというのも傍証となろうか（『山の民・川の民』平凡社、一九八一年、九〇頁）。おおよそ十六世紀初頭を境に八条家は拠点を越後枇杷島に移し、十六世紀半ば頃から枇杷島家を確認し得る。なお、兵学に通じたとされる宇佐美氏が拠点を枇杷島であると称したのは、馬術に通じていた八条家の顰に倣ったものであろう。

（6）　例えば天正三年の軍役帳（「上杉家文書」『新』八三九号）において、上杉氏一族は序列の上位を占めている。

（7）「足利藤氏元服次第のこと」（『支配構造』一五一頁、初出一九八六年）。また、「越後守護＝関東管領の一体的行動」（「享徳の大乱の諸段階」『支配構造』一〇一頁、初出一九八六年）、「越後上杉氏と関東管領上杉氏の唇歯輔車の関係」「関東管領上杉氏と越後上杉氏の一体的関係」（「上杉氏家臣判門田氏の歴史的位置」『続支配構造』一五九頁・一六八頁、初出一九九〇年）とも表現している。

（8）「越後における守護領国の形成」「越後における永正～天文年間の戦乱」（『中世日本の政治と史料』吉川弘文館、一九九五年、初出一九五九年・一九六一年）。

（9）「大名領国形成期における国人層の動向」（『大名領国制の研究』校倉書房、一九九五年、初出一九八七年）、「謙信の越後支配」（池享・矢田俊文編『定本上杉謙信』高志書院、二〇〇〇年）等。

（10）『日本中世戦国期権力構造の研究』（塙書房、一九九八年）、前掲「戦国期越後の守護と守護代」等。

（11）「東国における十五世紀後半の内乱の意義」「上州一揆と上杉氏守護領国体制」（『中世の東国―地域と権力―』東京大学出版会、一九八九年、初出一九六三年・一九六四年）。ただ、峰岸氏は「上杉氏といった場合、すべて山内上杉氏を指す」（前掲著書二二七頁）、「地域は上野・武蔵であるが、力点は前者に置かれる」（前掲著書二〇七頁）と対象を山内家、フィールドを上野に限定しているので、後述のように佐藤氏の概念規定と若干相違している。

（12）既に峰岸氏が指摘しているように（前掲著書、二四一頁）、『松陰私語』に「五十子陣之事、管領上杉　天子之御旗依申請旗本也、当方者京都公方之御旗本也、桃井讃岐守・上杉上条・八条・同治部少輔・同刑部少輔・上杉扇谷・武・上・相之衆、上杉庁鼻和、都合七千余騎（以下略）」とあるように、享徳の乱において越後上杉氏は関東上杉氏一族と一体となって軍事行動をしている。

（13）例えば越後上杉氏の出身の関東管領には、足利学校で著名な憲実や房定の実子顕定などがいる。

（14）定憲は実名を途中で定兼と改めるが、便宜上、本稿では定憲で統一する。

（15）『越佐史料』巻三、十七～一八頁、以下『越佐史料』を使用する時は『越』と略す。

（16）リール番号3整理番号29内題「藤氏上杉家之系図」・整理番号30内題「藤原姓上杉氏」・整理番号37内題「藤原氏系図上杉家」。

（17）『越』巻三、五四七頁。

(18)　例えば「上杉系図別本」（『続群書類従』第六輯下）の定憲には「顕定實子」とあり、前掲の『上杉文書』所収の系図には定憲について「為上杉民部大輔顕定養子後続定明家督」（整理番号30内題「藤原姓上杉氏」）、「山内民部大輔顕定嫡子」（整理番号37内題「藤原氏系図上杉家」）とある。
(19)　「上杉家記」（『上杉文書』リール番号4）。
(20)　「歴代古案」（『北区市史　資料編　古代中世1』二七二号、東京都北区、一九九四年）。
(21)　『越』巻三、五三九頁には「越後上條城主上條定憲、定實ニ應ジ、顕定ノ軍寺泊ヲ退散ス」とある。
(22)　史料3・4ともに『続群書類従』第六輯下。
(23)　憲房については、佐藤氏「足利政氏とその時代」（『古河公方』所収、初出一九八三年）参照。
(24)　史料3の憲明の傍書に、「於越州討死　六月十二日」とあることから、史料2でみた寺泊要害の攻防において長茂（憲明）は討死したのではあるまいか。
(25)　史料2「天文本上杉長尾系図」では定憲の実名を記さず、「上杉系図　浅羽本」では定憲を「某」と記しているように、これらの系図が意図的に定憲や定憲の出自を隠蔽しているとの印象を受ける。関東管領家の名跡を嗣ぐ長尾家にとって、顕定や定憲と抗争をした歴史的事実は、自らの権力を自己否定しかねない深刻な問題であった筈である。米沢上杉家の編纂事業の実態を究明することが、中世上杉氏像の形成を考える上で不可欠ではなかろうか。
(26)　佐藤氏前掲「足利政氏とその時代」（『古河公方』一一一頁）。
(27)　家永氏が既に指摘しているように、顕実以降「山内上杉氏と古河公方との関係では、養子に迎えられた古河公方の子弟がいつも最終的には追い出される結果になっているのだが、同じことを繰り返している」（前掲著書『室町幕府将軍権力の研究』第二部第二章第四節第二項、三八六頁）。これは単なる偶然ではなく、古河公方家の貴種性よりも上杉氏体制内部の論理が優先される客観的な情勢があったのではないか。
(28)　佐藤氏前掲「足利政氏とその時代」。
(29)　後述するが、定憲の養父定明については伝承からその活動の痕跡が窺え、定明とゆかりの深いと考えられる定明寺はその創立開基を延徳元年（一四八九）とする（新潟県立文書館架蔵『新潟県神社寺院仏堂明細帳』）。

（30）『三条市史　資料編第二巻　古代中世』（三条市役所、一九七九年）所収。「山吉家伝記」は山吉家の系図であり、奥に家伝文書が筆写されている。奥書には元禄十六年（一七〇三）に筆写とあるが、残念ながら系図の原本の成立年代・所在ともに現在では不明である。ただ、元禄四年に米沢上杉家が家中に提出させた古文書の目録にこの家伝文書を認められるとの指摘があるので（田島光男「上杉氏家中山吉氏文書の伝来について」『郷土神奈川』三十号、一九九二年）、この家伝文書は少なくとも元禄四年までは現存していたと考えられる。なお、語句に若干の相違があるが、同じ原本を転写したと考えられる『越後三条山吉家伝記之写（影印）』（三条山吉氏研究会、文林堂書店、一九七四年）がある。

（31）『越』巻三、五五八～五五九頁。

（32）『新編会津風土記』第一巻巻之五、提要三（大日本地誌大系、雄山閣、一九七五年）。

（33）前掲『越後三条山吉家伝記之写（影印）』によって、一部の読みを改めた。

（34）近年、上条家について家永氏が研究をしている（特に「明応二年の政変と伊勢宗瑞（北条早雲）の人脈」『成城大学短期大学部紀要』二七号、一九九六年、五三～五五頁）。家永氏は「和簡礼経」所収（明応五年）足利義稙御内書の宛名「上条播磨入道」を房実に比定し、上条家と為景の結び付きから越後国の「下剋上」を展望していると思われる。ただ既述の通り、『上杉文書』所収の諸系図や「天文本上杉長尾系図」、その他の傍証から定明が実在したことはほぼ間違いなく、上杉氏系図の定本的な「浅羽本」には定明はないが（「定顕」がこれか）、房実の後にもう一代、定明を比定するのが適切なのではあるまいか。「天文本上杉長尾系図」の「当国太守次第（守護家）」では定実を「朝日寺殿（房実）」の息としているが（『越』巻四、一九頁）、同じ「天文本上杉長尾系図」の「最勝院殿御家（上条家）」では房実は実は「最勝院殿（清方）」の「御舎弟」であると記されている。したがって、なお錯綜しているが、後者の記載を信頼すれば房実は憲実に近い世代の人物なのではあるまいか。史料的には問題があるが、『鎌倉九代後記』や『喜連川判鑑』によれば「上杉淡路守房実」が応永年間に甲斐に攻め入っている（『鎌倉大草紙』では「淡路守憲宗」だが）。文亀三年に定実が房能の養子になったとする論拠がなお不明瞭であること（『越』巻三、四五三～四五五）、定実は房能から守護職を継承したわけではないとの指摘のあること（矢田氏前掲「戦国期越後の守護と守護代」）、そして後の定憲の動向から、定実が守護職継承の順当な位置にいたとは考え難いのである。『上杉文書』所収の諸系図では定憲の没年を延徳三年（一四九一）、前掲『新潟県神社寺院仏堂明細帳』では定明寺の開基を延徳元年にしているが、同じく定明との深い関わりが推測される定正院は開基を明応年間と伝えていることから、先の足利義稙御内書の「播磨入道」は定明である可能性が高いと思われる。上条家の系譜は複雑であり、仮説として提示したい。

(35)「上杉家文書」『新』五三六号。

(36)和田山氏については、「吉田景重書状」（「上杉家文書」『新』五三四号）の註や「大関政憲他三名連署役銭注文」（「上杉家文書」『新』八四一号）参照。

(37)現在の長岡市には定明《じょうみょう》という地名が現存し、「定明村ト云ヘル処、定正ノ家老上杉定明ノ居所ニテ」『越後名寄』（今泉省三・真水淳編『越佐叢書』第十五巻、野島出版、一九七八年、七八頁）、「定正ノ長臣上杉定明」（源川公章校訂『越後野志』上巻、歴史図書社、一九七四年、三一五〜三一六頁）、「上杉修理大夫定正ノ長臣上杉定明」（『越後野志』下巻、二五一頁）と扇谷上杉定正と定明に関する所伝がある。三条地域の起源についても「昔者、此所ノ領主ニ三条左衛門尉定明ト云人有」（『越後名寄』八八頁）、「昔年此處ニ三条左衛門尉定明ト云領主アリ」（『越後野志』上巻、三三三頁）という定明に関する所伝がある。

(38)「上杉家文書」『新』八三二号。

(39)「上杉家文書」『新』二六九号。

(40)阿部洋輔「長尾為景文書の花押と編年」（山田英雄先生退官記念会編『政治社会史論叢』近藤出版社、一九八六年）による。

(41)ここで定憲は署判を「憲定」と逆にしているが、よくわからない。定憲は後に実名を定兼に改めるが、為景は定兼を「兼定」と逆に書いてあるものもある（「福王寺文書」『新編会津風土記』第一巻巻之五、提要三）。

(42)大石直正「戦国期伊達氏の花押について」（東北学院大学『東北文化研究所紀要』二〇号、一九八八年）、長谷川伸「南奥羽地域における守護・国人の同盟関係」（『地方史研究』二五四号、一九九五年）。

(43)No.３は文書中に「枇杷島西之口」とあることから、長谷川氏（「長尾為景の朱印状と「越後天文の乱」」『古文書研究』四十一・四十二合併号、一九九五年）をはじめ、通説はこれを天文四年（一五三五）に比定している。しかしながら、天文四年には定憲の実名が定兼になっていることを確認できるので、これを天文四年にしてしまうと定憲の実名の変化と整合しない。したがって、枇杷島での攻防を天文四年よりも前に比定すべきである。

(44) 池享「長尾為景」(『新潟県史　通史編2　中世』第四章第一節一、五五八頁、新潟県、一九八七年)。

(45)「古案記録草案」『新』二〇八〇号～二〇八二号。

(46)『越』巻三、八一八～八二二頁。八月十二日付の書状には天文四年の書込みがある。

(47)「本成寺文書」『新』二六八八号。為景は天文二年に居多神社や鵜川神社にも願文を出している(「居多神社文書」『新』二二二五号、「鵜川神社文書」『新』二二七〇号)。

(48)「上杉家文書」『新』一七一号。

(49)「佐藤文書」『新』二四五七号。

(50)「戦国時代の妻有地方」(『十日町市史　通史編1　自然・原始・古代・中世』第三編第五章、十日町市、一九九七年)。

(51) 阿部氏前掲「長尾為景文書の花押と編年」参照。

(52)『越』巻三、五〇〇～五〇六頁。

(53)「編年文書」『越』巻三、五五八～五五九頁。この史料は、第一章で言及した「山吉家伝記」に筆写されている⑤である。『上杉文書』所収の「編年文書」(リール番号213)と前掲『越後三条山吉家伝記之写(影写)』で確認をして一部を改めた。

(54)「古簡雑篇七」(『北区史　資料編　古代中世1』二七三号、東京都北区、一九九四年)。

(55) 史料中の□部分には定憲を指す語句が当てはまると推測されるが、残念ながら判読できなかった。

(56) 筆写された文書は⑥以外、すべて永正七年に関する一連の文書群であると思われる。

(57)「慶宮寺文書」『新』三〇九六号。

(58) 大永四年からこの抗争が始まったことは、同じ「大般若経」の巻第四〇〇、巻第三〇二から確認できる。

(59)「佐渡における戦国期の国人支配地内の在地構造」(『新潟県史研究』五号、一九七九年)。

(60) 矢田氏前掲「戦国期越後の守護と守護代」他。

(61)「山内文書」『新』三七五六号。
(62)矢田氏前掲「戦国期越後の守護と守護代」他。
(63)「上杉家文書」『新』二三九号。
(64)「居多神社文書」『新』二一二五号。
(65)池氏前掲「大名領国形成期における国人層の動向」(『大名領国制の研究』二一二頁)。
(66)「杉原文書」『新』三四七一号。この史料は「古案記録草案」にも収録されており(『新』二〇八二号)、同日付の関係史料が他に二通ある(『新』二〇八〇号、二〇八一号)。
(67)色部氏の重臣については、池氏前掲「大名領国形成期における国人層の動向」を参照した。ただ、池氏の取り上げた「色部重臣出奔事件」は定憲が蒲原津に下向した天文四年に起きたものであり、そのことを踏まえずに「国人領主家中の内部問題」と評価することは事態の一面しか捉えていないのではあるまいか。表立って史料中には現れにくいが、定憲と為景の抗争に結び付いた色部家内部の路線対立こそが「色部重臣出奔事件」の基底的な動因であったのではないか。
(68)「武州文書　府内下」『越』巻三、八一八頁。
(69)「武州文書　府内下」『越』巻三、八二〇頁。
(70)これは、No.６である。
(71)この他に平子氏宛の八月三日付、吉江忠智書状写(「武州文書　府内下」『越佐史料』巻三、八一九頁)がある。なお、差出人を『越佐史料』では「吉郷」としているが、『新編武州古文書』の翻刻に従って「吉江」とした。
(72)「上杉家文書」『新』一〇九号。
(73)佐藤氏「雪下殿に関する考察」(『古河公方』所収、初出一九八八年)、「房総における天文の内乱の歴史的位置」(『おだわら─歴史と文化─』五号、一九九一年)、「小弓公方足利氏の成立と展開」(『歴史学研究』六三五号、一九九二年)など参照。
(74)佐藤氏前掲「小弓公方足利氏の成立と展開」等。ただ、定憲が「階級的結集体の象徴」として機能したことは確かであるが、それを関東足利家と同様に「貴種」と表現してよいのか判断しかねる。上杉氏の場合、その位置付けは政治的な状況によってもっと流動化すると思われる。

(75) 当初景虎、のち政虎、輝虎、謙信、以下謙信で表記する。

(76) 兵藤裕己『太平記〈よみ〉の可能性』（講談社選書メチエ、一九九五年）参照。

(77) 佐藤氏前掲「戦国期における東国国家論の一視点」（『古河公方』四六六頁）。

(78) 既に述べたように、天正三年の軍役帳において上杉氏一族は家格秩序の最上位に位置しており、それを藤木久志氏のように「身分的には最高の序列を占める一門客将は謙信との親近性はきわめて薄く、統一的な実力とはなり得ていない」と評価するのは如何であろうか（「上杉氏家臣団の編制」『戦国大名の権力構造』吉川弘文館、一九八七年、一一三頁、初出一九六三年）。上杉氏一族、特に上条家は伝統的に越後守護家の家督を輩出し関東管領家と関係が深いということに加えて、関東管領に擬せられた清方、本稿でみた系図と伝承の世界から未だ脱し切れてはいないが相当な実力者であったと推測される定明、享禄・天文期の定憲などがいる。そして、その系譜上に畠山家からの養嗣子である「上条殿（政繁、後に宜順。以下、宜順で表記）」が御館の乱で景勝方の枢要となって活躍しており、乱後に宜順の景勝に対する政治的対応が極めて尊大である点は注目されよう（例えば『新』三四三〜三五一号）。その出自の高さといい、謙信の養子となった後に上条家の養嗣子になるという経緯といい、宜順と定憲の軌跡は近似していまいか。上条家は、上杉氏体制の生成＝根源に深く関与した家柄であった。

(79) 「上条殿」（「上杉家記所収　山田文書」『越』巻五、六三三頁）・「源五殿」（「小森沢文書」『新』三九二二号）・「十郎方」（長岡市立中央図書館編集『反町茂男文庫目録　第一集　越佐文人の軌跡』長岡市立中央図書館、一九九四年所収九号文書）・「枇杷島」『西沢徳太郎氏所蔵文書』『新』三五五五号）そして、『覚上公御書集　上』（東京大学文学部蔵、臨川書店、一九九九年、十八頁）によって山本寺家が景勝方・景虎方の二手に分裂しているのを確認できる。

【付記】本稿は、平成十二年新潟大学に提出した修士論文の一部をもとに新潟史学会第五〇回研究大会（二〇〇〇年十一月）で行った研究発表を発展させたものである。指導教官の矢田俊文先生をはじめ、大会で御教授を賜った皆様に対して謝意を表したい。

【追記】拙著『上杉顕定』（戎光祥出版、二〇一四年）において言及したように、「越後過去名簿」の出現により、定憲を顕定の子息に比定することは難しくなった。その点を組み入れた再考は今後の課題とし、文章の一部訂正のみを行った（平成29年9月29日）。

Ⅸ　上条家と享禄・天文の乱

森田真一

上条播磨守流と淡路守流

関東管領の上杉顕定が越後介入に失敗した永正七年（一五一〇）以降、少なくとも守護代の長尾為景が政界の表舞台から身を引くことになる天文五年（一五三六）にかけて、府中の政治の対抗勢力として実質的な中心にあったのは上条家の上条定憲であった。定憲が多くの領主を糾合しえた背景に龍松の廃嫡が大きく関わることは、本書の第3部Ⅱの拙稿でみる通りである。ただ、八条家の問題とは別に上条家の血縁関係を把握することも享禄・天文の乱の構造と展開を理解する上で不可欠であるため、この点をまず確認しておきたい。

上条家は、房定の実父である清方から始まると考えられている。清方に関しては史料が散在しており、花押形を確認できるなど活動所見がうかがえる。しかしながら、文安三年（一四四六）に清方が越中国と越後国の境で自殺をして以降、上条家の系譜が判然としないのである。これまでの研究では清方の後継者を房実とし、清方―房実―定実と継承されたと考えられている。ところが、それでは説明のつかないことが出てくるのである。

清方死後の長禄四年（一四六〇）、上州羽継原合戦（群馬県館林市）での軍功を将軍足利義政によって賞されている

「上杉播磨守」という人物を確認できる（「御内書案」『越』三―一〇四）。つづいて明応五年（一四九六）と推測される「和簡礼経」という史料（『越』三―四〇〇）に越中御所足利義稙が「上杉播磨入道」に宛てた御内書があり、さらに永正～天文期（一五〇四～五五）に活動が認められる上条家の播磨守定憲がいる。以上から、長禄四年と明応五年に確認できる「上杉播磨守（入道）」とはおそらく同一人物であり、上条家の人物に比定してよかろう。しかしながら、この人物を房実に比定してしまうと、明応四年に成立した『新撰菟玖波集』に句をおさめる「玄澄法師」の説明がつかなくなる。作者部類によるとこの「玄澄法師」とは「上杉淡路守」のことであり、上杉氏諸系図に房実のことを「蓮器玄澄」「淡路守」と記していることから、作者部類の「玄澄法師」＝「上杉淡路守」という比定は正しいと思われる。よって、先の「上杉播磨守（入道）」と『新撰菟玖波集』の「上杉淡路守」とが同一人物であるというのは、時期からみて整合しなくなる。なぜならば、長禄四年に「上杉播磨守」と確認される人物が明応四年以前に「玄澄法師（淡路守入道）」となり、さらに翌明応五年に再び「播磨入道」と称したとは考えられないからである。

したがって、清方が没した後に「上杉播磨守」という人物と「上杉淡路守」という人物がほぼ同時期に活動していたと考えられよう。諸系図にあるように、「上杉淡路守」を房実に比定するのが妥当であり、とすると「上杉播磨守」には「上杉系図　浅羽本」等で房実の兄に位置付けられている定顕以外には当てはまる人物が見当たらない。よって、『新潟県史』所収の系図通り、清方から「播磨守」定顕への系統と「淡路守」房実への系統の二系統あったと考えられる。

定顕（定明）に関しては現在の長岡市に定明という地名が現存すること、近世に成立した地誌類に所伝のみられること、一六世紀前半以降に確認される「越（古志）十郎」と清方や定顕の仮名「十郎」とが一致すること等も傍証になると思われる。なお、定顕を定明とする系図もあるが、関東管領家（山内家）の通字である「顕」をとって定顕としておきたい。ちなみに、「天文本上杉長尾系図」に定明（定顕）を「天祥祖晃」と記していることから、『新撰菟玖波集』に句をおさめる人物が定顕ならば、「玄澄法師」ではなくて「祖晃法師」となろう。

関東管領家と上条家・越後守護家

さて、これまでの考察から、清方の後に播磨守家と淡路守家の二系統あったことは認められよう。しかしながら、これ以降の系譜もまた複雑なのである。というのは、永正四年（一五〇七）に上条家から守護として擁立された定実がいる。その一方で、永正期（一五〇四～二一）以降に活動のみられる上条定憲という人物がいるのである。概略を述べると定実の実父は古志郡で活動所見のある「上杉掃部守定俊」という人物であるという所伝があり（「米沢上杉之藩山吉家伝記之写」）、定憲は関東管領上杉顕定の子息であると考えられる（「天文本上杉長尾系図」等）。したがって、先の二系統が「定俊―定実」という系譜もしくは定憲へとそれぞれ接続していくと考えられるのであるが、今のところ確証がえられない。とりあえず定顕と古志郡との関係が認められつつも定顕の官途「播磨守」が定憲と一致することから、「定顕―定憲」の系統を上条播磨守家（上条家嫡流）、「房実―定俊―定実」の系統を上条淡路守家（上条家庶流、後の「十郎殿」の系統）として今のところは考えておきたい。

とはいえ、播磨守定顕は先の明応五年の足利義稙御内書から独自の政治行動が認められ、淡路守房実は『新撰菟玖波集』の作者部類（大永本など）によって越後関係の人物では最多の六句の入集を確認できることから、文化的・経済的に高い水準を有していたと考えられる。どちらが嫡流・庶流とは判断し兼ねるほど、両家の活動の痕跡が認められるのである。『大館常興書札抄』に、「淡路守・播磨守」は「八省輔ほどの御用なり」と同格の地位にあったということも傍証となろうか。以上の考察を系図にしたものが図1である。

この系図から、上杉氏一門の血縁関係が極めて錯綜したものであったと認識されよう。この入り組んだ血統関係の中に、上条播磨守家の定顕の養嗣子となった関東管領上杉顕定の子息、定憲が位置付けられるのである。享禄・天文期（一五二六〜五五）に定憲が府中の対抗勢力の中核に浮上する要因として、守護職継承の順当な位置にいたためという解釈も示されていたが、本書の第3部Ⅱの拙稿でみるように文亀三年に房能が八条家から龍松を養嗣子として迎え入れていたことが明らかになったことから、定憲の位置付けには修正が必要なようである。定憲の花押形からみて、定憲は自身の血統が房定―顕定―定憲に連なるとの意識を表明していたと推測される（図2）ので、その意思表明どおり、定憲を守護職継承と結びつける必要は当初からなさそうである。為景が八条家からの守護家家督を廃嫡にしたことに対して越後国内の領主から反発を受け、そのことを背景に当該期に越後上杉氏の中で血統的に府中の定実に対抗しうる人物として、関東管領の子息であった定憲が浮上したのではないだろうか。定憲の政治的な求心力を理解する上で、これまでに明らかにした上条家の二系統への分派ということを理解することが不可欠であると考えられる。

永正十〜十一年の抗争

関東管領上杉顕定が越後介入に失敗した、永正七年（一五一〇）前後の動向から確認しておこう。既述のように、

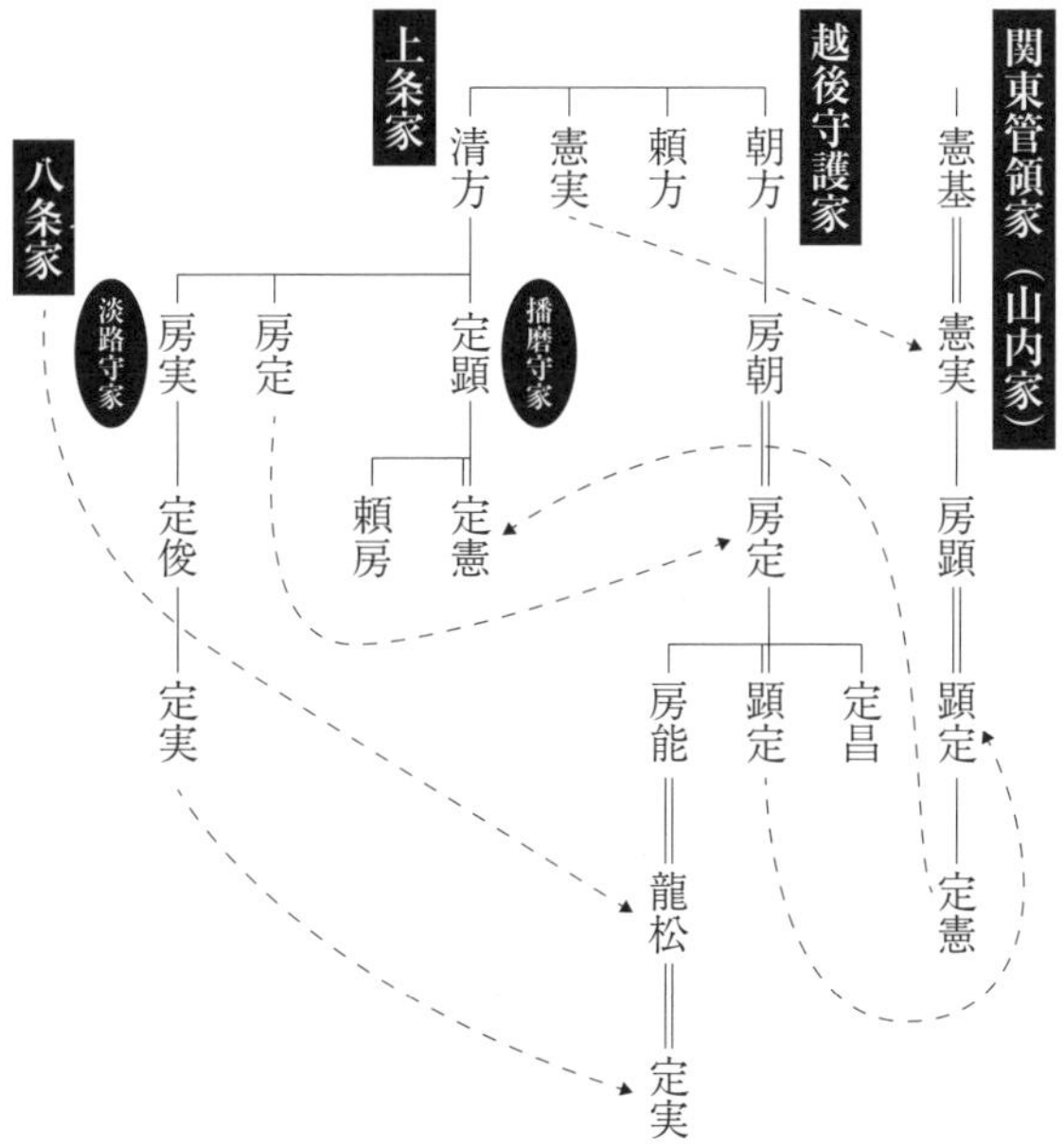

図１　上条家関係略系図

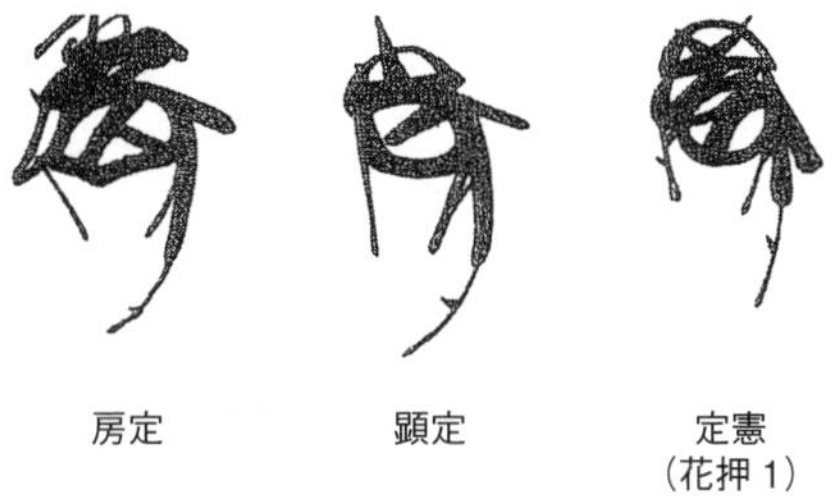

図２　上杉定憲・顕定・定憲花押形

為景は永正四～五年に八条家を討ち、同六～七年には関東管領家を撃退する。さらに、同九年には永正四～五年にかけて為景とともに守護定実のもとで権力の中枢にいた長尾長景を討ち取ることで、為景は定実に対して後に「慮外の刷」（『新潟県史』資料編5―三二一二。以下、同書は『県史』と略す）と糾弾されるような政治を行い始めたようである。このような状況をみかねて、永正十～十一年にかけて定実自身を始めとする守護権力が為景らの守護代権力と対立する。そして、二年間にわたる抗争が収束した後、越後国では守護不在の政治が始まることになる。

この後の享禄・天文期の歴史的展開を視野に入れて永正十〜十一年の抗争をみると、同十一年正月の上田荘六日市（南魚沼郡六日町）の合戦において「八条左衛門佐殿」が守護方として「討ち留められて」いることが注目される（『県史』資料編2—一四三三）。先にみた上杉顕定の越後介入時に、八条方の人物として「八条修理亮」とともに「同左衛門尉」という人物を確認しうる（『越』三—五一九）。上田荘六日市の合戦に現れる「八条左衛門佐」と、この「八条左衛門尉」とは同一人物なのではなかろうか。とすると、永正六年の時点で「八条修理亮・同左衛門尉」と表記されていることから、この八条左衛門尉（佐）とは修理亮の近親の者であろう。永正十年十月に守護の定実は為景によって捕えられており、永正十一年の時点で殿付の表記によって守護の定実に代わる反為景方の中心人物として、八条左衛門尉（佐）が浮上したのであろう。

以上のように、永正十〜十一年の抗争によって守護家・八条家が為景に抑えられたため、反為景方の中心人物として上条家の上条定憲の政治的求心力が高まっていったのである。

享禄・天文の乱

享禄三年（一五三〇）十月、「上条殿とながう（長尾）殿」との間に争いが始まる（「塔寺八幡宮長帳」）。享禄・天文の乱の勃発である。同年十一月、為景は幕府に働きかけを始める。そして、翌享禄四年（一五三一）正月には「軍陣壁書」を作成し、越後国内の勢力の結集を図った（『県史』資料編3―二六九）。ここには定憲以外の上杉氏一門や越後国内の主な領主が署判をしており、これによって為景はひとまず定憲の動きを抑え込んだ。

ところが、二年後の天文二年（一五三三）六月、再び定憲と為景との間で争いが生じる。同年十月に為景が居多神社（上越市）に宛てた願文から、「同名越前守（上田長尾房長）」が定憲と為景の争いに加わり始めたことを確認できる（『県史』資料編4―二一二五）。この段階になって初めて、上田長尾氏は定憲方として参陣したのである。その後、定憲は上田長尾氏以外にも越後国内の領主や出羽の砂越氏、奥州の蘆名氏など国外の勢力をも味方につけていく。定憲は、国外の勢力に対しても積極的に政治工作を行っていたのである。近年、上越市史の編纂室によって検索された次の史料を確認したい。

一　上杉播磨守　物領
　　上杉播磨守殿　進覧――――恐々謹言
一　山本寺陸奥守殿　上杉殿一家
　　山本寺陸奥守殿　床下――――恐々謹言
　　本願寺　御同宿中　定種　恐々謹言

（『石山本願寺日記』）

これは、本願寺の『石山本願寺日記』という編纂物の中にある「本願寺証如上人書札案」という史料である。「本願寺証如上人書札案」は本願寺の証如が差し出した書簡を控えたものであり、証如の記していた『天文日記』にこの書状に関する記述がみられないことから、この二通の書状は天文五年よりも前のものであると思われる。この史料によって、おそらく天文初年の時点で「上杉播磨守」と「山本寺陸奥守」とが本願寺と接触していたことを確認できる。「上杉播磨守」と「山本寺陸奥守」の動向を順にみていこう。

「上杉播磨守」は、時期からみて、上条定憲とみて間違いない。注目したいのは「惣領」の記述である。この表記では二流に分れた上条家の中での「惣領」（つまり、上条家嫡流）という意味なのか、それとも上杉氏一門（越後守護家・上条家・山本寺家など）の「惣領」（つまり、上杉氏一門の本宗家）という意味なのか判然としない。しかしながら、本願寺側に上条家の動向が詳細に伝達されていたとは考え難く、やはりこの「惣領」とは後者の上杉氏一門の宗家という意味合いで用いられたのではなかろうか。とすると、たとえ実態がどうであれ、本願寺の側には上杉氏「惣領」とは上条定憲であるという認識があったことになる。本願寺に対して、定憲は上杉氏「惣領」として振舞っていたと推測される。定憲は、関東管領職や越後守護職という幕府の公職に優先して、上杉氏一門の論理こそを自身の正統性の根拠にしていたのである。

次に「上杉殿御一家」である「山本寺陸奥守」について確認しよう。これまで実名でさえ不明瞭であった山本寺定種の活動所見になるとともに、これによって受領名「陸奥守」も判明する。山本寺（三宝寺）家は関東宅間上杉氏の祖である重兼の次男憲清に始まり、憲清から次男の憲元、孫の憲貞へと継承されたという。永享十年（一四三八）から関東において勃発する永享の乱に、鎌倉公方足利持氏方で活動している憲清の長男の憲直も「陸奥守」を称している（『師郷記』永享十年十月十三日条など）。このことから、山本寺家では受領名「陸奥守」を称する人物が多かったのかもしれない。房定の「相模守」から類推すると、定種もかなりの人物であったのではなかろうか。この二人が享禄・天文の乱の最中、おそらく本願寺と提携関係を結ぶために独自に接触していたのである。

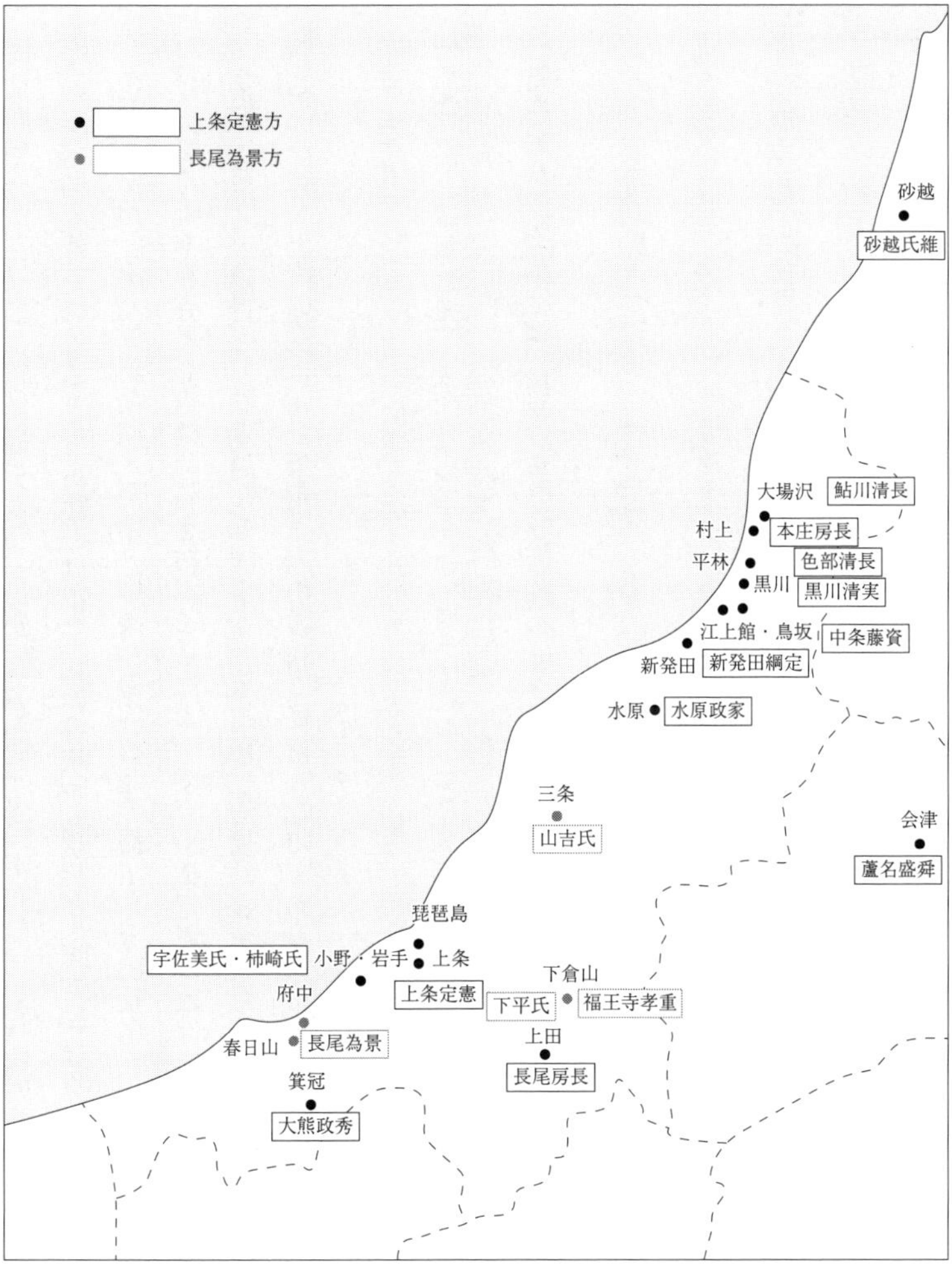

享禄・天文の乱要図（天文 4〜5 年ごろ）

天文四年（一五三五）六月になると、定憲自身が蒲原津に下向し、それに応じて阿賀北の多くの領主が定憲に合力している。同年八月になると、定憲方は平子氏に書状を発給して味方になるように説得をしている。その結果、本庄・色部・鮎川・水原・新発田・黒川・中条らの阿賀北の領主や上田長尾氏、出羽の砂越氏、会津の蘆名氏をも味方に付け、遠くは本願寺とも提携関係を結ぶことによって、上条定憲は攻勢を強めた。翌天文五年二月、為景は朝廷から「治罰綸旨」を獲得して巻き返しを図ろうとしたが、効果はなかった。同年八月、追い込まれた為景は家督を晴景に譲る。享禄・天文の乱は、上条定憲方の勝利で終結したのである。

【追記】拙著『上杉顕定』（戎光祥出版、二〇一四年）において言及したように、「越後過去名簿」の出現により、定憲を顕定の子息に比定することは難しくなった。その点を組み入れた再考は今後の課題とし、文章の一部訂正のみを行った（平成29年9月29日）。

【付記】転載にあたっては、阿賀野市教育委員会の許可を得た（編集部）。

第3部　その他の上杉氏

Ⅰ 八条上杉氏・四条上杉氏の基礎的研究

谷合伸介

はじめに

戦国期室町幕府は、明応の政変を期に将軍権力が瓦解し[1]、細川京兆家がその諸権能を掌握する「京兆専制」体制[2]として理解されてきた。しかし、近年、将軍権力の独自性を明らかにする研究が深まりつつあり[3]、その全国的な権力編成のあり方も見直されつつある[4]。山田康弘氏は、明応の政変を細川京兆家による将軍の「傀儡化」の画期としてみるのではなく、義澄系と義稙系という二つの〈幕府〉成立の画期として評価した[5]。また、家永遵嗣氏も、将軍権力が、東国の政治状況にも大きな影響を与えていたことを指摘するなど[6]、戦国期の将軍権力が、依然として大きな影響力を全国的に保持していたことを明らかにした。

さらに、将軍権力を将軍直臣団の検討[7]や、守護被官層と将軍との「直接的関係」などから明らかにする研究も進展しつつある[8]。とりわけ、上杉氏などの守護一族が、将軍権力との「直接的関係」を背景に地方への政治介入を図っていたことを指摘した森田真一氏の研究は[9]、当該期の中央と地方との政治体制のあり方を考える上で興味深い指摘であった。言い換えれば、守護だけではなく守護一族が将軍といかなる関係にあり、その関係が地方の政治動向にどのような影響を及ぼしていたのかを把握することが求められているのである。

その一方で、森田氏の指摘は、上杉氏研究にも大きな影響を与えている。森田氏は、これまでの関東の上杉氏研究と越後上杉氏研究との議論が、必ずしもかみ合っていないことなどを例に挙げ、「個別分散化と断続的な時期設定のため、総体としての歴史像が見えにくくなっているのではあるまいか」[10]と指摘した。そのうえで「上杉氏一族の血脈の内実」に着目する必要性を訴え、「これまでの個別上杉氏研究のような所領や家臣団、または守護職を重視するのではなく、上杉氏一族の人的な関係を重視する必要があろう」とし、今まで注目されてこなかった東国以外の上杉氏、特に京都にその拠点を置いたとされる上杉氏一族をも含めた包括的な議論の必要性を説いたのであった。

しかし、従来、この上杉氏一族、つまり、八条上杉氏・四条上杉氏に関する基礎的な事実関係が、十分に整理、検討されてきたわけではなかった。小林健彦氏は、『後法興院記』[11]の「上杉」の記事を取り上げ、それらは「何れも在京雑掌としての神余氏の前任者的立場にあったものと位置付けられるのではなかろうか」と指摘したが、そもそも在京雑掌と上杉氏一族を同様の存在として評価してよいのかという疑問が残る。[12]また、森田真一氏は、越後永正四年の政変において、八条上杉氏が将軍権力との「直接的関係」を背景に越後への政治介入を行っていたことを指摘しているが、[13]四条上杉氏の存在をほとんど考慮に入れておらず、京都の上杉氏＝八条上杉氏というように捉えてしまっている。

このように、京都に拠点を置いた両上杉氏の検討は、従来、必ずしも明確に整理された議論であったとは言えず、その個別研究の深化も十分に図られてきたとは言い難いのである。

よって、本稿では、こうした問題点を踏まえ、中世後期とりわけ一五世紀後半（半ば以後）から一六世紀初頭にかけての八条上杉氏・四条上杉氏の基礎的な事実関係の整理と検討を、幕府や将軍との関係から読み解き、深めていくこととしたい。

一、中世後期八条上杉氏の政治的展開

八条上杉氏に関する研究は、最近までほとんど本格的に行われることはなかった。そうしたなかで、『国史大辞典』における八条上杉氏の記述はその動向を知る上で、ほぼ唯一の記述であったと言って、差し支えなかろう。それによれば、「犬懸上杉朝宗の子の氏朝は、氏憲（禅秀）の弟で京都の八条に住んでいたので、この流を八条上杉氏と称する」と指摘され、八条上杉氏とは犬懸上杉氏朝から始まったものとして解している(14)。

しかし、この点については、森田真一氏がすでに指摘しているように、氏朝が八条に住んでいたとする根拠が示されておらず、断定することはできない。たしかに、氏朝を系図類で確認していくと、「在京」などと記されており、京都に屋敷を構えていた可能性は推察することはできる。ただし、それが八条であったかどうかは曖昧であり、断定はできないのである。では、八条上杉氏とは、一体どの系統だったのか。「上杉系図浅羽本(15)」の上杉朝顕・満朝の註をみると、「号八条」とあり、基本的に八条上杉氏とは、朝顕・満朝の系統であったと考えられる【系図】。

さらに、この八条上杉氏を考える上で興味深い番帳があるので挙げてみたい。

【史料1】

永享比ヨリ至文正三職

管領《斯波》左兵衛佐義淳心照寺・畠山左衛門督《満家》入道道端真観寺・細川右京大夫持之弘源寺

御相伴衆

山名右衛門督入道常熈・一色修理大夫義貫・畠山修理大夫入道道祐・赤松左京大夫入道性具・斯波治部大輔義豊・畠山尾張守持国・畠山左馬助持永・畠山弥三郎持富・畠山阿波守義忠・土岐美濃守持益・六角大膳大夫満綱・京極治部少輔持光・山名修理入道常勝・細川阿波入道常秀・山名弾正少弼持豊・細川刑部少輔持有・細川淡路守満俊・山名上野介熈高・富樫介持春・武田伊豆九郎信栄・佐々木加賀入道有統・佐々木黒田備前守高光・佐々木鞍智駿河守高信・佐々木佐渡入道・上杉中務大輔(16)

この史料（「永享以来御番帳」）を見ると、「御相伴衆」として「上杉中務大輔」の名があることに気付く。秋元大補氏は、この記事が書かれた時期は永享三年（一四三一）頃ではないかと推定されており(17)、同時期の『満済准后日記』にも「上杉中務大輔」が多数登場することから、これらが同一人物である可能性は高い。さらに、『満済准后日記』の「上杉中務大輔」には「号八条」という註が記されている(18)。よって、この御相伴衆の「上杉中務大輔」とは、八条上杉氏のことを指していたと言える。また、「上杉系図浅羽本」には、八条上杉満朝の息、満定が「中務大輔」を称していたとともに、彼が「在京」していたことが注記されている。

つまり「上杉中務大輔」とは、八条上杉氏の一族で具体的には八条上杉朝顕・満朝の血をひく満定と比定することが出来よう【系図】。こうしたことから、改めて、満定が史料1の「上杉中務大輔」と同一人物である可能性が高いと考えられる。八条上杉氏の名跡は、朝顕・満朝・満定と引き継がれていったのである。

一方で、『満済准后日記』には、越後鵜河庄を拠点としている八条上杉氏の姿が見られる。また、同国内の白河

図1　上杉氏系図

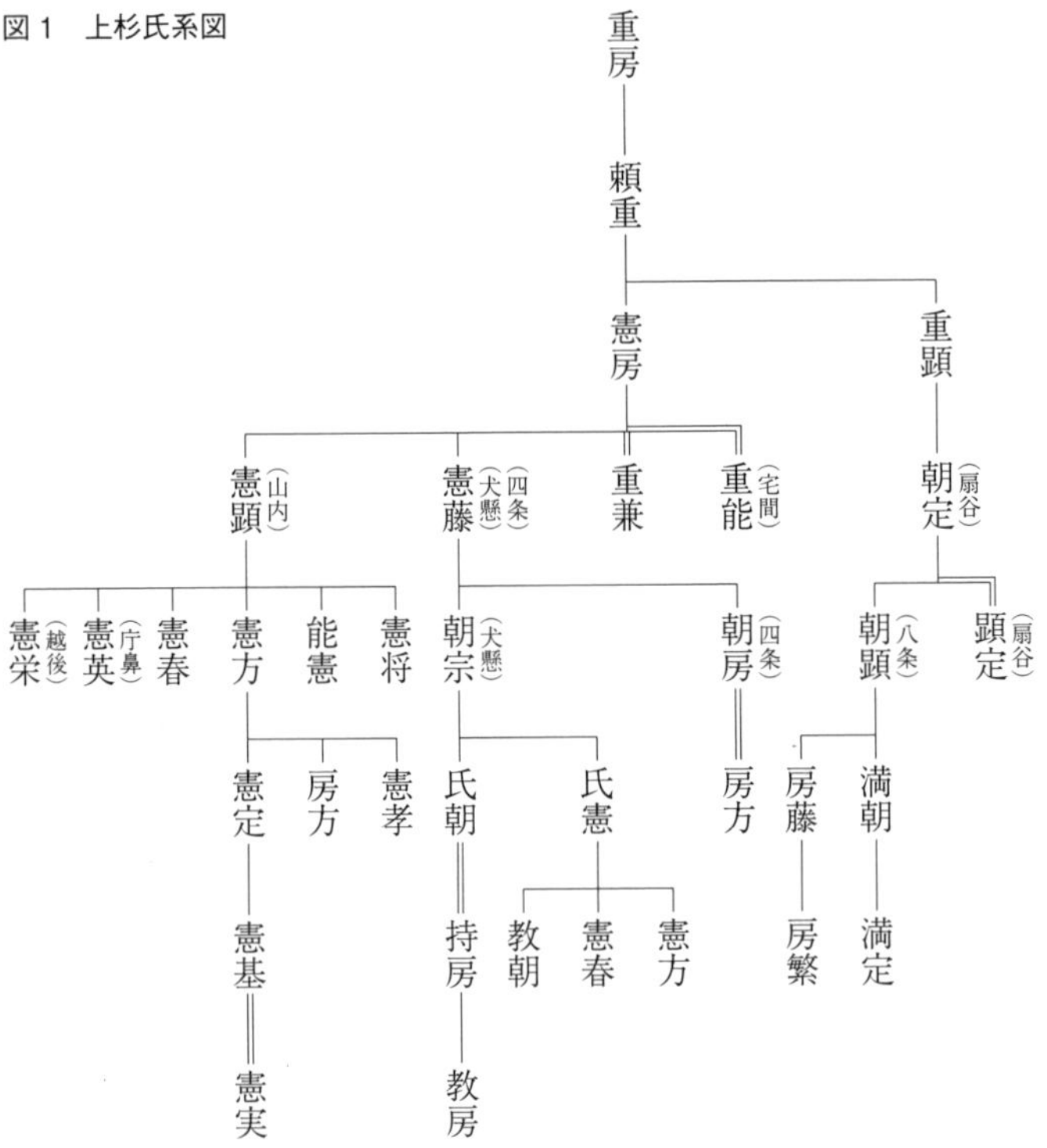

●「上杉系図浅羽本」、『寛政重修諸家譜』を参考に作成。
●二重線は養子。

庄・松山保においても、八条上杉氏はその権益を握っていた[19]。さらに、越後の検地帳には、文明年間、「八条伊予守」が高波保・森明・西俣・半沢兼や名木野という地域も押さえていたことが記されている[20]。このように、八条上杉氏は京都にその拠点をおく一方、越後においても一定の所領を保持していたのである[21]。

二、将軍と八条上杉氏との関係

さて、幕府において、「御相伴衆」という家格であった八条上杉氏は将軍といかなる関係にあったのだろうか。

【史料2】

去年十月、於上州羽継原合戦之時、致軍功之旨房定注進到来、尤神妙、

弥可励忠節候也、

月日

上杉中務大輔殿上杉房定　　　民部大輔事也八条事也、(22)

この史料は、長禄三年（一四五九）、上州羽継原で幕府方として戦った「上杉中務大輔」・「民部大輔」に対する義政の御内書案である。この史料によれば、「上杉中務大輔」とは、「上杉房定」であり、「民部大輔」とは「八条」であると書かれているが、これは『上越市史資料編三　古代中世』などが指摘するように、明らかな誤りである。房定は「民部大輔」を称していたが、「中務大輔」は名乗っていない。註に「八条事也」とあることからも、「中務大輔」が「八条」であり、「民部大輔」が「上杉房定」ということだろう。これを踏まえ、『親元日記』(23)寛正六年（一四六五）六月一三日条を見てみると、「上椙中務大輔持定為改年御礼、太刀金白布五・蝋燭百挺進上折紙有之、雑掌持参之」とある。六年程、時期が下るが、ほぼ同時期と見ることもでき、史料2と『親元日記』の「中務大輔」が同一人物であった可能性は高い。つまり、「上杉中務大輔持定」は八条上杉氏であったと推察されるのである。八条上杉氏は、幕府に対して、年始の御礼を行っていたと考えられる。

さらに、『松陰私語』(24)によれば、「当方者京都公方之御旗本也、桃井讃岐守・上杉・上條・八条・同治部少輔・同刑部小輔・上杉扇谷・武上相之衆・上杉庁鼻和、都合七千騎、五十子近辺、榛沢・小波瀬・阿瀬・牧西・堀田・瀧瀬・手斗河原取陣」とあり、五十子陣において「八条」・「八条治部少輔」とともに「八条刑部小輔」が京都から出陣している姿が見受けられる。この記述とほぼ同時期の『結番日記』文明一二年（一四八〇）一〇月八日条には、「上杉刑部少輔より為年始御礼、公方様へ白布五端・御太刀糸、御方御所様へ白布十端・御太刀糸参、則大館治部少輔殿為御申次あひた申入候、御心得由候」とあり、「上杉刑部少輔」が、将軍義政と義尚に対し、年始の御礼として、白布と太刀を贈っている。この「上杉刑部少輔」は、時期的にみて『松陰私語』の「八条刑部小輔」と同一人物である可能性が推察されることから、八条上杉氏の一族であると考えられる。

以上のことから、一五世紀後半における八条上杉氏は、将軍の軍事動員に応じて出陣し、年始の御礼として将軍に献上品を贈るなど、将軍との一定の関係性を有していたことが推察される。[25]

こうした将軍との直接的な結びつきを背景に、八条上杉氏は、越後国内での勢力伸張を図っていく。[26]永正四年（一五〇七）に起きた越後永正の乱への八条上杉氏の介入は、まさにそのことを象徴する出来事であった。しかし、実際に越後永正の乱における戦況を見ていくと、八条上杉氏は、決して楽に戦いを進められていたわけではなかった。永正四年（一五〇七）八月、守護上杉房能は守護代長尾為景の手により討たれるが、この際、「八条尾張守」なども共に討たれている。[27]さらに、永正五年（一五〇八）八月には、「八条衆数百人」が為景方により討ち取られており、[28]大損害を被っている。

こうした状況を打破するためには、八条上杉氏が保持していた将軍との直接的な関係を梃子にすることが求められた。しかし、頼りにしていた将軍義稙は、永正七年（一五一〇）八月、敵の為景方に対し、越後入国を賞する御内書を発してしまう。[29]さらに、同年、管領細川高国は、伊達氏に対し、為景への合力を命じている。[30]

このように、八条上杉氏の思惑とは別に、頼りにしていた将軍義稙は、敵方の為景方支持に回ってしまったのである。

ただし、こうした展開は、さほど意外なことではなかった。実は、永正の乱が勃発する一六世紀に入ると、八条上杉氏と将軍との関係性は、ほとんど見られなくなり、さらに、そのわずかな動向も永正の乱に関わる記事に限られ、京都での動向や幕府内での活動は窺えなくなっていた。

要するに、一六世紀以後、将軍との関係が相対的に希薄化しつつあったなかでは、このような将軍の姿勢が示されたとしても何ら不思議なことはなかったのである。

以上の点を整理すると、一五世紀後半、八条上杉氏は、将軍の軍事動員への呼応や年始の御礼といったことなどを媒介に将軍と直接つながっていたが、一六世紀に入ると、幕府内での活動や将軍との関係が見出せなくなっていき、次第にその関係も希薄化していった。将軍と直接結びつくことで、勢力拡大を図った八条上杉氏による越後への政治介入も、希薄化しつつあった将軍との関係のなかでは、戦局を有利に導くことはできなかったのである。

三、四条上杉氏の政治的地位

では、もう一方の四条上杉氏は、どういった存在として捉えられようか。これについても、研究例はほとんどないが、八条上杉氏同様、まず番帳における「上杉」の記載を利用することで、その動向に関する一定の情報を得てみたい。

【史料3】

外様衆

細川民部大輔和泉守護・細川五郎・細川伊代守・細川土佐守九郎太郎・山名相模六郎・山名宮内五郎・一色次郎・

一色宮内少輔・新田大島兵庫頭・桃井右馬頭・吉見右馬頭・一色兵部大輔・富樫介加賀国守護・上杉代・仁木於甲賀谷寂初討死名誉云々・千秋宮内大輔尚範・野寺左馬介入道・野間民部大輔・厳島四郎・佐々木田中四郎兵衛尉・江州土肥刑部少輔・赤松上月治部少輔[31]

【史料4】

外様衆　次第不同、

細河宍草刑部大輔観音寺・同駿河守・同伊予守・同土佐守・同弥六・仁木中務少輔・伊勢仁木・天竺中務少輔・畠山日向守・同駿河守・一色右馬頭・同兵部大輔・同五郎・山名有路・新田岩松・同大嶋・荒河治部少輔・佐々木越中守毎月朔日節供等ニハ出仕アリ・佐々木能登守・同朽木・同遠江守・同隠岐守・同田中・上杉中務少輔・赤松又次郎・同弥五郎・同上月甲斐守・同兵庫頭・同葉山三郎・江見伊豆守・吉見右馬頭・野間左馬助・佐々木加賀守・土肥美濃守・仁木兵部少輔・土岐佐郎木右馬助・同池尻刑部少輔・同曽我屋民部大輔・同明智中務少輔・同鷲巣右馬頭[32]

【史料5】

外様衆

小原左兵衛佐・上杉三郎・仁木千代菊丸・仁木兵部大輔・新田兵庫頭・吉見右馬頭・一色兵部大輔・一色宮内少輔・細川駿河守・赤松弥五郎・赤松中務大輔・赤松上月治部少輔・赤松上月大和入道・土岐民部大輔・土岐池尻五郎・土岐鷲巣九郎・土岐佐良木三良・土岐明智中務少輔・土岐美濃守・二階堂山城判官・町野備後守・摂津掃部頭・佐々木黒田四郎・佐々木田中三郎兵衛尉・佐々木朽木弥五良・佐々木永田四郎兵衛尉・佐々木能登守・佐々木越中守・佐々木横山西佐々木七人両人落候哉、但、此時在京人事候哉、多落候、佐々木・山崎・朽木・田中・越中・永田・能登以

上七人、・佐々木中務少輔細川陸奥守・佐々木完道・佐々木鞍智・山名草山与次郎・佐々木加賀守・神原・麻崎・
波多野因幡守・江見八郎次郎・千秋宮内大輔・野間右馬助入道・土肥次郎・仁木小太郎・細川完草・桃井右馬
助・荒川八郎

四十七人

外様衆以上訖(33)

ここに挙げた三点の番帳は、幕府の役人や将軍の軍事的基盤となった奉公衆の名が記されているものであり、これまでも、室町幕府の近臣団などの研究に、しばしば用いられてきた。ただし、これらが作成された時期に関しては明確に判断できない側面をもち、使用する際には注意を払わねばならない。

史料3（「長享元年九月十二日常徳院殿様江州御動座当時在陣衆着到」）は、長享元年（一四八七）に将軍義尚が寺社本所領の旧領回復を名目に近江の守護六角高頼を攻めた際、義尚に従軍した幕臣を記した交名であり、その時期に書かれたものと考えられる。一方、史料4（「東山殿時代大名外様附」）について、今谷明氏は、番方に関する部分の検討から、その成立年代を明応元年（一四九二）末から同二年（一四九三）初頭として推定されている(34)。しかし、今谷氏は、「外様衆」に関する部分について、史料3と史料4を比較すると四名しか一致しないことも同時に指摘しており、その成立年代を断定してはいない(35)。また、史料5（「蜷川家文書」）に関しても、秋元大補氏が「年代の異なった交名を寄せ集めた番帳で全体をひとつの年代の番帳と考えては多くの混乱が生ずる例がある(36)」と、すでに注意されている番帳である。

このように、これらの番帳は、幕府近臣の様々な情報を与えてくれる史料であるが、その記述がいつの時点のものであるのかという点については、なお慎重を期さねばならない。よって、「上杉」の記述が具体的にいつ頃の、どの人物を指すものなのかは、先に『満済准后日記』で確認したような一次史料で特定できない以上、断定的に述べることはできないのである。ただし、一点、注目したい点がある。それは、いずれの「上杉」も「外様衆」[37]に編成されていることである。これは、「上杉」の政治的地位を考える上で重要な点であろう。

【史料6】

外様衆

北畠左衛門佐・細川中務大輔准国持之・新田大島左衛門佐・伊勢仁木左馬助・山名伊豆守・一色右馬頭・新田岩松兵庫頭・吉見大郎・山名宮田五郎・丹波仁木兵部少輔・四條上杉中務少輔・佐々木京極加賀守・江見美濃守・土岐民部大輔・赤松新蔵人・赤松中務少輔・佐々木鞍智・摂津掃部頭・二階堂大夫判官政行・町野加賀守・波多野[38]

史料6（「永享以来御番帳」文明一二・一三年頃）は、この「上杉」を具体的に示すものである。この「外様衆」の項に「四条上杉中務少輔」と記されているように、史料3・史料4・史料5における「外様衆」の「上杉」とは、基本的に四条上杉氏の一族であったと考えられる。勿論、室町期においては、越後守護上杉氏も在京していたが、彼らは代々「中務少輔」ではなく、「民部大輔」を称し、また「外様衆」ではなく「国持衆」[39]もしくは「外様大名衆」[40]などに編成されていた。同様に、八条上杉氏に関しても、先に示した通り、「御相伴衆」として編成されていた。このように、京都に拠点を置いた四条上杉氏以外は、「外様衆」として編成されていなかったのであり、「外様衆」の「上杉」が、四条上杉氏であった可能性は極めて高いと判断されよう。

以上のことから、四条上杉氏は室町・戦国期、室町幕府内において、「外様衆」として、一定の家格を有する存在であったと考えられる。そして、義尚の六角攻めなどに参陣するなど(41)、将軍の軍事的基盤を支えていたのである。

では、「外様衆」であった四条上杉氏は、一五世紀後半から一六世紀にかけ、幕府内において、いかなる政治的立場に立ち、将軍家とどのような関係を構築していったのだろうか。将軍家と関わりの深かった近衛家(42)の記録を利用しながら、その動向を追っていくこととしよう。

四、『後法興院記』にみえる四条上杉氏

延徳三年（一四九一）、将軍足利義材（義尹・義稙とも称すが、以後義材で統一）は、六角高頼を討つため、近江に出陣する。義材は奉公衆や各国守護などの軍勢を動員し、この合戦に臨んだ。

【史料7】

一　室町殿自去八月廿七日御出陣、御座三井寺之光浄院、被召具諸大名、畠山左衛門督之息　細川一門并安富以
下内者、於自身者在京　山名　赤松　武衛　武田一色　土岐但不弁　京極　伊賀仁木　伊勢仁木　四条上杉
吉良　石橋　伊勢国司　小笠原　因幡守護山名　山名相模守　伊勢守一門　近習者自一番至五番悉(43)

【史料8】

廿七日　辛未陰、時々見日景、是日武家出陣、相伴実門ならび右府密々見物、大概記之、

（中略）

御供衆、
細河淡路次郎、山名治部少輔、同小次郎、大館左衛門佐、赤松伊豆次郎、大館治部大輔、伊勢備中守後
騎卅二人歟　同兵庫助
次申次衆
伊勢肥前守、同左京亮、同弥次郎、貞綱相続　同下総守、
上杉四郎、後騎仁木菊千代丸、後騎(44)

史料7は、この六角攻めの出陣の様子を記した『大乗院寺社雑事記』の記事である。ここで、第一に注目したいのは、四条上杉氏の名が見えることである。これは、まさに四条上杉氏が、先の義尚の六角攻めへの参陣と同様、義材の六角攻めにも参陣していたことを示すものといえよう。

そして、第二に注目したい点は、日付である。史料7は、延徳三年八月二七日の出陣に関する記載であった。この義材出陣に関する同年同日付けの『後法興院記』（史料8）には、同様の記述が見え、「上杉四郎」が出陣していたことがわかる。つまり、この二点の史料から、『後法興院記』の「上杉四郎」が、四条上杉氏の一族であったことが認められるのである。

このように、近衛政家の日記、『後法興院記』には、四条上杉氏一族に関する記述が残っている。実際、同記には、この「上杉四郎」のほかにも、「上杉幸松（丸）」、「上杉三郎」などの名前がみられ、彼らは、しばしば近衛家の屋敷を訪れていた【表1】。では、彼らもまた、「上杉四郎」同様、四条上杉氏の一族として、捉えられるのであろうか。それぞれ検討していく事としよう。

【表1】『後法興院記』における「上杉」の近衛家往訪記事

年	日付	内容
文明18年	9・21	上杉幸松、(近衛家へ) 往訪。
長享3年	1・16	上杉幸松、往訪。
延徳3年	1・5	上杉幸松、往訪。
延徳4年	1・7	上杉幸松、往訪。
明応5年	1・5	上杉三郎、往訪。
明応6年	1・5	上杉三郎、往訪。
明応10年	1・5	上杉三郎、往訪。
文亀元年	12・29	上杉三郎、年末の挨拶の為、往訪。
文亀2年	1・5	上杉三郎、往訪。
文亀2年	12・28	上杉三郎、年末の挨拶の為、往訪。
文亀3年	1・6	上杉三郎、往訪。
文亀3年	6・16	楊弓の為、上杉三郎材房が往訪。
文亀3年	7・6	楊弓の為、上杉三郎が往訪。
文亀3年	8・6	楊弓の為、上杉三郎他が往訪。
文亀3年	8・9	楊弓の為、上杉三郎が往訪。
文亀4年	1・6	上杉三郎など、往訪。
永正2年	1・4	上杉三郎、使者を送り申すに、病気で出仕できない為、参賀出来ず。

【表2】『後法成寺関白記』における「上杉」の近衛家往訪記事

年	日付	内容
永正2年	1・6	上杉、(近衛家へ) 往訪。
永正6年	9・1	上杉、往訪。
永正7年	1・5	上杉、往訪。
永正9年	1・5	上杉右衛門佐、往訪。
永正10年	1・5	上杉右衛門佐、往訪。
永正10年	6・5	上杉、往訪。
永正13年	1・5	上杉右衛門佐、往訪。
永正14年	1・5	上杉右衛門佐、往訪。
永正16年	1・5	上杉、往訪。
永正16年	6・13	上杉の後家、往訪。
大永6年	1・13	上杉幸松、往訪。
享禄4年	8・10	上杉母、往訪。

まず、「上杉幸松（丸）」から考えていくこととする。そもそも、四条上杉氏の系統は、南北朝期の上杉憲藤に始まるものと考えられる【系図】。『寛政重修諸家譜　第一二巻』[45]には「世に四条上杉と称す」とあり、また『藤原氏族系図第三巻』[46]においても憲藤を「四条上杉と称す」と説明している。こうしたことから、四条流は犬懸流とともに、この憲藤から始まったようである。また、その憲藤の子、朝房の幼名が「幸松丸」とあることから、『後法興院記』の「幸松（丸）」が四条上杉氏の系譜をひいている可能性は高いといえる[47]。実際、「幸松（丸）」の名は、延徳四年（一四九二）を最後にその名前が見えなくなるが、その約三〇年後の大永六年（一五二六）に再び「幸松（丸）」が散見されるようになる【表2】。

つまり、これは四条上杉氏の幼名として、代々使われていたために生じたことではなかったかと考えられるのである。よって、この『後法興院記』の「幸松（丸）」とは、四条上杉氏の一族であった可能性が高いといえよう。

一方、「上杉三郎」の場合はどうであろうか。

【史料9】

四日庚寅晴、宮内卿法印来、上杉三郎以使者申送云、依所労不致出仕間不参賀云々[48]、

史料9は『後法興院記』永正二年（一五〇五）正月四日の記事である。この記事によれば、「上杉三郎」が近衛政家のもとに使者を送り、「所労」により「出仕」できないので、正月の挨拶にも伺えないということを言ってきた、とある。

ここで、問題となるのは「出仕」が、どこへの出仕だったのかである。考えられるのは、まず朝廷であるが、通常、朝廷に出向く場合には、「参内」などといった文言になるはずであり、朝廷である可能性は低い。また、この日記の

作者である近衛家に「出仕」ということも考えられるが、後ろの「参賀」が政家に対してであることを踏まえれば、やはり可能性として薄い。そこで、考えたいのが、四条上杉氏と幕府との関係である。

【史料10】

正月五日　公家、大名、外様、御供衆、御部屋衆、申次、番頭、節朔衆、走衆、上池院、千阿弥、

（中略）

同五日　吉良殿、渋川殿、石橋殿、いせ、仁木殿、上杉、関東衆少々、

（中略）

四月朔日　公家、大名、外様衆、御供衆、申次衆、番頭、節朔衆、造宮司、

一　御対面次第、同御盃已下同前也、

同二日　吉良殿、渋川殿、石橋殿、仁木殿《伊勢》、上杉《四条》

五月朔日　公家、大名、外様衆、御供衆、申次、番頭、節朔衆、造宮司、

一　御対面次第、同御盃以下同前事、

同二日　吉良殿、石橋、渋川殿、仁木殿《伊勢》、上杉《四条》

（中略）

六月朔日　公家、大名、外様、御供衆、申次、番頭、節朔衆、造宮司、

一　御対面之次第、同御盃以下同前也、

同二日　吉良殿、渋川殿、石橋殿、仁木殿、上杉

（中略）

七月朔日　公家、大名、外様衆、御供衆、申次衆、番頭、節朔衆、造宮司、

（中略）

同二日　吉良殿、石橋殿、渋川殿、仁木《伊勢》殿、上杉《四条》同前、[49]

史料10の「長禄二年以来申次記」[50]は、室町幕府に関する武家故実書であるが、これによれば「四条上杉」は正月五日、毎月二日に幕府へ出仕している。「上杉」としか書かれていない箇所もあるが、四条上杉氏を指していることは異論のないところであろう。

【史料11】

一　上杉は応仁乱前之比は、正月五日、毎月は二日出仕なり、乱後には、正月は、四日、出仕在之云々、然者四日式日にて出仕也、大外様之衆と同之、[51]

さらに、史料11（「長禄二年以来申次記」）でも同様に、「上杉」（四条上杉氏[52]）が、応仁の乱以前は正月五日と毎月二日、乱後は正月四日に幕府へ出仕していたことを指摘している。

要するに、史料10・史料11から、四条上杉氏が、幕府へ出仕していた存在だったことが明らかとなるのである。このことを勘案すれば、先の史料9の「出仕」とは、幕府に対してのものと考えることが、最も妥当であろう。実際、史料9の記事の内容は、史料10・史料11でみてきたような四条上杉氏の幕府への出仕日、つまり正月四日出仕という点で、一致している。このようなことから、史料9にみられる「上杉三郎」が、四条上杉氏の一族である可能性は極めて高いと考えられるのである。

以上、『後法興院記』に散見する「上杉幸松（丸）」「上杉三郎」を個別に検討し、そこで、たびたびみられる彼らの近衛家への往訪【表1】が、四条上杉氏の動向として、把握されうるものなのか、否かを検証してきた。その結果、両者とも「上杉四郎」同様、四条上杉氏一族である可能性の高いことが確認された[53]。つまり、一連の「上杉幸松（丸）」「上杉三郎」による近衛家への往訪は、四条上杉氏一族の動向として捉えられるのである。

五、四条上杉氏の幕府出仕と近衛家への往訪

四条上杉氏の近衛家への往訪は、永正年間以降も続いていく。近衛政家の子息、尚通の日記『後法成寺関白記』[54]には、多数の上杉氏による往訪記事が見受けられ【表2】、尚通の代においても、同様に、四条上杉氏が近衛家への往訪を続けていたことが窺われる[55]。

ここで、再度、史料9に注目してみたい。史料9は四条上杉氏の幕府への出仕と近衛邸への参賀の日付が一致していたことを示す史料であったが、これは必ずしも全く偶然の行動パターンではなかったようである。こうした事例が、それ以後もしばしば見受けられる。

【史料12】

五日

一　吉良殿、渋川殿、石橋殿、伊勢、仁木、関東衆、出仕、御対面之次第、一番吉良殿、渋川殿、石橋殿と申入候て被参也、其次には不及申入懸御目也、吉良殿が御練貫二重拝領、其外仁木殿迄は一重宛也、吉良殿も父

子出仕之時は、御息へは一重也、渋川殿近年は無出仕、先には外様も少々出仕、外様には御太刀被下之、吉良殿美物進上之時は如常、従女中申入候也、
上杉右衛門佐《永正十六》、渡辺、出仕、
（中略）
一　上杉虎千代《永正十六》、　御随身以下如例年[56]、

史料12は、「殿中申次記」で、御供衆や申次衆などを歴任した伊勢貞遠が、永正期の実例などを入れながら、正月から一二月までの定例行事や将軍対面の次第などを記したものである。

さて、この記録によれば、永正一三年には「上杉虎千代」、永正一六年には「上杉右衛門佐」が、それぞれ正月五日に幕府に出仕していたことがわかる。そのうえで、「上杉右衛門佐」については、『後法成寺関白記』に、次のような記録が残されている。

【史料13】

五日、丁亥晴、上杉右衛門佐・堀川判官・調子式部丞・伊勢兵庫助・同左京亮・一色兵部大輔等来、令対面勧一盞、
（下略）[57]

右のように、「上杉右衛門佐」は、永正一三年（一五一六）正月五日、近衛家へ往訪している。先ほども指摘したように、近衛家の日記において、「上杉」が往訪している記事がみえるが、それは基本的に四条上杉氏であると考えられることから、この「上杉右衛門佐」も四条上杉氏の一族であると推察される。よって史料12の「上杉右衛門佐」も四条上杉氏であったと考えられ、同年同日に四条上杉氏が近衛家への往訪と幕府への出仕を行っていたことが明ら

かとなるのである。

同様に、「上杉虎千代」も史料12と同年同日の『後法成寺関白記』の記事に、その関連記事をみることができる。

【史料14】

五日　庚子晴及晩雪降、従大樹嘉例美物三種以送之、仁木千代菊、上杉等来、(58)

史料14は、「上杉」が近衛家に仁木千代菊とともに往訪している記事である。つまり、この「上杉」も、先ほどの事例と同様に、史料12の「上杉虎千代」と同一人物であることを示唆するものといえる。ここでも、改めて四条上杉氏の幕府への出仕日と近衛家への往訪日が一致することが指摘されるのである。

以上の点をまとめると、一五世紀後半から一六世紀初頭にかけて、四条上杉氏は幕府に出仕していた。そして、四条上杉氏の正月における幕府出仕は、原則四日とされていたが、実際には、五日に行うことも多く、その出仕の日には、しばしば懇意にしていた近衛家への往訪をも、同時に行っていたことが見えてくるのである。

六、将軍と四条上杉氏との関係

一五世紀後半から一六世紀初頭にかけ、四条上杉氏は、幕府に出仕していた。では、将軍との関係は、いかなる関係にあったのだろうか。

すでにみたように、四条上杉氏は、足利義尚・義材の六角攻めへ参陣するなど、将軍の軍事動員に応じていた。このことは、四条上杉氏が将軍の軍事基盤を支えていたことを示すものといえよう。そして、そうした事例は、これ以外にも見受けられる。この六角攻めの直後、明応二年（一四九三）二月、義材は河内攻めを敢行するが、この際、再び「上杉」が参陣する。

【史料15】

一　十五日巳時御出、申時八幡善法寺ニ御座、雨下、吉例也云々、

一　御共大名武田・讃州・武衛計也、其外御勢共ハ自京都八幡まてつつく云々、

一　和州御勢仕ハ不可入、先以大和衆分にて可沙汰、依左右御勢仕可有云々、未定、

（中略）

御陣所
武衛ハ三郷　武田ハ薪　京極ハ天神森　淡路ハ八幡ノ十津　大内勢ハ山崎上　赤松ハ同下　山名ハ八幡歟　讃州八幡歟　畠山ハ牧　一色代　伊勢守　細川野洲　同右馬頭中嶋　因幡守護　西六角　上杉[59]

「上杉」が四条上杉氏であったかどうかが問題となるが、この点に関し、『親長卿記』明応二年（一四九三）四月二六日条には「今日聞、武家近習・外様・奉行頭人等、大略昨今落河内陣出京云々」という記事があり、将軍の近習や外様、奉行頭人等が河内の陣から落ち、京都に出て行ったという。

　この史料は、河内攻め直後における明応の政変の影響を示唆するものであるが、重要な点は、「外様」＝外様衆が河内攻めに動員されていたことである。すでに、四条上杉氏が「外様衆」であったことは指摘したが、先に示した「上杉右衛門佐」も、永正七年「大外様衆」として把握されていた[60]。つまり、史料15の「上杉」とは、四条上杉氏のことであり、彼らはこの合戦に出陣していたと考えられるのである。

また、この河内攻めと同年の義材の六角攻め（史料8）において、「上杉四郎」は「申次衆」[61]として出陣していた。これを含めて考えると、四条上杉氏が将軍の近侍者的な立場として、この河内攻めに出陣していたと解釈することも出来よう。四条上杉氏は、一五世紀末の将軍の軍事基盤を支える存在だったのである。

【史料16】

十六日 辛亥 晴、風小吹、有楊弓興、浄土寺被来

前藤中納言、飛鳥井宰相、冷泉三位

実治朝臣、頼量、材房上杉三郎、就綱佐々木宮内大輔、元胤結城十郎

専快浄門坊人等人数也、[62]

こうした四条上杉氏と将軍との関係は、一六世紀に入っても基本的に変わらない。史料16は、近衛家で、楊弓を行った際の史料であるが、このなかに「上杉三郎」をみることができる。この「上杉三郎」は先ほど検討したように、四条上杉氏であると考えられるのだが、注目したいのは、「上杉三郎」は「材房」であった点である。つまり、この「材房」の「材」の一字は、将軍であった足利義材の「材」の字であると考えられ、偏諱を受けていたものと推察される。このように、四条上杉氏は、一六世紀に入っても、将軍との一定の関係性を保持していた。

以上、一連の六角攻めや河内攻めといった将軍の軍事動員への呼応や、幕府における「外様衆」・「大外様衆」・「申次衆」としての立場、また将軍からの偏諱などを総合すると、四条上杉氏は将軍との結びつきを一五世紀後半から一六世紀初頭にかけ、一貫して有し続けていたと考えられるのである。[63]

おわりに

一五世紀後半から一六世紀初頭にかけての八条上杉氏・四条上杉氏の基礎的な事実関係を、幕府や将軍との関係から、整理検討してきた。その結果、八条上杉氏は、幕府内において、「御相伴衆」として把握され、その動向は、少なくとも一五世紀後半までは、将軍の軍事動員に応じ、年始の御礼として将軍に献上品を贈るなど、将軍との一定の関係性を有していた。しかし、その後、一六世紀に入ると、同氏の動向は、越後における永正の乱に関わる記事に限られるようになり、次第に京都での動向や幕府内での活動は見られなくなる。そして、それに伴い将軍との結びつきも、ほとんど見られなくなっていくのである。

一方で、四条上杉氏は、一五世紀後半から一六世紀初頭にかけ、一貫して「外様衆」として幕府への出仕を行い、近衛家へも定期的に往訪するなど、親密な関係を構築していた。また、彼らは、将軍義尚・義材の六角攻め・河内攻めなどの将軍の軍事動員に応じ、将軍からの偏諱を受け、さらに「申次衆」などに位置づけられていたように、将軍の近侍者的な立場でもあったのである。

このように、同じ京都に拠点を有した両上杉氏であったが、幕府や将軍との関係、ならびにその存在形態は、明らかに異なる点があり、八条上杉家・四条上杉家という区別される「家」がそれぞれに存在していたことがわかった。京都の上杉氏として一括して論じられてしまう傾向のある両上杉氏であるが、それぞれの「家」として評価し、各々の動向を区別して把握することが必要であろう。

今後は、室町前期から中期頃における八条上杉氏・四条上杉氏の実態解明が課題とされる。特に、『満済准后日記』などに見える八条上杉氏の検討は、ほとんど行われておらず、さらなる研究が待たれる。八条・四条の両上杉氏を、それぞれの「家」として評価したうえで、当該期における各々の動向を解明していくことが求められよう。

註

(1) 福田豊彦「室町幕府の奉公衆（二）―その人員構成と地域分布―」（同著『室町幕府と国人一揆』所収、吉川弘文館、一九九五年、初出一九七一年）。
(2) 今谷明「後期室町幕府の権力構造―特にその専制化について―」（同著『室町幕府解体過程の研究』所収、岩波書店、一九八五年、初出一九七七年）。
(3) 二木謙一「偏諱授与および毛氈鞍覆・白傘袋免許」（同著『中世武家儀礼の研究』所収、吉川弘文館、一九八五年、初出一九七九年）、設楽薫「将軍足利義材の政務決裁―「御前沙汰」における将軍側近の役割」（『史学雑誌』九六―七、一九八九年）、同「足利義材の没落と将軍直臣団」（『日本史研究』三〇一、一九八七年）、山田康弘「戦国期における将軍と大名」（『歴史学研究』七七二、二〇〇三年）等。
(4) 家永遵嗣「将軍権力と大名との関係を見る視点」（『歴史評論』五七二、一九九七年）。
(5) 山田康弘「明応の政変直後の幕府内体制」（同著『戦国期室町幕府と将軍』所収、吉川弘文館、二〇〇〇年、初出一九九三年）。
(6) 家永遵嗣「堀越公方府滅亡の再検討」、同「明応二年の政変と堀越公方」、同「足利義高・細川政元政権と今川氏親・伊勢宗瑞」（同著『室町幕府将軍権力の研究』所収、東京大学日本史学研究室、一九九五年）。
(7) 前掲、設楽註（3）所引論文。
(8) 渡辺真守「室町後期守護被官層の研究」（研究代表　矢田俊文、『室町・戦国期畠山・赤松家発給文書の帰納的研究』所収、新潟大学人文学部、二〇〇三年）。

(9) 森田真一「八条上杉家と越後永正四年の政変」（二〇〇三年七月二七日戦国織豊期研究会報告レジュメ）。
(10) 森田真一「上条上杉定憲と享禄・天文の乱」（『新潟史学』四六、二〇〇一年）。
(11) 関白太政大臣近衛政家の日記で、応仁・文明の乱に関する政治状況や合戦の様子、家領経営に関する内容などが詳述されている。
(12) 小林健彦「戦国大名上杉氏の外交について―対朝幕交渉を中心として―」（『柏崎刈羽』一五、一九八八年、19頁～20頁）。
(13) 前掲、註（9）報告レジュメ。
(14) 杉山博「八条上杉氏」（『国史大辞典』第二巻、吉川弘文館、一九八〇年）。
(15) 『続群書類従』第六輯、下。
(16) 「永享以来御番帳」（『群書類従』一八輯、雑部）。
(17) 秋元大補「室町幕府諸番帳の成立年代の研究」（『日本歴史』三六四、一九七八年）。
(18) 『満済准后日記』（『続群書類従』）永享二年正月七日条、永享四年二月一日条、永享五年六月十一日条。
(19) 前掲、註（9）報告レジュメ。
(20) 「上杉家文書」（『新潟県史』資料編三、中世一、七七七号、以降『新』七七七と略す）。
(21) 「反町英作氏所蔵文書」（『上越市史』資料編三、古代・中世、三五六号、以降、『上』三五六と略す）には、越後守護代長尾能景が、八条上杉氏と「御直談」している記事が見えるが、そのなかで能景は八条上杉氏に対し、敬意表現を用いている。八条上杉氏の家格は、越後国内においても一定の影響力を与えていたものとみられる。
(22) 「御内書案」（『上』三一一）。
(23) 室町幕府政所代蜷川親元の日記。幕府や諸大名に関わる記事や、将軍家・伊勢氏の動向などが詳細に記されている。
(24) 『群馬県史資料編五』。長楽寺僧松陰によって、著された記録で、別名五十子記とも呼ばれる。内容は、一五世紀後半における争乱のなかでの岩松氏の動きや内情が詳しく記されている。また、関東の政治史を捉えるうえでも重要な史料である。
(25) さらに、文明一七年七月二〇日の「蜷川家文書」（『大日本古文書　家わけ第二一』一八八）には「上杉刑少布之事　御返事有無如何」とあり、八条上杉氏が依然として京都との関係を保持していたことが推察される。

(26)　前掲、註（9）報告レジュメ。
(27)　「東寺過去帳」（『上』五七六）、「志賀槇太郎氏所蔵文書」（『新』三四五二）。
(28)　「東寺過去帳」（『上』五八八）。
(29)　「御内書案」（『上』六一六）。
(30)　「伊達家文書」（『越佐史料』三―五五七、五五八）。
(31)　「長享元年九月十二日常徳院殿様江州御動座当時在陣衆着到」（『群書類従』一八輯、雑部）。
(32)　「東山殿時代大名外様附」（今谷明「『東山殿時代大名外様附』について」『史林』六三―六、一九八〇年）。
(33)　「蜷川家文書」（『大日本古文書　家わけ第二一』三〇）。
(34)　今谷、註（32）所引論文。
(35)　今谷、註（32）所引論文。
(36)　秋元、註（17）所引論文。
(37)　外様衆は、身分格式としての意味合いが濃く、家格の高さを意味するものであった（西島太郎「近江国湖西の在地領主と室町幕府」（『年報中世史研究』二八、二〇〇三年）。
(38)　「永享以来御番帳」文明一二・一三年頃（『群書類従』一八輯、雑部）。
(39)　「細川家書札抄」（『群書類従』六輯、消息部）。
(40)　「文安年中御番帳」（『群書類従』一八輯、雑部）。
(41)　史料3の「長享元年九月十二日常徳院殿様江州御動座当時在陣衆着到」は、義尚の六角攻め出陣の際の様子を記した史料であり、そこにある「上杉代」とは、史料6からみて、四条上杉氏の名代であると考えられるためである。
(42)　関白近衛政家・尚通・稙家の三代が、それぞれ将軍義政・義尚・義稙の一字を与えられていたように、近衛家は、代々、室町将軍の一字を偏諱として、拝受する前例があった。さらに、尚通の娘が、義晴の室になっていることからも、将軍家との密な関係が窺われる。

(43)『大乗院寺社雑事記』(『続史料大成』)延徳三年十月一日条。
(44)『後法興院記』延徳三年八月二七日条。
(45)続群書類従完成会発刊。
(46)展望社発刊。
(47)なお、「上杉系図浅羽本」には、この朝房に関して「再在京時卒、法名続宗院実相道貞、延徳二年二月十日於四条卒但此説ハイブカシ」とある。この記述にどの程度の信憑性があるか不透明な点も残るが、少なくとも「四条」と記されている根拠は、朝房が四条上杉氏の一族だったことに拠るのではないかと推察される。
(48)『後法興院記』永正二年正月四日条。
(49)「長禄二年以来申次記」(『群書類従』一四輯、武家部)。
(50)大館常興によって、記された室町時代中期の武家故実書で、三職・御相伴衆・国持衆・準国持衆・外様衆・御供衆・御部屋衆などの歴名が書かれている他、正月中の将軍拝謁の次第なども日別に記されている。
(51)「長禄二年以来申次記」(『群書類従』一四輯、武家部)。
(52)ここでの「上杉」は四条上杉氏と明記されているわけではないが、史料10と同じ記録であり、出仕日が一致していることから考えて、四条上杉氏と見てよいものと考える。
(53)小林健彦氏は、『後法興院記』にある「上杉幸松(丸)」「上杉四郎」「上杉三郎」を挙げ、「何れも在京雑掌としての神余氏の前任者的な立場にあったものと位置づけられるのではなかろうか」(小林、註12)と指摘されている。しかし、一六世紀前半においても、四条上杉氏の存在は確認され、神余氏が雑掌として活動していた時期と重なることから、必ずしも神余氏の前任者的な立場だったとはいえない。また、そもそも神余氏が越後上杉氏の雑掌であるのに対し、四条上杉氏は幕府の「外様衆」である。さらに、後に触れるように、同氏は、将軍に近い立場の存在でもあった。基本的に両者の身分や役割は全く異なっており、また四条上杉氏の場合、越後との接点を見出せないことからも両者を一緒のものとして、論じることは適切ではないと思われる。
(54)関白太政大臣近衛尚通の日記。父政家の『後法興院記』のあとをうけて書き始められたものとも言われる。当該期の世相や文化的な交流などが詳しく記されている。

(55) 京都近衛邸への定期的な往訪記事であることから、基本的に越後や関東の上杉氏を指すものではないと判断される。よって、当時、在京していた四条上杉氏か八条上杉氏の可能性が想起されるが、永正年間の八条上杉氏に関しては越後の争乱に介入していく動向が中心となり、具体的な在京活動が追えなくなるため、ここでの「上杉」を八条上杉氏とする積極的な根拠は乏しいといえよう。

(56) 「殿中申次記」（『群書類従』一四輯、武家部）。

(57) 『後法成寺関白記』永正一三年正月五日条。

(58) 『後法成寺関白記』永正一六年正月五日条。

(59) 『大乗院寺社雑事記』明応二年二月一七日条。

(60) 永正七年在京衆交名（「益田家文書」『大日本古文書家わけ第二二』二六三）には、永正七年時点での在京衆が記されており、「大外様衆」に「上杉右衛門佐」の名が見える。

(61) ただし、四条上杉氏が「申次衆」として見えるのは、この時期だけである。

(62) 『後法興院記』文亀三年六月一六日条。

(63) なお、四条上杉氏が、普段どのような役を具体的に行なっていたのかは、史料的な制約もあり、断片的にしか窺い知ることは出来ないが、若干、触れておきたい。『実隆公記』永正六年（一五〇九）六月一七日条に、「十七日戊寅晴、自深更雨降、（中略）、今夜禁中警固衆上杉以下被進之」という記事があり、「上杉」が「禁裏警固衆」として出てきている。問題はこの「上杉」が四条上杉氏であるかどうかであるが、それに関して、興味深い記録が残されている。『親孝日記』永正一三年（一五一六）六月一一日条に「禁裏御門役畠山殿当月中、来月之儀外様衆江可被仰出候歟、如何之由伺被申候、御意得候旨在之」という記事があり、今月分の「禁裏御門役」は畠山氏が行い、来月分の役は将軍が「外様衆」へ命じ、その確認を伊勢氏が行ったということが書かれている。その後、「大外様衆」であった仁木次郎が、「禁裏御門役」を担当していることから、同様に「大外様衆」であった四条上杉氏が、禁裏に関する何らかの役を行っていたとしても不思議はない。よって、この「禁裏警固衆上杉」が、四条上杉氏である可能性は十分にあろう。

Ⅱ　越後守護家・八条家と白河荘

森田真一

上杉氏の時代

上杉氏の越後支配の基礎が形作られた一五世紀初頭から、上杉謙信が死去する一六世紀後半までの比較的長い時期設定によって越後国を概観してみよう。その際、越後国を主要な舞台とした一国規模での内乱を指標に画期を求めるならば、大きく三回の画期を見出すことができると思われる。第一は、一五世紀前半に勃発した応永の乱。第二は、一六世紀初頭の守護上杉房能の敗死から享禄・天文の乱にかけての断続的な内乱期。そして、第三は、一六世紀後半の上杉謙信死去後の家督を巡るいわゆる御館の乱である。これらの内乱に共通しているのは、守護家（あるいは関東管領家）の家督をめぐって引き起こされているということ、上杉氏一門（越後守護家・八条家のちの琵琶島家・上条家・山浦家・山本寺家、そして関東管領家）と長尾氏（特に守護代の長尾家）とがいずれの内乱においても大きく関与していることにあろう。言い換えれば、これらの内乱は、越後国の統治権（越後守護職・関東管領職）をめぐる抗争であったということ、そして、この問題を解決するための行動主体となりえたのは、上杉氏一門や長尾氏であったということである。

そもそも上杉氏は、越後国を含めた関東一円の守護職や関東管領職をも独占し、ほぼ鎌倉期の北条得宗家の位置と役割を引き継いでいた。北条氏と同じように、上杉氏も山内・犬懸・扇谷などに多く分流し、室町期の多くの時期を通じて越後・上野・伊豆・武蔵・相模などを守護分国としていた。その他、常陸や信濃には上杉氏の家臣が多く、伊豆の他にも三宅島・八丈島などを領有し、図1では図示してはいないが房総や伊豆においても上杉氏と関係の深い地域が多く存在した。南北朝期から一五世紀代にかけて、関東甲信越の多くの地域が上杉氏と深い結び付きを持っていたのである。また、上杉氏は京都と鎌倉との間を仲介する役割を果たしたため、都鄙の両公方（京都の将軍と東国の鎌倉〔古河〕公方）の動向に大きく規定される側面があった。以上のような特徴のある上杉氏の支配では、守護代などの要職に長尾氏を登用したため、上杉氏と長尾氏は一体となって政治を行っていくことになる。

その上杉・長尾両氏の政治的関係を先の画期においてみると、応永の乱の大半を守護代の長尾家が主導権を握り、享禄・天文の乱では上条家が主導権を握ることで事態が終息する。どの勢力が主導権を握るかどうかは、その時々の政治情勢によって決まってくる。もっとも、応永の乱では長尾家が主導権を握りながらも、府中（守護家）と山浦地域（山浦家）の対立というかたちをとって事態が推移していったことからもわかるように、越後国の統治権者であるためには上杉の名跡が不可欠であった。なぜならば、複雑な一族間の血縁関係や経済的な利権が絡みながら、越後守護家などの上杉氏一門を最高位とする序列が越後国内には厳然と存在していたためである。したがって、以上のような上杉氏一門の血縁関係などに基づく権力行使のあり様を上杉氏体制と呼んでおきたい。

さて、ここでは、室町幕府の政策転換や全国的な権力配置から、戦国期の始期を一五世紀後半の守護上杉房定期とする。その上で、以下ではこれまであまり注目されることのなかった京都八条家を概観し、八条家を軸に越後国の戦

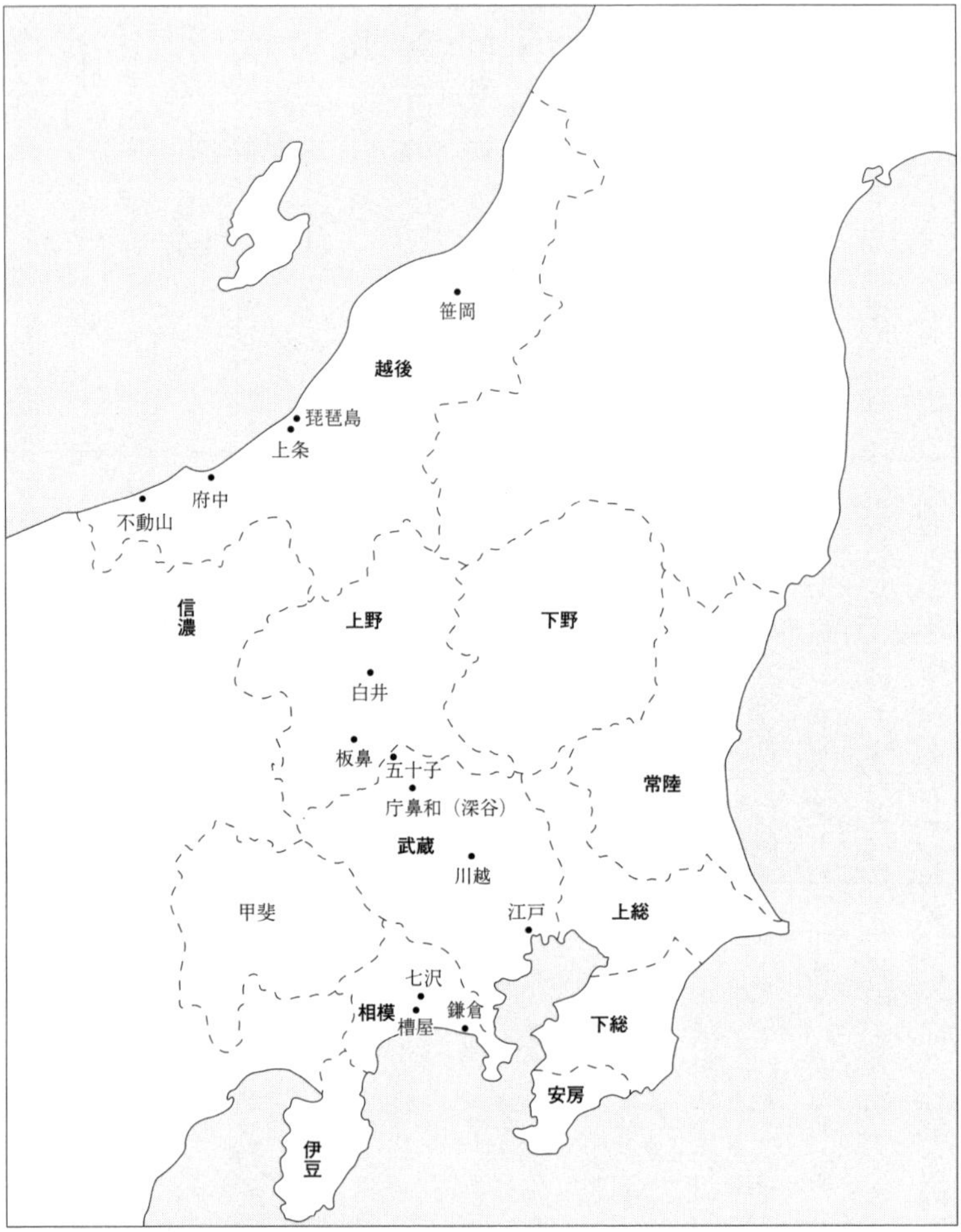

図1　関東甲信越上杉氏関係要図

国の画期（一六世紀初頭）についてみていきたい。

京都・越後と白河荘

宝徳元年（一四四九）、越後守護上杉房朝が京都で急死した後、上条家の清方の子息である房定が守護家の養嗣子として迎えられた。翌宝徳二年、房定は越後に帰国して長尾邦景父子を討ち、この後、越後国では越後守護家のもとで一五世紀末まで比較的安定した支配が行われる。すなわち、文正元年（一四六六）、関東管領の上杉房顕が武蔵国五十子（埼玉県本庄市）で没すると房定は子息の顕定を関東管領家の家督とし、関東とのつながりを緊密にしていく。さらに、文明十四年（一四八二）、関東において享徳三年（一四五四）から始まった享徳の乱を収束させるため、房定は将軍足利義政と古河公方足利成氏との和睦（「都鄙合体」）の立役者となって活躍した。その功績もあって、文明十八年（一四八六）には、守護としては異例の従四位下の位階と相模守の官職を受けるなど、房定の支配は最盛期を迎えることとなる。

このように房定期の越後上杉氏の政治的立場は、多分に京都幕府と鎌倉府（古河公方府）管轄地域の境界に位置するという越後国の地政学的な条件に規定されたものであった。すなわち、北陸道諸国との関係を保ちながら京都政界と接触しつつ、子息の顕定を関東管領家の家督にして、関東とも密接な関係を保持するというものであった。そして、これは戦国期の上杉氏の基本的な政治路線になっていく。ところが、これまでの研究では上杉氏の関東と京都との政治的な結び付きを認めながらも、上杉氏と京都との関わりを考える上で重要な役割を果たした京都上杉氏については見逃されてきたように思われる。後述するように、房定没後に越後国で引き起こされる一六世紀初頭の政変を考える上で京都上杉氏（四条家・八条家）、とりわけ八条家を考慮に入れることが不可欠なのである。幸い八条家と越後国との関係を考える上で、今日の笹神村を含む白河荘は興味深い素材を提供している。そこで、京都・越後と白河荘との関係をみていく前に、八条家そのものについて概観しておきたい。

八条家の始祖に関しては、犬懸家の上杉氏憲（禅秀）の弟である氏朝とする見解がある。しかしながら、一次史料によって今後さらに遡る可能性があるものの、上杉氏諸系図に扇谷家の朝顕を「八条」とするのが八条家の初見ではなかろうか。朝顕は世代的に山内家の憲顕に近いようなので、上杉氏が活躍し始める南北朝期には京都八条に上杉氏の拠点があったのではないだろうか。

では、八条家の京都での拠点はどこであったのだろうか。古河公方家の末裔である喜連川家に伝来された『義氏様御代之中御書案之書留』という史料の中に、「上杉伊勢守」宛の案文が一通筆写されており、宛所の「上杉伊勢守」の説明として、「壬生に宿在る八条の事なり」とある。このことから、八条家の京都での拠点を「八条壬生」と考えておきたい。地理的に東寺から至近距離に位置しており、後に多く引用する『東寺過去帳』『東寺光明講過去帳』に八条家のことが多く散見していることと無関係ではないと思われる。なお、この史料によって八条家と関東古河公方家との間に接触のあったことも認められよう。

次に八条家の京都における活動についてみておきたい。『満済准后日記』永享二年正月七日条に「上杉中務大輔号す八条」、『親元日記』寛正六年六月十三日条に「上椙中務大輔持定」とあることから、八条家において官途「中務大輔」を世襲とする系統を認められよう。さらに、『満済准后日記』永享四年正月十日条によって「上杉中務大輔」が摂政・前関白・左大臣・左大将・大乗院・大納言・中納言・細川右京大夫らと活動していることから、八条家と京都政界の中枢との接触も認められよう。京都幕府の格式では、『永享以来御番帳』に「上杉中務大輔」を御相伴衆として確認できる。その他にも、八条家には馬術に秀でている者がいた（『八条流馬書』など）。また、『松陰私語』『長禄二年以来申次記』等の史料から、上杉氏は四条にも拠点があったと考えられる。『松陰私語』に「八条」「四条之上杉」とあることから、関東の領主にとっても八条家や四条家は認知されていたのであろう。

このように、在京をして京都政界と接触しつつ、一族から御相伴衆を輩出し、馬術に通じ、関東古河公方家ともつながりがあるという多方面にわたる活動によって、八条家は地方の守護や領主などにとって大きな権威を有していたと考えられる。

それでは、八条家の経済基盤はいかなるものであったのか。近年、紹介された白河荘に関する次の史料に着目しよう。

越後国白河庄領家職の事、預りまいらせ候上は、毎年、年貢九月中、先々執り沙汰有り候、仍って知行を全うせらるべく候の状、件の如し

文安弐年十一月廿五日　判

上杉八条入道殿

（資料編一　中世史料一一〇）

これは、関白をつとめた九条満家の日記に収められた、九条満家から「上杉八条入道」に宛てた文書の控である。この他にもう一通、長尾実景から「添崎小四郎」へ宛てた文書の控もある。史料の内容は、白河荘の荘園領主である

京都の九条満家が白河荘の「領家職」を「上杉八条入道」へ預けるというものである。このことから、八条家が「領家職」を介して白河荘を経済的な基盤としていたことを確認できる。さらに、この史料は八条家と白河荘域に属する在地の領主との関係をも示唆していると思われるのである。すなわち、白河荘に属する安田氏や水原氏などにとって、白河荘の領家職を八条家が握っていたことは、周知の事実であったと推測される。安田氏などにとって八条家との関係悪化は、それが八条家の越後守護家への圧力へとつながり、みずからと越後守護家との関係悪化にもつながりかねない。したがってこれらの領主が年貢や公事を納めるのにあたって、八条家との関係を良好に保っておくことが不可欠であったと考えられるのである。

その他にも、八条家と関わりの深いと考えられる地域が越後国内には存在した。八条家が越後へ下向した時に恒常的に居住したのは府中であると推測されるが、八条家の「本領」として「越後国ウカイ（鵜川）庄」（『満済准后日記』永享三年八月十九日条）がある。鵜川荘（柏崎市）と八条家に関しては、応永の乱の後に問題が生じている（『満済准后日記』）。その他、文亀二年（一五〇二）の松山保（松代町・松之山町）に関する所領相論の史料（『県史』資料編5―三八九六など）に「上杉中務大輔」を確認でき、官途「中務大輔」からこの人物は八条家の者であると考えられる。この史料群に関しては、近年、北条早雲との関わりから取り上げられており、京都との関係を考える上で八条家も考慮に入れる必要があろう。あるいは、松山保と八条家との間にも深い関係があったのかもしれない。白河荘・鵜川荘・松山保の事例から推測するに、越後国内の少なからざる荘園や国衙領の利権が八条家へと集積されていたのではないだろうか。

八条家は、越後国内において一五世紀の段階で「八条殿」と尊称を付した表記によって確認される。これまでの考察から明らかなように、八条家の殿付の呼称は実質のない家格なのではなく、京都政界との政治的関係や経済的な富に裏打ちされたものであった。

御曹司「龍松」

明応三年（一四九四）十月、守護の上杉房定が死去した。房定の跡を嗣いだのは、房定の子息の房能であった。房能は永正四年（一五〇七）八月に守護代の長尾為景によって殺害されることから、これまでは政変の原因を房能の積極的な政治政策（郡司不入破棄）に直結させることが多かった。しかしながら、永正四年の政変を考える上で八条家も考慮に入れる必要がある。近年、『上越市史』によって紹介された『東寺過去帳』『東寺光明講過去帳』という史料を手掛かりに、永正四年の上杉房能殺害事件を捉え直してみよう。『東寺過去帳』には事件に関する以下のような記述がみられる。

上杉治部大輔其外数十人
同御曹司五才八条尾張守一家衆
（『上越市史』資料編3―五七六）

裏書に「長尾のために生涯せらる」とあることから、「上杉治部大輔」その外数十人と「御曹司五才」「八条尾張守一家衆」とが長尾為景によって殺害されたと読める。まず、「上杉治部大輔」について確認してみると、この時期に扇谷上杉朝良が官途「治部少輔」を称しているが、没年が永正十五年なので該当しない。とすると、「治部」は「民部」の誤りで、この「上杉治部大輔」は「上杉民部大輔」すなわち殺害された房能であるとも推測されるが確証はない。また、犬懸上杉禅秀の子息「教朝《のりとも》」の系統は系図上で官途「治部大輔（少輔）」を称しているものの、こちらも確証を得られない。よって、「上杉治部大輔」については保留をして、次の史料から「同御曹司五才」と「八条尾張守一家衆」との関係を考えよう。

上さまは昨日未刻、松山の入《（ママ）》りあまみそ《（雨溝）》にて御生涯、尾州父子・山本寺殿・まこ六・平子其の外御とも《（供）》の衆一人も残らず討死

（『県史』資料編5—三四五二）

この史料は、事件の起きた直後に長尾為景から志駄氏に宛てた書状の一節である。「山本寺殿」とは上杉氏一門の山本寺家、「まこ六」は不明ながら、「平子」は房能の近臣の平子氏である。ここで着目したいのは、「尾州父子」である。「殿」を付してはいないが「山本寺殿」よりも上位に位置していることから上杉氏一門とみて間違いなく、「尾州」すなわち「尾張守」の受領名を称している上杉氏一門は、当該期では先にみた「八条尾張守」以外には確認できない。したがって、先の「同御曹司五才八条尾張守」とは、「八条尾張守」とその「五才」の子息のことなのであり、その二人が「尾州父子」として為景の書状には表記されていると解釈されよう。

では、「同御曹司五才」と「八条尾張守」との関係が明らかになったとすると、次にこの「御曹司」とは八条尾張守の子息を八条家の後継者として表したものなのか、それとも先ほど保留した「上杉治部大輔」の御曹司なのか、あるいは、越後守護上杉房能の御曹司であるのかが問題となろう。この点に関しては、次の史料を確認しよう。

仍って、御曹司様御祝言の事、来たる十九日に相定まり候処、かミ様御瘡気御座候間、松山へ御湯治候、霜月辺

迄延び申し分くべく候

（『県史』資料編2―一三一八）

これは、黒田良忠から中条氏へ宛てた書状の一節であり、諸史料から文亀三年（一五〇三）と推測される。文意は、「御曹司様」の「御祝言之事」、すなわち守護上杉房能の後継者が決定したことに対する中条氏らの「御祝言」の件については八月十九日に決定していたが、「かミ様」が「御瘡気」であるため十一月あたりにまで延期になった、となろう。これまでは、この「御曹司様」を房能の後に為景によって守護に擁立される定実に比定して、既に文亀三年の時点で房能の養嗣子が定実に決定していたと解釈してきた。しかしながら、定実は房能から守護権を継承していないという指摘があり、定実に比定する根拠が不明確なのである。とすると、先の『東寺過去帳』に記された永正四年の政変がこの文亀三年からわずかに四年後であることから、この「御曹司」を『東寺過去帳』の「御曹司」と同一に解釈すると整合するのではないだろうか。すなわち、『東寺過去帳』の「御曹司」とは越後守護家の御曹司なのであり、文亀三年で房能が御曹司としたのは定実ではなく八条尾張守の子息となろう。

さらに、この八条尾張守の子息は幼名も確認される。「御曹司様」に関する史料をもう一通確認しよう。

上様くさけニより、来たる十九日、龍松使相延び□候、御出府無用に候

（『県史』資料編4―一九三一）

この史料は、守護代長尾能景から阿賀北の中条氏へ宛てられた書状の一節である。「かミ様」「来十九日」の記載が先の史料と合致することから、この史料も文亀三年とみてよかろう。とすれば、先の「御曹司様」に対応するのが、この史料の「龍松使」、すなわち「龍松」の使いとなろう。この部分から「御曹司」は元服以前であり、「御曹司」の

幼名が「龍松」であると確認される。

永正四年の時点での五歳から逆算すると、文亀三年では龍松はわずかに一歳である。これは、あまりにも幼年での異例の越後守護後継者の決定ではないだろうか。しかしながら、逆にこのことから八条家の越後国の政治に対する強い政治的な意欲を読み取ることができるのではあるまいか。龍松の「龍」字はそれを示唆する。越後守護職や関東管領職を歴任した人物の幼名を数名確認すると、越後守護家では憲栄＝「龍樹」、房方＝「龍命」、房朝＝「幸龍」、そして、房能の腹違いの兄にあたる関東管領上杉顕定＝「龍若」、顕定の前の関東管領である上杉房顕＝「龍春」となるように、「龍」字は上杉氏の幼名にとって由緒のある一字なのではないだろうか。中世日本には、龍は日本の国土や日本国土の中心軸を守護するという観念があったという。関東管領家や越後守護家の家督の幼名として、「龍」字は相応しいという認識があったと考えられよう。八条家は、「龍」字を付した子息を越後守護の後継者として送り込んだのである。

また、八条家の動きと呼応するかのように、龍松を迎え入れる房能の側にも動きはあった。龍松を迎えた文亀三年に、房能は府中において屋敷を移転しているのである（『県史』資料編5―三三六四など）。八条家を出自とする龍松を養嗣子とするのにあたって、越後府中の威儀を整える必要があったのではなかろうか。後の長尾景虎期に、景虎が関東管領上杉憲政を迎えるに際して、憲政の拠点として府中に「御館」を新築したことと近似している。おそらく、この文亀三年においても、かなりの規模の建設事業が府中において行われたのであろう。

なお、先にみた「御曹司」龍松に関する記述の見られる書状が阿賀北の中条氏に宛てられている点もあらためて確認しておきたい。一国の守護後継者の決定という重大な政治行為が中条氏のみに通知されていたとは考え難く、このことは越後国の大半の領主にとって公然たる事実であったと考えられる。そして、この決定が正当なものである以上、それが反故《ほご》になった時には、在地の側から府中に対する批判の余地も当然大きなものになってこよう。のちの享禄・天文期（一五二八～五五）に反府中の大同盟が阿賀北の領主等によって結成される一つの伏線として、龍松の守護家家督の決定という事実の重さを強調しておきたい。

話を龍松が越後守護家の継嗣となった文亀三年（一五〇三）に戻そう。この時点では、守護代長尾能景が存命であり、守護上杉氏と守護代長尾氏との間に表立った確執はみられない。しかしながら、永正三年（一五〇六）に能景が越中に出陣中に戦死してしまい、同年に能景の後継者として為景が越後守護代に就任すると、上杉―長尾間の政治的な協力関係が崩れてくるのである。史料によって確認をしよう。

長尾為景様永正三年の時、五十嵐・石田・大須賀、高家一党逆心の輩共追罰有りて（後略）

（『県史』資料編3―八三二）

これは、永正三年十一月に「五十嵐・石田・大須賀・高家一党逆心ノ輩共」が「追罰」されたことに関する史料である。奥書に後の「文禄二年（一五九三）三月十四日」に筆写されたと記されているように、「五十嵐・石田・大須賀、高家一党」の四者の関係の解釈に難を残す。ここでは、「五十嵐・石田・大須賀」の三者を同列に捉えて、「高家」の「一党（仲間）」で「逆心ノ輩共」である「五十嵐・石田・大須賀共」が追討された、と解釈しておきたい。能景の死去が同年の八月であり、為景が守護代職を継承してわずかに三か月の時期である。府中（おそらく為景）に対して表立って行動をしたのは「五十嵐・石田・大須賀」の三者であるが、彼等が「高家」に与したと記されていることから、実態がどうであれ府中の側から見て三者は「高家」を中核に結集したという認識があったことになる。越後国内の「高家」とは上杉氏一門以外には考えられず、前後の政治的な動向から判断して、この「高家」とは八条家であると考えられる。守護房能の下で、上杉氏一門の八条家と守護代長尾為景との間に権力闘争があったのであろう。

これまでの経緯を踏まえてみると、若年の為景が越後守護代に就任したことを機に、八条家が越後国に対する政治的な影響力をさらに増大させようとしたのではないか。それに対して、先にみた為景が志駄氏に宛てた書状中に龍松を「御曹司」ではなく「尾州父子」と記していることから、為景は龍松を房能の養嗣子としては認めていなかったとなろう。さらにいえば、龍松をはじめとした八条家を排除することにこそ、永正四年の事件における為景の本来的な目的があったのではなかろうか。つまり、政治的な介入を増大させつつあった八条家を排除するために永正四年の政変は為景によって断行されたのであり、結果として守護上杉房能並びに八条尾張守・龍松父子殺害になったと理解されるのである。

永正四〜五年の抗争

房能が没した後の永正四年（一五〇七）十一月には、早くも定実の判物が出され、翌永正五年十一月には幕府への働きかけの結果、定実は正式に越後守護に補任されている。しかしながら、永正四〜五年にかけても引き続き八条家と為景との間に熾烈な抗争が継続し、その余波が阿賀北にまで波及しているのである。先手を打ったのは八条家であった。『東寺過去帳』によって確認しよう。

長尾　　同名一族衆若党以下数十人

（裏書）同年（永正四）九月[redacted]上杉一家衆、生涯せしめ、其の外、国民悉く蜂起天罰の至、殊にもって不便々々
（『上越市史』資料編3―五七九）

永正四年八月に房能が為景によって殺害された直後の翌九月、長尾氏の「一族衆若党以下数十人」が「上杉一家衆」によって殺害されたと読める。翌年にも同じく『東寺過去帳』や『東寺光明講過去帳』に八条家のことが記されていることから、この「上杉一家衆」とは八条家が中心であったと考えられる。そして、この「上杉一家衆」の行動と歩調を合わせるかのように、同じく九月には阿賀北で本庄氏が府中に対して挙兵をしている（『越』三―四九四～九八）。府中における権力闘争がそのまま阿賀北に飛び火をして在地の領主が挙兵するという点で、享禄・天文の乱と現象的には近似している。また、この抗争の過程で突如として「長尾長景」という人物が顕著に活動し始める。長景発給文書の初見が永正四年の十一月であることから、長景登場の背景に先にみた同年九月の長尾「一族衆若党以下数十人」殺害事件が関わってくるのかもしれない。

阿賀北での動揺は翌永正五年にも続く。築地《ついじ》氏に宛てた二月九日付の為景の書状から「竹俣式部丞・池原七郎左衛門・小田切・瀬原田・ならびに色部修理・堀越等」の広範囲にわたる阿賀北の領主が八条方であることを確認できる（『県史』資料編4―一四三七）。五月に入ると琵琶島（柏崎市）や上条（同）に程近い北条（同）の近況として、「北条の事、今明日（ママ）中落居たるべく候」との情報が為景から安田但馬守へ伝えられていることから（資料編一　中世史料一二七）、八条家と為景との抗争は為景方の優勢で推移していった。そして、同月二十四日になると阿賀北から府中への注進によって色部氏の平林城（岩船郡神林村）が陥落し、阿賀北での抗争が終結したと確認できる。それとほぼ時を同じくして「六月晦日」に「府中より上条へ御馬を入られ」たことで（『越』三―五〇五）、八条家と為景との抗争

も終結することになる。府中からの軍勢が「上条」へ進駐していることから、少なくとも府中からみて上条家は八条方の与党であるとの認識があったのかもしれない。いずれにせよ、八条・上条・山本寺などの上杉氏一門から合意を取り付けたと越後国内に示すことが、越後国の統治者として不可欠な作法であった。同年九月二十七日に「山本寺左京進殿」へ判物が出されていることは、それを示唆する（『越』三―五〇五）。

なお、永正五年の抗争には、越中の「一向宗」が関わっていた微証がある。『東寺過去帳』によると、

永正五、また越中牢人ならびに長尾衆と一向宗合戦

上杉と長尾合戦（後略）

（『上越市史』資料編3―五九七）

とあって、永正五年に「越中牢人」や「長尾衆」が「一向衆」と合戦をしたこと、同年に「上杉」氏と「長尾」氏も合戦をしたことが記されている。上杉氏と長尾氏との越後国内での抗争については、先に見た通りである。「越中牢人ならびに長尾衆と一向宗合戦」と「上杉と長尾合戦」との関係の有無は判然としないのだが、全く関係がなかったとは考え難い。長尾氏と一向宗が争い、同じく長尾氏と上杉氏とが抗争をしていることから、上杉氏と一向衆との結びつきが想定できるのかもしれない。なぜならば、享禄・天文期において上条家や山本寺家が本願寺と接触していることが認められるからである。また、逆に「越中牢人衆ならびに長尾衆」とあるように、越中国と長尾氏との関係も想定されよう。翌永正六年に関東管領上杉顕定が越後に介入した時に、為景等は越中国に逃避しているからである。

さて、少なくとも「六月晦日」以前には為景の勝利でこの抗争は終結するのだが、八条家と為景との最終的な政治決着は八月につく。

子息女中衆
上杉八条衆数百人
（裏書）長尾の為、永正五・八
栄巌清秀禅門
裏書
松泉院と号す、永正五〈戊辰〉年八月九日切腹せらると云々、上杉八条刑部入道、俗名成定、十疋を以って出
銭これを入る

（『上越市史』史料編3―五八八）

（『上越市史』資料編3―五八九）

『東寺過去帳』によって、「上杉八条衆数百人」が長尾のために殺害されたと確認される。そして、『東寺光明講過去帳』によって、この抗争中に八条方の中心人物であったと推測される「上杉八条刑部入道、俗名成定」が八月九日に「切腹せられ」たことを確認できよう。当然、切腹を執行させたのは長尾為景である。成定には実名や院号までも記されていることから、かなりの人物であったと推測されよう。

さらに、八条成定を切腹させた八日後の八月十七日、為景と姓不詳の「正藤《まさふじ》」という人物が琵琶島に所在する鵜川神社に「拾八貫之地」を寄進している（『県史』資料編4―二二六九・二二六八）。どちらの寄進状も日付が同日であり、両通いずれが主か従かの不明瞭な形式となっている。しかしながら、「正藤」の寄進状の方が内容として簡潔であり、「正藤」の花押は為景のものよりも明らかに一回り大きいことから、「正藤」が本来的な寄進主体であったのではなかろうか。犬懸上杉禅秀の息持房の系統に「政藤」という人物を確認しうる（「系図纂要」）。この「正藤」は、八条家の

人物である可能性が高い。為景の支持を得て成定の後に、この「正藤」が越後八条家（あるいは、琵琶島家）の当主に担ぎ出されたのではなかろうか。鵜川神社の所在位置からみて、「正藤」や為景の寄進行為の背景に所領を寄進することによって、八条成定を弔うという意図があったと推測されよう。

以上のように、永正四～五年の抗争は為景方の勝利で終結した。ところが、為景にとって事態は思わぬ展開を遂げる。この事件からほぼ一年後の翌永正六年七月二十八日、関東管領の上杉顕定が越後へ介入することになるのである。

上杉顕定の越後介入

八条家の動向から上杉顕定の越後介入を概観すると、永正六～七年に史料で散見される「八条修理亮《しゅりのすけ》」という人物が注目される（『越』三―四九五・五三八）。近世八条流馬術の祖とされる「八条近江守房繁」を「上杉系図　浅羽本」によって確認すると、「修理亮」とも記されているのである。この「八条修理亮」とは、後の近江守房繁のことなのではないか。房繁が小笠原民部少輔稙盛から馬術を習得したのが永正五年八月であるという所伝があり、先にみた八条成定が切腹した時期と全く一致する。為景によって「正藤」が越後八条家の当主として擁立されながらも、「八条修理亮」も越後において顕定方として活動していたのである。したがって、顕定の越後介入の背景として八条家の分裂という状況も考慮に入れる必要があろう。ともあれ、永正七年（一五一〇）六月、顕定の越後介入は失敗し、越後国内では守護上杉定実・守護代長尾為景という権力体制が構築されることになる。

血統的に申し分のない八条家からの養嗣子を断ち切って、為景が越後守護として擁立した定実は上条家の出身であった。上条家は、伝統的に越後守護家の当主を輩出していることから、一見するとこの為景の選択は自身の政権に正当性を付与する上で何ら問題のないもののようにみえる。しかしながら、この定実を守護として擁立するという為景の政治的な選択が、この後に越後国に大乱をもたらすことになるのである。

【付記】再録にあたって、文章のわかりにくい箇所を訂正した（森田）。転載にあたっては、阿賀野市教育委員会の許可を得た（編集部）。

Ⅲ　三浦氏と宅間上杉氏

黒田基樹

三浦一族研究会は、三浦一族の研究を題材にして、毎年充実した会誌の発行や史料集の刊行、複数回の講演会を催すなど、多彩な活動を展開している。その成果は、三浦一族の研究にとどまるものではなく、相模地域史研究、あるいは中世史研究の進展に、大きく寄与していると評価できる。一つの武家を対象とした研究会が、十五年という長期にわたって存続するとともに、着実な研究成果をあげていることは、極めて希有な事例といえるであろう。会の運営に携わっている方々の苦労には、多大なものがあると推測するが、同会の発展はそのまま中世史研究の発展につながるものといえ、今後におけるますますの発展に期待するところである。

さて、三浦一族の研究は、やはり中世前期が中心になっている。会誌収録の論文の大半がそうであり、室町期以降の中世後期を対象にしたものは極めて少ない。そこでここでは、ささやかながら三浦一族研究の進展に寄与するべく、中世後期の三浦氏に関する小文を寄せさせていただくことにしたい。具体的には、戦国期の三浦氏と宅間上杉氏の婚姻関係について、若干の検討を行うことにしたい。

戦国期の三浦氏と、その領国三浦郡に隣接する相模国鎌倉郡永谷郷（横浜市）を所領とした宅間上杉氏との婚姻関係について、これまで「三浦系図伝」（『新横須賀古史　資料編古代・中世Ⅱ』系図編一〇号）によって、三浦時高の娘が、宅間上杉憲能の子六郷五郎能香の妻になっていることが確認されている。時高の養嗣子高救（法名道含）は、文明九年（一四七七）～同十二年の長尾景春の乱において、宅間上杉憲能とその子憲清・能香兄弟とともに、上杉方としての活躍をみせており（「太田道灌状」資料編二一六〇号）、道含と憲清・能香はほぼ同世代の人物ととらえられる。この点、拙著『戦国の房総と北条氏』（岩田書院、二〇〇八年）八五頁において、道含の子義同（法名道寸）と憲清・能香とを同世代ととらえる記述をしているが、訂正しておきたい。

ところがさらに、市史刊行後に新たに関係史料が見いだされた。すでに湯山学氏が利用しているものであったが（同著『関東上杉氏の研究』岩田書院、二〇〇九年、三〇二頁）、「上杉系図（浅羽本）」（『続群書類従』巻一五四）に宅間上杉重兼の項に引用されている「清音寺本系図」による記載である。「上杉系図（浅羽本）」は、江戸時代に水戸藩において編纂された系図集の一つであり、「清音寺本」とは、おそらく常陸清音寺に伝来された系図のことと思われるが、現在は伝来されていない。関連する部分に限って掲げる。

楊江院ノ代ニ、宅間ノ家ヲ江戸ノ道灌取立、楊江院ノ息左衛門、子息早世、其子寧蔵主ト云人還俗シテ六郎殿ト号、宅間ヲ継、六郎無子、而六郎弟ニ喝食アリ、是ヲ束髪シテ号新五郎、三浦ノ聟ニナル、家ヲ継キ、六郎・新五郎、宗雲入国ノ時牢人シテ江戸ニテ死、新五郎ノ中兄極楽寺ノ宝塔院ト云律宗ニナル、後ニ岡田取成ニテ、宗雲ニ云ナシ束髪、宅間ノ家ヲ継、其子今宅間也、家名十郎殿、天文十八年比ハ廿七八歳ノ人也、其子太郎ト云々、

このなかに、宅間上杉「新五郎」が「三浦ノ聟」であったことが記されている。この「新五郎」は、「楊江院」の子「左衛門」の子某の子「寧蔵主・六郎」の弟とされている。「楊江院」は、太田道灌の時代というから、享徳の乱（一四五五～八二）に活躍した宅間上杉憲能にあたり、その子「左衛門」は左衛門佐憲清にあたるとみられる。そして

憲清以降の系譜については、他の宅間上杉氏に関する系図（「上杉系図」『続群書類従』巻一五三他）とつきあわせていくと、憲清の早世した嫡子というのは定兼（三郎）にあたり、その子六郎は定朝（掃部助）に、その弟新五郎は顕重（十郎）にあたるととらえられる。定兼から顕重までの実名は、いずれも山内上杉顕定からの偏諱と推定され、宅間上杉氏は山内上杉氏に従っていたとみられる。

そして定兼は高救の子義同と、その子六郎・新五郎は義同の子義意と、それぞれ同世代にあたったとみられるから、新五郎の妻は義同の娘と推測される。これを系図化すれば次のようになろう。

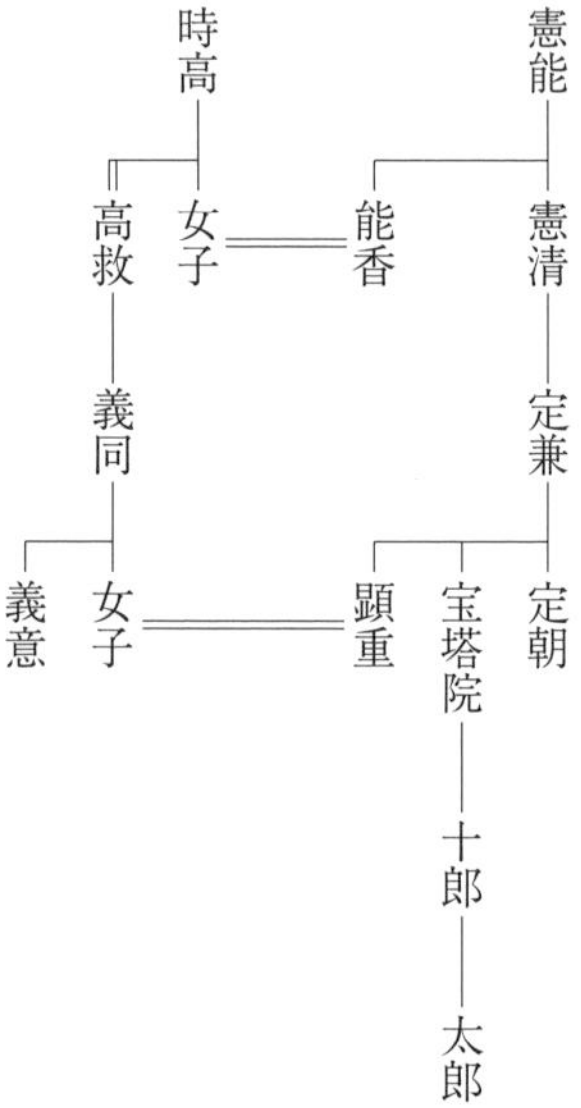

これによって義同の娘が宅間上杉新五郎（顕重か）に嫁していたという、両家の婚姻関係の存在を知ることができる。義同は享徳二年（一四五三）生まれと推定されるから、その娘はおよそ文明年間（一四六九～八七）頃の誕生であろう。仮に一四七〇年頃の誕生とすれば、その婚姻は一四八五年から九〇年頃のことと推定され、それは長享の乱（一四八七～一五〇五）の時期にあたっている。義同は同乱において明応三年（一四九四）までは山内方であり、歴代に山内上杉顕定から偏諱を得ている宅間上杉氏も同様であったろう。しかし義同は明応三年から、山内家と対抗する扇谷上杉氏方になる（拙稿「戦国期の三浦氏」拙著『戦国期東国の大名と国衆』岩田書院、二〇〇一年）。

顕重らは「宗雲」、すなわち伊勢宗瑞の「入国」の際に没落して、扇谷方の江戸を頼ったといい、それは宗瑞が鎌倉を経略した永正九年（一五一二）のことであろうから、それまでに義同と同じく扇谷方に転じていたと推測される。

その時期も義同の場合と同じく明応三年の可能性が高いであろう。いずれにしろ三浦氏と宅間上杉氏は、長享の乱を通じて味方同士の関係にあったことがうかがわれ、隣接して存在する関係にあることからも、両家の婚姻はそうしたなかで形成されたと考えられる。

なお序でながら、顕重以降の宅間上杉氏の系譜について、湯山学氏の研究に基づきながら（前掲書所収「相模国鎌倉郡永谷と宅間上杉氏」）、みておくことにしたい。顕重が江戸に没落した後、宗瑞は顕重の兄宝塔院を取り立てて家名を継がせたといい、その子十郎は天文十八年（一五四九）に二十七、八歳というから、大永二年（一五二二）か同三年の生まれであったことが知られる。他の宅間上杉氏系図では、顕重以降について、乗（憲）忠（養洪院）・乗（憲）方（三十郎）・房成（兵庫頭）があげられている。

ところで「新編相模国風土記稿」によれば、永谷郷内徳翁寺の開基は上杉刑部大輔乗国といい、大永元年七月死去、法名養光院徳翁見公といったとされる。彼は系図における乗忠にあたるとみてよく、さらに大永年間まで永谷郷に居住していたとすれば、宗瑞によって取り立てられた宝塔院にあたるとみてよいであろう。その子乗方については、別に伊織綱頼とする伝えもあり、天文十二年に永谷上村天神社を修造したという。実名綱頼が事実とすれば、それは宗瑞の子北条氏綱から偏諱を得たものと推定され、乗（憲）方からの改名であったろうか。活躍の年代からみて、宝塔院の子十郎は彼にあたるとみられる。そしてその子房成が、十郎の子太郎にあたるとみられる。なおその子孫による「寛政重修諸家譜」所収の宅間系図によれば、房成は永禄七年（一五六四）の下総国府台合戦で戦死したと伝えている。戦国期の宅間上杉氏については、確実な所見は乏しいが、「清音寺本系図」にみえる系譜については、およそ以上のように理解することができそうである。

第4部

室町初期上杉氏関係日記記事一覧

森田真一編

室町初期上杉氏関係日記記事一覧凡例

凡例

1　目的

（1）日記から上杉氏に関する記事を収集し、それを編年順に一覧にすることを目的とした。

2　期間

（1）一三三三年頃～十五世紀前葉まで。

3　対象（記事を検索した日記）

（1）『角川新版　日本史辞典』（角川書店、一九九六年）の付録に掲載されている「日記表」に基づいて、概ね該当期間に記された日記の中で史料集として刊行されているものを対象とした。

（2）検索の対象を刊行史料集としたため、刊行の完結していない日記についてはそのすべてを検索していない。

（3）記事の検索を行った日記、並びにその底本は次の通りである。なお、日記の名称については前掲の「日記表」に拠った。

『祇園執行日記』…『増補　続史料大成』
『万一記』…新田英治「西園寺家所蔵『万一記』」（『学習院大学　史料館紀要』八号、一九九五年）
『園太暦』…『史料纂集』
『花園天皇日記』…『史料纂集』
『空華日用工夫略集』…『新訂増補　史籍集覧』第三十五冊
『嘉暦二年日記』…『図書寮叢刊』
『玉英』…『増補　続史料大成』
『光厳天皇宸記』…上横手雅敬「光厳天皇御記」（同氏著『鎌倉時代政治史研究』吉川弘文館、一九九一年、初出一九六四年）
『匡遠記』…「史料紹介〝小槻匡遠記〟」（『書陵部紀要』十一号、一九五九年）
『師守記』…『史料纂集』
『兼綱公記』…『群書類従』第三輯
『賢俊僧正日記』…橋本初子「三宝院賢俊僧正日記」（『醍醐寺文化財研究所　研究紀要』十二号、一九九二年）
『愚管記』…『増補　続史料大成』
『後愚昧記』…『大日本古記録』
『仲光卿記』…『改定　史籍集覧』第二十四冊
『後己心院殿御記』…『図書寮叢刊』

『花営三代記』…『群書類従』第二十六輯
『実冬公記』…『大日本古記録』
『公定公記』…『続史料大成』
『室町亭行幸記』…『図書寮叢刊』
『荒暦』…『改定　史籍集覧』第二十四冊
『兼敦朝臣記』…『歴代残闕日記』
『兼宣公記』…『史料纂集』、第一まで刊行されている。
『永行卿記』…小森正明「資料紹介　本院御落飾記」（『書陵部紀要』四十五号、一九九三年）
『康富記』…『増補　史料大成』
『薩戒記』…『大日本古記録』、二まで刊行されている。
『教言卿記』…『史料纂集』
『忠定卿記』…『続群書類従』第二十六輯下
『教興卿記』…『史料纂集』
『満済准后日記』…『続群書類従』補遺一
（4）検索の結果、該当する記事を確認したのは次の日記である。
『祇園執行日記』・『園太暦』・『空華日用工夫略集』・『師守記』・『賢俊僧正日記』・『花営三代記』・『兼宣公記』・『康富記』・『教言卿記』・『満済准后日記』

4　範囲（収録した記事）
（1）越後や関東に限らず、京都や畿内であっても上杉氏に関する記事は収録した。
（2）上杉氏だけではなく、上杉氏の被官に関する記事も収録している場合がある。
（3）『空華日用工夫略集』に関しては、蔭木英雄『訓注　空華日用工夫略集』（思文閣出版、一九八二年）の人名比定に依拠して関係記事を収集した。ただし、原漢文の底本は『新訂増補　史籍集覧』第三十五冊である。

5　項目
（1）和暦・西暦・月日・記事・出典を項目とした。
（2）出典欄で用いた略称は次の通りである。
祇…『祇園執行日記』、園…『園太暦』、空…『空華日用工夫略集』、師…『師守記』、賢…『賢俊僧正日記』、花…『花営三代記』、兼…『兼宣公記』、康…『康富記』、教…『教言卿記』、満…『満済准后日記』

6　表記
（1）上杉氏に関する記事を日記から収集することを目的としたため、特に断らなくても該当日の記事は全文収録していない。また、記事を途中で省略してある場合は（中略）とした。
（2）細字もしくは二行割の注記は、〈　〉で表示した。
（3）塗抹のある場合は、（塗抹）と記した。
（4）繰り返し記号については、「〻」から「々」へ改めた箇所もある。
（5）その他の表記については、出典に依拠した。

7　比定

（1）人名比定については出典に依拠し、（　）を付した。ただ、訂正あるいは新たに比定を行っている場合もある。また、推測して比定した場合は、（カ）と表記した。

（2）『空華日用工夫略集』に関しては、文中の「管領」が幕府の管領であるのか鎌倉府の管領であるのか、判断しかねる箇所があった。今回は確実と思われる記事のみ掲載したため、遺漏箇所についてはこれから適宜補足していきたい。

8　その他

（1）『新訂増補　史籍集覧』第三十五冊では『空華日用工夫略集』至徳二年二月三十日条としている記事を、蔭木氏の前掲著書に従って同年六月三十日条の記事とした。

（2）記事の収集並びに一覧表の作成は、森田真一・立海恵・武田貴子が担当した。

室町初期上杉氏関係日記記事一覧表

和暦	西暦	月	日	記事	出典
暦応三	一三四〇	六	二	伝聞、今日将軍母儀大方禅尼（上杉清子）院参云々、是、宣政門院御□□為被訶（塗抹、訪）申云々、	師
康永一	一三四二	五	三十	今日自（塗抹）三条坊左兵衛督直義朝臣為使者、二階堂伯耆入道道本参入、家君御対面、〈彼入道乗輿・衣袴コワ、〉聞書宣下類任関東例可注給云々、任先例聞書毎度進入、先々付進執事之処、不輒之□〔　〕□□権大夫広秀被（塗抹）伺申之処、可付（上杉）□□弾正少弼（朝定）之由被仰之間、	師
康永三	一三四四	五	十七	（上杉）伊豆守〈重能〉（中略）上杉修理亮〈重季〉（中略）上杉右馬助（中略）上杉宮内大輔（中略）上杉伊豆守重能　同修理亮重季（中略）上杉宮内大輔　上杉右馬助	師

康永三	一三四四	五	二十	今日善覚向上杉伊豆守（重能）宿所、申高屋保事、次向二階堂信乃入道行珎宿所、申同事、此次行珎不審事、注折紙尋申之、	師
康永三	一三四四	八	二	今晩□行上杉前弾正少弼（朝定）妻室〈将軍・武衛姪云々、〉他界、日来所労云々、	師
康永三	一三四四	九	二	早旦家君令着束帯給、渡御上杉伊豆守重能宿所、然而自去夜祗候三条坊門武衛第之間、空御帰宅、是為高屋保被返自評定条□謂之由、為御回答也、善覚・国兼被召具之了、	師
康永三	一三四四	九	三	辰一点、家君於三条坊門武衛第、御対面上杉伊豆守（重能）、〈高屋保事〉委細御問答、所詮重（塗抹）舎弟所持文書之由、令申之上者、重彼文書可召出之由、治定□由、伊豆守□之云々、□之如何、	師
康永三	一三四四	九	八	今日武家三方沙汰有之云々、於宿所二方有之、今一方無沙汰、上杉霜台（朝定）依無出□也、	師
貞和一	一三四五	八	二十九	〈朝定〉上杉弾正少弼〈重能〉上杉伊豆守　上杉少輔三郎〈イ本　左馬助　帯剣〉（中略）上杉弾正少弼　上杉伊豆守　上杉左馬助	師
貞和一	一三四五	八	二十九	武蔵守（高師直）前弾正少弼（上杉朝定）伊豆前司（上杉重能）越後守（高師泰）上杉左馬助（朝房）	園
貞和一	一三四五	八	三十	両人去夜立入伊豆守重能立石山庄、刻限参上、（中略）凡今日之儀、尽善尽美可謂之歟、著御之後数刻待武家参、其間有乱声、良久参、〈在伊豆守重能宅云々、自寺五六町歟、〉	園
貞和一	一三四五	十	二十九	暦応五年四月廿七日改元為康永、依疱瘡・天変地妨也、件度詔書進鎌倉大納言并左兵衛督、付奉行上杉弾正少弼朝定、	師
貞和二	一三四六	一	二十	三条坊門参内并院参　於二条東洞院見物　将軍同車　上杉豆州（重能）供奉　今年始儀也	賢
貞和二	一三四六	二	四	於将軍面々会合　天・建・三・安等長老也　三条殿・執事・豆州（上杉重能カ）・藤少納言・玄法印大高等也　将軍御湯治　今夜被始用之了	賢
貞和二	一三四六	二	九	御台・姫君八幡并若宮御参詣　執事・豆州（上杉重能カ）・越州・二階堂安芸守等来臨　令年始之間引出物如形有之　児同　但阿衡来也　新童来　元西塔・真如寺長老同侍者等同引之　可令用意之由相触社家之　及晩風呂有之　豆州（上杉重能カ）来入	賢
貞和二	一三四六	二	二十五	次講被行之　将軍武衛御所作　但武衛〈簾中〉暫有参　豆州（上杉重能カ）出仕	賢
貞和二	一三四六	三	十三	三条坊門今日入寺　乗馬〈但京都輿者被侍之〉　先於十間点心東ヨリ以北座　為彼座　次予　次執事南座東ヨリ建仁寺（中略）豆州（上杉重能カ）寺中花暦覧　時分参即三条坊門同乗輿　執事以下乗馬予　先着宇治一僧坊（中略）宇治寺中巡見之後　於一僧坊御時有之　建仁寺・元西塔等来臨　時座西ノ庭北端　三条坊　次予　次執事　東ノ座北建仁寺　次元西、　次豆州（上杉重能カ）　次成藤也	賢

貞和二	一三四六	三	十九	三条坊・夢窓於執事亭会合　依請罷向了　少弼（上杉朝定）以下大名数輩　為装束借用下遣使者南都柳原状等遺之	賢
貞和二	一三四六	四	二十三	今日聞、一昨日上杉伊豆守重能為武家被勘気、不可雑務口入之由示之云々、	園
貞和二	一三四六	五	一	自三条坊門使者〈粟飯原三河〉来臨　申云今日政道可興行之由発願之処　魔障多之　所謂上杉弾正少弼（朝定）所労等是也	賢
貞和二	一三四六	五	十三	下桂庄者　長講堂領也　而武家号地頭職闕所　宛行狩野孫五郎云々　内々宰相局有奉書　可申披武家云々　仍執事・豆州（上杉重能カ）等申了	賢
貞和二	一三四六	閏九	十	尊氏卿〈上杉伊豆守重治（重能カ）、〉（中略）直義卿〈上杉弾正少弼朝定、〉	園
貞和二	一三四六	十二	二十四	五、鴾毛〈竹林院大納言殿被預、〉弾正少弼（上杉朝定）六、鹿毛〈中園殿預、〉伊豆守（上杉重能）	園
貞和三	一三四七	一	二十六	今朝鎌倉前大納言尊氏卿〈征夷大将軍〉・舎弟左兵衛督直義卿、被参詣八幡宮、自三条坊門第立出云々、（中略）此内両卿弓箭負之二騎、其後折烏帽子・直垂諸大名数十騎有之、此内武蔵守師直〈執事〉・（上杉）伊豆守重能等有之、	師
貞和五	一三四九	一	二十五	今朝鎌倉前大納言〈尊氏卿征夷大将軍〉・左兵衛督直義卿等被参八幡、家君・予・音儒等於四条東洞院見物、（中略）次（上杉）豆州（塗抹）伊豆守重能已下直垂（塗抹）大名各直垂、最末執事武蔵守師直也、自東寺乗輿云々、	師
貞和五	一三四九	八	十四	辰剋武蔵守師直一族等被坐将軍并左兵衛督寄新第、囲四方云々、武州ハ法成寺取陣、諸大名等多馳群法成寺云々、是上杉伊豆守重能・畠山大蔵少輔已下讒臣輩可賜之由、申之云々、先代未聞珎事也、酉剋許武士等分散、是上杉并畠山等、明日可被配流治定間、武州暫閣所存云々、入夜左兵衛督被帰三条坊門第云々、	師
貞和五	一三四九	八	十四	所詮上杉伊豆守（重能）・畠山大蔵少輔・僧妙吉・奉行人斎藤左衛門大夫利康・、、修理進入道五人召給之、可散欝之旨申之、其後評定、上杉・畠山事、早可被配流、賜敵人事且無例歟、	園
貞和五	一三四九	八	十五	今朝上杉伊豆守重能配流越前国云々、去比武蔵守召放執事籠居、此事一向上杉豆州□（塗抹）讒申之間、武州・越州等如此致沙汰云々、（中略）上杉豆州被官之輩宿所、為武州□賜諸武士云々、	師
貞和五	一三四九	八	十五	伝聞、今日師直所訴輩、伊豆守重能・修理大夫貞家・須越前国、畠山大蔵少輔某・上杉弾正少弼（朝定）須信乃国等配流、於路可有事歟、	園
貞和五	一三四九	八	十七	〈上杉重能於路次梟首風聞事〉今日慈能語曰、（上杉）重能配流之間、於江州与越州之間、於黒川辺、梟首之由有其聞云々。	園

貞和五	一三四九	八	二十	今日聞、重能被殺事無其実事也、無為下著勿論云々、	園
貞和五	一三四九	十二	六	〈上杉・畠山配流逐電、直冬猛勢欲攻上之由風聞事〉天晴、伝聞、上杉伊豆守重能・畠山大蔵少輔〈不知実名、〉配流越前国之処、逐電之由飛脚到来之間、武家頗仰天歟、	園
観応一	一三五〇	五	十八	一上杉左馬助（朝房）殿、新料所事目安付仏蔵房、予持向了、	祇
観応一	一三五〇	七	二十八	一行上杉弾正少弼（朝定）許、明旦可下向濃州云々、	祇
観応二	一三五一	一	十三	〈上杉進退事〉今朝聞、上杉弾正少弼朝定・同左馬助朝房等走八幡云々、或説不然、向東坂本云々、件両人住宅皆壊却云々、此間法歟、	園
観応二	一三五一	二	八	伝聞、東国軍勢数千騎上洛、是上杉民部大輔憲顕舎弟引率云々、	園
観応二	一三五一	二	九	将軍并武州已下書写坂本群集之処、細川陸奥守顕氏・同刑部大輔〈某〉、上杉修理亮〈某〉、以多勢襲来、合戦之間、将軍勢多被討没落、籠法花寺之由風聞、	園
観応二	一三五一	二	二十一	宰相中将義詮自丹波可攻上洛中之旨風聞之間、上杉并諏方祝等、為退治今日発向歟、	園
観応二	一三五一	二	二十三	又宰相中将自丹波可打出之旨風聞之間、桃并・上杉勢并諏方上宮祝等、率数千騎勢発向、	園
観応二	一三五一	二	二十七	今日或云、将軍去廿五日、起湊川城上洛之処、於武庫川辺鷲林寺前、上杉修理亮〈川津・高橋切腹事〉討師直・師泰両入道以下十余人、川津・高橋以下又切腹云々、是父重能敵也、以謂親敵致其沙汰歟、	園
観応二	一三五一	二	二十八	将軍去夜入洛、寄宿上杉弾正少弼（朝定）屋云々、師直・師泰以下被討事、皆実説云々、	園
観応二	一三五一	三	二	将軍不快気散了〈就師直已下誅戮、上杉罪科事〉、随順忠節軍勢恩賞事可有沙汰、又師直以下誅戮上杉修理亮罪名事、頻雖被鬱、禅門種々誘申之間、可流罪之旨治定了、	園
観応二	一三五一	八	一	桃并并上杉党類以下、其勢及数千騎、自三条坊門出河原、々々北行、	園
文和一	一三五二	三	一	所詮去十九日尊氏卿没落、大略不知行方、於武蔵国、前守護代薬師寺一党・上杉一類等合戦、御方乗勝了、	園
文和一	一三五二	十二	三十	但康永二年正月一日、依三品禅尼（上杉清子）事、	園
文和二	一三五三	六	八	山名已下在西山法花寺辺、又上杉勢在長坂、或在賀茂瓦屋・正伝寺辺、	園
貞治四	一三六五	五	六	康永元年十二月廿三日、今夜亥剋将軍并左兵衛督直義朝臣母儀大方禅尼（上杉清子）他界、	師
貞治四	一三六五	五	八	故大方殿〈号等持寺殿、藤清子（上杉清子）〉	師

貞治四	一三六五	五	十一	且康永元年十二月廿三日大方禅尼（上杉清子）他界、延文三年四月卅日鎌倉大納言薨去、	師
貞治四	一三六五	六	六	於陣仰詞事等持寺禅尼（上杉清子）、康永二年三月四日贈位　宣下、奉行職事頭宮内卿藤原定親朝臣進奥座、仰　勅旨云、故従三位藤原清子（上杉清子）可被贈従二位、	師
貞治六	一三六七	四	二十三	府内祭泰山府。管領（上杉能憲）第亦祭。	空
貞治六	一三六七	七	八	今夜上杉民部大輔入道〈俗名憲顕〉上洛、自上野国上洛云々、被寄宿三条西洞院大草入道妙香宿所云々、	師
応安一	一三六八	三	二十八	上杉民部大輔入道（憲顕）下向関東。但自山道可被出上野国云々。	花
応安一	一三六八	閏六	二	上杉霜台（上杉朝房）北征賊。々退後帰自武城。	空
応安一	一三六八	閏六	二十一	霜台（上杉朝房）須賀二居士来。（中略）霜台進問。	空
応安二	一三六九	二	十四	上杉中書（上杉朝宗）至。亦勧還住。	空
応安二	一三六九	二	十六	駿州愛甲武庫（上杉憲光カ）梶原依田偕至誘余。	空
応安二	一三六九	二	十七	府君差管領上杉兵部（上杉能憲）。并上杉中書（上杉朝宗）勧余。以必還住。	空
応安二	一三六九	二	十八	管領（上杉能憲）及中書（上杉朝宗）諸同僚等皆来謝。	空
応安二	一三六九	五	四	上杉中書（上杉朝宗）与予州（上杉憲春カ）駿州三人。重将府命来。	空
応安二	一三六九	五	七	上杉親衛（上杉憲栄）来訪。	空
応安二	一三六九	五	九	適上杉霜台（上杉朝房）。	空
応安二	一三六九	十	二十二	上杉弾正少弼入道（朝房）下向鎌倉。	空
応安三	一三七〇	一	九	上杉霜台（上杉朝房）来。道話之次。及今年先君三十三忌之事。	空
応安三	一三七〇	三	十五	上杉中書（上杉朝宗）請為先考古岩淳居士三十三忌拈香。蓋中書自信州陣弁供。	空
応安三	一三七〇	六	十	問注所刑部（上杉憲春）来話。且問嘉遯貞吉之意。	空
応安三	一三七〇	八	二	赴愛甲之請。官伴上杉中書（上杉朝宗）二階堂駿州僧座若干人	空
応安三	一三七〇	八	四	上杉兵部（上杉能憲）来謝。霜台（上杉朝房）上表鬼窪遁世之事。	空
応安三	一三七〇	八	五	略叙霜台（上杉朝房）上表鬼窪遁世之事。	空

応安三	一三七〇	八	六	上杉中書（上杉朝宗）使者来。告霜台（上杉朝房）上京。	空
応安三	一三七〇	八	七	上杉兵部（上杉能憲）単騎而来。延于書閣而茶話。及天下大事。并霜台（上杉朝房）上京事。	空
応安三	一三七〇	八	十	入府与幼君対談。梶原引就于大方殿。面諭上杉霜台（上杉朝房）辞職。過上杉中書（上杉朝宗）宅而面談。中書出示霜台辞職上京二書。	空
応安三	一三七〇	十	二十一	旦那上杉乃命董其席。在中不嘗知余陰計之。	空
応安三	一三七〇	十一	十二	上杉両管領（上杉朝房・上杉能憲）泊駿州各出金穀助其薬資。延齢在八十二可憐。	空
応安三	一三七〇	十一	八	駿州兵庫（上杉憲光カ）二居士同喫紅糟。（中略）斎罷。管領兵部（上杉能憲）至。乃話以寿歳之縁。且言当於大蔵谷択地立寺。余因勧曰。凡今時士太夫与吾仏氏交者。往々以勢利。是不可也。当以仏法相友善。兵部応諾而去。	空
応安四	一三七一	三	二十	管領兵部（上杉能憲）問注処二人来問疾。余不欲出見。二人使入寝室而省候。	空
応安四	一三七一	十	十五	余応上杉兵部譚公（上杉能憲）請。創一刹於鎌倉城北名曰報恩護国山。称南陽闢基演唱訖。	空
応安四	一三七一	十二	十二	報恩檀那管領兵部（上杉能憲）。送新捨田公文。力石求将其命。	空
応安四	一三七一	十二	十五	同刻管領上杉兵部（上杉能憲）躬親来慰。	空
応安五	一三七二	二	十二	赴長寿寺府君光伴之筵。官伴管領（上杉能憲）及弟侍中愛甲三品。僧壁少室主人古光而已。	空
応安五	一三七二	三	一	為衣講輔教編時。問注所刑部（上杉憲春）未聴。	空
応安五	一三七二	三	十三	管領（上杉能憲カ）来過道話且問坐禅工夫等事。	空
応安五	一三七二	六	七	管領（上杉能憲）家臣紀吾至。	空
応安五	一三七二	十	十六	檀那兵部（上杉能憲）家臣紀吾来和会報恩寺材料泊庫司基処。	空
応安五	一三七二	十二	二十	関東一方管領上杉兵部少輔入道（能憲）上洛。着三条西洞院大草太郎左衛門尉亭。同六年四月七日暁下向了。	花
応安五	一三七二	十二	二十五	一向上杉（能憲）、〈両三日自関東上洛、〉申次寺尾次郎左衛門、違例之間不入見参、近日可有来臨云々、	祇
応安五	一三七二	十二	二十六	一上杉（能憲）、〈近日上洛、三条西洞院西南角、昨日参賀〉今日神馬一疋〈河原毛〉被引之、有送文、奉行金吾六郎左衛門入道、巻数奉行ハヤス云々、	祇
応安五	一三七二	十二	二十七	一上杉入道殿（能憲）巻数返事、備後取之、奉行ヤス云々、	祇

応安五	一三七二	十二	二十九	一上杉殿神馬用途一貫二百文、五郎三郎執進、	祇
応安六	一三七三	三	十九	上杉金吾（上杉氏憲カ）来話。	空
応安六	一三七三	四	二十三	赴檀那管領上杉兵部（上杉能憲）宅。蓋為府君法名也。	空
応安六	一三七三	五	三	旦那上杉兵部（上杉能憲）等来。	空
応安六	一三七三	七	十四	蘭盆施食。府君管領（上杉能憲カ）入山。管領和会十刹住持之事。	空
応安六	一三七三	九	四	内府以使告幼君微恙。余乃板輿而入府。時管領（上杉能憲カ）等皆在焉。	空
応安六	一三七三	十二	二十四	関東番文始行。奉行。　上杉伊予入道（顕定カ）。　右筆。　依田右衛門入道。	花
応安六	一三七三	十二	二十七	同日。貢馬内覧。（中略）九番。黒鴾八寸。　上杉兵部少輔入道（能憲）。（中略） 一大覚禅師門徒等悪行事。 事書一通遣之。此趣不日糺明張本。可有厳密沙汰之状。依仰執達如件。 応安六年六月十二日　武蔵守 上杉兵部少輔入道殿	花
応安七	一三七四	一	二十三	斎罷入府賀歳。次管領（上杉能憲カ）新第	空
応安七	一三七四	二	十五	赴管領（上杉能憲カ）甲第。領問政事之要。	空
応安七	一三七四	三	十二	参府。々君出接。略叙参暇之意。而後過管領（上杉能憲カ）第。	空
応安七	一三七四	七	十二	達于報恩。遣上府及管領（上杉能憲カ）。以仁侍者啓白帰参。	空
応安七	一三七四	八	九	管領（上杉能憲）以品河為使。送報恩祈願寺公文。	空
応安七	一三七四	九	十八	玉岩（上杉憲顕）忌。府君入山為証。	空
応安七	一三七四	十一	二十三	上杉刑部（憲春）来慰問円覚之災。	空
応安七	一三七四	十一	二十九	円覚大法。管領兵部（上杉能憲）同来。	空
応安七	一三七四	十二	五	管領（上杉能憲）至。和会円覚寺。而奉行上杉中書（朝宗）二階堂駿州両人可否。	空
応安七	一三七四	十二	二十三	果証院（上杉清子）三十三忌。赴瑞泉。府君入山。證明仏定管領（上杉能憲）依田。話及政事。	空

応安七	一三七四	十二	二十五	貢馬内覧。（中略）十番。黒駮。上杉兵部少輔入道（能憲）。	花
永和一	一三七五	一	十	管領（上杉能憲）礼。々話良久。	空
永和一	一三七五	一	十六	参府。与相君人事賀歳。次管領兵部（上杉能憲）。并中書（上杉朝宗）以下。巡礼人事。	空
永和一	一三七五	六	二十四	檀那兵部管領（上杉能憲）至。	空
永和一	一三七五	九	十八	管領上杉兵部（能憲）来問病。且就和会報恩永代之儀式。余曰。宜早弁後事。兵部（上杉能憲）曰。	空
永和一	一三七五	九	二十四	兵部（上杉能憲）遣寺奉行紀吾。持巻書来。	空
永和一	一三七五	十二	二十三	赴瑞泉雪庭（上杉清子）忌斎。府君管領（上杉能憲）入山。	空
永和二	一三七六	一	十二	管領兵部（上杉能憲）入山賀歳。	空
永和二	一三七六	一	十七	余入府。々君整鬢出接。互賀新歳。次管領（上杉能憲）甲第。	空
永和二	一三七六	二	七	入管領（上杉能憲）宅。道話之次。問為政事君。	空
永和二	一三七六	三	十四	赴府君瑞泉観花之会。官伴上杉中書（朝宗）。僧伴曇芳少室而巳。	空
永和二	一三七六	三	十七	早冒雨赴管領（上杉能憲）宅。和会問注所作州（上杉憲栄）出家事。而後謁府君而白作州可留否事。君乃領之。遂乗馬蓑笠冒泥雨。就瀬崎宿屋。作州聞余発慮衝泥雨之労。巳帰鎌倉。余乃転路匀洲崎而帰。径到報恩。問注所刑部（上杉憲春）随後而来謝。（中略）余与作州先公（上杉憲顕）有香火之旧。今刑部不□而作州遁世矣。	空
永和二	一三七六	三	二十九	謁府。々君迎略叙来月入神事。自説円覚新命此山和尚等事。勧以再興之事。次管領（上杉能憲）第。自昨小不安。	空
永和二	一三七六	四	十七	就于管領（上杉能憲）第而問疾而後入府。々君相見。以白管領病。	空
永和二	一三七六	五	三	引新命此山謁府。々君相見。次管領（上杉能憲）。々不安不面。余留而問恙。	空
永和二	一三七六	五	八	管領兵部（上杉能憲）病亟。使者来告。欲与余面話。乃遽入宅。兵部力病面坐。略叙生死到来事。又預弁後事。因割田捨報恩寺。特以青氈委付令弟房州道合（上杉憲方）居士。兵部欲余留在近隣。為乗問道話也	空

永和二	一三七六	五	九	兵部（上杉能憲）問以臨終用心之一段。且言某十七。（中略）兵部領之。又兵部上表辞管領職。（中略）還就兵部宅。報以不充之意。	空
永和二	一三七六	五	十	兵部（上杉能憲）重邀余与少室。懇聞于辞職之切。府君会議。（中略）余復報以白京之意。兵部顔色稍好。如平日。	空
永和二	一三七六	五	十三	入管領（上杉能憲）第先与房州（上杉憲方）和会。白兵部辞職於京府事。次入臥内。与兵部談畢。	空
永和二	一三七六	六	十二	引両新命入府。次管領（上杉能憲）。々々以病不面。	空
永和二	一三七六	八	五	弁斎邀請円覚造営奉行官人上杉刑部（上杉憲春）等諸公。因議寺門営功。（中略）因刑部問壁上尽像為誰。（中略）刑部請講其書一篇。	空
永和二	一三七六	八	十八	府君以使見召。余乃入府。々君嘱以兵部（上杉能憲）還職之事。（中略）府君尚欲余一言隠賛。不得已入兵部宅。伝府君命。并出呈京之管領武州六月三日出二封。而復入府報兵部意。	空
永和二	一三七六	八	十九	有府君召。乃赴。亦以兵部（上杉能憲）復職而為嘱。余就于兵部第。懇説府命之辱。且以私情而再三勧勉。於是兵部（上杉能憲）遂拝命云。	空
永和二	一三七六	八	二十一	兵部（上杉能憲）既復于管領職。	空
永和二	一三七六	八	二十二	早冒泥歩履入刑部（上杉憲春）宅。会議円覚造興。并棟別之事。次入管領兵部（上杉能憲）第。	空
永和二	一三七六	十一	十三	報恩寺仏殿立柱。檀那上杉兵部（能憲）入山。而證明矣。	空
永和二	一三七六	十二	二十七	貢馬。（中略）七番黒。　上杉兵部少輔（能憲）。	花
永和四	一三七八	四	十七	余側聞檀那兵部（上杉能憲）病亟。草々発足。使者相続于路。一力持書告云。今日己（巳）刻管領上杉兵部敬堂道譚居士逝去。年四十六。余急命駕而帰。径入琢磨谷。則日昳也。（中略）入兵部宅。見霊容。其顔怡然。和雅如生。其令弟房州（上杉憲方）曰。喪事以下。遅師来云々。	空
永和四	一三七八	四	十九	房州（上杉憲方）請余於収骨仏事。	空
永和四	一三七八	四	二十	余引衆為兵部（上杉能憲）収骨。鐃鼓送骨。安置方丈客殿。及晩府君入山。親於牌前焼香。房州（上杉憲方）刑部（上杉憲春）侍中拝送出門。	空
永和四	一三七八	五	二十二	敬堂五七忌中山拈香。房州道合（上杉憲方）承敬堂遺嘱。命令子若童（上杉憲孝）。礼全受衣。法名道敬。即敬堂猶子也。	空

永和四	一三七八	六	六	敬堂尽七諱斎。管領刑部（上杉憲春）所弁也。	空
永和四	一三七八	六	二十五	房州（上杉憲方）承先兵部敬堂（上杉能憲）遺命。以旧第帰報恩為塔庵。	空
永和四	一三七八	六	二十八	敬堂（上杉能憲）卒哭仏事。円覚大虚和尚陞座。大慶太年拈香。府君管領（上杉憲春）皆有賻矣。	空
永和四	一三七八	十	十七	報恩寺敬堂（上杉能憲）塔庵既成矣。房州道合居士（上杉憲方）遣使慶敬堂塔庵之成。	空
永和四	一三七八	十二	二十七	上杉中書（朝宗）使者来。告京師近況	空
康暦一	一三七九	三	七	上杉刑部少輔入道（憲春）自殺之由。後日聞之。	花
康暦一	一三七九	三	十一	早入山内房州（上杉憲方）宅。蓋房州以府命率関東諸軍。近将赴京師。	空
康暦一	一三七九	十	十五	南禅春屋法兄書至。蓋上書於当府君。兼呈当管領（上杉憲方）。	空
康暦二	一三七九	十二	四	貢馬引次第。〈康暦元十二廿七。〉（中略）八番。上杉阿波（安房カ、憲方カ）入道。	花
康暦二	一三八〇	一	一	仏前祝語曰。歳旦令辰焚此妙香。一願天子万年。二願宰臣千秋。三願檀郡〈那歟〉（上杉憲方）福寿増長。	空
康暦二	一三八〇	二	二十一	府君以上杉中書（朝宗）二階堂駿州為両使而見督。	空
康暦二	一三八〇	二	二十三	府君管領（上杉憲方カ）並親入山。	空
康暦二	一三八〇	二	二十七	府君筵上宦伴管領（上杉憲方）洎中書（上杉朝宗）。僧座大虚九峰鈍夫少室。臨夜管領入山有小意也。	空
康暦二	一三八〇	二	二十九	管領（上杉憲方カ）以使者送緡宝伍拾条洎練襖香合等。	空
康暦二	一三八〇	三	二	赴管領（上杉憲方）点心之請。中書（上杉朝宗）并諸長老光伴面引馬二疋。斎退。令子琢磨殿（上杉憲孝）。贈鞍馬一匹。阿堵弐拾緡。蓋管領子息上杉武庫也。	空
康暦二	一三八〇	八	十七	管領（上杉憲方）使島曰（田カ）。遠州来曰。	空
康暦二	一三八〇	九	二十四	其故者府君既令当管領玉堂。告関東管領上杉（憲方）云云	空
康暦二	一三八〇	十二	十一	鎌倉殿及管領（上杉憲方）梶原回書至。	空
永徳一	一三八一	一	二十六	管領（上杉憲方）使島田遠州。及梵嘉蔵主来説。	空
永徳一	一三八一	二	二十四	島田遠州伝管領（上杉憲方）之命曰。府君免湯医。但退院則不答。	空

永徳一	一三八一	五	二	管領（上杉憲方）以島田為使。命寺官追尋。	空
永徳一	一三八一	六	十六	管領（上杉憲方）使者島田遠州来請。	空
永徳一	一三八一	十一	七	余因説。鎌倉殿及管領（上杉憲方）二書示京之管領。	空
永徳一	一三八一	十一	二十一	早入府時僧録参会。出鎌倉房州（上杉憲方）状。仍挙円天鑒。	空
永徳一	一三八一	十一	二十九	作関東書。幾乎三十封。専為宝篋院忌料。新賜下野州茂木庄半分小山跡事。中詳監寺為寺家使也。鎌倉殿并管領（上杉憲方）以下。又京之公帖并施行等之案文共。三十二通。遣之関東。	空
永徳一	一三八一	十二	二十三	余赴等持院雪庭（上杉清子）忌斎。	空
永徳一	一三八一	十二	二十五	関東幕府并管領（上杉憲方）書至。	空
永徳二	一三八二	一	二十五	作書差中吾之関東。賀小山平。府君管領（上杉憲方）以下三十二封。	空
永徳二	一三八二	十	十一	中円梵意来自関東。出鎌倉殿并管領上杉（憲方）書。蓋小山跡事云々。	空
永徳二	一三八二	十	二十九	就関東幕府并管領（上杉憲方）。書小山茂木等事。而参府用事粗話。	空
永徳三	一三八三	八	二十六	赴管領第。与説関東并信州之事〈小笠原村上乱〉領。出鎌倉殿及管領上杉（憲方）書。	空
至徳一	一三八四	三	十五	書報恩寺梁牌者二。檀那鎌倉管領上杉房州（憲方）所請也。	空
至徳一	一三八四	三	二十七	鎌倉殿泊管領（上杉憲方）二書至。蓋為助成相国寺造料。	空
至徳一	一三八四	四	一	伊豆副刺史大石并和田至。出上杉武庫（憲孝）書。乃房州（上杉憲方）嫡子号琢磨者。	空
至徳一	一三八四	十一	二十二	赴鹿苑。府君誕生祈祷之場。府君為余請書大梁楠枝四大字。大梁乃上杉武庫（憲孝）道号。南枝蓋大慈梅亭扁也。	空
至徳二	一三八五	六	三十	等持院忌。赴等持寺。府君臨駕。忽召管領問関東幕府并管領上杉（憲方）二月之書。仍話乃河超高坂等事。	空
嘉慶一	一三八七	七	二十二	参府。出関東幕府左武衛将軍并管領上杉房州（憲方）回書。	空
二応永十五	一四〇八	十	十九	一、御両所御出上杉、、・山名典厩許へ御出云々、	教
応永二十	一四一三	三	二十七	公方様渡御上杉亭云々。	満
応永二十一	一四一四	十	二十	今夜五条辺焼失。上杉被官人長尾家云々。	満

応永二十二	一四一五	三	二十七	公方様渡御上杉亭云々。	満
応永二十三	一四一六	十	十六	昨夕自駿河守護方注進。鎌倉殿於伊豆已御自害。当管領上杉房州同自害。	満
応永二十三	一四一六	十	十八	上杉房州自害事。未分明云々。大略自害云々。	満
応永二十四	一四一七	一	二	将又関東前管領上杉右衛門佐（氏憲）ハ、旧冬以来関東大変以後為京都御敵、仍可被加治罰也、	兼
応永二十四	一四一七	五	四	上杉房州下向伊豆由注進為管領上意云々。	満
応永二十五	一四一八	十二	二十五	雖然坂東上杉兵庫上洛、仍被抑留間無力不被下向云々、	康
応永二十六	一四一九	六	八	次参勧修寺頭弁亭、則有対面、上杉兵庫助見参事申入之処、来十一日可見参之由被命了、只今参内之間既冠被著了、聽退出、	康
応永二十七	一四二〇	九	四	参詣穴太寺観音堂、上杉武庫入道殿自高野被出、此亭被坐了、	康
応永三十	一四二三	三	九	御所様渡御越後守護上杉亭。御代初申入分也。	満
応永三十	一四二三	六	五	五月廿五日八日間必為常陸小栗以下悪党対治。武蔵辺マテ可有御発向。此由内々可被注進申旨。長尾尾張守書状於神保方へ遣之。	満
応永三十	一四二三	八	十六	上杉武庫禅門常誓今日東国下向、里見伊勢守同道云々、	康
応永三十	一四二三	九	三十	今日上杉武庫禅門被雇下部〈彦四郎、〉上洛、彼仁信乃国被坐云々、此男料足六百文下行之、依被申上也、	康
応永三十一	一四二四	八	二十八	自御方御所折等拝領。上杉八郎来。十輪院僧正引導。	満
応永三十一	一四二四	十二	二十七	〈東国〉上杉四郎鎌倉管領也。	花
応永三十三	一四二六	七	二十五	今日自御所様以赤松越州被仰出。上杉八条事不可相綺云々。	満
応永三十三	一四二六	十一	十七	越後国事。上杉兵部大輔弓矢如今者無正体体歟。付之聊又被仰旨在之	満
正長元	一四二八	六	三	上杉中務少輔来。就自訴事申子細等在之。大館方へ使者事也。	満
正長元	一四二八	九	二十二	一上杉禅秀息可被下遣奥州辺歟事。	満
正長元	一四二八	十	十五	自越後国守護代長尾上野入道方注進在之。自関東越後国人并長尾入道等方へ被成御教書。	満
正長元	一四二八	十	十六	自越後国注進状等今朝令持参委細申入了。長尾上野入道状ニ申入題目。越後国人中へ可被成御教書事。	満

正長二	一四二九	一	八	上杉中務少輔来。太刀献之。	満
正長二	一四二九	二	二十三	上杉十郎方へ御教書事伺申入處。（中略）此御教書事長尾上野入道申請云々。於国可致忠節由事也。	満
正長二	一四二九	三	九	一上杉七郎重以告文御免事。歎申入也。可為何様哉。且可仰談管領事。	満
正長二	一四二九	五	二十二	上杉中務少輔来。	満
正長二	一四二九	八	六	上杉中務大輔来。	満
正長二	一四二九	八	十五	上杉武庫禅〔門〕、被懸室町殿御目云々、	康
永享二	一四三〇	一	七	上杉中務大輔〈号八条。〉来。太刀馬千疋持参之。（中略）上杉中務少輔同四郎来。太刀献之。	満
永享二	一四三〇	十二	二十九	上杉中務少輔。同四郎来。	満
永享三	一四三一	一	八	上杉中務大輔来。太刀一腰献之了。	満
永享三	一四三一	三	二十	那須事為京都内内御扶持事候間。不可然由上杉阿（安カ）房守（憲実）一向支申間。于今無其儀候。	満
永享三	一四三一	六	六	一上杉兵部大輔所領事。越後守護代長尾入道及異儀。	満
永享三	一四三一	六	九	自管領方以甲斐。関東管領阿（安カ）房守（上杉憲実）状進了。以便宜可被備上覧条可畏入云々。	満
永享三	一四三一	六	十二	自関東管領上杉阿波（安房カ、憲実カ）守方状。可備上覧由管領申入間。今日懸御目了。	満
永享三	一四三一	八	七	上杉中務大輔同前。自西大寺以僧訪賜。	満
永享三	一四三一	八	十九	上杉中務大輔本領。越後国ウカイ庄内渡残不知行在所。去年被下御判了。	満
永享三	一四三一	九	二十一	上杉中務少輔来。座下雑熱。安座不合期間不及対面。	満
永享四	一四三二	一	十	今日来臨壇所人々。（中略）武家輩細川右京大夫。（中略）上杉中務大輔等。	満
永享四	一四三二	一	二十五	上杉四郎来。太刀賜之了。	満
永享四	一四三二	二	一	上杉中務大輔〈号八条。〉来。越後国鵜川庄事。任御教書旨。早々可渡付之由。長尾右京亮状遣国云々。	満
永享四	一四三二	二	三	上杉中務大輔申越後鵜飼庄三分一事。同名兵部少輔猶可致訟訴風聞在之。遊佐引級云々。	満
永享四	一四三二	二	二十四	自管領以使者甲斐左京亮申。関東上杉安房守（憲実）使者羽田参洛仕也。	満
永享四	一四三二	二	二十八	鎌倉管領上杉安房守使者羽田壱岐入道参洛。昨日公方様懸御目云々。今日房州状等持参。	満

永享四	一四三二	二	二十九	上杉安房守状備上覧了。〈此門跡へ状也。〉	満
永享四	一四三二	三	十一	関東京方所領共悉可渡進。（中略）次関東五山長老器用西堂等。（中略）此両条今度参洛仕上杉安房守（憲実）使節羽田申入候。（中略）上杉安房守雑掌申両条〈京方所領悉可渡事。関東五山長老吹挙事。〉事。	満
永享四	一四三二	三	十七	安房守（憲実）雑掌羽田入道折紙ヲ被召下。	満
永享四	一四三二	三	十八	上杉七郎事。今度自関東上杉安房守（憲実）頻執申入間。御免事不可有子細旨可被仰遣處。長尾上野入道若猶申所存事在之者。只今安房守方へ御返事可相遣間。先内々被仰出也。所詮七郎事可有御免。無異儀可存其旨由。可仰遣長尾上野方云々。	満
永享四	一四三二	三	二十九	一上杉七郎事。長尾右京亮高野参詣仕候。罷帰候者相尋重可申入云々。（中略）一越後国紙屋庄事。去年被進佐々河了。此代官職事上杉安房守（憲実）〈関東管領。〉執心事。（中略）此時節安房守兎角地下ヲ執心之由。越後守護代長尾上野入道去年以来申間。一向以緩怠之儀。上野入道申入由御意得處。今度安房守代官羽田罷上。（中略）一上杉中務大輔知行鵜河庄三分一事。（中略）駿河守護今河上総守相続仁体事。末子千代秋丸之由内々被聞食及間。此者事母関東上杉治部少輔姉妹云々。	満
永享四	一四三二	四	十四	関東此間押領京方知行所々。可渡申之由連々申上者。可被仰付歟。被定奉行。〈関東奉行飯尾加賀守。〉以奉行折紙申付上杉安房守（憲実）雑掌羽田壱岐入道。以羽田折紙。各代官可罷下関東条。可然之由被定云々。珍重由申入了。	満
永享四	一四三二	四	二十一	関東管領上杉安房守方へ返事遣之。（中略）羽田方へ三重太刀遣之。	満
永享四	一四三二	八	三十	自関東上杉安房守（憲実）方重注進。今度富士御下向事ニ就テ。	満
永享四	一四三二	十一	二十七	自鎌倉管領方〈上杉安房守。〉馬一疋紬十到来。使者羽田入道。	満
永享五	一四三三	一	四	上杉四郎来。対面。太刀賜之了。	満
永享五	一四三三	四	二十三	自駿河国注進。於御前一見了。庵原状也。上総守末子千代秋丸為関東上杉所縁之間。自彼辺可致合力風聞在之由申入也。	満
永享五	一四三三	六	十一	上杉中務少輔〈号八条。〉所領越後鵜川庄三分一事。去年厳密ニ被仰付守護代長尾入道了。而于今未及沙汰付云々。	満
永享五	一四三三	七	二十七	自将軍御書如夜前伝賜了。仰題目。甲斐国跡部。伊豆狩野等令合力富士大宮司ヲ。可発向守護在所風聞在之。然者京鎌倉雑説因縁旁不可然歟。此事内々自管領私可申遣上杉安房守方之条可為何様哉云々。	満
永享五	一四三三	十一	二十七	為山門発向山名以下今日罷立了。（中略）洛中警固侍所。〈一色。〉（中略）上杉五郎。	満

永享六	一四三四	一	八	上杉八条。同四郎来。各太刀賜之。	満
永享六	一四三四	四	二十一	畠山来臨。不例減気珍重云々。折紙随身。〈三千疋。〉上杉五郎来。同前。折紙。〈二千疋。〉	満
永享六	一四三四	五	二十四	上杉中務少輔来。太刀折紙随身。〈五百疋。〉	満
永享六	一四三四	七	十一	次物語申。此一両日事歟。於建仁寺白昼僧ヲ一人召取。〈号幸首座。〉並岡辺ニテ切首云々。近比不思儀云々。仍此本人僧同建仁寺昌首座ト云々。為公方被召取究問之間。相語者共悉白状云々。京極内者。上杉四郎内者。細河刑部少輔内者等云々。	満
永享六	一四三四	八	三十	長尾上野入道来。三千疋。太刀一腰持参。	満
永享六	一四三四	十一	三	管領入来。就関東雑説現行事。可遣状於上杉安房守方之由。如御意見可書遣之由被仰出。就其条々可召仰羽田入道〈上杉雑掌也。〉之由被仰出趣。内々可申談之旨被仰出云々。	満
永享六	一四三四	十二	二十五	上杉中務大輔□質物事申間。香合二。各削紅。人形借遣之了。以経祐法眼遣了。	満
永享六	一四三四	十二	二十九	越後守護上杉五郎来。	満
永享七	一四三五	一	二十二	越後守康代長尾上野入道。依有被仰出子細。参申壇所。先御書在之。御書案。（中略）今日十悪日之間。明日可召給上野入道可仰含旨被仰出了。	満
永享七	一四三五	一	二十三	長尾入道今夜可召給云々。	満
永享七	一四三五	一	二十四	長尾入道夜前物詣云々。	満
永享七	一四三五	一	二十五	長尾上野入道依仰参申壇所。条々仰旨申含了。	満
永享七	一四三五	一	二十六	夜前長尾上野入道ニ仰含様御尋間。具申入了。（中略）申終新造御会所方々拝見申了。（中略）御厩三間。八十三歳ニ成御馬一疋在之。去年上杉安房守進之云々。希代年齢也。	満
永享七	一四三五	一	二十九	サク郡〈信州也。〉ニ此大井モアシタモ構要害候。サク郡ヲトヲリテウスイタウケヘモ。又上野国ヘモ可罷通之間。以越後勢大井ヲ御合力候テ。アシタヲ御退治可然。（中略）越後勢合力事。以赤松播磨可被仰付長尾云々。	満
文安四	一四四七	七	十九	今日土一揆大宮七条辺乱入之間、土岐今川一色武田上杉等手発向追散云々、	康
文安五	一四四八	八	十五	石清水放生会延引、社頭触穢故也、承及分、上杉力者〈長生力者云々、〉入山中井死之間、有卅日穢云々、	康

文安六	一四四九	二	二十七	是日越後守護上杉兵庫頭、、(房朝)卒去、〈廿九歳、〉自一昨日俄下痢云々、故寿阿法印子治部卿瀉薬与之、服之及大事云々、未無子、以従父兄弟為猶子云々、	康
文安六	一四四九	七	三	肥前語云、関東管領上杉被官人、長尾四郎左衛門尉去月比在京也、関東御名字事被申之間、被治定了、成氏也、故鎌倉殿持氏卿御子也、又御官途事、左馬頭右兵衛佐之問可被申之処、左馬頭当時公方御現任也、右兵衛佐可被申歟、(中略)自関東使〈音信在之、〉上洛之間、長尾俄下向云々、	康
宝徳二	一四五〇	五	二十九	今日飯尾肥前入道尋来面謁了、鎌倉殿〈左馬頭成氏、〉奉取籠江嶋・上杉右京亮(憲忠)并叔父、又被官人長生左衛門等不忠事、如何可有御成敗哉、上杉安房入道帰国可輔佐関東申之由、可被仰下歟之由、密々有其聞云々、	康
享徳三	一四五四	十二	二十七	後聞、是日鎌倉殿被誅管領上杉右京亮(憲忠)、於御所被出抜云々、故鎌倉殿之御敵之故者哉、	康
享徳四	一四五五	一	六	昨日関東飛脚到来、鎌倉殿〈成氏、持氏御子、〉去年十二月廿七日、管領上杉右京亮〈房州入道子、〉被召出於鎌倉殿御所被誅伐云々、是併故鎌倉殿御生涯事父房州申沙汰之御憤歟、依之御所方与上杉手有合戦云々。	康
享徳四	一四五五	三	三十	一昨日〈廿八、〉上杉、、〈故房州入道子、〉関東発向、是去年十二月鎌倉殿被誅管領上杉弾正之間、為退治申鎌倉殿、為惣大将所被差遣也、御旗被下之、	康
享徳四	一四五五	閏四	十五	為関東御退治、自武家御旗被下関東也、上杉今河桃井等賜之、下向也、	康

解説

今回の一覧表の作成は、室町初期から前期にかけて多数ある日記の中で、上杉氏に関する記事が全体としてどの様に存在しているのかを確認するために行われたものである。

したがって、個別の日記の記事の読解などについては今後の課題である。ここでは、一覧表を概観して、収集した記事のあり方にどのような特徴があるのかという点を述べておきたい。

凡例にあるように、今回、上杉氏に関する記事が確認できたのは、『祇園執行日記』・『園太暦』・『空華日用工夫略集』・『師守記』・『賢俊僧正日記』・『花営三代記』・『兼宣公記』・『康富記』・『教言卿記』・『満済准后日記』である。一日あたり複数回の上杉氏（あるいはその被官なども含む）に関する記述があっても一日単位で該当する記事を数えると、それぞれの日記で確認された記事の数は次のようになる。

『祇園執行日記』…六ヶ所
『園太暦』…二十二ヶ所
『空華日用工夫略集』…一一〇ヶ所
『師守記』…十九ヶ所
『賢俊僧正日記』…八ヶ所
『花営三代記』…十ヶ所
『兼宣公記』…一ヶ所
『康富記』…十五ヶ所
『教言卿記』…一ヶ所
『満済准后日記』…六十四ヶ所

関係記事の多い日記は、『園太暦』・『空華日用工夫略集』・『師守記』・『花営三代記』・『康富記』・『満済准后日記』である。

次に時期毎に日記をみていきたい。まず十四世紀代（一三三三年頃以降）では、『師守記』・『園太暦』・『空華日用工夫略集』・『花営三代記』に関係記事が多い。その中でも一三四〇年～一三六七年頃にかけては、『師守記』と『園太暦』の記事が多い。

一三四〇年～一三六七年に日記によって動向が多く確認されるのは、上杉重能と上杉朝定である。その他には、上杉朝房・上杉修理亮重季・上杉宮内大輔・上杉清子なども確認される。また、この間の大半は『師守記』や『園太暦』によってほぼ毎年間断なく記事が確認できるのであるが、一三五四年～一三六四年の約十年間は関係記事が確認されない。このことは、おそらく貞和五年（一三四九）八月の上杉重能の処刑が大きく影響しているのであろう。一覧表をみる限りでは、これ以前には重能が上杉氏一門の中で最も多く活躍している。

貞治四年（一三六五）頃から、上杉氏に関する記事が再び確認される。足利尊氏の母でもある上杉清子への贈位の記事（『師守記』貞治四年六月六日条など）が散見し、『花営三代記』応安元年（一三六八）三月二八日条に上杉憲顕に関する記事が確認された後、同年九月に憲顕は死去する（「上杉系図大概」など）。

憲顕死去後の山内上杉能憲・犬懸上杉朝房の両管領制の頃からは、『空華日用工夫略集』に関係記事が多くみられるようになる。『空華日用工夫略集』の記事の終見は、嘉慶元年（一三八七）七月二十二日条である。この間には『花営三代記』や『祇園執行日記』の関係記事も確認されるものの、当該期の記事の多くは『空華日用工夫略集』である。この時期に関東管領に就任しているのは、能憲と朝房の他には山内上杉憲春・山内上杉憲方らである。[1]彼らの動向を日記史料から跡付けるためには、『空華日用工夫略集』の読み込みが不可欠となろう。

『空華日用工夫略集』の記事の終見から一四〇七年までの約二十年間は、上杉氏に関する記事が再び確認できなくなる。この間には、山内上杉憲方・犬懸上杉朝宗・山内上杉憲定らが関東管領に就任している。[2]東国では、上杉禅秀の乱（一四一六年）が勃発する以前の同時期は鎌倉府体制が比較的安定していた時期であり[3]、越後においても上杉氏支配の基礎を形作った守護上杉房方の支配の前半期にあたる[4]。今回収集した史料では、残念ながらこの政治的安定期に上杉氏がどのような支配を行ったのかはわからなかった。

上杉氏に関する記事が再び確認されるのは、『教言卿記』応永十五年（一四〇八）十月十九日条であり、その後は永享七年（一四三五）頃まで『満済准后日記』の記事がその多くを占めるようになる。同時期に東国では上杉禅秀の乱（一四一六年）や越後応永の乱（一四二三年）が勃発しており、それに伴って同日記には関東管領や越後守護代の長尾氏に関する記事が認められる。

また、それらの内紛の有無にあまり関係なく、頻繁に満済のもとを訪れている八条上杉氏に関する記事が多く確認できる点も注目されよう。八条上杉氏に関する一覧表での初見は、『満済准后日記』応永三三年（一四二六）七月二五日条である。これからの課題は、系図以外の史料によって八条上杉氏の初見史料がさらに遡るのか追究していくことであろう[5]。

応永二五年（一四一八）頃から、『満済准后日記』の他に『康富記』の記事も確認されるようになる。『康富記』によって確認される記事の特徴は、正長二年（一四二九）頃まで、記事の多くが上杉武庫禅門常晢に関するものであるということであろう。それに対して、同時期の『満済准后日記』によって多く確認されるのは、関東管領や越後守護・八条上杉氏・越後守護代の長尾氏である。同じ上杉氏一門であっても、『満済准后日記』の記主である満済に接触していたことの多かった人物と、『康富記』の記主である中原康富に接触していたことの多かった人物とがそれぞれいたのであろう。したがって、上杉氏一門の動向を多面的に捉えるためには、一つの日記にのみ依拠するのではなく、複数の日記を用いることも有効となろう。

以上で簡単ではあるが、室町初期上杉氏関係日記記事一覧の解説とする。史料収集における見落としや誤りについては、今後、訂正していきたい。収集した史料の考察については今後の課題である。

註

（1）小要博「関東管領補任沿革小稿―その（二）―」（芥川龍男編『日本中世の史的展開』文献出版、一九九七年）。

（2）小要前掲論文。

（3）山田邦明『鎌倉府と関東』（校倉書房、一九九五年、二〇頁）。

（4）田村裕「上杉房方の時代」（『上越市史　通史編2　中世』第一部第五章第一節、上越市、二〇〇四年）。

（5）系図では、「上杉系図　浅羽本」（『続群書類従』第六輯下、九一頁）の扇谷系図の朝顕に、「号八条」とあるのが初見であろう。同系図によると朝顕は顕定と兄弟であり、一覧表の『花営三代記』応安六年（一三七三）十二月二四日条の「上杉伊予入道」がこの顕定であるという指摘がある（湯山学「信濃・上総両村上氏と鎌倉府」『六浦文化研究』四号、一九九三年）。また、貞治三年（一三六四）七月二日の日付のある足利義詮の御判御教書に「上杉中務大輔」が確認され、『新潟県史　資料編3　中世一』（一〇〇八号）ではこの「上杉中務大輔」を朝顕に比定している。

【付記】再録にあたって、文章のわかりにくい箇所を訂正した。

【初出一覧】

総　論

黒田基樹「上杉氏一族の研究」（新稿）

第1部　庁鼻和・深谷上杉氏

Ⅰ　山口平八「深谷上杉氏の興亡と深谷城の創築と開城」（『深谷市史』第五篇第一六章、深谷市、一九六九年）

Ⅱ　持田　勉「深谷（庁鼻和）上杉氏―深谷上杉氏の系譜―」（『埼玉史談』二四三号、一九九五年）

Ⅲ　高橋一彦「深谷上杉氏の墓について」（『埼玉史談』八巻三号、一九六一年）

Ⅳ　菊池紳一「尊経閣文庫蔵『上杉憲英寄進状』について」（『埼玉地方史』三五号、一九九六年）

Ⅴ　久保賢司「二通の医療関係文書から―庁鼻和上杉氏の系譜と動向―」（『鎌倉』八九号、一九九九年）

Ⅵ　持田善作「深谷城主上杉憲賢筆清隠斎詩軸幷序について」（『埼玉史談』一七四号、一九七八年）

第2部　越後・上条上杉氏

Ⅰ　田村　裕「上杉房方の時代」（『上越市史通史編2』第一部第五章第一節、上越市、二〇〇四年）

Ⅱ　山田邦明「応永の大乱」（『新潟県史通史編2』第二章第二節第一項、新潟県、一九八七年）

Ⅲ　田村　裕「越後応永の乱」（『上越市史通史編2』第一部第五章第三節、上越市、二〇〇四年）

Ⅳ　山田邦明「上杉房定」（『新潟県史通史編2』第二章第二節第二項、新潟県、一九八七年）

Ⅴ　片桐昭彦「房定の一族と家臣」（『上越市史通史編2』第三部第一章第二節、上越市、二〇〇四年）

Ⅵ　森田真一「上杉定昌と飯沼次郎左衛門尉」（矢田俊文編『室町・戦国・近世初期の上杉氏史料の帰納的研究〈科学研究費補助金研究成果報告書〉』新潟大学、二〇〇六年）

Ⅶ　森田真一「上杉房能の政治」（『上越市史通史編2』第三部第一章第四節、上越市、二〇〇四年）

Ⅷ　森田真一「上条上杉定憲と享禄・天文の乱」（『新潟史学』四六号、二〇〇一年）

Ⅸ　森田真一「上条家と享禄・天文の乱」（『笹神村史通史編』中世第四章第二節、笹神村、二〇〇四年）

第3部　その他の上杉氏

Ⅰ　谷合伸介「八条上杉氏・四条上杉氏の基礎的研究」（『新潟史学』五一号、二〇〇四年）

Ⅱ　森田真一「越後守護家・八条家と白河荘」（『笹神村史通史編』中世第四章第一節、笹神村、二〇〇四年）

Ⅲ　黒田基樹「三浦氏と宅間上杉氏」（『三浦一族研究』一五号、二〇一一年）

第4部　森田真一編「室町初期上杉氏関係日記記事一覧」

（矢田俊文編『室町・戦国・近世初期の上杉氏史料の帰納的研究〈科学研究費補助金研究成果報告書〉』新潟大学、二〇〇六年）

【執筆者一覧】

総　論

黒田基樹　別掲

第1部

山口平八　一八九九年生まれ。一九七六年逝去。

持田　勉　一九三〇年生まれ。現在、深谷上杉・郷土史研究会長。

高橋一彦

菊池紳一　一九四八年生まれ。元前田育徳会常任理事。

久保賢司　一九六二年生まれ。現在、株式会社五月製作所代表取締役。

持田善作

第2部

田村　裕　一九四五年生まれ。現在、新潟大学名誉教授。

山田邦明　一九五七年生まれ。現在、愛知大学教授。

片桐昭彦　一九七三年生まれ。現在、東京大学地震研究所特任研究員。

森田真一　一九七四年生まれ。現在、群馬県立歴史博物館学芸員。

第3部

谷合伸介　一九七八年生まれ。現在、横須賀市教育委員会生涯学習課主任兼社会教育主事。

【編著者紹介】

黒田基樹（くろだ・もとき）

1965年生まれ。早稲田大学教育学部卒。
駒沢大学大学院博士後期課程満期退学。
博士（日本史学、駒沢大学）。
現在、駿河台大学教授。
著書に、『図説　太田道灌』（戎光祥出版）
『戦国大名北条氏の領国支配』（岩田書院）
『中近世移行期の大名権力と村落』（校倉書房）
『戦国北条氏五代』（戎光祥出版）
『小田原合戦と北条氏』（吉川弘文館）
『長尾景仲』（戎光祥出版）
『増補改訂　戦国大名と外様国衆』（戎光祥出版）
『長尾景春』（編著、戎光祥出版）
『扇谷上杉氏』（編著、戎光祥出版）
『伊勢宗瑞』（編著、戎光祥出版）
『関東管領上杉氏』（編著、戎光祥出版）
『山内上杉氏』（編著、戎光祥出版）
『北条氏綱』（編著、戎光祥出版）
ほか、多数。

シリーズ装丁：辻　聡

シリーズ・中世関東武士の研究　第二二巻
関東《かんとう》上杉《うえすぎ》氏《し》一族《いちぞく》

二〇一八年一月一〇日　初版初刷発行

編著者　黒田基樹
発行者　伊藤光祥
発行所　戎光祥出版株式会社
東京都千代田区麹町一―七
相互半蔵門ビル八階
電話　〇三―五二七五―三三六一(代)
FAX　〇三―五二七五―三三六五
編集協力　株式会社イズシエ・コーポレーション

ISBN978-4-86403-269-8